Dietmar Sturzbecher · Andrea Kleeberg-Niepage
Lars Hoffmann (Hrsg.)

# Aufschwung Ost?

AF154481

Bibliografische Information der Deutschen Nationalbibliothek
Die Deutsche Nationalbibliothek verzeichnet diese Publikation in der
Deutschen Nationalbibliografie; detaillierte bibliografische Daten sind im Internet über
<http://dnb.d-nb.de> abrufbar.

1. Auflage 2012

Alle Rechte vorbehalten
© VS Verlag für Sozialwissenschaften | Springer Fachmedien Wiesbaden GmbH 2012

Lektorat: Katrin Emmerich

VS Verlag für Sozialwissenschaften ist eine Marke von Springer Fachmedien.
Springer Fachmedien ist Teil der Fachverlagsgruppe Springer Science+Business Media.
www.vs-verlag.de

Umschlaggestaltung: KünkelLopka Medienentwicklung, Heidelberg
Gedruckt auf säurefreiem und chlorfrei gebleichtem Papier

ISBN 978-3-531-17805-9

Dietmar Sturzbecher
Andrea Kleeberg-Niepage
Lars Hoffmann (Hrsg.)

# Aufschwung Ost?

Lebenssituation und Wertorientierungen
ostdeutscher Jugendlicher

VS VERLAG

# Vorwort

Mit dem zwanzigsten Jahrestag der Wiedervereinigung Deutschlands im Jahr 2010 konnten die Menschen in den fünf neuen Bundesländern auf zwei Jahrzehnte tief greifender und teilweise rasanter Veränderungen zurückblicken. Dieser Wandel stellte für viele eine große Herausforderung dar und prägte sie nachhaltig.

Eine gute Möglichkeit, solche Veränderungen nachzuzeichnen und einen Ausblick auf zukünftige Entwicklungen zu wagen, stellen Befragungen insbesondere der jungen Generation dar: Wie schätzen die Jugendlichen ihre aktuellen Lebensumstände und ihre Zukunftsperspektiven ein? Inwiefern unterscheidet sich die heutige Jugendgeneration von ihren Vorgängern in den 1990er Jahren?

Im vorliegenden Buch werden die Ergebnisse der Zeitreihenstudie „Jugend in Brandenburg" vorgestellt, bei der im Jahr 2010 über 3 000 brandenburgische Jugendliche in 40 zufällig ausgewählten Schulen um Auskunft zu ihrer Lebenssituation und zu ihren Einstellungen gebeten wurden. Diese Befragung markiert die nunmehr siebte Erhebungswelle der Zeitreihenstudie, die bereits im Jahr 1991 und somit kurz nach der deutschen Wiedervereinigung und der Gründung des Bundeslandes Brandenburg begonnen hat.

Die Ergebnisse der Studie ermöglichen es in einzigartiger Weise, die Entwicklung eines ostdeutschen Bundeslandes vom Zeitpunkt seiner Gründung bis zur Gegenwart aus Sicht seiner Landesjugend abzubilden. Für die 1990er Jahre dokumentieren sie zunächst einen beträchtlichen Anstieg an Jugendgewalt, Rechtsextremismus, Ausländerfeindlichkeit und Zukunftspessimismus, der nicht zuletzt Ausdruck der vielfältigen Anpassungsforderungen war, mit denen sich die Bürger des jungen Bundeslandes konfrontiert sahen und die auch viele Jugendliche überforderten. Aber bereits kurz nach der Jahrtausendwende zeigten sich deutlich positive Trends, deren vorläufiger Höhepunkt die Resultate der aktuellen Erhebungswelle darstellen: Zu keinem Zeitpunkt seit der Landesgründung waren die Jugendlichen so optimistisch, zuversichtlich und leistungsbereit wie heute. Nie zuvor wurden die Zukunftschancen für Ost- und Westdeutsche von so vielen Befragten gleichwertig eingeschätzt wie zum jetzigen Zeitpunkt. Die brandenburgische Landesjugend scheint endgültig in der Bundesrepublik angekommen zu sein.

Gleichzeitig verweisen die Ergebnisse der Zeitreihenstudie auch auf künftige Herausforderungen. Zwar sind beispielsweise die Anteile der Jugendlichen, die Gewalt, Rechtsextremismus und Ausländerfeindlichkeit ablehnen, stetig angewachsen. Dennoch findet sich noch immer ein kleiner, aber „harter" Kern fremdenfeindlicher und gewaltbereiter Jugendlicher. Bei allen Erfolgen dürfen die vielfältigen Präventionsbemühungen also nicht nachlassen.

Die Etablierung eines landesrepräsentativen Jugendsurveys im Jahr 1991 hat sich für das Land Brandenburg ausgezahlt: Politik und Verwaltung, aber auch viele gesellschaftliche Organisationen berücksichtigen in ihrer Arbeit die empirischen Befunde der Jugendforschung. Inzwischen gibt es derartige Jugendsurveys auch in vielen anderen Bundesländern. Für ihre tatkräftige Unterstützung bei der siebten Erhebungswelle der Zeitreihenstudie „Jugend in Brandenburg" gilt unser besonderer Dank den Schülerinnen und Schülern bzw. den Auszubildenden sowie den Leitungsteams und Lehrkräften der 40 teilnehmenden allgemeinbildenden Schulen und Berufsschulen. Des Weiteren möchten wir uns bei allen Autorinnen und Autoren des vorliegenden Buches für ihre Beiträge und bei Susann Hartwich für die sorgfältige Erledigung der Lektoratsarbeiten bedanken.

Dietmar Sturzbecher                    Andrea Kleeberg-Niepage                    Lars Hoffmann

# Inhalt

Vorwort ........................................................... 5

*Lars Hoffmann & Dietmar Sturzbecher*
**1  Die Zeitreihenstudie „Jugend in Brandenburg" – Methodischer Rahmen
und Untersuchungsanlage der Erhebungswelle 2010** ................ 9
   1.1  Informationen zur Zeitreihenstudie ........................... 9
   1.2  Beschreibung der Stichprobe der Erhebungswelle 2010 ............ 11
   1.3  Erläuterungen zum methodischen Instrumentarium ............... 15

*Marie-Luise Gehrmann & Dietmar Sturzbecher*
**2  Werte, Zukunftserwartungen und Migrationswünsche** ............... 21
   2.1  Theoretische Vorbemerkungen ..................................... 21
   2.2  Methodische Bemerkungen ......................................... 31
   2.3  Untersuchungsergebnisse ......................................... 32
   2.4  Fazit ........................................................... 51

*Eva Schmidpeter & Dietmar Sturzbecher*
**3  Familie und Gesundheit** ........................................... 55
   3.1  Theoretische Vorbemerkungen ..................................... 55
   3.2  Methodische Bemerkungen ......................................... 59
   3.3  Untersuchungsergebnisse ......................................... 60
   3.4  Fazit ........................................................... 76

*Bianca Bredow*
**4  Freizeit, Medien und Sport** ...................................... 79
   4.1  Theoretische Vorbemerkungen ..................................... 79
   4.2  Methodische Bemerkungen ......................................... 84
   4.3  Untersuchungsergebnisse ......................................... 85
   4.4  Fazit ........................................................... 100

*Ulrike Zehrt & Mario Feist*
**5  Interesse und Beteiligung am politischen Leben** ................... 103
   5.1  Theoretische Vorbemerkungen ..................................... 103
   5.2  Methodische Bemerkungen ......................................... 111
   5.3  Untersuchungsergebnisse ......................................... 112
   5.4  Fazit ........................................................... 126

*Susann Mörl & Dietmar Sturzbecher*

**6    Risikoverhalten und Delinquenz** . . . . . . . . . . . . . . . . . . . . . . . . . . . . . . . . .    129
   6.1    Theoretische Vorbemerkungen  . . . . . . . . . . . . . . . . . . . . . . . . . . . . .    129
   6.2    Methodische Bemerkungen  . . . . . . . . . . . . . . . . . . . . . . . . . . . . . . .    135
   6.3    Untersuchungsergebnisse  . . . . . . . . . . . . . . . . . . . . . . . . . . . . . . . .    135
   6.4    Fazit  . . . . . . . . . . . . . . . . . . . . . . . . . . . . . . . . . . . . . . . . . . . . . . . .    143

*Andrea Kleeberg-Niepage & Dietmar Sturzbecher*

**7    Jugendgewalt und Reaktionen des sozialen Umfelds**  . . . . . . . . . . . . . . .    145
   7.1    Theoretische Vorbemerkungen  . . . . . . . . . . . . . . . . . . . . . . . . . . . . .    145
   7.2    Methodische Bemerkungen  . . . . . . . . . . . . . . . . . . . . . . . . . . . . . . .    153
   7.3    Untersuchungsergebnisse  . . . . . . . . . . . . . . . . . . . . . . . . . . . . . . . .    154
   7.4    Fazit  . . . . . . . . . . . . . . . . . . . . . . . . . . . . . . . . . . . . . . . . . . . . . . . .    166

*Mathias Burkert*

**8    Rechtsextremismus und Ausländerfeindlichkeit**  . . . . . . . . . . . . . . . . . .    169
   8.1    Theoretische Vorbemerkungen  . . . . . . . . . . . . . . . . . . . . . . . . . . . . .    169
   8.2    Methodische Bemerkungen  . . . . . . . . . . . . . . . . . . . . . . . . . . . . . . .    176
   8.3    Untersuchungsergebnisse  . . . . . . . . . . . . . . . . . . . . . . . . . . . . . . . .    178
   8.4    Fazit  . . . . . . . . . . . . . . . . . . . . . . . . . . . . . . . . . . . . . . . . . . . . . . . .    187

*Lars Hoffmann & Dietmar Sturzbecher*

**9    Soziale Schulqualität, Schülerbeförderung und Schulschwänzen**  . . . . . .    189
   9.1    Theoretische Vorbemerkungen  . . . . . . . . . . . . . . . . . . . . . . . . . . . . .    189
   9.2    Methodische Bemerkungen  . . . . . . . . . . . . . . . . . . . . . . . . . . . . . . .    196
   9.3    Untersuchungsergebnisse  . . . . . . . . . . . . . . . . . . . . . . . . . . . . . . . .    199
   9.4    Fazit  . . . . . . . . . . . . . . . . . . . . . . . . . . . . . . . . . . . . . . . . . . . . . . . .    212

Literatur  . . . . . . . . . . . . . . . . . . . . . . . . . . . . . . . . . . . . . . . . . . . . . . . . . . . . . .    215

Methodenanhang: Dokumentation der Skalen  . . . . . . . . . . . . . . . . . . . . . . . .    231

# 1 Die Zeitreihenstudie „Jugend in Brandenburg" – Methodischer Rahmen und Untersuchungsanlage der Erhebungswelle 2010

*Lars Hoffmann & Dietmar Sturzbecher*

## 1.1 Informationen zur Zeitreihenstudie

Das Projekt „Jugend in Brandenburg" des Instituts für angewandte Familien-, Kindheits- und Jugendforschung (IFK) an der Universität Potsdam begann im Jahr 1991 als Versuch, „wendebedingte" Veränderungen der Lebenssituation Jugendlicher und die Auswirkungen des sozioökonomischen Wandels auf die Persönlichkeitsentwicklung Heranwachsender zu erfassen (Sturzbecher & Dietrich, 1992). In einer Pilotstudie wurde eine Stichprobe von 1 644 Schülern[1] und Auszubildenden im Alter zwischen 14 und 18 Jahren aus 42 Schulen und Oberstufenzentren (OSZ) mit Hilfe eines Fragebogens schriftlich befragt; ergänzend wurden leitfadengestützte Interviews mit 40 Mitgliedern rechtsorientierter Jugendcliquen durchgeführt (ebd.). Dabei zielten die schriftlichen und mündlichen Befragungen nicht nur auf die Untersuchung von Gewaltbereitschaft, Ausländerfeindlichkeit und Rechtsextremismus unter brandenburgischen Jugendlichen, sondern auch auf das Finden von erfolgversprechenden Präventionsansätzen.

Die schriftliche Befragung einer landesrepräsentativen Stichprobe von brandenburgischen Jugendlichen wurde in den vergangenen 20 Jahren in periodischen Abständen wiederholt: Die Erhebungswellen der Jahre 1993, 1996, 1999 und 2005 stellen eine Zeitreihenstudie bzw. Kohortensequenzanalyse dar, deren Ergebnisse u. a. in den Publikationen „Jugend und Gewalt in Ostdeutschland" (Sturzbecher, 1997), „Jugend in Ostdeutschland: Lebenssituationen und Delinquenz" (Sturzbecher, 2001) sowie „Werte, Familie, Politik, Gewalt – Was bewegt die Jugend?" (Sturzbecher & Holtmann, 2007) beschrieben und erläutert werden. Eine Besonderheit bildete die Erhebungswelle des Jahres 2001: Diese Befragung ermöglichte nicht nur eine Fortsetzung der bisherigen Trendanalysen, sondern hatte darüber hinaus den Charakter einer Längsschnitt- bzw. Panelstudie, da ein Großteil der Jugendlichen, die an der Erhebung des Jahres 1999 teilgenommen hatten, erneut befragt wurde. Dementsprechend bietet diese Teilstudie interessante Einblicke in die individuellen Entwicklungsverläufe von Einstellungen (z. B. Gewaltbereitschaft, Rechtsextremismus) bei Jugendlichen (Sturzbecher, 2002).

---

[1] Aus Lesbarkeitsgründen gilt bei allen personenbezogenen Bezeichnungen die gewählte Form für beide Geschlechter.

Im Jahr 2010 gaben brandenburgische Jugendliche zum nunmehr siebten Mal Auskunft über ihre Einstellungen und ihre Erfahrungen in verschiedenen Lebensbereichen. Hierfür wurden Schüler und Auszubildende um die Bearbeitung eines Fragebogens gebeten, der Fragen zu den folgenden Themenbereichen beinhaltete:

- Werte, Zukunftserwartungen und Migrationswünsche (s. Kap. 2),
- Familie und Gesundheit (s. Kap. 3),
- Freizeit, Medien und Sport (s. Kap. 4),
- Interesse und Beteiligung am politischen Leben, Partizipation und freiwilliges Engagement (s. Kap. 5),
- Risikoverhalten und Delinquenz (s. Kap. 6),
- Jugendgewalt und Reaktionen des sozialen Umfelds (s. Kap. 7),
- Rechtsextremismus und Ausländerfeindlichkeit (s. Kap. 8) sowie
- Soziale Schulqualität, Schülerbeförderung und Schulschwänzen (s. Kap. 9).

Inhaltlich entsprach der bei der Studie „Jugend in Brandenburg 2010" (im Folgenden kurz „JiB 2010") verwendete Fragebogen in weiten Teilen den Erhebungsinstrumenten, die bei den vorangegangenen Erhebungswellen eingesetzt wurden, so dass eine Fortsetzung der bisherigen Trendanalysen möglich war. Um auch neue Forschungsfragen bearbeiten und aktuelle Erkenntnisinteressen des Landes berücksichtigen zu können[2], waren (wie bei den Vorläuferstudien auch) einige Veränderungen des Fragebogens notwendig. Dementsprechend wurden einige Indikatoren, die bei der Studie des Jahres 2005 erfasst wurden (z. B. die Skala „Quietismus"), im Jahr 2010 nicht mehr erhoben. An ihrer Stelle wurden beispielsweise Indikatoren zur Durchführung von Familienaktivitäten, zur Nutzung von Medien, zur Akzeptanz des Freiwilligendienstes und der Absenkung des Wahlalters, zu Opfererfahrungen und zur Schülerbeförderung neu aufgenommen.

Die wichtigste Neuerung bei der Befragung „JiB 2010" betraf allerdings nicht die Inhalte des Fragebogens, sondern das zur Erfassung der Antworten verwendete Medium: Erstmalig bearbeiteten die Schüler und Auszubildenden keine Papier-Bleistift-Version des Fragebogens, sondern eine digitale Fassung, bei der die Fragen auf Tablet-PCs präsentiert wurden und mit Hilfe eines Eingabestifts beantwortet werden mussten. Mit der computerbasierten Vorgabe des Fragebogens konnte die Effizienz der Datenerfassung und Datenauswertung gesteigert werden (Jurecka & Hartig, 2007).

---

2   Die Studie „JiB 2010" wurde mit Mitteln der Ministerien für Bildung, Jugend und Sport sowie für Arbeit, Soziales, Frauen und Familie des Landes Brandenburg gefördert.

## 1.2 Beschreibung der Stichprobe der Erhebungswelle 2010

Wie bei den vorangegangenen Erhebungswellen wurde der Fragebogen der aktuellen Studie einer Stichprobe aus der Grundgesamtheit der brandenburgischen Jugendlichen vorgelegt, „wie sie in den alterstypischen Bildungseinrichtungen vertreten sind" (Landua, 2007a, S. 12). Um die Befragungsergebnisse verallgemeinern und Aussagen zur Jugend in Brandenburg treffen zu können, musste diese Stichprobe möglichst landesrepräsentativ sein, d. h. sie sollte der Grundgesamtheit hinsichtlich der Merkmale und Merkmalskombinationen stark ähneln, welche für die inhaltlichen Schwerpunkte der Befragung von Bedeutung sind (Häder, 2006). Dazu wurde bereits im Rahmen der Vorläuferstudien ermittelt, dass insbesondere das Geschlecht der Schüler und Auszubildenden, ihr Alter (bzw. ihre Klassenstufe oder ihr Ausbildungsjahr) und die von ihnen besuchte Schulform wichtige Stichproben- bzw. Quotierungsmerkmale darstellen, hinsichtlich derer Repräsentativität zur Grundgesamtheit sichergestellt werden sollte (Sturzbecher & Landua, 2001).

Repräsentative Stichproben können mit Hilfe von zufallsbasierten Auswahlsystematiken wie dem im Jahr 1993 bei der zweiten Erhebungswelle der Zeitreihenstudie verwendeten Verfahren des mehrstufigen „Klumpensamplings" gezogen werden (Sturzbecher, Dietrich & Kohlstruck, 1994). Das Vorgehen von 1993 bestand in einem ersten Schritt aus einer Zufallsauswahl von Schulen („Klumpen") aus der Grund- bzw. Auswahlgesamtheit der für das Jugendalter typischen allgemeinbildenden und beruflichen Schulen des Landes Brandenburg, welche alle Bildungseinrichtungen der Sekundarstufe mit öffentlichem Träger umfasste. In einem zweiten Schritt wurde über ein zufälliges Auswahlverfahren aus jeder ausgewählten Schule jeweils eine Klasse der aufgefundenen Klassenstufen bzw. Ausbildungsjahre in die Untersuchung einbezogen. Die im Jahr 1993 gezogene Schulstichprobe bildete – bis auf einige geringfügige Ergänzungen – auch die Grundlage für die Auswahl der Befragungsteilnehmer bei den nachfolgenden Erhebungszeitpunkten, so dass in den Jahren 1993, 1996 und 1999 jeweils Schüler derselben Schulen befragt wurden (Sturzbecher & Landua, 2001).

Beim Vergleich der Befragungsergebnisse der Erhebungswellen der Jahre 1993 und 1996 wurden Abweichungen zwischen der Verteilung der oben genannten Quotierungsmerkmale in den beiden Stichproben von der Verteilung dieser Strukturparameter in den betreffenden Grundgesamtheiten durch eine gezielte Reduzierung der Größe bestimmter Teilstichproben kompensiert. Ab der Studie des Jahres 1999 wurden strukturelle Ungleichheiten zwischen der jeweiligen Befragungsstichprobe und der betreffenden Grundgesamtheit mit Hilfe von Gewichtungsvariablen bereinigt (Sturzbecher & Langner, 1997; Sturzbecher & Landua, 2001).

Durch die Schließung einiger Schulen sowie durch die Zusammenfassung von Realschulen und Gesamtschulen ohne gymnasialer Oberstufe zur neuen Schulform der Oberschulen waren bei der Erhebungswelle des Jahres 2005 erstmalig größere „Nachbesserungen" an der 1993 gezogenen Schulstichprobe notwendig (Landua, 2007a). Die damalige Schulstichprobe, die im Vergleich zu den vorangegangenen Erhebungswellen um einige Oberschulen erweitert wurde, umfasste 39 Schulen des sekundären Bildungsbereichs – vier Gymnasien, drei Gesamtschulen mit gymnasialer Oberstufe, 17 Oberschulen und 15 OSZ.

Um am Prinzip der konstanten Erhebungsregionen festzuhalten, wurde bei der Erhebung des Jahres 2010 auf die Schulstichprobe von 2005 zurückgegriffen. Allerdings bestand – ähnlich wie bei der Vorläuferstudie – die Notwendigkeit von Nachbesserungen. Diese waren zum einen erforderlich, weil einige Oberschulen aus der Stichprobe des Jahres 2005 wegen sinkender Schülerzahlen (durch den Geburtenknick und den Ausbau der Gymnasialstufe) mittlerweile geschlossen oder in Grundschulen umgewandelt worden waren. Zum anderen musste die Schulstichprobe durch Schulen mit freiem Träger ergänzt werden, um einen realitätsnahen Blick auf die Jugend in Brandenburg zu erhalten: Einrichtungen dieser Art waren bis einschließlich der Erhebungswelle des Jahres 2005 nicht Bestandteil der Schulstichprobe, weil ihr Anteil an der Grundgesamtheit der Sekundarschulen des Landes Brandenburg relativ gering war. Da dieser Anteil jedoch im Zeitraum von 2005 bis 2010 von 5,9 Prozent auf 10,7 Prozent anstieg[3] und sich somit nahezu verdoppelte, erschien eine Erweiterung der Schulstichprobe durch Bildungseinrichtungen in freier Trägerschaft zwingend notwendig, um landesrepräsentative Ergebnisse zu erhalten.

Wie wurde nach geeigneten Alternativen für die nicht mehr bestehenden Bildungseinrichtungen aus der Schulstichprobe der Erhebungswelle des Jahres 2005 gesucht? Mit Hilfe des „Elektronischen Schulverzeichnisses des Landes Brandenburg"[4] und einer Geodatenbanksoftware wurden Schulen recherchiert, die sich in räumlicher Nähe der nunmehr geschlossenen Einrichtungen befinden, dieselbe Schulform wie diese aufweisen und ihnen hinsichtlich des Charakters des Schulumfeldes ähneln (städtisch vs. ländlich). Darüber hinaus wurden die Leiter der Grundschulen, die zum Zeitpunkt der Vorgängerstudie noch als Oberschulen Bestandteil der Schulstichprobe waren, telefonisch kontaktiert und danach befragt, welche Oberschulen ihre Schüler nach dem Abschluss der sechsten Klasse mehrheitlich besuchen. Auf diesem Wege konnte mit einer Ausnahme für alle nicht mehr (oder nur noch als Grundschule) existierenden Einrichtungen der Schulstichprobe der Erhebungswelle des Jahres 2005 ein adäquater Ersatz gefunden werden, wobei in zwei Fällen festgestellt wurde, dass jeweils zwei der vor fünf Jahren erfassten Schulen mittlerweile zusammengelegt worden waren.

Die Tatsache, dass sich im Land Brandenburg die Schulen mit freien Trägern hinsichtlich der Höhe ihrer Schülerzahlen und der Art der Trägerschaft erheblich unter-

---

3   Zum Zeitpunkt der dritten Erhebungswelle der Zeitreihenstudie „Jugend in Brandenburg" im Jahr 1996 betrug der Anteil der Schüler von freien Schulen an der Grundgesamtheit lediglich rund 1,5 Prozent; er wuchs bis zum Jahr 1999, in dem die vierte Erhebungswelle der Jugendstudie erfolgte, auf rund 2,1 Prozent.

4   http://www.statistik.brandenburg.de/cms/detail.php?template=1_lds_sverz_start [05. 01. 2011]

scheiden, stellte eine große Herausforderung für die Wahl einer geeigneten Systematik zur Stichprobenziehung dar. Die hohe Heterogenität dieser Schulen würde eigentlich die Verwendung eines geschichteten Stichprobenverfahrens implizieren. Für eine annähernd repräsentative Abbildung der Grundgesamtheit der Schulen in freier Trägerschaft müssten dabei allerdings relativ viele dieser Einrichtungen erfasst werden: Die Folge wäre ein „Oversampling", d. h. in der Schülerstichprobe der Erhebungswelle des Jahres 2010 wären Schüler, die eine Bildungseinrichtung in freier Trägerschaft besuchen, deutlich überrepräsentiert. Eine solche Stichprobenverzerrung könnte zwar für die deskriptive Auswertung der Befragung mit Hilfe von Gewichtungsvariablen bereinigt werden; die Ergebnisse weiterführender statistischer Analysen (wie z. B. von Korrelationsanalysen und statistischen Gruppenvergleichen), bei denen gemäß der Empfehlungen aus der einschlägigen forschungsmethodischen Fachliteratur auf eine Gewichtung der Daten verzichtet werden sollte (Pospeschill, 2009), wären aber nur noch bedingt auf die Grundgesamtheit der brandenburgischen Jugendlichen verallgemeinerbar.

Angesichts der geschilderten Herausforderungen erschien es angemessener, der Auswahl von Schulen mit freien Trägern weniger stichprobentheoretische als vielmehr pragmatische Überlegungen zugrunde zu legen: Es wurde entschieden, nur so viele Schulen in freier Trägerschaft zu erfassen, dass das Verhältnis der Anzahl von Bildungseinrichtungen in freier und öffentlicher Trägerschaft in etwa der Relation in der Grundgesamtheit der brandenburgischen Sekundarschulen entspricht. Dementsprechend wurde die Schulstichprobe durch vier zufällig ausgewählte Bildungseinrichtungen mit freien Trägern erweitert (eine Oberschule, ein Gymnasium, zwei berufliche Schulen). Auf eine Erfassung von Gesamtschulen mit gymnasialer Oberstufe und von Waldorfschulen wurde verzichtet, da der Anteil der Schüler dieser Einrichtungen an der Gesamtzahl der brandenburgischen Schüler und Auszubildenden im sekundären Bildungsbereich zum Zeitpunkt der Befragung sehr gering war. Weiterhin wurden Schulen mit weniger als 150 Schülern nicht berücksichtigt, um Jahrgangsausfällen vorzubeugen. Schließlich wurde bei der Zufallsauswahl auch darauf geachtet, dass die ausgewählten Schulen sowohl in städtischen als auch in ländlichen Gebieten liegen.

Die Schulstichprobe der aktuellen Studie aus dem Jahr 2010 umfasst insgesamt 40 Schulen, darunter fünf Gymnasien (davon ein Gymnasium in freier Trägerschaft), 17 OSZ bzw. berufliche Schulen (davon zwei berufliche Schulen in freier Trägerschaft) und 18 Oberschulen bzw. Gesamtschulen (davon eine Oberschule in freier Trägerschaft). Die Merkmale der Schülerstichprobe für die aktuelle Befragung des Jahres 2010 sind in der nachfolgenden Tabelle 1.1 dokumentiert.

Wie bereits angedeutet und analog zur Erhebungswelle des Jahres 2005 erfolgte die Auswahl der Befragungsteilnehmer, indem aus jeder Einrichtung der Schulstichprobe per Zufall eine Klasse pro Klassenstufe ausgewählt wurde. Alle Schüler dieser Klasse wurden dann um die Teilnahme an der Befragung gebeten. Entsprechend wurde bei den OSZ bzw. bei den beruflichen Schulen hinsichtlich der Ausbildungsjahre verfahren. An der aktuellen Jugendstudie des Jahres 2010 nahmen insgesamt 3 132 Schüler und

*Tabelle 1.1*     Fallzahlen und Anteilswerte der Schülerstichproben 2005 und 2010

|                                    | Stichprobe 2005 | | Stichprobe 2010 | |
|------------------------------------|--------|---------|--------|---------|
| (Teil-)Gruppen                     | Anzahl* | Prozent | Anzahl | Prozent |
| Gesamtstichprobe                   | 3379   | 100     | 3132   | 100     |
| Jungen                             | 1666   | 51,8    | 1550   | 50,4    |
| Mädchen                            | 1548   | 48,2    | 1528   | 49,6    |
| 7./8. Klasse                       | 947    | 28,6    | 831    | 29,1    |
| 9./10. Klasse                      | 983    | 29,7    | 770    | 27,0    |
| 11./12./13. Klasse                 | 474    | 14,3    | 285    | 10,0    |
| 1. bis 4. Ausbildungsjahr          | 904    | 27,3    | 969    | 33,9    |
| Oberschule/Gesamtschule            | 1738   | 51,5    | 1300   | 41,5    |
| Gymnasium                          | 681    | 20,2    | 700    | 22,3    |
| Oberstufenzentrum                  | 960    | 28,4    | 1132   | 36,1    |
| Schule mit öffentlichem Träger     | 3379   | 100     | 2787   | 89,0    |
| Schule mit freiem Träger           | –      | –       | 345    | 11,0    |

\* Aufgrund von fehlenden Werten addieren sich die jeweiligen Fallzahlen der einzelnen Teilgruppen nicht immer auf die Gesamtzahl aller Befragten.

Auszubildende teil. Die Befragten waren zwischen 12 und 29 Jahre alt. Bei dem geringen Anteil von etwa sieben Prozent der Befragten im Alter von über 22 Jahren handelte es sich um ältere Auszubildende; an der großen Streuung des Alters der Befragten zeigt sich auch bei unserer Studie ein bundesweiter Trend, wonach sich immer mehr Jugendliche immer länger in der Ausbildung befinden (Popp, 2010). Die Teilnahme an der Befragung erfolgte selbstverständlich freiwillig, d.h. die Schüler und Auszubildenden sowie – im Falle der unter 18-Jährigen – deren Erziehungsberechtigte hatten die Möglichkeit, die Bearbeitung der Fragebogen zu verweigern. Insgesamt lag die Verweigerungsquote bei 8,5 Prozent.

Eine Zufallsauswahl von Untersuchungseinheiten aus einer vorher definierten Grundgesamtheit führt stets zu einem gewissen Auswahlfehler. Um die Schülerstichprobe der Studie des Jahres 2010 der Grundgesamtheit der brandenburgischen Jugendlichen zumindest hinsichtlich der Verteilung zentraler Strukturparameter anzugleichen, wurden daher – wie allgemein üblich – sogenannte „Gewichtungsvariablen" genutzt, die auf der Grundlage von Informationen aus der Schülerstatistik des Landes Brandenburg zur Verteilung der kombinierten Merkmale „Geschlecht", „Klassenstufe" bzw. „Ausbildungsjahr" und „Schulform" in der Grundgesamtheit berechnet wurden. Diese

Gewichtungsvariablen wurden nicht nur für die aktuelle Befragung des Jahres 2010, sondern (auf der Grundlage der Daten aus der Schulstatistik des Landes Brandenburg für die letzten 20 Jahre) auch rückwirkend für alle vorangegangenen Erhebungswellen berechnet: Durch die Gewichtung und Reanalyse der Daten war es möglich, Trendanalysen durchzuführen, die (zumindest bei einigen Indikatoren) bis ins Jahr 1991 zurückreichen.

## 1.3    Erläuterungen zum methodischen Instrumentarium

*Einzelindikatoren und Skalen*
Die Bearbeitung der Indikatoren im Fragebogen erfolgte meist anhand von geradzahlig gestuften Ratingskalen, wobei jede einzelne Stufe bzw. Antwortkategorie durch eine sprachliche Formulierung umschrieben war (z. B. „Stimmt völlig", „Stimmt teilweise", „Stimmt kaum", „Stimmt nicht" oder „Oft", „Manchmal", „Selten", „Nie"). Diese Formulierungen werden auch bei der Darstellung der Befragungsergebnisse in diesem Bericht aufgegriffen.

Mit der Verwendung einer geradzahligen Anzahl von Antwortkategorien ist es oft möglich, die Ratingskalen so zu dichotomisieren, dass die Häufigkeiten, mit denen die jeweils einem Pol des Antwortkontinuums zugewandten Kategorien gewählt wurden, in einem einzigen Kennwert zusammengefasst werden können (z. B. Zusammenfassung von „Stimmt völlig" und „Stimmt teilweise" einerseits sowie „Stimmt kaum" und „Stimmt nicht" andererseits). Diese in der Forschungspraxis übliche Form der Rückmeldung der Ergebnisse von Fragebogenuntersuchungen wurde auch im vorliegenden Bericht häufig gewählt.

Eine Reihe der vorgestellten Befunde resultiert aus der Analyse von Skalen, zu welchen einzelne Indikatoren im Ergebnis testpsychologischer Analysen zusammengefasst wurden. Beispielsweise setzte sich die Skala „Ausländerfeindlichkeit" aus insgesamt sieben Indikatoren zusammen; die Skala „Politikverdrossenheit" umfasste insgesamt fünf Indikatoren. Die Zusammenfassung von einzelnen Antworten der Befragten zu Skalen führt zu zuverlässigeren Ergebnissen, sofern die entsprechenden Indikatoren tatsächlich den gleichen Sachverhalt abbilden, was durch Faktoren- und Konsistenzanalysen geprüft wird. In der Befragung des Jahres 2010 wurde weitgehend auf bereits erprobte Skalen vorangegangener Erhebungswellen zurückgegriffen. Nichtsdestotrotz wurden alle in der vorliegenden Studie genutzten Skalen auch 2010 hinsichtlich ihrer Struktur und ihrer psychometrischen Güte analysiert; die dabei errechneten Güteparameter waren wiederum sehr zufriedenstellend und bestätigten die Analyseergebnisse der Vorläuferstudien.

Die maximale Skalensumme wurde jeweils in vier gleiche Teile geteilt, die den Merkmalsausprägungen „Niedrig", „Eher niedrig", „Eher hoch" und „Hoch" entsprechen. Eine Übersicht zu den gebildeten Skalen und zu den Indikatoren, welche die Skalen konstituieren, findet sich mit Angaben zur internen Konsistenz der jeweiligen Skala im Anhang zu diesem Buch. In den mit „Methodische Bemerkungen" überschriebenen Teilkapiteln, die Bestandteil aller nachfolgenden Buchkapitel sind, werden jeweils weitere Informationen zu den in der Studie verwendeten Skalen und Indikatoren gegeben.

## Deskriptive Analysen

Bei den meisten Ergebnisdarstellungen im vorliegenden Buch sind die Verteilungskennwerte der erfassten Indikatoren deskriptiv in Form von Durchschnitts- bzw. Mittelwerten oder prozentualen Häufigkeiten dargestellt. Der Fokus der Ergebnisdarstellungen liegt hierbei auf dem Vergleich der Ergebnisse aus den Jahren 2005 und 2010; es werden aber auch Ergebnisse der weiter zurückliegenden Erhebungswellen berichtet.

Bei den Bezeichnungen der Tabellen und Abbildungen in den folgenden Kapiteln ist jeweils zuerst die Kapitelnummer angegeben; danach folgt die laufende Nummer der jeweiligen Tabelle oder Abbildung im Kapitel. Sofern sich die in den Tabellen und Abbildungen dargestellten Prozentsätze nicht zu 100 Prozent addieren, beruhen die Abweichungen auf Rundungsfehlern.

In der Ergebnisdarstellung erfolgen Differenzierungen nach dem Alter und dem Geschlecht; außerdem wird auf die verschiedenen Schulformen Bezug genommen. In diesem Zusammenhang muss darauf hingewiesen werden, dass im Land Brandenburg im Verlauf der vergangenen 20 Jahre mehrere Schulstrukturreformen durchgeführt wurden, sodass ein Vergleich der Befragungsergebnisse nach Schulformen über die lange zurückliegenden Erhebungszeiträume der Zeitreihe hinweg erschwert wird. Diesem Umstand wird in der Ergebnisdarstellung dadurch Rechnung getragen, dass unter dem Begriff „Oberschule" alle Schulformen der Sekundarstufe (d. h. Oberschulen, Realschulen, Gesamtschulen) mit Ausnahme der Gymnasien zusammengefasst wurden.

Insbesondere im Hinblick auf die nach Schulformen differenzierten Ergebnisdarstellungen ist ferner zu beachten, dass mit diesen Darstellungen keinesfalls eine Wertung der jeweiligen Schulformen vorgenommen werden soll. Die Darstellungen haben lediglich beschreibenden Charakter. Bestimmte Unterschiede zwischen den Schulformen können beispielsweise durchaus auch in unterschiedlichen geschlechtsspezifischen Verteilungen oder in Abweichungen bei der sozialen Herkunft der Schülerschaft ihre Ursachen haben.

## Mittelwertvergleiche

Bei den meisten Indikatoren wurde mit Hilfe statistischer Methoden untersucht, inwiefern bzw. mit welcher Wahrscheinlichkeit Mittelwertunterschiede zwischen verschiedenen Teilgruppen der Schülerstichprobe auch zwischen Teilgruppen der Grundgesamtheit aller Schüler und Auszubildenden bestehen oder ob die gefundenen Unterschiede lediglich zufällige Schwankungen abbilden. Wenn es unwahrscheinlich ist, dass für eine Stichprobe ermittelte Mittelwertunterschiede nur auf Zufallseinflüsse zurückzuführen sind, spricht man von „statistisch signifikanten" Unterschieden (Bortz,

2005). Sofern nicht anders angegeben, sind alle in den nachfolgenden Kapiteln berichteten Mittelwertunterschiede statistisch signifikant.[5]

In einigen Fällen wurden zusätzlich sogenannte „Effektstärken" berechnet, welche dazu dienen, die praktische Bedeutsamkeit von empirisch gefundenen (in unserem Fall: „statistisch signifikanten") Mittelwertunterschieden zu beurteilen. Als Kennwert für die Effektstärke wurde f berechnet. Nach Cohen bezeichnen Werte im Bereich von f = 0.10 bis f < 0.25 „kleine" Effekte, Werte von f = 0.25 bis f < 0.40 „mittlere" Effekte und Werte von f ≥ 0.40 „große" Effekte (Cohen, 1992). Teilweise wurde auch das Effektstärkemaß „Cohens d" zur Bewertung von Mittelwertunterschieden verwendet (Cohen, 1988). Werte von $d > 0,2$ kennzeichnen „kleine" Effekte, Werte von $d > 0.5$ „mittlere" und Werte von $d > 0.8$ „große" Effekte (Bortz & Döring, 2002, S. 604).

*Maßzahlen für bivariate Zusammenhänge*

Bei einigen Indikatoren wurde untersucht, ob bzw. wie stark sie mit anderen Indikatoren zusammenhängen. Statistische Zusammenhänge werden in der Regel in Form von sogenannten Korrelationskoeffizienten ausgedrückt, welche die Stärke des linearen Zusammenhangs zweier Merkmale in einem einzigen Wert zum Ausdruck bringen. Korrelationskoeffizienten wie der Koeffizient Cramérs V, die für Daten berechnet werden können, welche auf nominalem Messniveau[6] erfasst wurden, ermöglichen nur Aussagen darüber, ob es einen Zusammenhang zwischen den betrachteten Merkmalen gibt (Maximalwert: 1) oder nicht (Wert: 0).

Liegt hingegen zumindest ein ordinales Messniveau vor (d. h. die Daten lassen sich der Größe bzw. dem Rang nach ordnen), besteht darüber hinaus die Möglichkeit, die „Richtung" eines Zusammenhangs anzugeben. Wenn zwei Merkmale gleichsinnig miteinander kovariieren (z. B. „Körperlänge" und „Schuhgröße"), liegt ein positiver Zusammenhang vor (Maximalwert: +1.0). Kovariieren zwei Merkmale hingegen gegenläufig (z. B. Schulerfolg und Häufigkeit des Drogenkonsums), handelt es sich um eine negative Korrelation (Maximalwert: −1.0). Der Wert „0" signalisiert das Fehlen eines linearen Zusammenhangs bzw. die statistische Unabhängigkeit der betrachteten Merkmale. Als statistisches Zusammenhangsmaß für Daten auf Ordinalskalenniveau wurde für den vorliegenden Ergebnisbericht der Koeffizient ρ („Rho") nach Spearman bzw. der Koeffizient τ („Tau") nach Kendall ermittelt. Für Merkmale auf Kardinalskalenniveau (d. h. die Abstände zwischen verschiedenen Merkmalsausprägungen können exakt bestimmt werden) wurde – wie üblich – der Koeffizient r nach Pearson bestimmt. Gemäß einer Faustregel des US-amerikanischen Psychologen Jacob Cohen kann in den Sozialwissen-

---

5   Auch weitere statistische Kennwerte (z. B. Korrelationskoeffizienten und Regressionskoeffizienten) wurden auf statistische Signifikanz untersucht. Sofern nicht anders angegeben, sind alle in den nachfolgenden Kapiteln angegeben Koeffizienten statistisch signifikant.

6   Beim nominalen Messniveau (z. B. „Geschlecht", „Ja-Nein-Fragen") wird durch die Relationen zwischen den betrachteten Daten lediglich die Gleichheit bzw. Ungleichheit von Messobjekten ausgedrückt.

schaften ein Korrelationskoeffizient r ab einer Höhe von 0.1 als „klein", ab einer Höhe von 0.3 als „mittel" und ab einer Höhe von 0.5 als „groß" angesehen werden (Cohen, 1988). Diese Richtwerte können zur Orientierung bei der Beurteilung von Zusammenhängen dienen, die mit Hilfe der Korrelationskoeffizienten V, ρ und τ beschrieben werden. Selbstverständlich müssen bei der Interpretation der Höhe von Korrelationskoeffizienten zusätzlich auch immer inhaltliche Aspekte berücksichtigt werden.

*Multivariate Verfahren*
Zuweilen versucht man, ein bestimmtes Merkmal durch andere Variablen („Prädiktoren") zu erklären oder vorherzusagen. Dabei stellt man nicht selten fest, dass mehr als ein Prädiktor notwendig ist, um das betrachtete Merkmal hinreichend befriedigend erklären zu können. Wenn man Zusammenhänge zwischen einer ganzen Gruppe von Variablen bzw. Indikatoren modellieren will, muss man auf Verfahren der multivariaten Statistik – wie beispielsweise die „Multiple Regressionsanalyse" – zurückgreifen. Die Regressionsanalyse liefert für jeden Prädiktor bestimmte Kennwerte (sogenannte „Beta"-Koeffizienten; Wertebereich −1.0 bis +1.0), die Aufschluss darüber geben, wie stark dieser Prädiktor (bei Kontrolle der anderen Prädiktoren) zur Erklärung des interessierenden Phänomens bzw. Merkmals beiträgt. Die Stärke, mit der alle berücksichtigten Prädiktoren die unterschiedlichen Ausprägungen des betrachteten Merkmals erklären, wird durch den Koeffizienten „$R^2$" angezeigt. Dieser Koeffizient kann Werte zwischen 0 und 1 annehmen. Ein Wert von $R^2 = 1.0$ würde bedeuten, dass das Merkmal vollständig, also zu 100 Prozent, durch die Wirkung aller Prädiktoren im Regressionsmodell erklärt werden kann.

Für die Überprüfung von Geschlechts-, Schultyp- und Altersunterschieden bezüglich eines Merkmals war im Rahmen der vorliegenden Studie ebenfalls eine multivariate Herangehensweise vonnöten. In der ungewichteten Stichprobe besuchen 85,3 Prozent der Jugendlichen ab 18 Jahren ein OSZ. Während an Oberschulen/Gesamtschulen 53,4 Prozent der Schüler männlichen Geschlechts sind, überwiegt an Gymnasien mit 55,1 Prozent der Anteil der Mädchen. Um diesen Verhältnissen Rechnung zu tragen, wurden Unterschiede in Abhängigkeit von den Merkmalen Geschlecht, Schultyp und Altersgruppe mit Hilfe von dreifaktoriellen Varianzanalysen unabhängig voneinander auf Signifikanz geprüft. Der Faktor „Geschlecht" ging dabei als zweistufiges Merkmal („männlich" vs. „weiblich") in die Analyse ein, die Faktoren „Schultyp" und „Altersgruppe" als dreifach gestufte Merkmale („Oberschule", „Gymnasium", „OSZ" bzw. „12 bis 14 Jahre", „15 bis 17 Jahre", „Ab 18 Jahre"). Die Effektstärken (f) zu den einzelnen Faktoren wurden jedoch auf Basis eines einfachen (einfaktoriellen) Gruppenvergleichs berechnet.

Zu einigen Themenbereichen werden in diesem Buch auch Ergebnisse berichtet, welche unter Verwendung weiterer multivariater Analyseverfahren ermittelt wurden (z. B. mittels „Faktorenanalysen"). Nähere Informationen zu diesen Verfahren und methodische Hinweise zur Interpretation der mit ihrer Hilfe berechneten Befunde finden sich jeweils in den „Methodischen Bemerkungen", welche Bestandteil aller nachfolgenden Kapitel sind.

# 2 Werte, Zukunftserwartungen und Migrationswünsche

*Marie-Luise Gehrmann & Dietmar Sturzbecher*

## 2.1 Theoretische Vorbemerkungen

*Werte und Wertewandel*
Eine Vielzahl von Publikationen aus verschiedenen Disziplinen zu Werten und zum Wertewandel zeigt ein fortwährendes Interesse an diesen Themen. Dieses Interesse ergibt sich aus der den Werten unterstellten Tragweite für das menschliche Verhalten (Welzel, 2009). Häufig dienen Werthaltungen als „Zeitgeistbarometer" (Sturzbecher & Langner, 1997, S. 52) und werden zu Verhaltensprognosen (z. B. Wahl- oder Konsumverhalten) herangezogen. Der Jugend als Träger der gesellschaftlichen Zukunft wird dabei besondere Aufmerksamkeit geschenkt. Dahinter steht häufig die Sorge, dass die Jugend die kulturellen Errungenschaften nicht erhalten könne (Lange & Xyländer, 2008). In diesem Zusammenhang zeigt sich auch ein wachsender Verständigungsbedarf zur Werteerziehung. Damit verbunden ist die Frage, wie Werte entstehen. Sie zählt „(…) wie kaum eine andere zu den blinden Flecken der sozialwissenschaftlichen Forschung." (Hillmann, 2003, S. 89) Einigkeit scheint darüber zu bestehen, dass Wertebildungsprozesse besonders nachhaltig in der Jugendphase stattfinden. Doch was ist eigentlich unter „Werten" zu verstehen?

In Anlehnung an die häufig angeführte Definition von Kluckhohn (1951) kann man Werte als identitätsstiftende, gruppenbildende sowie wahrnehmungs- und handlungslenkende Auffassungen vom gerechtfertigt Wünschenswerten ansehen. Sie werden im Zuge der Sozialisation und Identitätsbildung erworben, dienen dem Einzelnen als Orientierung und sichern die Stabilität der sozialen Systeme. Sowohl mit anderen als auch mit sich selbst kann man in einen Wertekonflikt geraten. Rokeach (1976) geht davon aus, dass nicht alle Werthaltungen gleich wichtig für ein Individuum sind, sondern dass sie nach ihrer persönlichen Bedeutung geordnet vorliegen: Je bedeutungsvoller ein Wert, umso änderungsresistenter sei er und umso weitreichender wären die Folgen für die restlichen Werthaltungen, wenn dennoch eine Veränderung erfolgen würde.

Seit den 1970er Jahren wird die empirische Werteforschung vermehrt als Wertewandelforschung betrieben (Gille, 2006). Dabei wird davon ausgegangen, dass diejenigen Werte verinnerlicht werden, die am besten dazu beitragen, Erfahrungen sinnvoll zu strukturieren und die eigene Lebenssituation zu meistern (Flanagan, 1987). Damit sind die Werteaneignung und entsprechend auch der Wertewandel als Anpassungsprozesse der Menschen an veränderte Lebensbedingungen zu begreifen. In der Forschung herrscht Einigkeit darüber, dass die Zunahme physischer und ökonomischer Sicherheit für breite Bevölkerungteile postindustrieller Gesellschaften nach dem Zweiten Weltkrieg einen grundlegenden Wertewandel auslöste. Welzel (2009) stellt fest, dass zwar das Vokabular der Beschreibung des Wertewandels bei den einzelnen Forschern variieren würde, sein Wesen sich aber auf eine kurze Formel bringen ließe: Der Trend gehe von Werten der „Füg- und Folgsamkeit" hin zu Werten der „Selbstbestimmung und Gleichberechtigung" (ebd., S. 111). Grundlegend strittig sind jedoch die Struktur des menschlichen Werteraums (z. B. hierarchisch vs. mehrdimensional) und damit verbunden der Modus des Wertewandels (z. B. Wertesubstitution vs. Wertegenese). Die Ansätze von Inglehart und Klages zur Erfassung und Beschreibung des Wertewandels sollen dies im Folgenden verdeutlichen.

*Inglehart: Hierarchischer Werteraum und Wertesubstitution*
In Anlehnung an die Maslowsche Bedürfnispyramide (1954) konzipiert Inglehart (1971, 1995) den menschlichen Werteraum als hierarchisch strukturiert. Dabei sind materialistische Werte den postmaterialistischen Werten vorgelagert, d. h. dass materialistische Wertorientierungen wie physiologische Grundbedürfnisse und Sicherheitsbedürfnisse in ihrer Bedeutsamkeit solange vorherrschend sind, wie ihre Befriedigung als unsicher wahrgenommen wird. Erst die Befriedigung materialistischer Werte schafft Freiräume für die Fokussierung auf postmaterialistische Werte wie soziale Anerkennung und Selbstverwirklichung („Mangelhypothese"). Basierend auf der Annahme, dass Menschen ihre Werthaltungen in eine Rangordnung bringen (z. B. „Die Familiengründung ist mir wichtiger als ein hoher Geldverdienst"), forderte Inglehart (1971, 1995) seine Versuchspersonen dazu auf, verschiedene Werte nach ihrer Bedeutsamkeit für die eigene Person zu ordnen (Ranking-Verfahren). Anhand ihrer Werterangordnung kategorisierte er die Befragten dann als „Materialisten", „Postmaterialisten" oder „Mischtypen" und fand in Zeitreihenuntersuchungen für postindustrielle Gesellschaften eine Wertesubstitution von materialistischen Werten zugunsten von postmaterialistischen Werten. Der Wertewandel bei Inglehart (1971, 1995) erscheint als notwendige Reaktion der Menschen auf Veränderungen im sozialen System (z. B. den wachsenden Wohlstand und die Zunahme physischer und sozialer Sicherheit nach dem Zweiten Weltkrieg). Dem Wertewandel ist damit ein Fortschrittsgedanke immanent (Roßteutscher, 2004).

Wie ist der Ansatz von Inglehart zu bewerten? Nachvollziehbar erscheint, dass Menschen zur Reduktion von Komplexität Werte priorisieren; zu kritisieren ist aber die durch das Ranking-Verfahren bedingte Einflussnahme auf das Ergebnis dieses Prozesses, denn die Befragten mussten auch Werte, die ihnen unter Umständen ähnlich wichtig waren, in eine Rangordnung bringen. Um dies zu vermeiden, wurde bei der Mehrheit der darauf folgenden Forschungsansätze mit Befragungskonzepten gearbeitet, die eine ähnliche Wertschätzung auch gegensätzlicher Werte nicht von vornherein ausschlossen (Roßteutscher, 2004). Ein Beispiel für diesen Paradigmenwechsel ist die Wertewandeltheorie von Klages.

### Klages: Mehrdimensionaler Werteraum und Wertesynthese

Im Gegensatz zu Ingleharts Konzept eines hierarchischen eindimensionalen Werteraums nimmt Klages (1985, 1993, 2001) einen mehrdimensionalen Werteraum an. Er geht davon aus, dass Menschen verschiedene Werte durchaus als ähnlich wichtig erachten können (z. B. „Die Familie ist mir genauso wichtig wie die Arbeit"). Entsprechend wurden die von Klages Befragten nicht „gezwungen", die vorgegebenen Werte in eine Rangordnung zu bringen, sondern sie sollten die einzelnen Werte für sich genommen auf einer mehrstufigen Skala nach ihrer Bedeutsamkeit bewerten (Rating-Verfahren). Die empirisch ermittelten Wertegruppen „Pflicht- und Akzeptanzwerte" (z. B. Disziplin, Gehorsam, Leistung) sowie hedonistisch-materialistische und idealistische „Selbstentfaltungswerte" (z. B. Lebensgenuss, Selbst- und Mitbestimmung) betrachtet er als unabhängig voneinander. Anhand der unterschiedlichen Wertschätzung der einzelnen Werte konstruiert Klages (2001) fünf Persönlichkeitstypen, wobei er Menschen, die Werte verschiedener Wertegruppen als bedeutungsvoll einstufen, als „Aktive Realisten" bezeichnet. Diesem am häufigsten auftretenden Typus attestiert Klages einen überlegenen Sozialcharakter, weil er durch die Synthese „alter" und „neuer" Werte auf ein breites Werterepertoire zurückgreifen und so vielfältigen Anforderungen gerecht werden könne.

Entgegen dieser positiven Beurteilung der Wertesynthese sieht beispielsweise Roßteutscher (2004) darin vorrangig einen Ausdruck menschlicher Überforderung in einer immer komplexer werdenden Welt: Die menschliche Handlungsfähigkeit werde gebremst, der Konformismus steige an. Inhaltlich zwischen den skizzierten Werteraumkonzepten von Inglehart und Klages lässt sich das Wertkreis-Modell von Schwartz einordnen (Welzel, 2009): Einerseits teilt Schwartz (1992) die Annahme, dass Menschen Werteprioritäten bilden; andererseits schließt er eine Wertesynthese nicht grundsätzlich aus. Eine Wertesynthese ist für ihn allerdings nur zwischen ähnlichen und nicht etwa zwischen gegensätzlichen Werten wie bei Klages möglich.

### Wertewandel: Kohorten- und Periodeneffekte

Es wurde bereits dargestellt, dass sich Werteprioritäten für Inglehart (1971, 1995) aus den sozioökonomischen Lebensbedingungen ergeben. Doch Werte sind für ihn keinesfalls nur ein Ausdruck objektiver Lebensbedingungen; sie werden vielmehr auch durch subjektive Erfahrungen bestimmt. Inglehart (1995) geht davon aus, dass die Werteaneignung in jüngeren Jahren nachhaltiger abläuft als in älteren Jahren („Sozialisationshypothese") und die grundlegenden Wertvorstellungen eines Individuums seine Lebensbedingungen in der Jugendzeit widerspiegeln. Damit vollzieht sich der Wertewandel nach Inglehart (1995) intergenerational, d. h. im Wechsel der Generationen (Kohorteneffekt). Die in Querschnittstudien gefundenen Korrelationen zwischen einem geringen Alter und postmaterialistischen Werten scheinen diese Annahme auf den ersten Blick zu bestätigen. Sie könnten jedoch auch das Resultat lebenszyklischer Veränderungen sein, d. h. Ältere könnten generell materialistischer eingestellt sein als Jüngere (Welzel, 2009); in diesem Fall würde ein Alterseffekt und kein Wertewandel vorliegen. Wie Inglehart (1995) in einer Längsschnittanalyse für den Zeitraum 1970 bis 1988 herausarbeitete, ließen sich Postmaterialisten jedoch auch zunehmend unter den Älteren finden.

Neben Kohorteneffekten könnten auch dem Erhebungszeitpunkt vorgelagerte Ereignisse wie beispielsweise ein Wirtschaftsboom einen Wertewandel bedingen (Periodeneffekte). Der Wertewandel wäre damit zum Beispiel bedingt durch eine Wirtschaftskrise jederzeit umkehrbar. Welzel (2009) arbeitete heraus, dass die Dynamik des Wertewandels sowohl situativen als auch langfristigen Anpassungsprozessen unterliegt: „*Kurzfristig* bessere Lebensbedingungen führen zu *zyklischen* Schüben in Richtung mehr Postmaterialismus; *langfristig* bessere Lebensbedingungen führen zu *generationalen* Verlagerungen in Richtung mehr Postmaterialismus" (ebd., S. 120). Damit erscheint es denkbar, dass durch die Zunahme emanzipatorischer Werte wie Mitbestimmung, Meinungsfreiheit und Gleichberechtigung der Anteil von „offenen" Menschen zugenommen hat und die Offenheit es ihnen ermöglicht, auch im Alter dem emanzipatorischen Trend zu folgen, so dass der Wertewandel ohne Generationswechsel erfolgt (Welzel, 2009). Es muss allerdings darauf hingewiesen werden, dass sich nicht nur Indizien für eine Fortsetzung, sondern auch für eine Umkehr des Wertewandels finden lassen (Klein & Ohr, 2004).

*Aktuelle Befunde zu den Werthaltungen Jugendlicher*
Werthaltungen werden in der empirischen Sozialforschung anders als in der Philosophie oder Kulturanthropologie als etwas „Messbares" betrachtet; das häufigste Instrumentarium ihrer Erfassung stellt die repräsentative Bevölkerungsumfrage dar (Thome, 2005). Im Rahmen der 16. Shell-Jugendstudie wurde 2010 eine solche Befragung von 12- bis 25-Jährigen durchgeführt. Die Ergebnisse dieser Shell-Jugendstudie sowie des DJI-Jugendsurveys, der Sächsischen Jugendstudie und der Wertewandel-Studie des Zukunftsforschers Opaschowski werden nachfolgend im Hinblick auf Werthaltungen zu (a) sozialen Beziehungen, (b) materiellen Gütern, (c) Leistung und Lebensgenuss sowie (d) politischem Engagement dargestellt.

a) *Soziale Werthaltungen:* Die Ergebnisse der Shell-Jugendstudie (2010) zeigen, dass das populäre Bild von einer heranwachsenden Generation egoistischer Individualisten nicht zutreffend ist: Rund 97 Prozent der Jugendlichen ist eine gute Freundschaft, rund 95 Prozent eine vertrauensvolle Partnerschaft und rund 92 Prozent ein gutes Familienleben wichtig (Gensicke, 2010). Außerdem korrelieren Werthaltungen zu sozialen Beziehungen mit der Werthaltung „Eigenverantwortlich leben und handeln"; die hohe Wertschätzung von Eigenverantwortlichkeit sollte demnach nicht als antisoziale Selbstbezogenheit interpretiert werden. Die soziale Einstellung der Jugendlichen zeigt sich auch darin, dass es rund 58 Prozent der Jugendlichen als wichtig erachten, sozial Benachteiligten und Randgruppen zu helfen; 2002 waren es nur 55 Prozent (ebd.). In seiner Wertewandel-Studie bemerkt Opaschowski (2010) einen ähnlichen Trend: Für 90 Prozent der Deutschen ist und bleibt die Familie das Wichtigste im Leben, wobei die Wertschätzung der Familie bei den Jungen und Männern etwas gemäßigter ausfällt als bei den Mädchen und Frauen. Neben der Familie sind auch Freundschaften (1999 bis 2010: +37 %) und eine nette Nachbarschaft (2003 bis 2009: +22 %) den Deutschen in den vergangenen Jahren wichtiger geworden. Die Zunahme der Wertschätzung für intakte soziale Beziehungen führt Opaschowski (ebd.) auf einen stagnierenden oder gar sinkenden Wohlstand und den Verfall von überindividuellen und allgemein verbindlichen Werten zurück. Letzteres birgt seiner Meinung nach insbesondere für Jugendliche eine enorme Herausforderung: Sie müssten ihr Orientierungs- und Wertesystem, das ihnen Halt bieten soll und gleichzeitig flexibel genug sein muss, um auf Veränderungen reagieren zu können, in einem Meer der Möglichkeiten herausbilden. Aus der mit diesem Drahtseilakt verbundenen Unsicherheit zwischen Verbindlichkeit und Bindungslosigkeit erwachse das Verlangen nach einem Miteinander und nach Einbindung in soziale Netzwerke. Es gehe dabei um Beständigkeit, Verlässlichkeit und Geborgenheit, die kein Beruf und kein Sozialstaat derart bieten könnten wie eine Familie. Bei dem konstatierten „Ende der Ichlinge" handelt es sich demnach weniger um reine Nächstenliebe, sondern um einen pragmatischen „Beistandspakt", bei dem einer dem anderen hilft, damit auch ihm bei Gelegenheit geholfen wird (ebd.).

b) *Materielle Werthaltungen:* Die in der Shell-Jugendstudie (2010) erfasste Werthaltung „Nach Sicherheit streben" wurde ebenso wie 2002 von 79 Prozent der Jugendlichen als wichtig beurteilt (Gensicke, 2010). Etwas eindeutiger in der materialistischen Ausprägung erscheint die Werthaltung „Einen hohen Lebensstandard haben": Rund 69 Prozent der Jugendlichen erachten einen hohen Lebensstandard als wichtig (2002 bis 2010: +6 %; ebd.). Auf der Basis der DJI-Jugendsurveys konstatiert Gille (2006), dass Jungen und junge Männer stärker an materiellen Werten sowie Mädchen und junge Frauen stärker an prosozialen Werten orientiert sind. Im Rahmen einer Studie zur Lebenssituation der sächsischen Jugend (Sächsisches Staatsministerium für Soziales und Verbraucherschutz, 2010) wird neben dieser Geschlechtsspezifik herausgearbeitet, dass jungen Frauen persönliches Glück und die eigene Entwicklung der Persönlichkeit wichtiger sind, während junge Männer im Gegensatz dazu mehr Wert darauf legen, „stressfrei durchs Leben zu kommen" (ebd.).

c) *Werthaltungen zu Leistung und Lebensgenuss:* Leistung und Lebensgenuss erfahren gemäß der Shell-Jugendstudie (2010) eine ähnliche Wertschätzung (Gensicke, 2010); rund 60 Prozent der Jugendlichen finden Fleiß und Ehrgeiz sowie rund 57 Prozent Lebensgenuss besonders wichtig. Bei den Subgruppen zeigen sich deutliche Unterschiede: Beispielsweise beurteilen die ostdeutschen Jugendlichen Fleiß und Ehrgeiz „wertvoller" als den Lebensgenuss. Gleiches trifft auch für die weiblichen Jugend-

lichen zu. Außerdem ermittelte Gensicke (2010), dass der Lebensgenuss mit zunehmendem Alter dem Leistungsstreben untergeordnet wird. Gille erzielt bei der
Auswertung der DJI-Jugendsurveys ähnliche Befunde: „Pflicht, Ehrgeiz, Kritikfähig-
keit und Unabhängigkeit sind den Jüngeren weniger wichtig, höhere Präferenzen
zeigen sie im materialistischen, zum Teil im prosozialen und sehr deutlich im hedonistischen Bereich" (Gille, 2006, S. 140).

d) *Werthaltungen zu politischem Engagement:* Gemäß der Shell-Jugendstudie (2010)
schätzt etwas weniger als ein Viertel der Jugendlichen politisches Engagement als
wichtig ein (Gensicke, 2010). Während politischem Engagement von den Jugendlichen gegenüber dem Jahr 2002 eine geringfügig höhere Wertschätzung („Wichtig":
+2 %) beigemessen wird, erfährt die Toleranz gegenüber Meinungen, denen man
nicht zustimmen kann, eine deutliche Abwertung („Wichtig": −11 %). Gensicke (2010)
beurteilt den Rückgang der Wertschätzung von Toleranz als eine Abwehrhaltung gegenüber einer durch die Medien vermittelten Präsenz militanter oder extremistischer
Ideologien und insofern als Ausdruck eines demokratischen oder freiheitsbejahen-
den Bewusstseins.

*Lebenszufriedenheit*

Welche Faktoren beeinflussen das individuelle Wohlbefinden? Intakte soziale Beziehungen, soziale Unterstützung und Anerkennung sowie positive Erfahrungen bei der Arbeit oder in der Schule erweisen sich insgesamt als förderlich für das Wohlbefinden;
dagegen haben die materiellen Lebensbedingungen nur einen relativ geringen Einfluss, sofern die Grundsicherung nicht in Gefahr ist (Winkler, 2004). Die Ergebnisse
der Shell-Jugendstudie (2010) bestätigen dies: Der Anteil der Jugendlichen, die alles in
allem mit dem eigenen Leben zufrieden sind, nimmt erst dann deutlich ab, wenn die Jugendlichen ihre materielle Lage als „Schlecht" oder „Sehr schlecht" beurteilen. Jedoch
sind selbst von diesen Jugendlichen „nur" rund 13 bzw. 33 Prozent wirklich unzufrieden
mit ihrem Leben; rund 40 bzw. 24 Prozent sind dennoch zufrieden (Gensicke, 2010).

Eine förderliche Wirkung auf das Wohlbefinden hat die Fähigkeit, sich an widri-
ge Umstände anpassen zu können, beispielsweise indem das Anspruchsniveau gesenkt
wird (Winkler, 2004). Außerdem zeigen Ergebnisse der Shell-Jugendstudie (2010), dass
diejenigen zufriedener mit ihrem Leben sind, die Druck und Probleme mit einer gewissen „Lockerheit" angehen. Während Humor als Bewältigungs- oder Problemlösungs-
strategie die Zufriedenheit erhöht, sind Aggressionen, eine Laissez-Faire-Haltung und
ein exzessiver Medienkonsum abträglich für das Wohlbefinden (Gensicke, 2010). Als
Persönlichkeitsdispositionen, die mit individuellem Wohlbefinden bzw. der Lebenszufriedenheit in einem positiven Zusammenhang stehen, gelten beispielsweise ein mittleres oder hohes Selbstwertempfinden, Extraversion, internale Kontrollüberzeugungen
und Optimismus (Winkler, 2004).

*Kontrollüberzeugungen*

Kontrollüberzeugungen sind Auffassungen darüber, ob und inwieweit jemand seine Umwelt beeinflussen kann (Rotter, 1966). Wird der Erfolg bzw. Misserfolg der eigenen Handlungen auf die eigene Person zurückgeführt, bezeichnet man dies als „internale Kontrollüberzeugungen"; bei einer empfundenen Fremdbestimmung spricht man von „externalen Kontrollüberzeugungen". Dabei ist entscheidend, was das Individuum glaubt, und nicht unbedingt, wie sich der Sachverhalt objektiv betrachtet darstellt. Erfolge stärken die internalen Kontrollüberzeugungen; Misserfolge fördern dagegen – sofern sie nicht als Ergebnis unglücklicher Fügung oder mangelnder Anstrengungsbereitschaft interpretiert werden – die Etablierung externaler Kontrollüberzeugungen (ebd.). Naheliegend erscheint weiterhin ein Zusammenhang zwischen Kontrollüberzeugungen und den Erwartungen an die eigene Zukunft: Einerseits dürfte eine als unbefriedigend wahrgenommene Zukunftsperspektive eine fatalistische Lebenseinstellung befördern, andererseits sollte der Glaube daran, dem eigenen Glück selbst „nachhelfen" zu können, eine optimistische Sicht auf die Zukunft ermöglichen.

*(Berufsbezogene) Zukunftserwartungen*

Im Rahmen seiner Wertewandel-Studie konstatiert Opaschowski (2010, S. 29): „Zwanzig Jahre nach der deutschen Vereinigung ist in Ostdeutschland eine neue Generation aufgewachsen, die mittlerweile hoffnungsvoller in die Zukunft schaut (91 Prozent) als die westdeutsche Jugend (86 Prozent)." Diese Tendenz zeigt sich im Rahmen der Shell-Jugendstudie (2010) zwar nicht (hier sind 61 Prozent der Westdeutschen und 60 Prozent der Ostdeutschen zuversichtlich in Bezug auf ihre persönliche Zukunft), allerdings erreicht der auf die eigene Person bezogene Zukunftsoptimismus unter den Jugendlichen insgesamt einen neuen Höchstwert (Leven, Quenzel & Hurrelmann, 2010). Wie ist das vor dem Hintergrund schwieriger wirtschaftlicher Rahmenbedingungen zu erklären? Die Autoren der Shell-Jugendstudie (2010) unterstreichen, dass der hohe Optimismus der Jugendlichen in Bezug auf ihre persönliche Zukunft nicht etwa als „naive Traumtänzerei" begriffen werden dürfe; vielmehr deute der Rückgang des persönlichen Zukunftsoptimismus bei Jugendlichen der Unterschicht darauf hin, dass ihnen der Ernst ihrer Lage durchaus bewusst sei: Während 2002 rund 40 Prozent von ihnen optimistisch in die eigene Zukunft blickten, waren es 2010 nur noch rund 33 Prozent.

Die Shell-Jugendstudie (2010) liefert auch Ergebnisse hinsichtlich der Perspektive der Jugendlichen auf die eigene berufliche Zukunft: Während 2006 rund 64 Prozent der Jugendlichen daran glaubten, dass sich ihre beruflichen Vorstellungen realisieren lassen, waren es 2010 sogar rund 71 Prozent (Leven, Quenzel & Hurrelmann, 2010). Dieser positive Trend zeigt sich bei Haupt-, Real- und Gymnasialschülern sowie Auszubildenden, nicht aber bei Studenten. Diese sind zwar nach wie vor optimistischer als Schüler oder Auszubildende, allerdings ist bei ihnen ein fortschreitender Rückgang des Optimismus zu verzeichnen. Die Autoren der Shell-Jugendstudie (2010) vermuten, dass dies mit der Ablösung klassischer Studiengänge durch das Bachelor-Master-System in Verbindung steht. Welche Berufsperspektiven mit den „neuen" Abschlüssen möglich sind, erscheint noch unklar. Nicht nur bei Studenten, auch bei Jugendlichen der Unterschicht ist der berufliche Optimismus rückläufig: Während 2002 eine Mehrheit von 56 Prozent an die Verwirklichung beruflicher Wünsche glaubte, trifft dies acht Jahre später nur noch auf 41 Prozent zu. Dieser Trend erscheint nachvollziehbar, wenn man berücksichtigt, dass immer mehr Jugendliche der Unterschicht unsicher sind, ihren Schulabschluss zu schaffen oder nach der Ausbildung vom Betrieb übernommen zu werden (ebd.).

Während sich in Bezug auf die persönliche und berufliche Zukunft mehrheitlich Optimismus breitmacht, fällt das Urteil zur gesellschaftlichen Zukunft etwas verhaltener aus: Rund 47 Prozent der westdeutschen und 43 Prozent der ostdeutschen Jugendlichen blicken zuversichtlich auf die gesellschaftliche Zukunft (Leven, Quenzel & Hurrelmann, 2010). Zwar ist der Anteil an zuversichtlichen ostdeutschen Jugendlichen seit 2002 um acht Prozent gestiegen, er erreicht aber längst nicht das Niveau des Jahres 1992 („Zuversichtlich": 78 %). Der eher verhaltene Optimismus in Bezug auf die gesellschaftliche Zukunft sowie der höhere Optimismus hinsichtlich der persönlichen und beruflichen Zukunft kann als Hinweis darauf gedeutet werden, dass die Jugendlichen bereit sind, trotz erwarteter Schwierigkeiten das Beste aus ihrem Leben zu machen.

*Kinderwunsch*

Spielen in der Lebensplanung der Jugendlichen auch Kinder eine Rolle? Im Rahmen der Shell-Jugendstudie (2010) geben rund 69 Prozent der kinderlosen 15- bis 25-jährigen Jugendlichen an, später einmal selbst Kinder haben zu wollen; 2006 äußerten nur 62 Prozent der Jugendlichen diesen Wunsch (Leven, Quenzel & Hurrelmann, 2010). Nicht nur der Anteil der Jugendlichen, die Kinder haben wollen, ist gestiegen, sondern auch der Anteil derjenigen, die keinen Kinderwunsch hegen (2002: 5 %; 2006: 6 %; 2010: 9 %). Jeder fünfte Jugendliche ist in seiner Entscheidung unentschlossen (2002: 28 %; 2006: 32 %; 2010: 20 %). Zwar äußern junge Frauen häufiger einen Kinderwunsch als junge Männer (2010: +8 %), allerdings hat der Kinderwunsch bei den männlichen Befragten im Vergleich zur Erhebung 2006 zugenommen (2006: 56 %; 2010: 65 %). Laut den Autoren der Shell-Jugendstudie (2010) ist unter anderem das Verhältnis zu den Eltern und die Einschätzung der eigenen Zukunft entscheidend für den eigenen Kinderwunsch: Jugendliche, die ein gutes Verhältnis zu ihren Eltern haben und optimistisch in die eigene Zukunft blicken, möchten häufiger Kinder als Jugendliche, für die dies nicht zutrifft (ebd.). Beide Faktoren garantieren jedoch keinesfalls die Realisierung des Kinderwunsches. Gerade hochqualifizierte Frauen schieben ihren Kinderwunsch häufig zugunsten ihrer beruflichen Entwicklung auf.

*Migrationswünsche*

Der demografische Wandel und die Abwanderung der Bevölkerung – insbesondere von Jugendlichen – vom Land in die Städte und aus den neuen in die alten Bundesländer haben in den letzten Jahren bundesweit reges öffentliches Interesse erfahren. Speck

und Schubarth (2009) bemerken in diesem Zusammenhang einen Trend zur Dramatisierung und Stigmatisierung von Regionen und Bevölkerungsgruppen. Der Fokus der
Berichterstattung richtet sich dabei auf Ostdeutschland und hier insbesondere auf die
ländlichen Regionen. Der Prototyp des „Abwanderers" ist weiblich, gut gebildet, flexibel sowie beruflich qualifiziert und ambitioniert (Rolfes & Mohring, 2009). Die „Da-
gebliebenen" werden in der überregionalen Berichterstattung vielfach als perspektivlos,
unmotiviert, deviant und rechtsextrem bezeichnet. Doch welche demografischen Entwicklungstrends lassen sich für Brandenburg fern von Dramatisierung und Stigmatisierung berichten?

Trotz allgemein gestiegener Lebenserwartung schrumpft die Bevölkerung Brandenburgs seit 2001 (Amt für Statistik Berlin-Brandenburg, AfS, 2010a). Im Durchschnitt
bringen die gebärfähigen Brandenburgerinnen 1,4 Kinder zur Welt, so dass die Eltern-
generation nur etwa zu zwei Dritteln ersetzt wird. Das niedrige Geburtenniveau seit
Anfang der neunziger Jahre („Wendeknick") bedeutet nicht nur weniger Kinder, sondern auch weniger Elternpotenzial, was zukünftig weitere Geburtenausfälle bedingen
wird („demografisches Echo"; AfS, 2010a).

Neben Fertilität und Mortalität ist Migration – verstanden als dauerhafter Wohnortwechsel – eine der zentralen Komponenten für die Beschreibung der Bevölkerungsentwicklung. In Brandenburg weist das Verhältnis von Zu- und Fortzügen seit 1989 einen
diskontinuierlichen Verlauf auf (AfS, 2010a): Nach den starken Wanderungsverlusten
in den Jahren 1989 bis 1991 konnte Brandenburg bis zur Jahrhundertwende Wanderungsgewinne für sich verzeichnen. Von 2001 bis 2005 hielten sich Zu- und Fortzüge
die Waage; seitdem ist erneut ein negativer Verlauf der Bevölkerungsentwicklung festzustellen. Wanderungsgewinne ergaben sich insbesondere durch die Zuwanderung
aus dem Ausland und aus Berlin; Wanderungsverluste sind vor allem in Richtung der
alten Bundesländer zu verzeichnen (ebd.). Während Berlin-ferne Städte starke Abwan-
derungsverluste bei den Jugendlichen erfahren, profitiert das Berliner Umland noch
von den Familienzuwanderungen der Nachwendezeit (Gemeinsame Landesplanungsabteilung Berlin-Brandenburg, GL, 2010). In Bezug auf die Wanderung innerhalb von
Brandenburg sei erwähnt, dass die Städte Potsdam und Cottbus sowie der Landkreis
Potsdam-Mittelmark im Zeitraum von 2004 bis 2008 die größten absoluten Binnen-
wanderungsgewinne erzielten, während die Landkreise Spree-Neiße und Oder-Spree
die höchsten Binnenwanderungsverluste erlitten (AfS, 2010a).

Im Hinblick auf die Wanderungsströme zeigen sich deutliche Unterschiede zwischen
einzelnen Bevölkerungsgruppen: Besonders mobil sind die 18- bis unter 30-Jährigen
(AfS, 2010a). Von ihnen sind zwischen 2003 und 2008 jährlich etwa 32 000 (8,6 %) aus
Brandenburg abgewandert, während es lediglich 21 000 junge Menschen nach Brandenburg zog (GL, 2010). Geschlechtsselektive Wanderungsverluste bestehen zwar nach wie
vor, allerdings sind sie nicht mehr so hoch ausgeprägt wie noch vor einigen Jahren (AfS,
2010a): Junge Frauen wandern nur noch geringfügig häufiger ab als gleichaltrige Männer. Kröhnert (2009) weist darauf hin, dass die Frauenabwanderung umso häufiger ist,

je weniger die regionale Branchenstruktur weiblichen Berufswünschen entspricht und umso höher der Frauenanteil an den Schulabgängern mit Hochschulreife ist. Mit dem Bildungsniveau steigt neben der Abwanderungsmotivation auch die dazu notwendige Kompetenz, was zur Folge hat, dass Frauen, die häufiger als Männer nach höherer Bildung streben, potenzielle Arbeitslosigkeit und Unterbeschäftigung häufiger durch Abwanderung kompensieren als Männer (ebd.). Beetz (2009) weist jedoch darauf hin, dass dies aufgrund der unzuverlässigen Datenlage nur äußerst schwer nachweisbar ist.

Speck, Schubarth und Pilarczyk (2009) arbeiteten anhand eigener qualitativer Untersuchungen heraus, dass das Verbleiben in peripheren Regionen Brandenburgs nicht zwangsläufig das Resultat mangelnder Mobilität, Flexibilität oder Bildung sein muss, sondern dass dies durchaus eine bewusst gewählte Lebensperspektive darstellen kann. Will man dem Trend der Abwanderung der Jugend entgegenwirken, gilt es der Frage nachzugehen, was die Jugendlichen zum Bleiben bzw. Fortgehen motiviert. Während Heimatgefühle, regionales Engagement sowie die sozio-emotionalen Bindungen an Familie und Freunde als Haltefaktoren fungieren, sind für die Abwanderungswilligen oft arbeits- und ausbildungsbezogene Faktoren bedeutsam (Speck, Schubarth & Pilarczyk, 2009). Zur Erklärung von Migrationsentscheidungen werden häufig „Push-Pull-Modelle" genutzt, wonach Wanderungsströme sowohl durch „Abstoßungsfaktoren" der Quellregion als auch durch „Anziehungsfaktoren" der Zielregion bestimmt werden (Kröhnert, 2007). Bei der Bestimmung von Einflussfaktoren lassen sich makro- und mikrosoziologische Ansätze unterscheiden: Aus makrosoziologischer Perspektive wird das Wanderungsgeschehen anhand ökonomischer und demografischer Faktoren erklärt (z. B. höheres Lohnniveau in der Zielregion), während mikrosoziologische Betrachtungsweisen persönliche Merkmale wie Geschlecht, Alter, Bildungsstand sowie die individuelle Wahrnehmung struktureller Merkmale und sozialer Netzwerke berücksichtigen. Im „Subjective Expected Utility-Modell" (SEU), einem nutzentheoretischen Entscheidungsmodell, werden sowohl makro- als auch mikrosoziologische Faktoren integriert: Demnach legen sozioökonomische Faktoren zwar eine Abwanderung sowie potenzielle Zielregionen nahe, die Wahrnehmung und Bewertung dessen erfolgt jedoch durch die Individuen selbst. Es wird angenommen, dass sie alle Optionen und ihre Konsequenzen hinsichtlich des jeweils zu erwartenden Nutzens (expected utility) vergleichen und dabei Investitionskosten (z. B. Umzugskosten oder das Zurücklassen der Familie) berücksichtigen. Liegt der erwartete Nutzen einer Abwanderung über dem erwarteten Nutzen des Bleibens, ist ein Migrationsbeschluss wahrscheinlich (ebd.). Es erscheint insofern plausibel, dass Menschen mit einer geringen Qualifikation seltener abwandern als höher qualifizierte, da sie im Gegensatz zu diesen auch andernorts nur geringe Chancen auf eine attraktive Berufsperspektive sehen.

Beetz (2009) konstatiert, dass Migrationsentscheidungen keineswegs nur das Produkt rationaler Abwägungen sind, sondern dass sie in biografische Konzepte (z. B. Zusammenzug mit dem Partner) und soziale Kontexte eingebunden sind. Er vertritt die These, dass öffentliche wie auch private Abwanderungsdiskurse die Migrationsentscheidung beeinflussen, indem sie eine spezifische Interpretationsrichtung der regionalen Lebensbedingungen und der potenziellen Migrationsentscheidung bereitstellen. Anhand von Gruppendiskussionen mit 16- bis 18-jährigen Schülern konnte Beetz (2009) herausarbeiten, dass die Wahrnehmungs- und Orientierungsmuster der Jugendlichen mit der medialen Berichterstattung korrespondieren: Im Lichte einer düsteren Darstellung der regionalen Entwicklung erscheine die Abwanderung als Notwendigkeit für die eigene Chancenverwirklichung. Zwar würden kollektive Orientierungsmuster nicht den individuellen Entscheidungsprozess ersetzen; sie beeinflussen ihn aber über ihre Wirkung auf das individuelle Orientierungs- und Deutungsverhalten (ebd.).

## 2.2   Methodische Bemerkungen

Nach Sturzbecher und Langner (1997) orientiert sich die Formulierung der Werteitems im Rahmen der Zeitreihenstudie „Jugend in Brandenburg" an der „Schülerstudie '90" (Behnken et al., 1991). Die Werte werden als Konkreta – hier in Form von Lebenszielen – erfasst (z. B. „Viel Geld verdienen"). Für die Interpretation der Ergebnisse ist es wichtig zu bedenken, dass nicht unbedingt das Konkretum an sich im Vordergrund steht, sondern entsprechende „Auffassungen vom Wünschenswerten" (z. B. „Finanzielle Sicherheit"; Golonka, 2009). Das Werteinventar der brandenburgischen Jugendstudie umfasst seit 1993 die Items „Das Leben genießen", „Viel Geld verdienen", „Für andere da sein", „Eine erfüllende Arbeit haben", „Aktiv am politischen Leben teilnehmen", „Ohne Anstrengungen angenehm leben" und „Eine Familie gründen". 1999 wurden die Items „Materiell abgesichert sein" und „Immer seine eigene Meinung vertreten" ergänzt, 2005 kam das Item „Gesund leben" hinzu. Die Jugendlichen wurden gebeten, diese Items auf einer vierstufigen Skala nach ihrer Bedeutsamkeit für ihr persönliches Leben zu bewerten (Rating-Verfahren, s. Kap. 2.1).

Seit der Erhebung im Jahr 1999 werden brandenburgische Jugendliche außerdem nach ihrer Zufriedenheit mit zentralen Lebensaspekten befragt (z. B. soziale Beziehungen, Wohnsituation, Gesundheit). Für die Erklärung der Zufriedenheit mit der finanziellen Lage wurden Regressionsanalysen durchgeführt. Die allgemeine Lebenszufriedenheit wurde als Gesamtheit der bereichsspezifischen Lebenszufriedenheit operationalisiert (additiver Lebenszufriedenheitsindex). Auf der Basis von bivariaten Korrelationsanalysen konnten Zusammenhänge zwischen bereichsspezifischer bzw. allgemeiner Lebenszufriedenheit sowie inter- und intrapersonalen Merkmalen ermittelt werden.

Beispiele dieser interpersonalen Merkmale sind Kontrollüberzeugungen und Zukunftserwartungen. Kontrollüberzeugungen werden seit der Erhebung im Jahr 1996 und „Berufsbezogene Zukunftserwartungen" seit 1993 erfasst (zu den Indikatoren dieser beiden Skalen s. Anhang). Neben beruflichen wurden auch familiale Zukunftserwartungen erhoben. Seit 2005 werden die brandenburgischen Jugendlichen danach gefragt, ob sie später einmal selbst Kinder haben wollen. Anders als bei den bisher aufgeführten Items und Skalen wurde bei dieser Frage ein dichotomes Antwortformat gewählt („Ja" oder „Nein"). Darüber hinaus wurde auf einer vierstufigen Skala erhoben, wie wichtig den Jugendlichen eine feste Partnerschaft, der Abschluss der Berufsausbildung, ein sicherer Job, passender Wohnraum und Kinderbetreuungsmöglichkeiten für die Erfüllung ihres Kinderwunsches sind.

Ein weiterer Fragenblock erfasste das Denkmuster „Ost-West": Bereits seit der Vorgängerstudie (2005) wird erhoben, wie es sich nach Meinung der Jugendlichen mit den Chancen von Ostdeutschen im Vergleich zu Westdeutschen zum Beispiel hinsichtlich der Familiengründung oder einer Arbeit mit ausreichendem Einkommen verhält. Im Rahmen dieser Erhebung (2010) wurden die Jugendlichen zudem erstmalig danach gefragt, ob für sie die Unterscheidung zwischen Ostdeutschen und Westdeutschen eine Rolle spielt.

Zur Prognose demografischer Entwicklungen werden die Jugendlichen seit der Erhebung im Jahre 2005 auch nach ihrer Zufriedenheit mit regionalen Lebensbedingungen (z. B. den Schul- und Ausbildungsmöglichkeiten) und ihren Migrationswünschen[7] befragt. Es erscheint naheliegend, dass Jugendliche, die mit ihren regionalen Lebensbedingungen unzufrieden sind und beispielsweise in den westlichen Bundesländern bessere Lebensbedingungen wahrnehmen, gern woanders leben möchten. Zur Überprüfung dieser Annahme wurde auf der Basis der Zufriedenheit mit den einzelnen regionalen Lebensaspekten ein additiver Index der allgemeinen regionalen Lebenszufriedenheit gebildet.

Die Untersuchungsergebnisse zu den vorgestellten Items und Skalen werden nachfolgend jeweils anhand von Häufigkeitsverteilungen für die aktuelle (2010) und die vorangegangene Erhebung (2005) dargestellt; mit Hilfe von Mittelwertvergleichen werden unter Einbezug weiterer Erhebungszeitpunkte längerfristige Trends veranschaulicht. Gruppenunterschiede hinsichtlich der Merkmale Geschlecht, Alter und Schulform werden für die Daten der aktuellen Erhebung anhand von Effektstärken (s. Kap. 1.3) abgebildet.

## 2.3   Untersuchungsergebnisse

*Werthaltungen*
Wie der folgenden Tabelle 2.1 zu entnehmen ist, halten ähnlich wie bei der Erhebung vor fünf Jahren rund 69 Prozent der brandenburgischen Jugendlichen eine erfüllende Arbeit, in der man „aufgehen" kann, für „Sehr bedeutsam". Rund 59 Prozent sind der Ansicht, dass ein genussvolles Leben äußerst erstrebenswert sei. Auch die erstmals

---

7    Unter „Migration" wird hier auch Binnenmigration verstanden, also ein Wohnortwechsel innerhalb des Landes bzw. des Bundeslandes.

2005 erfasste Werthaltung „Gesund leben" sowie die sozialen Werthaltungen „Eine Familie gründen" und „Für andere da sein, auch wenn man selbst auf etwas verzichten muss" werden von der Mehrheit der brandenburgischen Jugendlichen als „Sehr bedeutsam" eingestuft und verzeichnen im Vergleich zu der Erhebung im Jahr 2005 einen Bedeutungszuwachs. Hingegen haben die materiellen Werthaltungen im Zeitvergleich etwas an Relevanz verloren: Materielle Sicherheit wird von 48,1 Prozent (2005: 53,9 %) und „Viel Geld verdienen" von 36,3 Prozent (2005: 41,5 %) der Jugendlichen als besonders wichtig beurteilt. Das Einstehen für die eigene Meinung, notfalls auch zum eigenen Nachteil, erfährt von rund 39 Prozent der brandenburgischen Jugendlichen eine hohe Wertschätzung. Rund 21 Prozent der Jugendlichen finden es außerordentlich wünschenswert, ohne Anstrengungen ein angenehmes Leben zu führen. Eine aktive politische Teilnahme ist nur für eine Minderheit erstrebenswert.

*Tabelle 2.1*      Werthaltungen 2005 und 2010 (in %)

| | „Wie bedeutsam ist jedes der unten genannten Ziele für Ihr persönliches Leben?" | | | | | | | |
| | Sehr bedeutsam | | Bedeutsam | | Kaum bedeutsam | | Überhaupt nicht bedeutsam | |
| | 2005 | 2010 | 2005 | 2010 | 2005 | 2010 | 2005 | 2010 |
|---|---|---|---|---|---|---|---|---|
| Eine erfüllende Arbeit haben | 69,4 | 69,0 | 26,8 | 27,7 | 2,8 | 2,7 | 1,0 | 0,6 |
| Das Leben genießen | 58,9 | 59,2 | 36,2 | 36,0 | 4,3 | 4,2 | 0,6 | 0,6 |
| Gesund leben | 56,3 | 59,8 | 35,1 | 33,6 | 7,3 | 5,6 | 1,2 | 1,0 |
| Eine Familie gründen | 57,5 | 63,0 | 29,6 | 27,5 | 10,1 | 7,0 | 2,7 | 2,5 |
| Für andere da sein | 50,5 | 53,1 | 43,3 | 42,1 | 5,2 | 4,3 | 1,0 | 0,5 |
| Materiell abgesichert sein | 53,9 | 48,1 | 40,0 | 43,1 | 5,5 | 7,8 | 0,6 | 1,0 |
| Viel Geld verdienen | 41,5 | 36,3 | 48,6 | 51,9 | 9,0 | 10,9 | 0,8 | 0,9 |
| Eigene Meinung vertreten | 39,5 | 38,5 | 47,0 | 46,0 | 12,2 | 13,9 | 1,2 | 1,6 |
| Ohne Anstrengungen angenehm leben | 23,1 | 21,1 | 37,3 | 38,2 | 32,2 | 33,7 | 7,3 | 7,1 |
| Aktiv am politischen Leben teilnehmen | 7,9 | 7,3 | 29,3 | 24,7 | 49,6 | 50,8 | 13,2 | 17,2 |

Sieben der zehn aufgeführten Werthaltungen werden bereits seit der Erhebung im Jahr 1993 erfasst. Einen Überblick über die Entwicklungstrends der einzelnen Werthaltungen im Zeitverlauf vermitteln die Veränderungen ihrer Mittelwerte. Der Wertebereich reicht entsprechend der vierstufigen Skala von „1" bis „4", wobei niedrige Werte für eine geringe Wertschätzung und hohe Werte für eine hohe Wertschätzung stehen. Aus der nachfolgenden Abbildung 2.1 geht hervor, dass eine erfüllende Arbeit und ein genussvolles

Leben für brandenburgische Jugendliche im gesamten Erhebungszeitraum am bedeut-
samsten waren, wobei eine erfüllende Arbeit meist den ersten und Lebensgenuss den
zweiten Rang belegte. Einzig im Erhebungsjahr 1999 war dies umgekehrt. Auf Rang drei
folgt die erstmals im Jahr 2005 erfasste Werthaltung „Gesund leben", welche innerhalb
der vergangenen fünf Jahre einen Bedeutungszuwachs bei den Jugendlichen erfahren
hat (2005: 3,47; 2010: 3,52). Anzumerken ist allerdings, dass sich diese Aufwertung fast
ausschließlich bei Mädchen und jungen Frauen finden lässt (2005: 3,53; 2010: 3,62); die
Wertschätzung eines gesunden Lebens fällt bei den männlichen Jugendlichen im Zeitvergleich relativ stabil aus (2005: 3,41; 2010: 3,44).

Die sozialen Werthaltungen „Eine Familie gründen" und „Für andere da sein, auch
wenn man selbst auf etwas verzichten muss" sind für die brandenburgischen Jugend-

*Abbildung 2.1*   Werthaltungen im Zeitraum von 1993 bis 2010

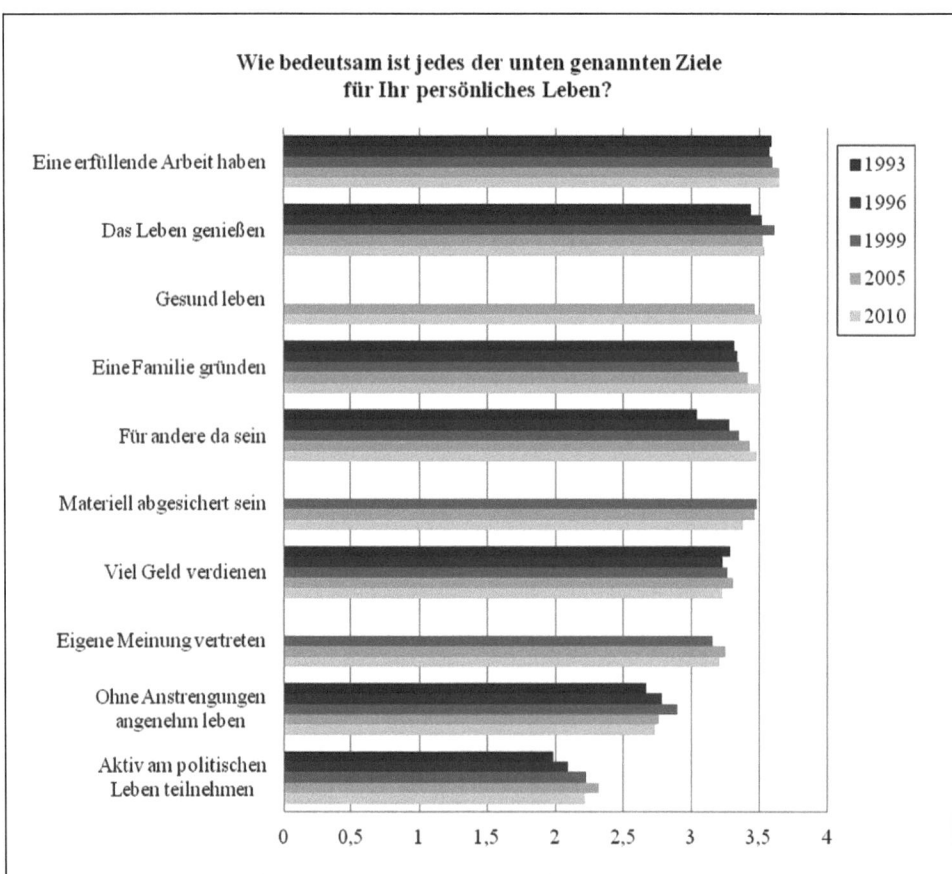

Mittelwerte einer Skala von „1" = „Überhaupt nicht bedeutsam", „2" = „Kaum bedeutsam", „3" = „Bedeutsam", „4" = „Sehr
bedeutsam"

lichen im gesamten Erhebungszeitraum (1993 bis 2010) immer wichtiger geworden. Während die Fürsorge für andere insbesondere in den 1990er Jahren eine Aufwertung erfuhr (1993: 3,04; 1996: 3,28; 1999: 3,35; 2005: 3,43; 2010: 3,48), hat die Familiengründung eher seit der Jahrtausendwende an Bedeutung gewonnen (1993: 3,32; 1996: 3,34; 1999: 3,35; 2005: 3,42; 2010: 3,51). Im Gegensatz dazu haben materielle Sicherheit und der leistungsfeindliche Wert „Ohne Anstrengungen angenehm leben" seit 1999 beständig an Wertschätzung durch die Jugendlichen verloren. Die Werthaltung „Aktiv am politischen Leben teilnehmen" hat von den im Fragebogen thematisierten Werthaltungen noch immer den geringsten Stellenwert. Der sich in der Zeitreihe bis 2005 abzeichnende Trend zum stetigen Bedeutungszuwachs hat sich nicht fortgesetzt (1993: 1,98; 1996: 2,09; 1999: 2,23; 2005: 2,32; 2010: 2,22).

Die einzelnen Werthaltungen besitzen für Jugendliche unterschiedlicher Gruppen teils eine recht unterschiedliche Bedeutsamkeit. Da die Alters- und Geschlechtseffekte über die Zeit relativ stabil ausfallen, der Effekt der Zugehörigkeit zu einer bestimmten Schulform aufgrund der schulpolitischen Reformen der letzten Jahre mit ihren Schulstrukturveränderungen hingegen kaum darstellbar erscheint, werden im Folgenden ausschließlich die Ergebnisse der jüngsten Erhebung (2010) dargestellt.

Ein gesundes Leben ist für Mädchen insgesamt wichtiger als für Jungen (f = 0.13). Neben diesem Geschlechtsunterschied ist außerdem ein Alterseffekt zu bemerken: Jüngere Jugendliche schätzen ein gesundes Leben tendenziell wertvoller ein als ältere Jugendliche (f = 0.18). Es bleibt abzuwarten, ob dies das Vorzeichen eines sich verstärkenden Gesundheitsbewusstseins ist. Bereits jetzt lässt sich sagen, dass die Wertschätzung eines gesunden Lebens über ein bloßes Lippenbekenntnis hinausgeht, denn Jugendliche, denen dieser Wert wichtig ist, achten mehr auf eine ausgewogene Ernährung ($\rho$ = 0.28) und rauchen seltener (V = 0.16). Im Hinblick auf die verschiedenen Schulformen lässt sich festhalten, dass Auszubildende einem gesunden Leben tendenziell am wenigsten Bedeutung beimessen und Oberschüler am meisten (f = 0.14).

Neben einem gesunden Leben stehen auch soziale Werte bei den Mädchen höher im Kurs als bei den Jungen. Dieser Effekt zeigt sich deutlich bei der Werthaltung „Für andere da sein, auch wenn man selbst auf etwas verzichten muss" (f = 0.16). Dies ist jedoch nicht als einseitige oder grenzenlose Hinwendung zur Familie zu deuten. Vielmehr ist es Mädchen sogar wichtiger als Jungen, eine „erfüllende Arbeit" zu haben (f = 0.10).

Wie in den vorangegangen Erhebungen messen Jungen dem materiellen Wert „Viel Geld verdienen" tendenziell mehr Bedeutung zu als Mädchen (f = 0.08). Oberschülern ist ein hoher Geldverdienst am wichtigsten, von Gymnasialschülern erfährt diese Werthaltung die geringste Wertschätzung (f = 0.14). Die aktive Teilnahme am politischen Leben hat für Jungen eine etwas höhere Bedeutung als für Mädchen (f = 0.09). Seit der ersten Erfassung dieser politischen Werthaltung im Jahr 1993 ist – nach beständigem Bedeutungsgewinn in den zurückliegenden Befragungen – bei der aktuellen Befragung erstmalig wieder ein Bedeutungsverlust zu konstatieren. Es wäre jedoch verfrüht, den Schluss zu ziehen, dass sich hier ein neuer Abwärtstrend andeutet, denn den jüngeren

Jugendlichen ist politisches Engagement tendenziell wichtiger als den älteren Jugendlichen (f = 0.11).

Die Ergebnisse der Korrelationsanalysen zeigen, dass die Wertschätzung politischen Engagements im Zusammenhang mit politischem Interesse ($\rho$ = 0.40) und der selbst attestierten politischen Kompetenz ($\rho$ = 0.34) steht: Jugendliche, die eine aktive politische Beteiligung wichtig finden, sind häufig politisch interessierter und halten sich außerdem für kompetenter.[8] Dies ist jedoch nicht kausal zu interpretieren, d. h. es kann nicht davon ausgegangen werden, dass eine stärkere Vermittlung der Bedeutsamkeit von politischer Partizipation automatisch zu mehr politischem Interesse und zu mehr politischer Kompetenz führt. Vielmehr erscheint es in Anlehnung an Klages (1999) sinnvoll, die Jugendlichen für konkrete, regionale und sie direkt oder indirekt betreffende gesellschaftspolitische Fragestellungen zu sensibilisieren. In Anbetracht der Alterung der Gesellschaft wird es immer wichtiger, dass Jugendliche selbstbewusst für ihre Interessen eintreten.

Die leicht gesunkene Akzeptanz des Wertes „Ohne Anstrengungen ein angenehmes Leben führen" deutet darauf hin, dass die grundsätzliche Anstrengungs- und Leistungsbereitschaft der Jugendlichen etwas gewachsen ist, wobei Gymnasialschülerinnen ab 18 Jahren besonders leistungsbereit erscheinen. Zu vermuten ist, dass der bevorstehende Übergang zur Ausbildung oder zum Studium die ambitioniertere Karriereorientierung der jungen Frauen (vgl. „Eine erfüllende Arbeit haben") und damit verbunden die Leistungsbereitschaft beflügelt. Der Trend zu mehr Leistungsbereitschaft sollte allerdings nicht überschätzt werden, denn zum einen beurteilen immer noch 59,3 Prozent der Jugendlichen die Werthaltung „Ohne Anstrengungen angenehm leben" als „Sehr bedeutsam" oder „Bedeutsam" und zum anderen mögen Werte und Lebensziele zwar Wahrnehmungs- und Handlungsorientierung bieten, sie gehen jedoch nicht notwendigerweise mit entsprechenden Aktivitäten einher.

Welche Schlussfolgerungen lassen sich anhand der vorliegenden Daten in Bezug auf die allgemeine Wertewandeldebatte ziehen? Da es im Rahmen der thematisch sehr breit angelegten brandenburgischen Jugendstudie (2010) nicht möglich war, den gesamten jugendlichen Werteraum zu erfassen, scheinen Rückschlüsse nur in Ansätzen möglich. Nichtsdestotrotz zeigt sich, dass die Veränderungen in den Ausprägungen der materialistischen Werthaltung „Materiell abgesichert sein" und der eher postmaterialistischen Werthaltung „Eine erfüllende Arbeit haben" im Zeitvergleich im Einklang mit den Befunden von Inglehart (s. Kap. 2.1) stehen: Die materialistische Werthaltung hat in der Zeitreihe (geringfügig) an Bedeutung verloren, während die postmaterialistische Wert-

---

8    Der Frage, ob spezifische Unterschiede in den Werteprofilen von Jugendlichen mit bestimmten politischen Einstellungen und politischem Engagement einhergehen, sind Sturzbecher, Burkert und Hoffmann (2010) anhand der vorliegenden Datenbasis nachgegangen. Sie kommen u. a. zu dem Ergebnis, dass Jugendliche mit einem undifferenzierten Werteprofil besonders häufig rechtsextremistische Einstellungen teilen (ebd.).

haltung – zumindest partiell – einen (geringfügigen) Bedeutungszuwachs erfahren hat (s. Abb. 2.2). Der Bedeutungsverlust der materialistischen Werthaltung und der zeitgleiche Bedeutungsgewinn der postmaterialistischen Werthaltung bedeuten jedoch nicht, dass auch eine Wertesubstitution im Inglehartschen Sinne vorliegt. Vielmehr korrelieren beide Werthaltungen sogar positiv miteinander ($\rho$ = 0.24), was eher für eine Wertesynthese als für eine Wertesubstitution sprechen könnte.

*Abbildung 2.2*   „Eine erfüllende Arbeit haben" und „Materiell abgesichert sein"
             im Zeitraum von 1993 bis 2010

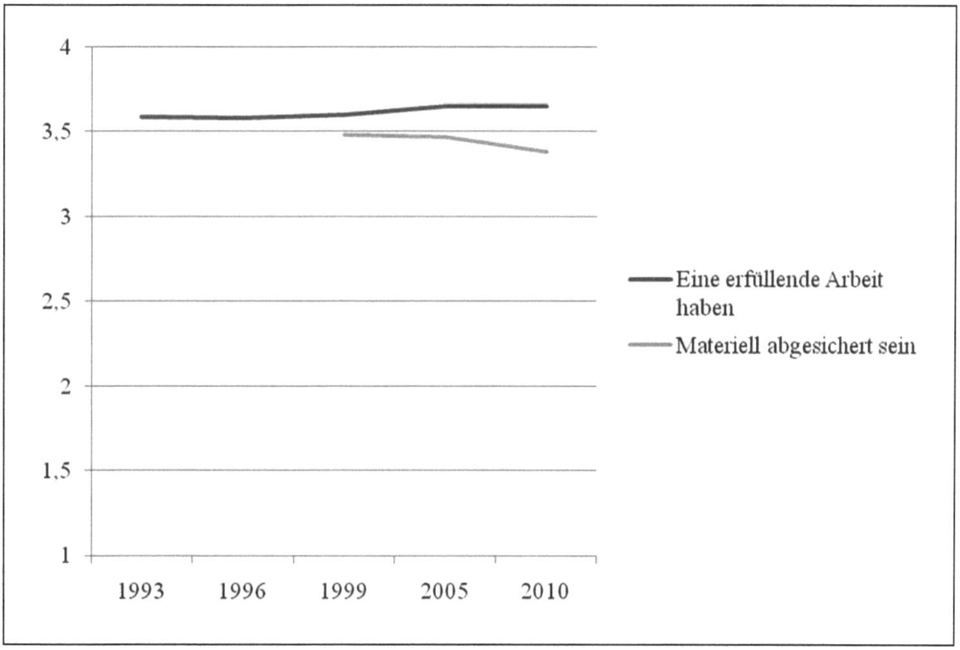

Mittelwerte einer Skala von „1" = „Überhaupt nicht bedeutsam", „2" = „Kaum bedeutsam", „3" = „Bedeutsam", „4" = „Sehr bedeutsam"

Interessanterweise stehen nicht nur diese zwei, sondern fast alle Werthaltungen in einem signifikant positiven Zusammenhang miteinander[9], wobei dieser Zusammenhang zwischen unterschiedlichen Werthaltungen in seiner Stärke variiert. Die Ergebnisse der brandenburgischen Jugendstudie (2010) lassen also eine Mehrdimensionalität des Werteraums und damit verbunden das Potenzial zur Synthese verschiedener Werte (s. Ansatz von Klages Kap. 2.1) denkbar erscheinen. Die Ergebnisse zeigen allerdings auch, dass die Jugendlichen Werte priorisieren. Ein Indiz dafür ist die über alle Erhebungs-

---

9   Die Werthaltung „Für andere da sein" steht nicht in einem signifikanten Zusammenhang mit den Werthaltungen „Viel Geld verdienen" und „Ohne Anstrengung angenehm leben".

zeitpunkte hinweg relativ hohe bzw. vergleichsweise geringe Wertschätzung einzelner Werteitems (z. B. besaß politisches Engagement immer den geringsten Stellenwert unter allen Werthaltungen).

*Lebenszufriedenheit*

Wie steht es um die Lebenszufriedenheit der brandenburgischen Jugendlichen? Wie in der nachfolgenden Tabelle 2.2 zu erkennen ist, äußern sich die befragten Jugendlichen erfreulicherweise zu keinem der thematisierten Aspekte mehrheitlich unzufrieden. Besonders zufrieden sind die Jugendlichen mit ihren sozialen Beziehungen: Rund 75 Prozent der Befragten sind zufrieden mit ihrem Verhältnis zu Freunden und Bekannten, Gleiches gilt für 65,5 Prozent der Jugendlichen hinsichtlich ihres Verhältnisses zu ihren Eltern.[10] Wenn man sich grundlegende Unterschiede von Freundschaftsbeziehungen und Eltern-Kind-Beziehungen vor Augen führt, erscheint es nicht erstaunlich, dass die Jugendlichen mit ihren Freundesbeziehungen etwas zufriedener sind als mit dem Verhältnis zu ihren Eltern: Während mit Freunden und Bekannten die eigenen Möglichkeiten und Grenzen ausgetestet werden, sind es zumeist die Eltern, die teils unerwünschte Grenzen und Regeln aufzeigen. Damit bergen Eltern-Kind-Beziehungen tendenziell mehr Konfliktpotenzial als Freundesbeziehungen, die sich auch leichter auflösen lassen.

Rund 66 Prozent der brandenburgischen Jugendlichen sind mit ihrer Wohnsituation und etwas mehr als die Hälfte mit ihrer Gesundheit und dem Leben am Wohnort rundum „Zufrieden". Den größten Optimierungsbedarf signalisieren die Jugendlichen hinsichtlich ihrer finanziellen Lage, der Schul- und Ausbildungssituation, den Freizeitmöglichkeiten und der Chance auf eine selbstbestimmte Lebensgestaltung; weniger als die Hälfte der brandenburgischen Jugendlichen ist bezüglich dieser vier Lebensaspekte uneingeschränkt zufrieden.

Die Zufriedenheit mit den erhobenen Lebensaspekten erscheint im Zeitverlauf relativ stabil (s. Abb. 2.3). Auffällig ist, dass die Situation bezüglich der vier Lebensaspekte auf den obersten Rangplätzen (Beziehung zu Freunden und Bekannten, Verhältnis zu den Eltern, Wohnsituation und Gesundheit) seit der ersten Erhebung dieser Items im Jahr 1999 von den Jugendlichen zunehmend als etwas weniger zufriedenstellend empfunden wird. Da die Zufriedenheit bezüglich dieser Aspekte jedoch lediglich geringfügig gesunken und damit noch immer recht hoch ausgeprägt ist, sollte dieser Tendenz nicht zu viel Gewicht beigemessen werden. Zudem gilt es zu bedenken, dass eine bereits sehr hoch ausgeprägte Zufriedenheit nur schwer zu steigern ist. Eine erfreuliche, wenn auch nur begrenzt angewachsene Zufriedenheitstendenz gegenüber der Vorgänger-

---

10   Die brandenburgischen Jugendlichen äußern sich etwas positiver zu ihrem Verhältnis mit den Eltern als der Bundesdurchschnitt: Im Rahmen der Shell-Jugendstudie 2010 (Leven, Quenzel & Hurrelmann, 2010) geben rund 35 Prozent der Jugendlichen an, bestens mit ihren Eltern auszukommen (JiB 2010 „Zufrieden": 65,5 %), rund 56 Prozent kommen trotz gelegentlicher Meinungsverschiedenheiten mit ihnen klar (JiB 2010 „Eher zufrieden": 25,3 %). Nur eine Minderheit versteht sich oft nicht mit seinen Eltern (Shell 2010: 7 %) oder hat gar ein schlechtes Verhältnis zu ihnen (Shell 2010: 1 %).

*Tabelle 2.2*    Zufriedenheit mit zentralen Lebensaspekten 2005 und 2010 (in %)

| | „Wie zufrieden sind Sie mit folgenden Aspekten in Ihrem Leben?" | | | | | | | |
| | Zufrieden | | Eher zufrieden | | Eher unzufrieden | | Unzufrieden | |
| | 2005 | 2010 | 2005 | 2010 | 2005 | 2010 | 2005 | 2010 |
|---|---|---|---|---|---|---|---|---|
| Beziehung zu Freunden und Bekannten | 77,3 | 75,1 | 19,4 | 21,2 | 2,6 | 3,3 | 0,7 | 0,4 |
| Wohnsituation | 67,0 | 66,4 | 22,7 | 22,8 | 7,6 | 8,5 | 2,7 | 2,3 |
| Verhältnis zu den Eltern | 67,1 | 65,5 | 23,5 | 25,3 | 6,0 | 6,7 | 3,4 | 2,5 |
| Gesundheit | 55,1 | 53,4 | 34,1 | 35,2 | 8,6 | 8,9 | 2,2 | 2,4 |
| Leben am Wohnort | 51,8 | 51,1 | 34,5 | 36,2 | 11,0 | 10,2 | 2,7 | 2,6 |
| Möglichkeiten, mein Leben selbst zu bestimmen | 48,3 | 46,8 | 40,1 | 41,3 | 9,6 | 10,7 | 1,9 | 1,2 |
| Freizeitmöglichkeiten | 39,0 | 39,8 | 34,3 | 38,6 | 21,4 | 17,8 | 5,3 | 3,9 |
| Schul- bzw. Ausbildungssituation | 38,0 | 38,2 | 43,4 | 46,2 | 16,4 | 13,1 | 2,1 | 2,4 |
| Finanzielle Lage | 28,9 | 29,0 | 32,6 | 34,8 | 27,2 | 24,4 | 11,3 | 11,7 |

studie (2005) zeigt sich bezüglich des Lebens am Wohnort, der Schul- bzw. Ausbildungssituation, den Freizeitmöglichkeiten und der finanziellen Situation.

Sind bestimmte Gruppen von Jugendlichen besonders zufrieden oder unzufrieden mit den erfassten Lebensaspekten? Hinsichtlich der Zufriedenheit mit sozialen Beziehungen zu Freunden, Bekannten und Eltern sowie den Möglichkeiten, das eigene Leben selbstbestimmt gestalten zu können, zeigen sich bei der Analyse demografischer Faktoren (Geschlecht, Alter, Schulform) keine nennenswerten Unterschiede. Vielmehr steht die Zufriedenheit mit Freundschaftsbeziehungen im Zusammenhang mit der Frage, ob die Jugendlichen einen besten Freund oder eine beste Freundin haben (V = 0.22) und sich einer Clique zugehörig fühlen (V = 0.23). Die Zufriedenheit mit dem Verhältnis zu den Eltern ist im Zusammenhang mit familialen Unterstützungspotenzialen ($\rho$ = 0.35), „Elterlicher Vernachlässigung" ($\rho$ = −0.32) und „Elterlicher Restriktion" ($\rho$ = −0.44) zu sehen: Jugendliche, die auf familiale Unterstützung setzen können (z. B. „Meine Familie gibt mir Tipps für meine schulische und berufliche Entwicklung") und das Gefühl

*Abbildung 2.3*   Zufriedenheit mit zentralen Lebensaspekten
im Zeitraum von 1999 bis 2010

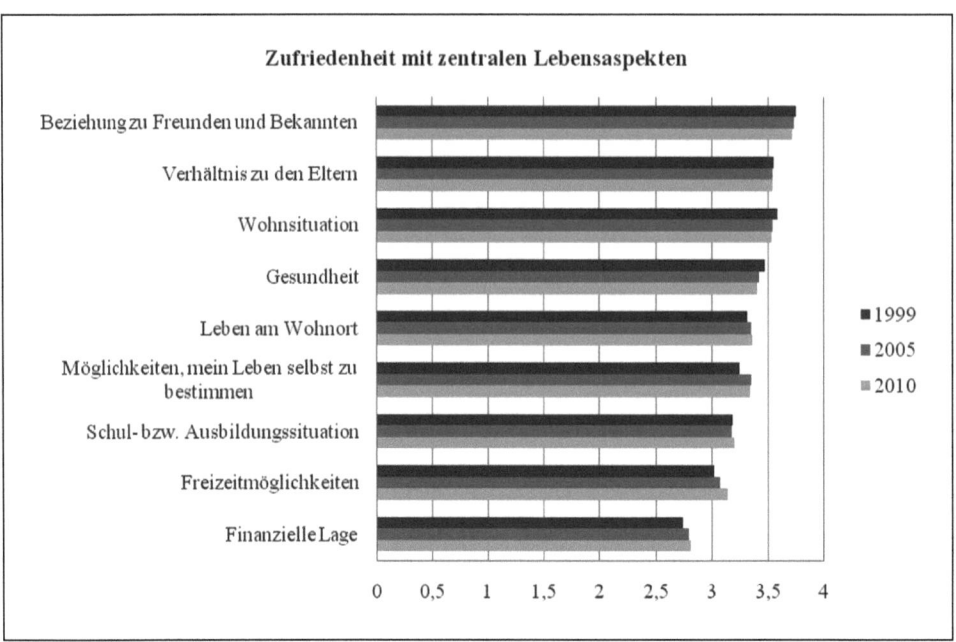

Mittelwerte einer Skala von „1" = „Unzufrieden", „2" = „Eher unzufrieden", „3" = „Eher zufrieden", „4" = „Zufrieden"

haben, dass sich ihre Eltern wirklich um sie kümmern und sie nicht nur kontrollieren und sanktionieren, sind zufriedener mit ihrem Verhältnis zu den Eltern als Jugendliche, die wenig Unterstützung bekommen, sich alleingelassen fühlen und von ihren Eltern Restriktionen erfahren.

Auch die Zufriedenheit mit den Möglichkeiten zur selbstbestimmten Lebensgestaltung korrespondiert mit familialen Unterstützungspotenzialen ($\rho = 0.18$), „Elterlicher Vernachlässigung" ($\rho = -0.10$) und „Elterlicher Restriktion" ($\rho = -0.27$). Weiterhin sind Jugendliche, die ihren Lehrern eine hohe soziale Lehrqualität (z. B. „Die Lehrer gehen auf unsere Fragen ein") bescheinigen, häufiger mit den Möglichkeiten zufrieden, ihr Leben selbstbestimmt gestalten zu können ($\rho = 0.16$). Es lässt sich vermuten, dass Anteilnahme, Offenheit und Unterstützung von Seiten der Eltern und Lehrer förderlich dahingehend wirken, dass Jugendliche verschiedene Handlungsoptionen überhaupt erst erkennen und für sich erwägen. Jugendliche, die für gut befundene Handlungsoptionen erproben, sind wahrscheinlich häufiger mit den Möglichkeiten zur selbstbestimmten Lebensgestaltung zufrieden als Jugendliche, die Handlungsoptionen nicht erkennen beziehungsweise nicht nutzen. Letzteres könnte mit hoch ausgeprägten externalen Kontrollüberzeugungen im Zusammenhang stehen. Zumindest korrelieren „Externale Kontrollüberzeugungen" negativ mit der Zufriedenheit bezüglich den Möglichkeiten zur selbstbestimmten Lebensgestaltung ($\rho = -0.23$).

Hinsichtlich der Zufriedenheit mit der Wohnsituation, der Gesundheit, den Freizeit-möglichkeiten und der finanziellen Lage zeigen sich Effekte des Alters und der Schul-form (f ≥ 0.1): Jüngere Jugendliche äußern sich in Bezug auf diese vier Lebensaspekte tendenziell zufriedener als ältere Jugendliche; Auszubildende an Oberstufenzentren weisen die geringsten Zufriedenheitswerte auf. Am deutlichsten fallen beide Effekte für die Zufriedenheit mit der finanziellen Lage aus (Alterseffekt: f = 0.46; Effekt der Schul-form: f = 0.45).[11]

Zu allen drei Erhebungszeitpunkten äußern sich die Jugendlichen hinsichtlich ihrer finanziellen Lage mit Abstand am wenigsten zufrieden, weshalb die Zufriedenheit mit diesem Lebensaspekt näher untersucht wurde: Die Ergebnisse von Korrelationsanalysen zeigen einen negativen Zusammenhang zwischen der Zufriedenheit mit der finanziellen Lage und den monatlich zur Verfügung stehenden finanziellen Ressourcen ($\rho = -0.26$). Wie ist es zu erklären, dass Jugendliche mit weniger Geld zufriedener mit ihrer Finanz-lage sind als Jugendliche mit mehr Geld? Augenscheinlich ist es für die Zufriedenheit mit der finanziellen Lage nicht nur entscheidend, auf welche finanziellen Ressour-cen man zurückgreifen kann, sondern auch, welche Ausgaben man hat, was wieder-um von der jeweiligen Lebenssituation abhängen dürfte: Den Auszubildenden steht zwar tendenziell mehr Geld zur Verfügung als den Schülern allgemeinbildender Schu-len (f = 0.59), aber die zumeist älteren Auszubildenden wohnen auch häufiger „Eigen-ständig" (z. B. allein, in einer WG oder mit dem Freund oder der Freundin, f = 0.45) und haben somit auch eine höhere finanzielle Belastung zu tragen als Jugendliche, die noch „Zuhause" bei ihren Eltern leben. Mittelwertvergleiche zeigen, dass die finanzi-elle Zufriedenheit mit der Wohnform korrespondiert (f = 0.25), was diese Überlegun-gen bekräftigt. Neben der höheren finanziellen Belastung aufgrund der eigenständigen Wohnform könnten die geringeren Zufriedenheitswerte bei Auszubildenden auch dar-auf zurückzuführen sein, dass sie sich bedingt durch ihre Arbeit in Betrieben bei der Beurteilung ihrer Finanzlage an den wahrscheinlich deutlich mehr verdienenden Mit-arbeitern und nicht etwa an der hier betrachteten Vergleichsgruppe der Schüler orien-tieren. Hingegen wählen Schüler möglicherweise eher andere Schüler, die über ähnliche finanzielle Ressourcen verfügen, als Bezugspunkt des Vergleichs.

Auf der Basis der dargestellten Ergebnisse und Überlegungen wurde eine schritt-weise multiple Regressionsanalyse zur Erklärung der Zufriedenheit mit der finanziellen Lage durchgeführt (s. Tab. 2.3): Auch in der multivariaten Analyse erweisen sich Ober- und Gymnasialschüler als zufriedener mit ihrer finanziellen Lage als Auszubildende.

---

11  Ein Trend, der in eine ähnliche Richtung weist, wird auch in der Shell-Jugendstudie (2010) konsta-tiert: Mit steigendem Alter sinkt der Anteil der Jugendlichen, die angeben, dass sie (sehr) gut mit ih-rer finanziellen Situation zurechtkommen (Leven, Quenzel & Hurrelmann, 2010).

Auch die weiter oben bereits erwähnten Effekte der Wohnform und des Alters werden bestätigt. Anders als es jedoch die Ergebnisse der bivariaten Korrelationsanalyse nahelegen, erhöht sich bei Kontrolle der Prädiktoren „Schulform", „Wohnform" und „Alter" die Zufriedenheit mit der finanziellen Lage bei steigenden finanziellen Ressourcen. Demnach erweist sich der negative Zusammenhang zwischen finanzieller Zufriedenheit und der Höhe des monatlich verfügbaren Geldbetrages als Scheinkorrelation, das heißt, er existiert nur statistisch. Das vorliegende Regressionsmodell kann insgesamt rund 28 Prozent der Varianz in der Zufriedenheit mit der finanziellen Lage erklären.

*Tabelle 2.3*        Regressionsanalyse zur Zufriedenheit mit der finanziellen Lage

|  | Beta | Signifikanz |
|---|---|---|
| Alter (in Jahren) | −.24 | .00 |
| Gymnasium[1] | .38 | .00 |
| Oberschule[1] | .37 | .00 |
| Monatlich zur Verfügung stehendes Geld (in Euro) | .21 | .00 |
| Eigenständige Wohnform[2] | −.05 | .02 |
| **Modellstatistik: $R^2$** | **0.28** | |

[1] Referenzgruppe: Oberstufenzentrum; [2] Referenzgruppe: Zuhause wohnend

Bildet man aus den Zufriedenheitswerten zu allen neun Lebensaspekten einen additiven Lebenszufriedenheitsindex, so zeigt sich, dass die Mehrheit der Jugendlichen insgesamt völlig „Zufrieden" (2010: 60,3 %) oder zumindest „Eher zufrieden" (2010: 36,1 %) ist; nur eine Minderheit von rund vier Prozent ist „Eher unzufrieden". Betrachtet man die Mittelwerte des Lebenszufriedenheitsindex im Zeitvergleich, zeigen sich keine großen Veränderungen (1999: 3,54; 2005: 3,56; 2010: 3,57). Ebenso wie bei einigen Items zur bereichsspezifischen Lebenszufriedenheit (s.o.) scheint die allgemeine Lebenszufriedenheit mit dem Alter abzunehmen (f = 0.26). Zudem sind Ober- und Gymnasialschüler allgemein zufriedener als Auszubildende (f = 0.21). Ob jemand weitgehend zufrieden ist oder nicht, steht im Zusammenhang mit verschiedenen Persönlichkeitsdispositionen (s. Kap. 2.1): Ergebnisse von Korrelationsanalysen zeigen einen positiven Zusammenhang zwischen der allgemeinen Lebenszufriedenheit einerseits sowie internalen Kontrollüberzeugungen (r = 0.26) und berufsbezogenem Zukunftsoptimismus (r = 0.32) andererseits.

*Kontrollüberzeugungen*
Aus der Tabelle 2.4 geht hervor, dass rund 32 Prozent der brandenburgischen Jugendlichen niedrige externale Kontrollüberzeugungen aufweisen; d.h. sie nehmen ihre Er-

folge und Misserfolge zumeist als Konsequenzen des eigenen Handelns wahr, anstatt diese ursächlich auf von ihnen nicht kontrollierbare Faktoren zurückzuführen. Für rund 45 Prozent der Jugendlichen lässt sich dies mit Abstrichen sagen (eher niedrige externale Kontrollüberzeugungen). Demgegenüber sind rund 23 Prozent der brandenburgischen Jugendlichen wenig oder gar nicht zuversichtlich, ihr Leben selbstbestimmt gestalten zu können. Der Anteil der Jugendlichen mit (eher) hohen externalen Kontrollüberzeugungen ist seit der Vorgängerstudie 2005 leicht gestiegen (+0,8 %).

*Tabelle 2.4*      Skala „Externale Kontrollüberzeugungen" 2005 und 2010 (in %)

|  | Skala „Externale Kontrollüberzeugungen" | | | | | | | |
| | Niedrig | | Eher niedrig | | Eher hoch | | Hoch | |
| (Teil-)Gruppen | 2005 | 2010 | 2005 | 2010 | 2005 | 2010 | 2005 | 2010 |
|---|---|---|---|---|---|---|---|---|
| Gesamt | 39,0 | 32,1 | 38,6 | 44,5 | 17,9 | 18,6 | 4,6 | 4,7 |
| Jungen | 38,3 | 29,4 | 38,3 | 44,2 | 18,0 | 21,0 | 5,4 | 5,5 |
| Mädchen | 39,6 | 35,0 | 38,8 | 44,9 | 17,7 | 16,2 | 3,8 | 4,0 |
| 12–14 Jahre | 32,4 | 28,7 | 39,7 | 45,1 | 22,1 | 19,6 | 5,8 | 6,6 |
| 15–17 Jahre | 40,3 | 32,9 | 38,3 | 42,7 | 16,9 | 19,7 | 4,6 | 4,7 |
| Ab 18 Jahre | 42,2 | 33,4 | 38,1 | 45,7 | 15,9 | 17,4 | 3,8 | 3,5 |
| Oberschule | 32,9 | 24,6 | 37,8 | 43,4 | 22,6 | 23,1 | 6,7 | 8,9 |
| Gymnasium | 46,6 | 35,7 | 39,3 | 47,7 | 12,1 | 14,5 | 1,9 | 2,1 |
| Oberstufenzentrum | 38,3 | 34,1 | 38,7 | 42,6 | 18,2 | 19,2 | 4,8 | 4,1 |

Ein Blick auf die Höhe der Skalenmittelwerte im Zeitverlauf zeigt, dass die Verbreitung externaler Kontrollüberzeugungen unter den brandenburgischen Jugendlichen von 1996 bis 1999 geringfügig zugenommen hatte; zwischen 1999 und 2005 war sie hingegen leicht gesunken. Für die vergangenen fünf Jahre ist insgesamt eine Zunahme externaler Kontrollüberzeugungen zu verzeichnen. Trotz dieses Anstiegs liegt das Ausmaß externaler Kontrollüberzeugungen derzeit unter dem Niveau der neunziger Jahre (Mittelwerte 1996: 2,01; 1999: 2,07; 2005: 1,88; 2010: 1,96).

Wie der Abbildung 2.4 zu entnehmen ist, sind zu allen Erhebungszeitpunkten mit Ausnahme der Vorgängerstudie (2005) die meisten Jugendlichen hinsichtlich ihrer externalen Kontrollüberzeugungen der Kategorie „Eher niedrig" zuzuordnen (1996, 1999, 2010: jeweils etwa 45 %). Bei der Erhebung vor fünf Jahren lag der Anteil der Jugendlichen in dieser Kategorie zwar nur bei rund 39 Prozent; gleichzeitig war der Anteil der Jugendlichen, die uneingeschränkt der Meinung sind, ihr Leben selbst bestimmen zu

*Abbildung 2.4*   Skala „Externale Kontrollüberzeugungen"
im Zeitraum von 1996 bis 2010 (in %)

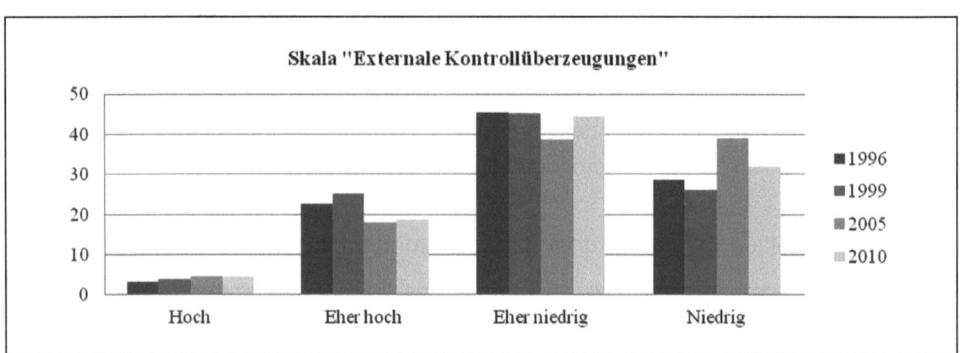

können (Kategorie „Niedrig") 2005 so hoch wie zu keinem anderen Erhebungszeitpunkt (1996: 28,6 %; 1999: 26,0 %; 2005: 39,0 %; 2010: 32,1 %). Ein scheinbar geringfügiger, aber stetiger Trend zeigt sich hinsichtlich der Verbreitung fatalistischer Einstellungsmuster: Über alle Erhebungszeitpunkte hinweg ist der Anteil von Jugendlichen mit hohen externalen Kontrollüberzeugungen gestiegen. Bei der Erhebung im Jahr 1996 haben sich 3,3 Prozent der brandenburgischen Jugendlichen als „fremdbestimmt" bezeichnet; derzeit beträgt dieser Wert 4,7 Prozent. Ein Polarisierungseffekt, das heißt eine zeitgleiche Zunahme der Jugendlichen mit „Hoch" und „Niedrig" ausgeprägten externalen Kontrollüberzeugungen, ist nur für den Erhebungszeitraum von 1999 bis 2005 festzustellen.

Im Hinblick auf die Ausprägung externaler Kontrollüberzeugungen zeigt sich ein nennenswerter Effekt des Alters (f = 0.09) und der Schulform (f = 0.19): Externale Kontrollüberzeugungen sind bei den jüngeren Jugendlichen verbreiteter als bei älteren Jugendlichen. Möglichweise ist dies darauf zurückzuführen, dass jüngere Jugendliche häufiger „Elterliche Restriktion" erfahren (f = 0.26), und diese Erfahrungen korrelieren wiederum mit externalen Kontrollüberzeugungen (r = 0.29). Gymnasialschüler weisen allgemein die geringsten und Oberschüler die höchsten Skalenwerte auf; letztere sind mit fast neun Prozent bei den Jugendlichen mit einer völlig fatalistischen Lebenseinstellung deutlich überpräsentiert (1996: 5,3 %; 1999: 5,1 %; 2005: 6,7 %). Am häufigsten fühlen sich die jüngeren Oberschüler (d. h. die Altersgruppe der 12- bis 14-Jährigen) fremdbestimmt.

Der relativ große Anteil jüngerer Oberschüler an der Gruppe der Jugendlichen mit fatalistischen Deutungsmustern legt den Schluss nahe, dass für diese Jugendlichen Maßnahmen zur Förderung des Selbstwirksamkeitserlebens gewinnbringend wären. Aus den Ergebnissen korrelationsanalytischer Auswertungen lassen sich sowohl das Elternhaus als auch der schulische Kontext als sinnvolle Ansatzpunkte hierfür ableiten: Für den familiären Kontext zeigt sich, dass „Externale Kontrollüberzeugungen" häufig mit „Elterlicher Vernachlässigung" (r = 0.24) und „Elterlicher Restriktion" einhergehen (s. o.). Der für den schulischen Kontext gefundene negative Zusammenhang von „Externalen Kontrollüberzeugungen" und der „Sozialen Lehrqualität" (r = −0.15) weist auf die Bedeutung von Mitgestaltungsmöglichkeiten im Schul- und Unterrichtsgeschehen sowie von transparenten Leistungsbewertungen für die Entwicklung der Kontrollüberzeugungen von Jugendlichen hin. Zudem bestehen nennenswerte korrelative Zusammenhänge zwischen „Externalen Kontrollüberzeugungen" einerseits sowie „Schulunlust" (r = 0.37), „Schulangst" (r = 0.30) und „Berufsbezogenem Zukunftsoptimismus" (r = −0.31) andererseits.

*Berufsbezogene Zukunftserwartungen*

Wie aus der folgenden Tabelle 2.5 hervorgeht, hat der „Berufsbezogene Zukunftsoptimismus" unter den brandenburgischen Jugendlichen in den vergangenen fünf Jahren zugenommen: Rund 87 Prozent weisen einen „Hohen" oder „Eher hohen" berufsbezogenen Zukunftsoptimismus auf; das ist der höchste Stand seit der ersten Erhebung dieses Indikators im Jahr 1993 (Mittelwerte 1993: 2,89; 1996: 2,93; 1999: 2,81; 2005: 2,84; 2010: 3,08).

Der 2005 für den „Berufsbezogenen Zukunftsoptimismus" konstatierte Geschlechtsunterschied besteht so nicht mehr: Jungen und Mädchen äußern sich insgesamt ähnlich optimistisch bzw. pessimistisch im Hinblick auf ihr künftiges Berufsleben. Eine Besonderheit gibt es dennoch: Unter den Minderjährigen erscheinen Jungen optimistischer als Mädchen, während sich dieses Bild bei den Volljährigen umkehrt: Hier blicken die Mädchen positiver in ihre berufliche Zukunft als die Jungen.

*Tabelle 2.5*    Skala „Berufsbezogener Zukunftsoptimismus" 2005 und 2010 (in %)

| (Teil-)Gruppen | Skala „Berufsbezogener Zukunftsoptimismus" | | | | | | | |
|---|---|---|---|---|---|---|---|---|
| | Niedrig | | Eher niedrig | | Eher hoch | | Hoch | |
| | 2005 | 2010 | 2005 | 2010 | 2005 | 2010 | 2005 | 2010 |
| Gesamtstichprobe | 2,2 | 0,7 | 25,2 | 12,5 | 59,4 | 65,4 | 13,3 | 21,5 |
| Jungen | 2,4 | 0,4 | 24,8 | 12,7 | 56,9 | 65,9 | 15,9 | 21,0 |
| Mädchen | 1,9 | 0,9 | 25,6 | 12,2 | 61,9 | 64,9 | 10,6 | 22,0 |
| 12–14 Jahre | 0,4 | 0,5 | 16,7 | 8,0 | 64,3 | 70,4 | 18,6 | 21,2 |
| 15–17 Jahre | 2,5 | 0,6 | 26,1 | 13,6 | 60,1 | 68,8 | 11,3 | 17,0 |
| Ab 18 Jahre | 2,9 | 0,8 | 29,8 | 14,0 | 54,9 | 60,9 | 12,3 | 24,3 |
| Oberschule | 1,9 | 0,8 | 21,1 | 10,6 | 59,9 | 65,8 | 17,1 | 22,9 |
| Gymnasium | 1,1 | 0,8 | 25,5 | 11,7 | 61,8 | 69,8 | 11,7 | 17,8 |
| Oberstufenzentrum | 3,4 | 0,5 | 28,9 | 14,5 | 56,7 | 61,5 | 11,0 | 23,6 |

Rund 23 Prozent der Oberschüler und 24 Prozent der Auszubildenden blicken optimistisch in ihre berufliche Zukunft; bei den Gymnasialschülern gilt dies lediglich für 17,8 Prozent, sie erscheinen insgesamt am wenigsten optimistisch. Zu vermuten wäre, dass dies auf einen besonders hoch empfundenen Leistungsdruck an Gymnasien zurückzuführen ist. Zumindest korrelieren „Berufsbezogener Zukunftsoptimismus" und „Schulangst" bei Gymnasialschülern im Vergleich zu Schülern anderer Schulformen am stärksten miteinander (r = −0.24). Folgt man der Annahme, dass Oberschüler zumeist eine Ausbildung und Gymnasialschüler eher ein Studium anstreben, so erscheint es denkbar, dass sich Oberschüler und Gymnasialschüler in ihrem Grad an Optimismus unterscheiden, weil ihnen tatsächlich auch unterschiedliche Herausforderungen bevorstehen: Während der demografische Wandel und der zusehends einsetzende Fachkräftemangel die Chancen auf einen Ausbildungsplatz für die Jugendlichen in den letzen Jahren begünstigten, hat die fortschreitende Umstrukturierung der Studiengänge auf das Bachelor-Master-System Unsicherheiten über die Studienziele und Studienverläufe geschürt. Schließlich lässt sich festhalten, dass die berufsbezogenen Zukunftserwartungen in einem positiven Zusammenhang mit der Zufriedenheit mit den Schulleistungen stehen (ρ = 0.27); es erscheint plausibel, dass Erfolgserlebnisse eine optimistische Sicht auf die Zukunft fördern.

*Kinderwunsch*

Obwohl Mädchen die Familiengründung für etwas bedeutsamer halten (s.o.), ist der konkrete Kinderwunsch bei Jugendlichen beiderlei Geschlechts ähnlich hoch ausgeprägt: Mehr als 90 Prozent der brandenburgischen Mädchen (2010: 91,5 %) und Jungen (2010: 91,4 %) möchten später einmal selbst Kinder haben. Das sind bei den Mädchen 1,2 Prozent und bei den Jungen 3,0 Prozent mehr als in der Vorgängerstudie (2005). Unterschiede hinsichtlich der demografischen Merkmale Geschlecht, Alter und Schulform sind nicht festzustellen. Allerdings zeigt sich tendenziell, dass diejenigen Jugendlichen etwas häufiger einen Kinderwunsch äußern, die mit dem Klima in ihrer Familie zufrieden sind (V = 0.09) und familiäre Unterstützung erfahren (V = 0.11). Neben diesen familialen Faktoren steht der Kinderwunsch außerdem mit Kontrollüberzeugungen und berufsbezogenen Zukunftserwartungen in einem Zusammenhang: Jugendliche mit höheren internalen Kontrollüberzeugungen und Jugendliche, die optimistisch in ihre berufliche Zukunft schauen, äußern etwas häufiger einen Kinderwunsch als Jugendliche, die eine „fatalistische" Lebenseinstellung und beruflichen Pessimismus aufweisen.

Die Jugendlichen wurden außerdem danach befragt, welche Voraussetzungen sie für die Erfüllung ihres Kinderwunsches als wichtig erachten. Wie Tabelle 2.6 zeigt, werden ein sicherer Job, der Abschluss der Berufsausbildung, eine feste Partnerschaft, passender Wohnraum und Kinderbetreuungsmöglichkeiten von beinahe allen Jugendlichen als sehr wichtige oder eher wichtige Bedingungen für die Erfüllung des Kinderwunsches angesehen. Die Abstufungen in der Bedeutsamkeit dieser Voraussetzungen sind dabei relativ gering und im Zeitverlauf stabil: Ein sicherer Job (2005: 3,88; 2010: 3,87) stellt die wichtigste Bedingung dar, gefolgt von einem erfolgreichen Abschluss der Berufsausbildung (2005: 3,82; 2010: 3,85), einer festen Partnerschaft (2005: 3,84; 2010: 3,80), passendem Wohnraum (2005: 3,76; 2010: 3,78) und der Verfügbarkeit von Kinderbetreuungsmöglichkeiten (2005: 3,62; 2010: 3,56).

*Tabelle 2.6*     Kinderwunsch 2005 und 2010 (in %)

| | „Wie wichtig sind für Sie persönlich die folgenden Faktoren für die Erfüllung Ihres Kinderwunsches?" | | | | | | | |
|---|---|---|---|---|---|---|---|---|
| | ... sehr wichtig." | | ... eher wichtig." | | ...eher unwichtig." | | ... unwichtig." | |
| | 2005 | 2010 | 2005 | 2010 | 2005 | 2010 | 2005 | 2010 |
| „Ich finde einen sicheren Job ... | 89,0 | 88,3 | 10,0 | 10,4 | 0,8 | 1,0 | 0,2 | 0,3 |
| „Ich finde den Abschluss der Berufsausbildung ... | 84,9 | 87,1 | 13,0 | 11,5 | 1,8 | 1,2 | 0,4 | 0,3 |
| „Ich finde eine feste Partnerschaft ... | 86,0 | 83,9 | 12,5 | 13,0 | 1,3 | 2,4 | 0,2 | 0,7 |
| „Ich finde einen passenden Wohnraum ... | 77,0 | 80,3 | 21,8 | 18,2 | 1,0 | 1,2 | 0,3 | 0,3 |
| „Ich finde Kinderbetreuungsmöglichkeiten ... | 66,9 | 65,0 | 29,1 | 27,6 | 3,4 | 5,3 | 0,6 | 2,0 |

Interessant erscheint, dass alle erhobenen Bedingungen für die Erfüllung des Kinderwunsches von den Mädchen etwas wichtiger eingeschätzt werden als von den Jungen. Am deutlichsten zeigt sich dies hinsichtlich der Bedeutung von Kinderbetreuungsmöglichkeiten für den Kinderwunsch (f = 0.14). Zudem beurteilen Auszubildende an Oberstufenzentren diese als wichtiger als Schüler allgemeinbildender Schulen (f = 0.12). Möglicherweise lässt sich dies damit erklären, dass Auszubildende dem nach wie vor weitgehend kinder- und familienunfreundlichen Arbeitsmarkt näher stehen als Schüler.

*Ost-West-Unterschiede*

Im Jahr 2010 wurden die brandenburgischen Jugendlichen erstmalig danach gefragt, ob für sie die „Unterscheidung zwischen Ostdeutschen und Westdeutschen eine Rolle spielt". Für 20,8 Prozent der Jugendlichen ist diese Unterscheidung relevant, wobei die Unterscheidung zwischen Ostdeutschen und Westdeutschen für rund 85 Prozent der Mädchen und rund 74 Prozent der Jungen nach eigenen Angaben keine Rolle spielt (f = 0.12).

Aus der folgenden Tabelle 2.7 geht hervor, dass die Zukunftschancen Ost- und Westdeutscher 2010 gleichwertiger eingeschätzt werden als im Jahr 2005: In allen thematisierten Bereichen glauben heute weniger Jugendliche, dass die Chancen Ostdeutscher

„Besser" oder „Schlechter" seien als die der Westdeutschen. Die Mehrheit der Jugendlichen ist der Überzeugung, dass hinsichtlich der Gründung einer Familie, des Findens
einer Wohnung und der Nutzung attraktiver Freizeitangebote Chancengleichheit zwischen Ost- und Westdeutschen besteht. Zwar glauben heute deutlich weniger Jugendliche als früher, dass die Chancen auf einen Ausbildungsplatz im gewünschten Beruf und
die Chancen auf eine Arbeit mit ausreichendem Einkommen für Westdeutsche besser
seien als für Ostdeutsche, trotzdem sind es noch rund 51 bzw. 60 Prozent der Jugendlichen, die den Westdeutschen diesbezüglich bessere Chancen einräumen.

*Tabelle 2.7*      Zukunftschancen Ostdeutscher und Westdeutscher 2005 und 2010 (in %)

| | „Die Chancen von Ostdeutschen im Vergleich zu Westdeutschen, … | | | | | |
| | … sind besser." | | … sind gleich." | | … sind schlechter." | |
| | 2005 | 2010 | 2005 | 2010 | 2005 | 2010 |
|---|---|---|---|---|---|---|
| … eine Familie mit Kindern zu gründen, … | 6,6 | 4,2 | 67,4 | 80,1 | 26,0 | 15,7 |
| … einen Ausbildungsplatz im ge- wünschten Beruf zu bekommen, … | 8,1 | 6,5 | 18,4 | 43,0 | 73,5 | 50,5 |
| … eine Arbeit mit ausreichendem Einkommen zu erhalten, … | 8,3 | 6,6 | 20,1 | 33,9 | 71,6 | 59,5 |
| … eine Wohnung zu finden, … | 11,8 | 7,4 | 70,6 | 77,6 | 17,7 | 15,0 |
| … attraktive Freizeitangebote zu nutzen, … | 10,7 | 6,3 | 67,6 | 76,8 | 21,7 | 16,9 |

Es wäre zu vermuten, dass Jugendliche, die den Westdeutschen allgemein bessere Chancen zuschreiben als den Ostdeutschen, tendenziell häufiger in die westlichen Bundesländer abwandern möchten als Jugendliche, welche die Chancen gleichwertig oder gar
besser für Ostdeutsche wahrnehmen; eine klare Tendenz in diese Richtung ließ sich mit
den gewonnenen Daten jedoch nicht aufzeigen. Es stellt sich die Frage, warum Jugendliche, die woanders bessere Chancen für die persönliche Entwicklung sehen, dennoch
nicht abwandern. Liegt dies möglicherweise in einer davon ungetrübten hohen Zufriedenheit mit den regionalen Lebensbedingungen begründet?

*Migrationswünsche*
Als Aspekte regionaler Lebensbedingungen wurden Schul- und Ausbildungsmöglich-
keiten, Berufsperspektiven, das Wohnungsangebot, die allgemeine Entwicklung des
Wohnorts, die Verbundenheit zu seinen Einwohnern und deren Hilfsbereitschaft sowie

die Möglichkeiten für Jugendliche, selbst „etwas auf die Beine zu stellen", erfasst. Wie der Tabelle 2.8 zu entnehmen ist, werden alle thematisierten Aspekte etwas positiver beurteilt als vor fünf Jahren. Passend dazu bescheinigen rund 62 Prozent der Jugendlichen ihrem Wohnort eine positive Entwicklung. Rund 70 Prozent der Jugendlichen stimmen der Aussage „Wenn ich persönlich ein Problem habe, gibt es außer meiner Familie auch Leute aus meiner Region, die mir helfen" teilweise oder völlig zu. Rund 63 Prozent der Jugendlichen fühlen sich mit ihrem Wohnort und seinen Einwohnern verbunden. Einzig die Möglichkeiten für Jugendliche, selbst etwas „auf die Beine zu stellen", werden von mehr als der Hälfte der brandenburgischen Jugendlichen negativ bewertet.

*Tabelle 2.8* Einschätzung der regionalen Lebensbedingungen 2005 und 2010 (in %)

| | Einschätzung der regionalen Lebensbedingungen | | | | | | | |
| | Stimmt völlig | | Stimmt teilweise | | Stimmt eher nicht | | Stimmt nicht | |
| | 2005 | 2010 | 2005 | 2010 | 2005 | 2010 | 2005 | 2010 |
|---|---|---|---|---|---|---|---|---|
| „Andere Einwohner helfen bei Schwierigkeiten" | 16,7 | 33,5 | 35,6 | 36,5 | 33,1 | 19,7 | 14,6 | 10,3 |
| „Schwierigkeiten, eine Arbeitsstelle im Traumberuf zu finden" | 45,2 | 30,8 | 40,1 | 42,3 | 10,2 | 16,0 | 4,6 | 11,0 |
| „Verbundenheit zum Wohnort und seinen Einwohnern" | 17,3 | 24,1 | 39,9 | 39,0 | 29,0 | 23,7 | 13,8 | 13,3 |
| „Wohnung finden, die meinen Vorstellungen entspricht" | 17,5 | 22,5 | 42,7 | 45,6 | 28,4 | 23,2 | 11,4 | 8,7 |
| „Gute Schul- und Ausbildungsmöglichkeiten" | 18,7 | 21,7 | 43,3 | 46,2 | 26,2 | 23,0 | 11,8 | 9,0 |
| „Positive Entwicklung des Wohnortes" | 18,0 | 19,1 | 42,1 | 43,3 | 28,3 | 25,9 | 11,6 | 11,7 |
| „Jugendliche haben viele Möglichkeiten" | 8,5 | 11,8 | 29,3 | 33,1 | 41,7 | 36,0 | 20,5 | 19,1 |

Um zu überprüfen, ob eine hohe Zufriedenheit mit den regionalen Lebensbedingungen eine Abwanderungsbereitschaft ausschließt bzw. mindert, wurden alle in der Tabelle 2.8 aufgeführten Items zu einem Zufriedenheitsindex der regionalen Lebensbedingungen zusammengefasst. Danach ist eine Mehrheit von 45,2 Prozent der Befragten „Eher zufrieden" mit den regionalen Lebensbedingungen; 15,5 Prozent sind sogar völlig „Zu-frieden". Rund 32 Prozent der Jugendlichen sehen in den meisten Bereichen noch Optimierungsbedarf; 7,3 Prozent der Befragten sind nahezu völlig „Unzufrieden" mit ihren Lebensbedingungen am Wohnort. Die Zufriedenheit mit den regionalen Lebens-bedingungen steht in einem engen Zusammenhang mit den Migrationsneigungen: Von den Jugendlichen, die gänzlich zufrieden mit ihrem Leben am Wohnort sind, möchten rund 79 Prozent an keinem anderen Ort wohnen. Von den Jugendlichen, die nach dem regionalen Zufriedenheitsindex als „Unzufrieden" eingestuft wurden, sind rund 80 Pro-zent umzugswillig. Die Werte in den mittleren Kategorien „Eher zufrieden" und „Eher unzufrieden" folgen diesem Muster.[12]

Da die Zufriedenheit mit den regionalen Lebensbedingungen gestiegen ist und diese die Migrationsneigungen beeinflussen, wundert es nicht, dass der Anteil der Jugend-lichen, die lieber an einem anderen Ort wohnen möchten, leicht zurückgegangen ist. Dennoch äußern noch immer 45,0 Prozent der brandenburgischen Jugendlichen Mi-grationswünsche (2005: 47,7 %). Wenngleich der Geschlechtsunterschied nicht mehr so deutlich ausfällt, sind Mädchen nach wie vor migrationsbereiter als Jungen: Von den Jungen äußern 41,4 Prozent und von den Mädchen 48,7 Prozent Migrationswünsche. Dieser Geschlechtsunterschied wurde insbesondere für Orte mit bis zu 5 000 Einwoh-nern und damit für zumeist ländliche Regionen gefunden. Hier zeigen sich die verstärk-ten Abwanderungsbestrebungen junger Frauen besonders deutlich.

*Tabelle 2.9*     Präferenzen zur Größe des zukünftigen Wohnortes 2005 und 2010 (in %)

|  | „Wo möchten Sie zukünftig wohnen?" | |
| --- | --- | --- |
| **Zukünftiger Wohnort** | 2005 | 2010 |
| Dorf oder Kleinstadt | 14,9 | 17,2 |
| Stadt wie Angermünde oder Guben | 9,2 | 12,3 |
| Großstadt wie Cottbus oder Potsdam | 23,1 | 21,2 |
| Millionenstadt wie Berlin oder Hamburg | 35,6 | 32,8 |
| Die Größe des Wohnortes ist egal | 17,2 | 16,5 |

Aus der Tabelle 2.9 geht hervor, dass rund ein Drittel der Abwanderungswilligen gern in eine „Millionenstadt" ziehen würde, wobei Mädchen diesen Wunsch häufiger äußern als Jungen. Dieses Ergebnis deckt sich mit dem Befund, dass Mädchen insbesondere in ländlichen Regionen abwanderungsbereiter erscheinen als Jungen. Während Groß- und

---

12  Multivariate Modelle zur Erklärung von Migrationsneigungen wurden im Rahmen der Vorgänger-studie (2005) von Landua (2007b) erstellt.

Millionenstädte insgesamt etwas von ihrer großen Anziehungskraft eingebüßt haben, sind Dörfer oder Kleinstädte und mittlere Städte in ihrer Attraktivität für die Jugendlichen gestiegen. Es sind häufiger Jungen als Mädchen, die diese Orte als Wohnortwunsch angeben. Rund 17 Prozent der brandenburgischen Jugendlichen ist es hingegen egal, wie groß ihr zukünftiger Wohnort ist.

*Tabelle 2.10*    Präferenzen zur Gegend des zukünftigen Wohnorts 2005 und 2010 (in %)

| Zukünftiger Wohnort | „Wo möchten Sie zukünftig wohnen?" | |
| --- | --- | --- |
| | 2005 | 2010 |
| Innerhalb des Landkreises | 18,6 | 21,4 |
| Innerhalb der östlichen Bundesländer | 17,0 | 19,9 |
| In den westlichen Bundesländern | 18,7 | 13,9 |
| Im Ausland | 16,9 | 15,3 |
| Es ist mir egal, in welche Gegend ich ziehe | 28,8 | 29,5 |

Wie aus der Tabelle 2.10 zu entnehmen ist, erscheint für 29,5 Prozent der Jugendlichen die Gegend des zukünftigen Wohnortes als unerheblich. Rund 21 Prozent betonen, dass sie innerhalb ihres Landkreises leben möchten; 19,9 Prozent wollen in den östlichen Bundesländern bleiben. In die westlichen Bundesländer möchten 13,9 Prozent der Jugendlichen abwandern; 15,3 Prozent zieht es ins Ausland.

## 2.4   Fazit

„Tickt" die Jugend von heute anders als die Jugend zu Beginn der 1990er Jahre, sind Veränderungen in ihren Werthaltungen zu bemerken? Die Wertschätzung einer erfüllenden Arbeit und eines genussvollen Lebens zeigt sich bei den brandenburgischen Jugendlichen über den gesamten Zeitraum hinweg konstant hoch. Korrespondierend mit den Ergebnissen anderer Studien (Gensicke, 2010; Opaschowski, 2010) sind den Jugendlichen soziale Werte wie „Eine Familie gründen" oder „Für andere da sein" immer wichtiger geworden; sie stehen bei den brandenburgischen Jugendlichen heute so hoch im Kurs wie zu keiner anderen Erhebung seit 1993. Möglicherweise erleben die Jugendlichen, dass Familie und Freunde in einem Lebensumfeld mit vielen Handlungszwängen und einer Vielfalt von Handlungsoptionen eine wichtige Stütze sind und nicht zuletzt Sicherheit bieten.

Die nach wie vor beachtliche Wertschätzung materieller Sicherheit deutet darauf hin, dass Jugendliche ein stabiles materielles Fundament für ihr Leben und Wohlstand nicht als selbstverständlich ansehen. Vielen ist dabei klar, dass sie dafür leistungsbereit sein müssen. Die auf der Ebene der Werthaltung allgemein signalisierte erhöhte Leistungsbereitschaft der Jugendlichen scheint sich jedoch nicht auf das „Vertreten der eigenen Meinung" und die „Aktive Teilnahme am politischen Leben" zu erstrecken; beide Werthaltungen haben im Vergleich zur Vorgängerstudie (2005) einen Bedeutungsverlust erfahren. Dabei wird es vor dem Hintergrund des demografischen Wandels und der damit verbundenen stärkeren Berücksichtigung der Interessen der älteren Generationen in der Politik immer wichtiger, dass die Jugendlichen ihre Interessen vertreten: Dazu muss ihnen stärker die Möglichkeit gegeben werden, in gesellschaftliche und politische Entscheidungsprozesse einzugreifen.

Die Mehrheit der brandenburgischen Jugendlichen ist mit ihrem Leben zufrieden. Auffällig erscheint, dass die Lebenszufriedenheit mit zunehmendem Alter sinkt. Vermutlich ändert sich mit dem Alter der Charakter der wahrgenommenen Herausforderungen und der „Ernst des Lebens" beginnt, was je nach Bewältigungsressourcen und Bewältigungserfolg unterschiedliche Auswirkungen auf die Lebenszufriedenheit haben kann. Internale Kontrollüberzeugungen und Optimismus stehen in einem positiven Zusammenhang mit der Lebenszufriedenheit. Über drei Viertel der brandenburgischen Jugendlichen glauben, ihr Leben selbstbestimmt gestalten zu können. Bei den Jugendlichen mit einer völlig fatalistischen Lebenseinstellung sind Oberschüler deutlich überpräsentiert; hier besteht dringender Handlungsbedarf im familialen Umfeld und im schulischen Kontext, beispielsweise durch die Erweiterung der Mitgestaltungsmöglichkeiten und der Chancen für Selbstwirksamkeitserleben.

Wie sehen die brandenburgischen Jugendlichen ihre Zukunft? Im Hinblick auf ihre berufliche Zukunft sind die Jugendlichen so optimistisch wie nie zuvor seit der Erhebung im Jahr 1993. Im privaten Bereich wünschen sich mehr als 90 Prozent der Mädchen und Jungen, später selbst einmal Kinder zu haben. Wahrscheinlich ist, dass nicht alle ihren Kinderwunsch realisieren werden. Es stellt sich die Frage, worin diese Diskrepanz begründet liegt. Eine erschöpfende Antwort darauf kann anhand der vorliegenden Ergebnisse zwar nicht gegeben werden, allerdings liefern sie Ansatzpunkte für wünschenswerte Rahmenbedingungen bei der Familiengründung: Ein erfolgreicher Abschluss der Berufsausbildung, ein sicherer Job, eine feste Partnerschaft, passender Wohnraum und gute Kinderbetreuungsmöglichkeiten werden von beinahe allen Jugendlichen als wichtige Voraussetzungen für die Erfüllung des Kinderwunsches angesehen.

Die Frage, wo die Jugendlichen künftig leben möchten, ist von zentraler Bedeutung für die brandenburgische Bevölkerungspolitik und Strukturentwicklung. Nach wie vor sehen viele Jugendliche bessere Ausbildungs- und Arbeitschancen in den alten Bundesländern. Wichtiger als die wahrgenommenen Chancen in Ost- und Westdeutschland, die im Vergleich zur Vorgängerstudie im Jahr 2005 deutlich gleichwertiger eingeschätzt werden, ist für die Migrationsneigung jedoch die Zufriedenheit mit den regionalen Lebensbedingungen: Wer mit dem Leben am Wohnort allgemein zufrieden ist, möchte seltener woanders leben. Passend zu den gewachsenen Zufriedenheitswerten hinsichtlich der regionalen Lebensbedingungen ist der Anteil der Jugendlichen, die lieber an einem anderen Ort wohnen möchten, leicht rückläufig. Allerdings äußern noch immer 45 Prozent der Jugendlichen, künftig nicht in ihrem Heimatort wohnen zu wollen.

Die dargestellten Ergebnisse bieten keinen Anlass zur Sorge, wenn man die Jugend als Träger der gesellschaftlichen Zukunft betrachtet: Die meisten brandenburgischen Jugendlichen sind optimistisch und bereit, in die Zukunft zu investieren; sie streben nach Selbstverwirklichung in der Arbeit und in sozialen Beziehungen, wünschen sich selbst Kinder und denken zunehmend seltener in den Kategorien „Ost" und „West". Es besteht also kein Grund, an der Jugend insgesamt zu zweifeln; vielmehr sollte diskutiert werden, welche Bedingungen geschaffen werden müssen, damit auch die relativ wenigen resignierten, fatalistischen und im Konflikt mit gesellschaftlichen Werten stehenden Jugendlichen ihre Entwicklungschancen einlösen können.

# 3 Familie und Gesundheit

*Eva Schmidpeter & Dietmar Sturzbecher*

## 3.1 Theoretische Vorbemerkungen

*Die Bedeutung der Familie für Jugendliche*

Die Familie ist in der Regel nicht nur das erste soziale Netzwerk, das ein Kind vorfindet, sondern auch das wichtigste. Das Leben in der Familie und die Familienerziehung beeinflussen grundlegend die Persönlichkeitsentwicklung des Kindes und prägen seine Werte, seine Leistungseigenschaften, seine soziale Kompetenz und sein Selbstkonzept. Die auf diese Weise angelegten Persönlichkeitseigenschaften werden später in den öffentlichen Bildungseinrichtungen und in den sozialen Beziehungen zur Peergroup weiter ausgeformt. Zwar ändern sich im Verlaufe des Kindes- und Jugendalters die Beziehungen des Heranwachsenden zu seiner Familie, trotzdem bleibt die Familie für die meisten Jugendlichen eine wichtige Orientierungshilfe und soziale Ressource. Dies und die in den letzten Jahren gewachsene Bedeutung der Familie für Jugendliche zeigen auch die Ergebnisse der Shell-Jugendstudie: Die Familie wird gerade in Zeiten gestiegener Anforderungen in der Schule, in der Ausbildung und in den ersten Berufsjahren als Rückhalt und Unterstützungsquelle angesehen. Die meisten Jugendlichen sind mit dem Verhältnis zu ihren Eltern und den elterlichen Erziehungsmethoden zufrieden. Mehr als drei Viertel der Jugendlichen sind der Meinung, dass man eine Familie braucht, um wirklich glücklich leben zu können (Shell Deutschland Holding, 2010).

*Belastungen von Familien*

Zuweilen sind Familien mit Belastungen wie Arbeitslosigkeit und Armut, Krankheit und Behinderung oder häuslicher Gewalt konfrontiert. Solche Belastungen stellen jedes Familienmitglied vor besondere Herausforderungen und führen insbesondere bei einer Anhäufung von Belastungssituationen zu einer hohen Verletzlichkeit des Familiensystems oder gar zum Auseinanderbrechen der Familie. Im Rahmen der vorliegenden Studie wurden (1) die Trennung der leiblichen Eltern, (2) die Arbeitslosigkeit eines Elternteils oder beider Elternteile und (3) finanzielle Engpässe als familiäre Belastungen erfasst:

1. Elterntrennung und Scheidung stellen heute mittlerweile Normalphänomene dar: Im Jahr 2008 wurden in Berlin und Brandenburg 11 511 Ehen geschlossen und 7 760 geschieden (Amt für Statistik, AfS, 2008). Insgesamt wird gegenwärtig etwa jede dritte

Ehe geschieden, die nichtehelichen Lebensgemeinschaften weisen eine vergleichbar hohe Instabilität auf. Damit ist jedes fünfte bis sechste Kind von der Trennung seiner Eltern betroffen. Trennungen sind durch unterschiedliche Aspekte gekennzeichnet, mit denen sich die Betroffenen konfrontiert sehen. Dazu gehören die „emotionale" Scheidung (Verlust von Zuwendung und offener Kommunikation), die „psychische" Scheidung (Redefinition familialer Rollen und sozialer Beziehungen), die „rechtliche" Scheidung (Regelungen des Sorge- und/oder Besuchsrechts), die „ökonomische" Scheidung (Regelungen von Unterhalt, Besitz und Geld) und die „gemeindebezogene" Scheidung (Veränderung der Sozialkontakte, Wohnungswechsel).

2. Bei der Folgenabschätzung von Arbeitslosigkeit müssen nicht nur die Arbeitslosen selbst als Betroffene betrachtet werden, sondern auch deren Familienangehörige. Vor allem langandauernde Erwerbslosigkeit beeinträchtigt häufig das gesamte Familiensystem und nicht zuletzt die Partnerbeziehungen und die Entwicklung der Kinder nachhaltig. Eine schwerwiegende Folge von Arbeitslosigkeit stellen finanzielle Schwierigkeiten dar, denen mit Ausgabeneinschränkungen im Konsumbereich begegnet wird. Allerdings hat sich auch gezeigt: Je länger die Arbeitslosigkeit andauert, umso weniger reicht es aus, sich nur einzuschränken und geplante oder notwendige Anschaffungen zurückzustellen. Daher nimmt die Anzahl derjenigen Familien zu, die mit Zahlungsverpflichtungen in Verzug geraten (Hess, Hartenstein & Smid, 1991). Darüber hinaus kann insbesondere eine längerfristige Erwerbslosigkeit der Eltern mit schwerwiegenden Auswirkungen auf die soziale und gesundheitliche Entwicklung der Heranwachsenden verbunden sein (Lampert, Hagen & Heizmann, 2010).

3. Mehr als jedes vierte Kind in Deutschland ist von dem Risiko betroffen, in Armut zu leben; etwa zwei Drittel dieser Kinder gelten als dauerhaft arm und müssen mindestens drei Jahre mit einem Einkommen unterhalb der Armutsrisikoschwelle auskommen. Besonders gefährdet sind Kinder aus Ein-Eltern-Familien, aus Familien mit drei und mehr Kindern sowie aus Familien mit Migrationshintergrund. Dies gilt insbesondere, wenn die Eltern (langzeit-)arbeitslos sind oder einer Erwerbstätigkeit im Niedriglohnbereich nachgehen (Holz, 2006). In Brandenburg betrug das Nettohaushaltseinkommen für Familien mit Kindern im Jahr 2007 durchschnittlich 2 288 Euro. Während nichteheliche Lebensgemeinschaften mit Kindern dem allgemeinen Einkommensdurchschnitt entsprechen, liegen Ehepaare mit Kindern etwa 20 Prozent über und Alleinerziehende etwa 40 Prozent unter diesem Durchschnittswert. Im Jahr 2007 erhielt fast ein Viertel der Alleinerziehenden Leistungen nach SGB II, während es in Paarhaushalten mit Kindern nur etwa ein Sechstel war. Von allen Familienformen weisen Alleinerziehende im Durchschnitt das niedrigste Äquivalenzeinkommen auf und sind am stärksten armutsgefährdet (Ministerium für Arbeit, Soziales, Gesundheit und Familie, MASGF, 2008).

*Gesundheit und familiäre Ressourcen*

Familiäre Belastungssituationen können die Lebensfreude von Kindern und Jugendlichen verringern, ihr Selbstvertrauen einschränken und ihre Gesundheit beeinträchtigen. Gesundheitliche Belastungsfolgen zeigen sich häufig in Kopfschmerzen, Rückenproblemen und Infektionen. Bei Kindern aus sozial besser gestellten Verhältnissen fällt die Eigenbewertung der Gesundheit besser aus als bei anderen Kindern (Hurrelmann, 2002).

Welchen Einfluss hat die Familie auf die Gesundheit? Im Kinder- und Jugendgesundheitssurvey (KiGGS) zeigten sich deutliche Zusammenhänge zwischen einem niedrigen familiären Zusammenhalt bzw. einer wenig aktiven Freizeitgestaltung innerhalb der Familie einerseits und dem Vorliegen von psychischen Auffälligkeiten und Verhaltensauffälligkeiten bei Kindern und Jugendlichen andererseits. Der Anteil der Jugendlichen mit sehr gutem allgemeinen Gesundheitszustand ist dementsprechend bei Jungen und Mädchen aus Familien mit starkem Zusammenhalt bzw. aktiver Freizeitgestaltung am höchsten. Höhere familiäre Ressourcen scheinen also mit einem besseren allgemeinen Gesundheitszustand der Heranwachsenden verbunden zu sein (Lampert, Hagen & Heizmann, 2010).

Was die Gesundheit von Kindern und Jugendlichen im Land Brandenburg betrifft, so sind sie nach dem brandenburgischen Lebenslagenbericht (MASGF, 2008) gesünder als je zuvor. In den letzten Jahren ist allerdings ein Anstieg chronischer Erkrankungen insbesondere bei sozial benachteiligten Kindern und Jugendlichen zu verzeichnen. Die Ergebnisse aus der Schuleingangsuntersuchung 2006 verdeutlichten darüber hinaus, dass Sprach- und Sprechstörungen weit verbreitet sind und mit dem Geschlecht sowie dem sozialen Hintergrund der Kinder zusammenhängen. Daneben gehören emotionale und soziale Störungen ebenso wie Adipositas zu den Entwicklungsbeeinträchtigungen, die stark von den sozialen Verhältnissen in den Familien beeinflusst werden.

*Bevölkerungsentwicklung*

Vergleicht man die Bevölkerungsentwicklung Brandenburgs mit den anderen neuen Bundesländern, so zeigt sich zwischen 1990 und 2007 mit einem geringen Bevölkerungsrückgang von 0,3 Prozent (2007: 2,54 Millionen Einwohnerinnen und Einwohner) ein durchaus günstiger Verlauf. Trotzdem wird die Bevölkerungszahl Brandenburgs in den nächsten 20 Jahren wahrscheinlich deutlich abnehmen: Es ist zu befürchten, dass vor allem junge, gut qualifizierte Frauen im Alter von bis zu 30 Jahren das Land verlassen, um ihre beruflichen Chancen und die Attraktivität ihrer Lebensbedingungen zu verbessern. Damit würden qualifizierte Arbeitskräfte und potenzielle Mütter verloren gehen (MASGF, 2008).

Zwar schätzen die Brandenburgerinnen und Brandenburger den Wert der Familie nach wie vor hoch ein, dennoch nehmen die Geburtenzahl und die Zahl der Familien mit Kindern deutlich ab. So ging die Zahl der Familien mit minderjährigen Kindern in den letzten zwölf Jahren um fast 30 Prozent zurück. Im Jahr 2007 brachte jede brandenburgische Frau im Laufe ihres Lebens durchschnittlich 1,36 Kinder zur Welt. Dies

stellt zwar einen kontinuierlichen Anstieg seit 1996 dar, dennoch konnte der für die Be-
völkerungsreproduktion notwendige Wert von durchschnittlich 2,13 Kindern pro Frau
(s. Abb. 3.1) damit nicht erreicht werden (AfS, 2008).

*Abbildung 3.1*   Entwicklung der zusammengefassten Geburtenziffer (TFR)
                  von 1996 bis 2007 (AfS, 2008)

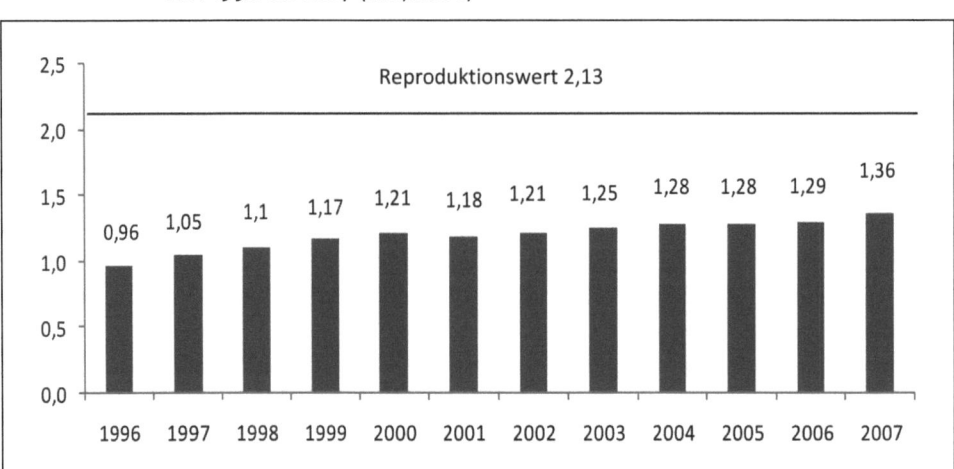

Nach dem siebten Familienbericht des Bundesministeriums für Familie, Senioren, Frau-
en und Jugend aus dem Jahr 2006 ist in mangelnden Zeitressourcen einer der wichtigsten Gründe für Frauen und Männer zu sehen, ihre Kinderwünsche nicht zu realisieren.
Insbesondere gut ausgebildete Frauen befürchten, dass sich die beruflichen Anforderungen nicht mit der Betreuung und Erziehung eines Kindes vereinbaren lassen (Bundesministerium für Familie, Senioren, Frauen und Jugend, BMFSFJ, 2006). Diese Sorge ist
nicht unbegründet, zumal neben dem Berufseinstieg und der beruflichen Konsolidie-
rung oft auch andere alterstypische Herausforderungen zeitlichen Aufwand erfordern,
beispielsweise der Aufbau und die Pflege einer beziehungsintensiven Partnerschaft oder
die Betreuung pflegebedürftiger Eltern. Die Familiengründung konkurriert also mit
anderen Entwicklungsaufgaben in einem zeitlich begrenzten Lebensabschnitt, der in
der Soziologie auch als „Rush-Hour des Lebens" bezeichnet wird; dieser zeitlichen Ver-
dichtung bedeutsamer Entwicklungsaufgaben innerhalb einer bestimmten Altersphase
wird ein wesentlicher Einfluss auf die demografische Entwicklung in Deutschland zugeschrieben (BMFSFJ, 2006; Lothaller, 2008).

Im Land Brandenburg wurden im Jahr 2007 insgesamt 1,24 Millionen Haushalte gezählt. In einem Drittel dieser Haushalte lebten Kinder. In drei Vierteln der Haushalte
mit minderjährigen Kindern lebten die Eltern in einer Ehe oder Lebensgemeinschaft
zusammen. Der Anteil Alleinerziehender betrug etwa 25 Prozent. Während die Zahl der
Paare mit Kindern in den vergangenen Jahren zurückging, nahmen im gleichen Zeit-

raum die Zahl der Alleinerziehenden und dabei vor allem die Zahl der alleinerziehenden Frauen stetig zu (MASGF, 2008).

## 3.2   Methodische Bemerkungen

Im vorliegenden Kapitel werden die Untersuchungsergebnisse häufig bezogen auf Jugendliche aus unterschiedlichen Familienformen vorgestellt. Die Differenzierung der Ergebnisse erfolgt dabei jeweils nach den Kategorien „Traditionelle Familie", „Ein-Eltern-Familie", „Stieffamilie" und „Andere". Die Zuordnung der Jugendlichen zu diesen Familienformen ist der Tabelle 3.1 zu entnehmen und ergibt sich aus den Angaben der Jugendlichen zu dem im Fragebogen enthaltenen Item „Ich lebe zusammen mit …".

*Tabelle 3.1*     Bildung der Familienformen

| Familienform | „Ich lebe zusammen mit …" |
|---|---|
| „Traditionelle Familie" | „… meiner leiblichen Mutter." und „… meinem leiblichen Vater." |
| „Ein-Eltern-Familie" | „… meiner leiblichen Mutter." oder „… meinem leiblichen Vater." |
| „Stieffamilie" | „… meiner leiblichen Mutter." oder „… meinem leiblichen Vater." und „… Stiefmutter/Partnerin meines Vaters." bzw. „… Stiefvater/Partner meiner Mutter." |
| „Andere" | „… meinem Freund/meiner Freundin." <br> „… meiner Großmutter/meinem Großvater." <br> „In einem Heim bzw. einer Einrichtung „Betreutes Wohnen" bzw. einer WG oder einer Pflegefamilie." <br> „Alleine in meiner eigenen Wohnung." |

Neben dem Wandel der Familienformen wird nachfolgend auch dargestellt, welche familiären Belastungen die Jugendlichen erlebt haben und wie stark sie sich von diesen Erlebnissen subjektiv belastet fühlten. Dabei werden die Untersuchungsergebnisse über den gesamten Zeitraum der Zeitreihenstudie „Jugend in Brandenburg" betrachtet, wobei hier zum Teil bereits auf Daten des Jahres 1991 zurückgegriffen werden kann.

Belastungen, die Jugendliche erleben und bewältigen müssen, sind in vielen Fällen auch verantwortlich für das subjektive Wohlbefinden in der Familie. Fragen nach dem „Familienklima" stellen daher seit der zweiten Befragungswelle der Zeitreihenstudie im Jahr 1993 einen bedeutenden Bestandteil des Erhebungsinstruments dar. In der aktuellen Befragung fanden einige neue Familienklimaindikatoren sowie Fragen zu den familiären Ressourcen Eingang in den Fragebogen, beispielsweise „Gibt die Familie Tipps für die schulische und berufliche Entwicklung?", „Unterstützt die Familie aktiv bei der beruflichen Entwicklung?" oder „Hilft die Familie bei finanziellen Problemen?". Seit 1993 werden die Jugendlichen auch zum elterlichen Erziehungsstil befragt. In diesem Zusammenhang wurde in der aktuellen Studie erstmals nach der Meinung der Jugendlichen zu Gewalt in der Erziehung gefragt. Daneben wurden Fragen zu gemeinsamen Familienaktivitäten und zum Thema „Gesundheit" neu in den Fragebogen der brandenburgischen Jugendstudie aufgenommen.

Insgesamt werden ergänzend und vergleichend zur Studie „Jugend in Brandenburg 2010" auch andere repräsentative Erhebungen wie die Shell-Jugendstudie von 2010, die Studie „Jugend 2009 in Sachsen", die KiGGS-Studie von 2010 und der brandenburgische Lebenslagenbericht aus dem Jahr 2008 herangezogen.

## 3.3   Untersuchungsergebnisse

*Familienformen*
Während im Jahr 2005 noch knapp 60 Prozent der Jugendlichen in traditionellen Familien mit beiden leiblichen Eltern zusammenlebten, traf dies im Jahr 2010 nur noch auf 53,4 Prozent zu (s. Abb. 3.2). In einer Ein-Eltern-Familie lebten im Jahr 2010 rund 16 Prozent der Jugendlichen, und etwa jeder zehnte Jugendliche lebte in einer Stieffamilie. Jeder fünfte Befragte wuchs in anderen Familienformen auf (z. B. in einer Pflegefamilie oder bei den Großeltern) oder lebte bereits in einer eigenen Wohnung („Andere Familienformen").

Der Anteil der Jugendlichen, die angaben, mit beiden leiblichen Eltern „traditionell" zusammenzuleben, hat sich zwischen 1993 und 2010 um fast ein Viertel reduziert (s. Abb. 3.3). Im gleichen Zeitraum stieg der Anteil der Jugendlichen an, die in Ein-Eltern-Familien aufwachsen (1993: 13,3 %; 2010: 15,5 %). Der Anteil der Jugendlichen, die

*Abbildung 3.2*   Familienformen 2010 (in %)

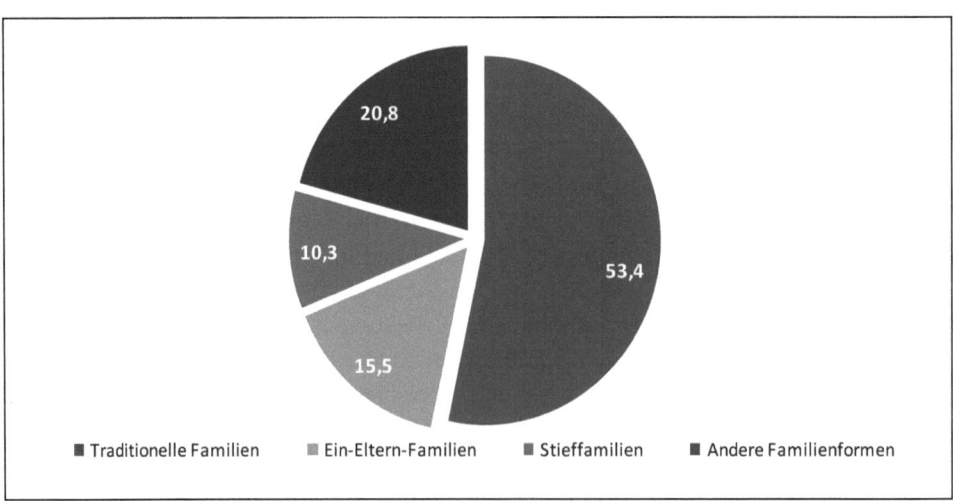

aus Stieffamilien stammen, erhöhte sich im Zeitverlauf weniger stark. Die Kategorie „Andere Familienformen" ist von 3,8 Prozent im Jahr 1996 auf mittlerweile 20,8 Prozent angewachsen, was zumindest teilweise durch die „Alterung" der untersuchten Grundgesamtheit begründet ist.[13]

*Abbildung 3.3* Entwicklung der Familienformen im Zeitraum von 1993 bis 2010 (in %)

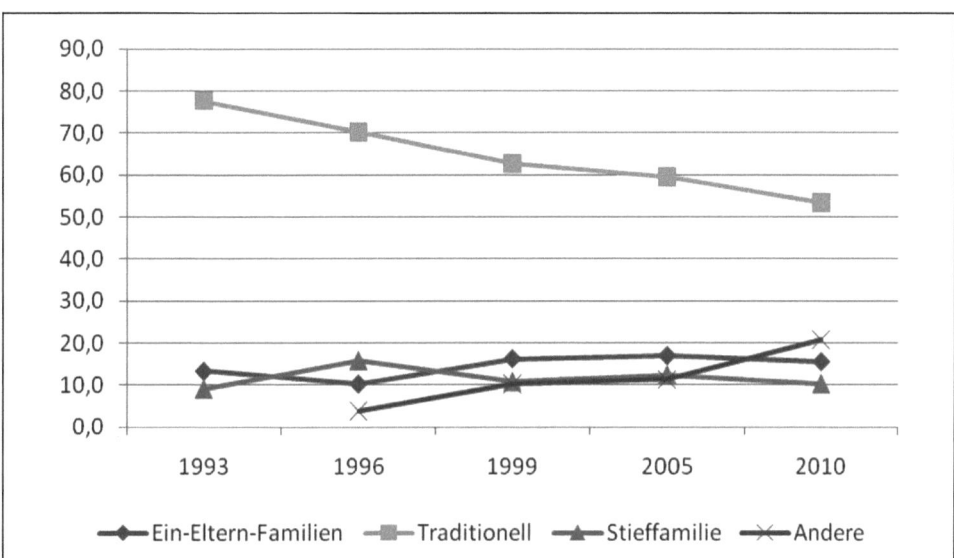

Betrachtet man die Entwicklung der Ein-Eltern-Familien etwas genauer (s. Abb. 3.4), so zeigt sich, dass der prozentual größte Zuwachs an Ein-Eltern-Familien zwischen den Befragungen der Jahre 1996 und 1999 zu verzeichnen ist. Für die letzten fünf Jahre kann dagegen ein leichter Rückgang des Anteils der Jugendlichen, die mit nur einem Elternteil aufwachsen, festgestellt werden (2005: 16,9 %; 2010: 15,5 %). Noch immer gibt es deutlich weniger alleinerziehende Väter (1,8 %) als alleinerziehende Mütter (13,7 %).

Die vorgestellten Ergebnisse stimmen mit den Befunden des brandenburgischen Lebenslagenberichts des Ministeriums für Arbeit, Soziales, Gesundheit und Familie aus dem Jahr 2008 überein. In diesem Bericht wird darauf hingewiesen, dass der Anteil der

---

13 Betrug der Mittelwert für das Alter der Befragten 1996 noch 15,9 Jahre, so liegt er bei der Erhebung 2010 bei 17,4 Jahren. Da ältere Jugendliche beispielsweise an den OSZ häufig weit vom Wohnort entfernte Schulstandorte aufsuchen müssen, steigt mit dem Alter auch die Wahrscheinlichkeit, außerhalb des Elternhauses einen eigenen Haushalt oder eine Wohngemeinschaft zu gründen. Somit bedeutet der Anstieg des Anteils der „Anderen Familienformen" nicht zwangsläufig, dass sich die traditionelle Familie überlebt hat, sondern nur, dass heute im Vergleich zu früheren Erhebungszeitpunkten ein größerer Anteil der Jugendlichen an den Bildungseinrichtungen nicht mehr bei der Herkunftsfamilie lebt.

*Abbildung 3.4*   Alleinerziehende im Zeitraum von 1993 bis 2010 (in %)

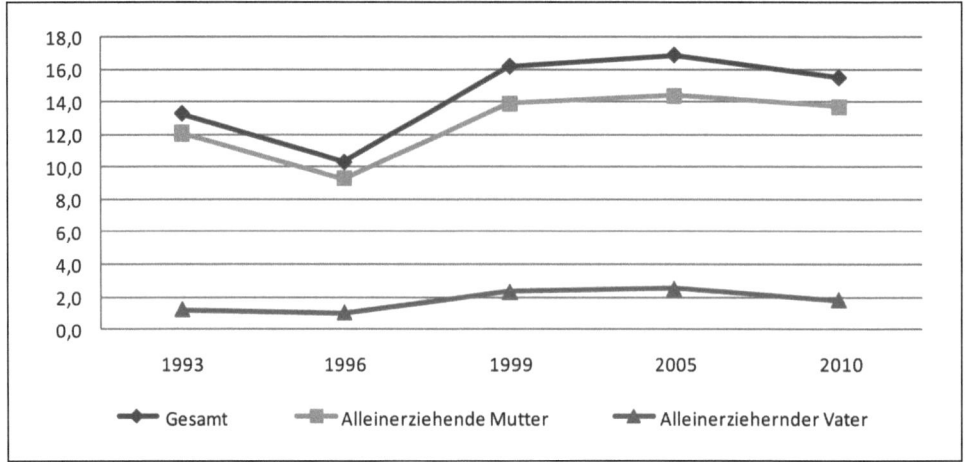

traditionellen Familienformen, der im Jahr 2008 in Brandenburg bei etwa 60 Prozent lag, an Bedeutung verloren hat. Parallel dazu stieg der Anteil der nichtehelichen Lebensgemeinschaften auf etwa 17 Prozent an (MASGF, 2008).

*Familiäre Belastungen*

In der nachfolgenden Tabelle 3.2 ist dargestellt, welchen Belastungssituationen brandenburgische Jugendliche und ihre Familien in den Jahren 2005 und 2010 ausgesetzt waren. Bezüglich der Häufigkeit des Erlebens von Arbeitslosigkeit in der Familie ist ein leichter Rückgang zu verzeichnen. Im Vergleich zu 2005 ist dieser Wert von 34,1 Prozent auf 32,5 Prozent (Arbeitslosigkeit des Vaters) bzw. von 41,9 Prozent auf 39,2 Prozent (Arbeitslosigkeit der Mutter) gesunken. Beim Vergleich zwischen den verschiedenen Schulformen zeigt sich, dass die Gymnasialschüler bezogen auf beide Eltern seltener Arbeitslosigkeit in der Familie erlebt haben (22,9 % bzw. 28,9 %) als die Schüler aus Oberschulen (30,6 % bzw. 42,3 %) und OSZ (42,0 % bzw. 45,8 %). Erwartungsgemäß erleben diejenigen Jugendlichen häufiger die Arbeitslosigkeit des Vaters oder der Mutter, bei denen der jeweilige Elternteil ein eher geringes Ausbildungsniveau aufweist (Ausbildungsniveau der Mutter: $V = 0.20$, Ausbildungsniveau des Vaters: $V = 0.16$).[14] Immer mehr Jugendliche erleben die Trennung der Eltern. Im Jahr 2010 waren insgesamt 35,0 Prozent der Befragten (2005: 33,3 %) davon betroffen, wobei die Mädchen jeweils etwas häufiger mit einer Trennungssituation konfrontiert waren als die Jungen (2010: 36,8 %; 2005: 33,2 %). Während der Anteil der Jugendlichen, die eine schwierige finan-

---

14   Das Ausbildungsniveau der Eltern wurde erfasst, indem die Jugendlichen nach dem Berufsabschluss der Eltern gefragt wurden. Die Antwortmöglichkeiten waren: „Hochschul- oder FH-Abschluss", „Anderer Berufsabschluss" und „Kein Berufsabschluss".

zielle Situation in ihrer Familie erlebt haben, zwischen 1999 und 2005 von 39,7 Prozent auf 51,1 Prozent angestiegen war, kann für 2010 wieder ein leichter Rückgang verzeichnet werden, wenngleich mit 48,7 Prozent der Wert des Jahres 1999 noch nicht wieder erreicht wurde. Jugendliche, deren Eltern ein eher geringes Ausbildungsniveau haben, erleben häufiger schwierige finanzielle Situationen in der Familie (Ausbildungsniveau der Mutter: V = 0.16; Ausbildungsniveau des Vaters: V = 0.18) als andere.

*Tabelle 3.2*    Erlebte Belastungen in Familien differenziert nach Schulform 2005 und 2010 (in %)

| | Belastungen in den Familien | | | | | | | |
| | Arbeitslosigkeit des Vaters erlebt | | Arbeitslosigkeit der Mutter erlebt | | Trennung der Eltern erlebt | | Schwierige finanzielle Situation erlebt | |
| (Teil-)Gruppen | 2005 | 2010 | 2005 | 2010 | 2005 | 2010 | 2005 | 2010 |
|---|---|---|---|---|---|---|---|---|
| Gesamtstichprobe | 34,1 | 32,5 | 41,9 | 39,2 | 33,3 | 35,0 | 51,1 | 48,7 |
| Oberschule | 34,8 | 30,6 | 44,8 | 42,3 | 36,4 | 37,1 | 51,2 | 48,4 |
| Gymnasium | 25,9 | 22,9 | 34,1 | 28,9 | 28,7 | 39,0 | 42,9 | 42,5 |
| Oberstufenzentrum | 41,1 | 42,0 | 47,1 | 45,8 | 34,7 | 38,5 | 59,4 | 54,2 |

Bezogen auf die verschiedenen Erhebungswellen der Zeitreihenstudie ist in der Abbildung 3.5 dargestellt, welche Anteile der Befragten jeweils die Arbeitslosigkeit eines Elternteils oder beider Eltern, eine schwierige finanzielle Situation in der Familie oder die Trennung der Eltern erlebt haben.

*Abbildung 3.5*   Häufigkeit von familiären Belastungssituationen im Zeitraum von 1991 bis 2010 (in %)

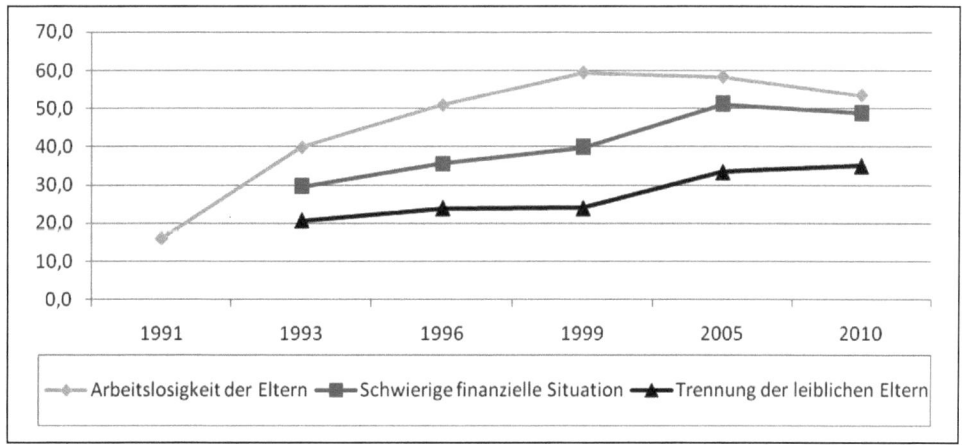

Betrachtet man nun die Auswirkungen der Arbeitslosigkeit auf die Jugendlichen etwas näher, so zeigt sich, dass im Jahr 2010 jeweils knapp ein Drittel der betroffenen Jugendlichen angab, durch die erlebte Arbeitslosigkeit mindestens eines Elternteils stark oder sehr stark belastet gewesen zu sein. Dabei ist die stärkste Belastung bei Jugendlichen aus Ein-Eltern-Familien zu registrieren. In der Tabelle 3.3 ist differenziert nach Familienformen dargestellt, wie viele Jugendliche die elterliche Arbeitslosigkeit erlebt haben und wie die Betroffenen den Grad der Belastungen durch die Arbeitslosigkeit des Vaters bzw. der Mutter einschätzten.[15]

*Tabelle 3.3*      Arbeitslosigkeit des Vaters bzw. der Mutter und Belastungsgrad nach Familienform 2010 (in %)

|  | „Haben Sie Arbeitslosigkeit Ihres Vaters erlebt, und wenn ja, wie stark hat sie Sie belastet?" | | | | |
|---|---|---|---|---|---|
|  | Habe ich nicht erlebt | Hat mich nicht belastet | Hat mich wenig belastet | Hat mich stark belastet | Hat mich sehr stark belastet |
| Traditionelle Familien | 70,6 | 9,5 | 10,6 | 6,6 | 2,7 |
| Ein-Eltern-Familien | 68,4 | 10,0 | 9,0 | 9,0 | 3,7 |
| Stieffamilien | 67,6 | 13,6 | 12,2 | 4,7 | 1,9 |
|  | „Haben Sie Arbeitslosigkeit Ihrer Mutter erlebt, und wenn ja, wie stark hat sie Sie belastet?" | | | | |
|  | Habe ich nicht erlebt | Hat mich nicht belastet | Hat mich wenig belastet | Hat mich stark belastet | Hat mich sehr stark belastet |
| Traditionelle Familien | 68,7 | 14,4 | 9,6 | 4,3 | 2,9 |
| Ein-Eltern-Familien | 48,7 | 16,1 | 16,8 | 10,8 | 7,6 |
| Stieffamilien | 63,2 | 16,5 | 12,3 | 4,7 | 3,3 |

Wie nehmen die Jugendlichen eine schwierige finanzielle Situation in der Familie wahr? Eine Antwort auf diese Frage findet sich in der nachfolgenden Tabelle 3.4. Im Jahr 2005 berichteten mehr als die Hälfte der Jugendlichen (52,4 %), die von einer schwierigen finanziellen Situation in ihrer Familie betroffen waren, von einer starken oder sehr starken Belastung. In der aktuellen Befragung sank dieser Wert auf 43,4 Prozent.

---

15   Hierbei ist zu beachten, dass sich die Fragestellung nicht auf gegenwärtig im Haushalt lebende Elternteile bezog. Somit konnten sich auch Jugendliche aus Ein-Eltern-Familien zur erlebten Arbeitslosigkeit des mittlerweile nicht mehr zu Hause lebenden Elternteils äußern.

*Tabelle 3.4*      Belastung der Jugendlichen durch das Erleben einer schwierigen finanziellen Situation in der Familie 2005 und 2010 (in %)

| | | | „Ich war durch die schwierige finanzielle Situation ... | | | | | | | |
| --- | --- | --- | --- | --- | --- | --- | --- | --- | --- | --- |
| | In der Familie erlebt | | ... nicht belastet." | | ... wenig belastet." | | ... stark belastet." | | ... sehr stark belastet." | |
| | 2005 | 2010 | 2005 | 2010 | 2005 | 2010 | 2005 | 2010 | 2005 | 2010 |
| Gesamtstich-probe | 51,1 | 48,7 | 11,5 | 22,5 | 36,2 | 34,1 | 37,0 | 29,0 | 15,4 | 14,4 |
| Traditionelle Familien | 46,1 | 41,8 | 13,0 | 23,8 | 35,9 | 37,0 | 36,0 | 25,1 | 15,1 | 14,1 |
| Ein-Eltern-Familien | 61,2 | 60,4 | 11,3 | 17,5 | 32,0 | 37,1 | 41,7 | 28,4 | 15,0 | 17,0 |
| Stieffamilien | 55,9 | 51,4 | 8,1 | 19,3 | 44,9 | 40,4 | 34,8 | 32,1 | 12,1 | 8,3 |

Der Vergleich zwischen traditionellen Familien und Ein-Eltern-Familien zeigt nicht nur, dass Jugendliche aus Ein-Eltern-Familien mit 60,4 Prozent deutlich häufiger von finanziellen Schwierigkeiten betroffen sind als Jugendliche aus traditionellen Familien (41,8 %), sondern auch, dass sie dies im Vergleich zu den traditionellen Familien stärker belastet. Stieffamilien rangieren hinsichtlich der Häufigkeit und der Belastungsstärke von schwierigen finanziellen Situationen zwischen den traditionellen Familien und den Ein-Eltern-Familien.

Zusammenfassend ist zu betonen, dass das Risiko, von der Arbeitslosigkeit der Mutter betroffen zu sein, in Ein-Eltern-Familien 1,6-mal höher ausfällt als in traditionellen Familien. Weiterhin beträgt das Risiko, eine schwierige finanzielle Situation bewältigen zu müssen, in Ein-Eltern-Familien das 1,5-fache und in Stieffamilien das 1,2-fache des Risikos von traditionellen Familien.

Trotz der schwierigen Situationen, mit denen die Jugendlichen teilweise konfrontiert waren, wurden im Jahr 2010 im Vergleich zu 2005 insgesamt weniger subjektiv erlebte Belastungen durch die Betroffenen berichtet. Dies gilt nicht nur für das Erleben von schwierigen finanziellen Situationen, sondern für alle Formen von familiären Belastungen, die im Rahmen der Befragungen erfasst wurden. Wie sich das Belastungserleben der jeweils betroffenen Jugendlichen über die verschiedenen Erhebungszeitpunkte der Zeitreihenstudie „Jugend in Brandenburg" seit dem Jahr 1993 verändert hat, kann der folgenden Abbildung 3.6 entnommen werden.

*Abbildung 3.6*   Anteile der Gruppen der „Stark" oder „Sehr stark" von schwierigen
                  Situationen in der Familie belasteten Jugendlichen an der Gesamt-
                  gruppe der von diesen Situationen betroffenen Jugendlichen im
                  Zeitraum von 1993 bis 2010 (in %)

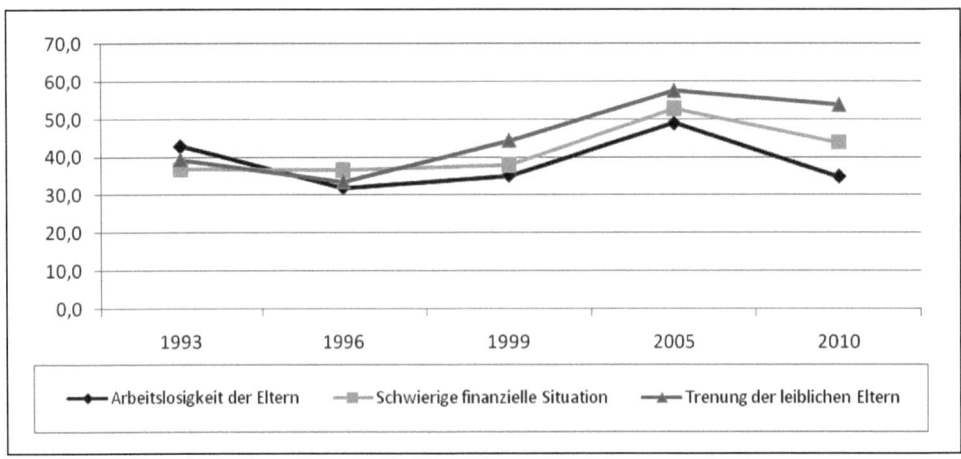

Manche Familien waren nicht nur von einzelnen Problemen betroffen, sondern mussten bereits multiple Belastungssituationen meistern: Von einem Erleben der Arbeitslosigkeit beider Elternteile und damit von einer Doppelbelastung haben im Jahr 2010 rund 18 Prozent der brandenburgischen Jugendlichen berichtet. Etwa jeder siebte Jugendliche (14,1 %) war von der Arbeitslosigkeit sowohl des Vaters als auch der Mutter und darüber hinaus von einer schwierigen finanziellen Situation in der Familie betroffen und musste damit drei Belastungen durchleben. Etwa ein Fünftel der Jugendlichen (21,4 %) war sowohl mit der Trennung der Eltern als auch mit einer schwierigen finanziellen Situation konfrontiert. Von allen erfassten Belastungssituationen betroffen waren 6,7 Prozent der brandenburgischen Jugendlichen: Sie erlebten die Arbeitslosigkeit beider Elternteile, eine schwierige finanzielle Situation in der Familie und die Trennung der Eltern.

   Wie die aufgeführten Belastungssituationen subjektiv von den Jugendlichen erlebt werden, hängt stark von den Ressourcen und dem Rückhalt in der Familie ab: Familiäre Ressourcen können als entscheidende Schutzfaktoren fungieren, um Belastungssituationen zu meistern und die Entwicklung der Jugendlichen günstig zu beeinflussen. Auch das Familienklima trägt maßgeblich dazu bei, Krisen weitgehend unbeschadet zu bewältigen; daher werden die diesbezüglichen Ergebnisse im Folgenden vorgestellt.

*Familienklima*
Wie stabil ist der Rückhalt der brandenburgischen Jugendlichen in der Familie? Die Antwort auf diese Frage findet sich in der folgenden Abbildung 3.7. Im Jahr 2010 konnte sich die überwiegende Mehrheit der Jugendlichen „Völlig" oder „Teilweise" auf die Fa-

milie verlassen (93,2 %); rund zwei Drittel der Befragten gaben dabei sogar an, unein-geschränkt auf die anderen Familienmitglieder bauen zu können (65,3 %). Dieser Anteil ist seit dem Jahr 1996 kontinuierlich angestiegen und weist im Jahr 2010 den höchsten Wert in der Zeitreihe auf. Mit dem Klima in der Familie zeigten sich im Jahr 2010 rund 86 Prozent der Befragten völlig oder teilweise zufrieden. Seit der Befragung im Jahr 1999 äußert jeweils mehr als die Hälfte der Jugendlichen, vollkommen zufrieden mit dem Familienklima zu sein.

*Abbildung 3.7* Zustimmung zu den Aussagen „Ich kann mich auf meine Familie verlassen" und „Ich bin mit dem Klima in meiner Familie zufrieden" im Zeitraum von 1993 bis 2010 („Völlig zufrieden", in %)

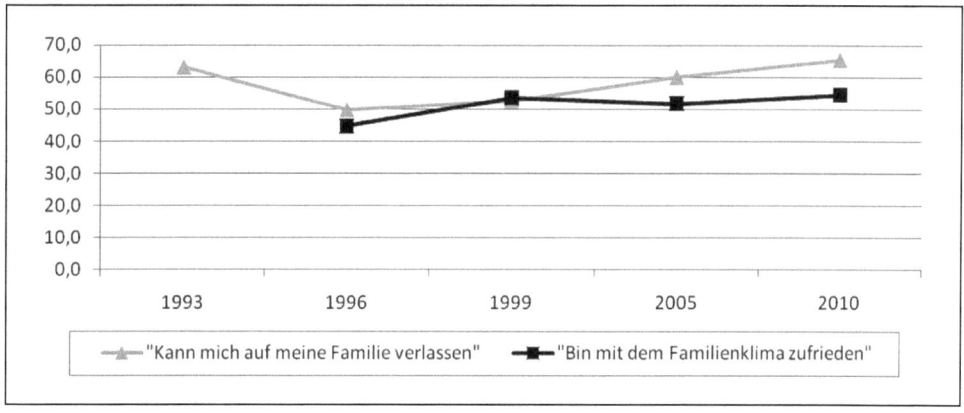

In der aktuellen Erhebungswelle der Zeitreihenstudie „Jugend in Brandenburg" sollten die Jugendlichen erstmalig angeben, inwieweit Probleme in ihrer Familie offen ange-sprochen werden können und ob sie sich in ihrer Familie geborgen fühlen. Hier zeig-te sich, dass insgesamt 85,7 Prozent der Jugendlichen völlig oder teilweise der Meinung sind, in ihrer Familie über Probleme offen sprechen zu können; 90,1 Prozent der Befrag-ten fühlen sich in der Familie völlig oder teilweise geborgen (s. die folgende Tab. 3.5). Diese Tendenz korrespondiert mit den Ergebnissen der aktuellen Shell-Jugendstudie aus dem Jahr 2010: Mehr als ein Drittel (etwa 35 Prozent) der Jugendlichen kommt bes-tens mit den Eltern aus; etwa sieben Prozent der Jugendlichen kommen weniger gut mit ihren Eltern aus; rund ein Prozent der Jugendlichen gibt an, ein schlechtes Verhältnis zu den Eltern zu haben (Shell Deutschland Holding, 2010).

Bei den Jugendlichen aus traditionellen Familien können sich 68,6 Prozent völlig auf ihre Familienmitglieder verlassen; dies gilt nur für 61,4 Prozent der Befragten aus Ein-Eltern-Familien (s. Tab. 3.6). Von den Jugendlichen aus Stieffamilien gaben sogar nur 57,5 Prozent an, sich völlig auf die anderen Familienmitglieder verlassen zu kön-nen. Die Befragten aus traditionellen Familien berichteten insgesamt über mehr Orien-

*Tabelle 3.5*    Familienklima 2005 und 2010 (in %)

| | „In meiner Familie ... | | | | | | | |
|---|---|---|---|---|---|---|---|---|
| | Stimmt völlig | | Stimmt teilweise | | Stimmt kaum | | Stimmt nicht | |
| | 2005 | 2010 | 2005 | 2010 | 2005 | 2010 | 2005 | 2010 |
| ... kann ich mich auf die anderen verlassen." | 60,0 | 65,3 | 32,5 | 27,9 | 4,4 | 4,8 | 3,1 | 1,9 |
| ... können Probleme offen angesprochen werden." | – | 55,3 | – | 30,4 | – | 11,0 | – | 3,4 |
| ... fühle ich mich geborgen." | – | 66,6 | – | 23,5 | – | 6,5 | – | 3,5 |
| ... bin ich mit dem Klima zufrieden." | 51,4 | 54,1 | 35,1 | 31,6 | 7,9 | 8,8 | 5,6 | 5,5 |

tierung und Geborgenheit in der Familie als die Jugendlichen aus Ein-Eltern-Familien und Stieffamilien. Ebenso zeigte sich bei der Frage nach dem Familienklima, dass die Jugendlichen aus traditionellen Familien die höchste Zufriedenheit aufweisen: Rund 57 Prozent von ihnen sind völlig mit dem Familienklima zufrieden; Jugendliche aus Ein-Eltern-Familien (51,7 %) und Stieffamilien (44,8 %) vertreten diese Ansicht dagegen deutlich seltener. Zwischen den erlebten familialen Belastungen und den Einschätzungen des Familienklimas ist kein statistisch bedeutsamer Zusammenhang festzustellen.

*Tabelle 3.6*    Familienklimaindikatoren 2010 differenziert nach Familienformen (in %)

| | „In meiner Familie ... | | | | | | | | | | | |
|---|---|---|---|---|---|---|---|---|---|---|---|---|
| | Stimmt völlig | | | Stimmt teilweise | | | Stimmt kaum | | | Stimmt nicht | | |
| | T* | E* | S* | T | E | S | T | E | S | T | E | S |
| ... kann ich mich auf die anderen verlassen." | 68,6 | 61,4 | 57,5 | 27,3 | 30,2 | 30,7 | 3,5 | 4,9 | 8,5 | 0,6 | 3,4 | 3,3 |
| ... können Probleme offen angesprochen werden." | 57,7 | 58,3 | 44,2 | 29,2 | 24,8 | 38,2 | 9,9 | 13,0 | 13,4 | 3,2 | 3,9 | 4,1 |
| ... fühle ich mich geborgen." | 70,8 | 64,5 | 51,9 | 21,6 | 27,0 | 32,4 | 5,9 | 4,5 | 11,1 | 1,8 | 3,9 | 4,6 |
| ... bin ich mit dem Klima zufrieden." | 57,3 | 51,7 | 44,8 | 30,4 | 34,1 | 33,8 | 7,9 | 8,4 | 13,3 | 4,4 | 5,9 | 8,1 |

* T: Jugendliche aus traditionellen Familien, E: Jugendliche aus Ein-Eltern-Familien, S: Jugendliche aus Stieffamilien

Im Jahr 2010 wurden neben den Indikatoren zum Familienklima auch die Ressourcen in den Familien erfasst. Die Jugendlichen wurden dazu befragt, inwieweit sie von ihrer Familie Tipps für die schulische oder berufliche Entwicklung bekommen und aktiv bei der beruflichen Entwicklung unterstützt werden. Darüber hinaus sollten sie angegeben, ob von Seiten der Familie eine Unterstützung bei finanziellen Problemen oder bei Problemen mit Lehrern bzw. Ausbildern gegeben ist. Schließlich wurde erfragt, inwieweit die Familie gegebenenfalls bei Problemen mit Drogen hilft.

Die in der Tabelle 3.7 dargestellten Befragungsergebnisse lassen erkennen, dass Jugendliche aus traditionellen Familien insgesamt gesehen mehr Unterstützung erhalten als Jugendliche aus Ein-Eltern-Familien oder Stieffamilien. Die Ergebnisse zeigen darüber hinaus, dass in traditionellen Familien (92,5 %) und in Ein-Eltern-Familien (91,4 %) die Unterstützung bei finanziellen Problemen höher ausfällt als beispielsweise in Stieffamilien (86,6 %), obwohl in Ein-Eltern-Familien die höchste Belastung bei finanziellen Schwierigkeiten zu finden ist.

*Tabelle 3.7*      Ressourcen in der Familie 2010 differenziert nach Familienformen (in %)

|  | „Meine Familie ... | | | | | | | | | | | |
| --- | --- | --- | --- | --- | --- | --- | --- | --- | --- | --- | --- | --- |
|  | Stimmt völlig | | | Stimmt teilweise | | | Stimmt kaum | | | Stimmt nicht | | |
|  | T* | E* | S* | T | E | S | T | E | S | T | E | S |
| ... gibt Tipps für schulische und berufliche Entwicklung.“ | 56,7 | 44,6 | 54,4 | 32,8 | 37,8 | 30,7 | 7,5 | 10,2 | 11,6 | 2,9 | 7,4 | 3,3 |
| ... unterstützt aktiv bei der beruflichen Entwicklung.“ | 64,8 | 57,4 | 56,5 | 26,5 | 26,7 | 30,4 | 6,1 | 8,3 | 8,4 | 2,6 | 7,7 | 4,7 |
| ... hilft, wenn ich finanzielle Probleme habe.“ | 65,7 | 64,9 | 59,4 | 26,8 | 26,5 | 27,2 | 5,4 | 5,8 | 9,7 | 2,2 | 2,8 | 3,7 |
| ... unterstützt mich, wenn ich Schwierigkeiten mit Lehrern/Ausbildern habe.“ | 63,9 | 56,6 | 56,9 | 24,1 | 25,8 | 26,4 | 8,4 | 10,8 | 11,1 | 3,6 | 6,8 | 5,6 |
| ... würde helfen, wenn ich Probleme mit Drogen hätte.“ | 81,3 | 78,9 | 81,5 | 13,3 | 13,9 | 12,5 | 2,8 | 3,7 | 3,2 | 2,6 | 3,4 | 2,8 |

* T: Jugendliche aus traditionellen Familien, E: Jugendliche aus Ein-Eltern-Familien, S: Jugendliche aus Stieffamilien

Zusammenfassend bleibt festzuhalten, dass Jugendliche aus Ein-Eltern-Familien und aus Stieffamilien häufiger familiäre Belastungen erleben und gegebenenfalls stärker davon belastet werden als Jugendliche, die in traditionellen Familienformen aufwachsen. Jugendliche aus Ein-Eltern-Familien erhalten die geringste Unterstützung in der Familie (f = 0.10).

*Erziehungsstil*
Die elterlichen Erziehungsziele haben sich in den letzten 40 Jahren verändert. Selbständigkeit und Autonomie, verbunden mit der Bereitschaft zur Verantwortungsübernahme, gewannen als Erziehungsziele an Bedeutung. Parallel dazu haben sich die Erziehungspraktiken gewandelt: Statt lediglich Gehorsam zu verlangen, erklären in vielen Familien die Eltern ihren Kindern die Gebote und Verbote; ältere Kinder werden auch an der Aufstellung von Regeln beteiligt. Dies führt zu einer „Versprachlichung der Erziehung"; Aufklärungs- und Aushandlungsprozesse treten an die Stelle von Befehlen (Nave-Herz, 2007). Trotz dieses Wandels der Erziehungsziele und Erziehungspraktiken gibt es nach wie vor Familien, in denen restriktives oder vernachlässigendes Erziehungsverhalten von Seiten der Eltern zu beobachten ist. In der aktuellen brandenburgischen Jugendstudie wurde daher mit Hilfe der Skalen „Elterliche Restriktion" und „Elterliche Vernachlässigung"[16] erfasst, wie die Befragten das Erziehungsverhalten ihrer Eltern einschätzen (s. Skalenindikatoren im Anhang). Darüber hinaus wurden die Jugendlichen zu ihren Erfahrungen mit elterlicher Gewalt befragt.

Die überwiegende Mehrheit der Befragten wird nicht restriktiv erzogen („Niedrige" oder „Eher niedrige" elterliche Restriktion; s. Tab. 3.8). Der Anteil der Jugendlichen mit nicht oder wenig restriktiven Eltern ist im Vergleich zu 2005 von 88,2 auf 91,4 Prozent leicht gestiegen, d. h. der Anteil der Jugendlichen mit restriktiven Eltern ist gesunken. Dagegen ist der Anteil der Jugendlichen gewachsen, deren Antwort eine „Eher hohe" oder „Hohe" elterliche Vernachlässigung nahelegt (2005: 17,5 %; 2010: 22,9 %). Mädchen

*Tabelle 3.8*     Elterliche Restriktion und Vernachlässigung 2005 und 2010 (in %)

| | Skalen „Elterliche Restriktion" / „Elterliche Vernachlässigung" | | | | | | | |
| | Niedrig | | Eher niedrig | | Eher hoch | | Hoch | |
| | 2005 | 2010 | 2005 | 2010 | 2005 | 2010 | 2005 | 2010 |
|---|---|---|---|---|---|---|---|---|
| Elterliche Restriktion | 55,9 | 60,9 | 32,3 | 30,5 | 9,8 | 7,4 | 2,0 | 1,3 |
| Elterliche Vernachlässigung | 49,7 | 48,4 | 32,8 | 28,8 | 14,3 | 17,9 | 3,2 | 5,0 |

16  Die Skala „Elterliche Vernachlässigung" bildet in der vorliegenden Studie ab, inwieweit sich die Eltern für die Belange der Jugendlichen interessieren und als Partner in Anspruch genommen werden können. In der Fachterminologie der Jugendhilfe geht es bei dem Begriff der „Vernachlässigung" dagegen eher um Fälle von Kindeswohlgefährdung, die ein (staatliches) Einschreiten erfordern.

werden etwas häufiger restriktiv behandelt (9,3 % in den Kategorien „Eher hoch" und „Hoch") als Jungen (8,0 %); dagegen fühlen sich die Jungen etwas mehr vernachlässigt als die Mädchen (23,5 bzw. 22,1 Prozent).

In der folgenden Abbildung 3.8 zeigt sich, wie sich der Anteil der Jugendlichen mit relativ hoher elterlicher Restriktion und Vernachlässigung („Hoch" und „Eher hoch") an der Gesamtstichprobe im Zeitraum von 1993 bis 2010 verändert hat. Bemerkenswert erscheint dabei, dass der Anteil der Jugendlichen mit restriktiven Eltern im Jahr 2010 den geringsten Wert seit Beginn der Befragungen erreicht hat, während der Anteil der vernachlässigten Jugendlichen nach einem stetigen Absinken in den letzten fünf Jahren wieder angestiegen ist.

*Abbildung 3.8*   Jugendliche mit relativ hoher „Elterlicher Restriktion" und „Elterlicher Vernachlässigung" („Hoch" und „Eher hoch") im Zeitraum von 1993 bis 2010 (in %)

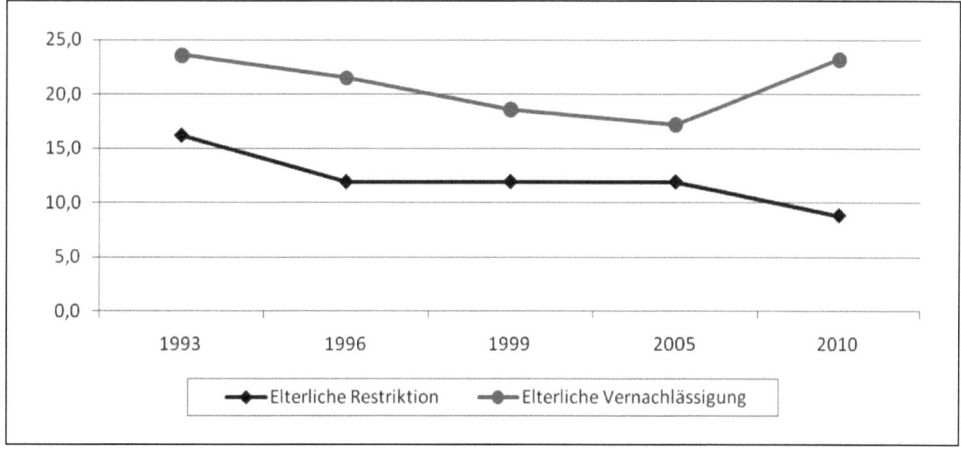

Bei einer differenzierten Betrachtung der unterschiedlichen Familienformen (s. Tab.3.9) ist festzustellen, dass 6,6 Prozent der Jugendlichen aus Ein-Eltern-Familien die elterliche Restriktion als „Eher hoch" oder „Hoch" wahrnehmen; dieser Wert ist niedriger als der entsprechende Wert bei Jugendlichen aus traditionellen Familien (9,5 %). Gleichzeitig fühlen sich Jugendliche aus Ein-Eltern-Familien etwas seltener vernachlässigt (19,3 % in den Kategorien „Eher hoch" und „Hoch") als Jugendliche aus traditionellen Familien (21,7 %).

Immer weniger Jugendliche erleben Gewalt durch den Vater oder die Mutter. Seit 1999 ist der Anteil der Jugendlichen, die noch nie körperliche Gewalt durch die Eltern erfahren haben, stetig gestiegen – von 61,5 Prozent im Jahr 1999 auf 77,9 Prozent im Jahr 2010 (Gewalterfahrungen mit dem Vater) bzw. von 62,1 Prozent im Jahr 1999 auf

*Tabelle 3.9*     Skala „Elterliche Restriktion" und Skala „Elterliche Vernachlässigung"
nach Familienform 2010 (in %)

|  | Skala „Elterliche Restriktion" | | | |
|---|---|---|---|---|
|  | Niedrig | Eher niedrig | Eher hoch | Hoch |
| Traditionelle Familien | 59,4 | 31,1 | 7,7 | 1,8 |
| Ein-Eltern-Familien | 66,7 | 26,7 | 6,3 | 0,3 |
| Stieffamilien | 51,7 | 33,8 | 13,5 | 1,0 |
|  | Skala „Elterliche Vernachlässigung" | | | |
|  | Niedrig | Eher niedrig | Eher hoch | Hoch |
| Traditionelle Familien | 47,9 | 30,4 | 17,4 | 4,3 |
| Ein-Eltern-Familien | 49,2 | 31,5 | 15,6 | 3,7 |
| Stieffamilien | 43,3 | 33,2 | 20,7 | 2,9 |

77,4 Prozent im Jahr 2010 (Gewalterfahrungen mit der Mutter). Dennoch darf nicht übersehen werden, dass noch immer rund ein Viertel der Jugendlichen oft, manchmal oder selten von den Eltern geschlagen wird (s. Tab. 3.10).

Bemerkenswert erscheint die Veränderung der Gewaltbelastung in Stieffamilien im Zeitraum von 1993 bis 2010, wie sie in der Abbildung 3.9 zu erkennen ist: Im Jahr 1996 war das Risiko, von seinem Stiefvater geschlagen zu werden, in brandenburgischen Stieffamilien noch doppelt so hoch wie das Risiko in traditionellen Familien, vom leiblichen Vater misshandelt zu werden; im Jahr 2010 scheinen die Stiefväter dagegen nicht gewalttätiger zu sein als die leiblichen Väter.

*Tabelle 3.10*     Elterliche Gewalt 2005 und 2010 differenziert nach Familienformen (in %)

|  | „Wurden Sie von den unten genannten Personen geschlagen?" | | | | | | | |
|---|---|---|---|---|---|---|---|---|
|  | Oft | | Manchmal | | Selten | | Nie | |
|  | 2005 | 2010 | 2005 | 2010 | 2005 | 2010 | 2005 | 2010 |
| Leiblicher Vater | 2,1 | 1,4 | 4,6 | 4,3 | 21,6 | 16,4 | 71,8 | 77,9 |
| Leibliche Mutter | 2,0 | 1,3 | 5,3 | 4,1 | 24,0 | 17,2 | 68,7 | 77,4 |
| Alleinerziehender Vater | 2,9 | 2,2 | 4,1 | 3,9 | 15,6 | 13,1 | 77,3 | 80,8 |
| Alleinerziehende Mutter | 3,0 | 2,1 | 6,9 | 2,7 | 26,3 | 20,9 | 64,3 | 74,3 |
| Stiefvater | 2,2 | 0,9 | 4,3 | 4,5 | 15,0 | 13,1 | 78,5 | 81,5 |
| Stiefmutter | 0 | 0 | 0,6 | 1,6 | 2,7 | 1,6 | 96,8 | 96,8 |

*Abbildung 3.9*  Gewalterfahrungen durch Eltern und Stiefeltern (Schläge „Oft" oder „Manchmal") im Zeitraum von 1996 bis 2010 (in %)

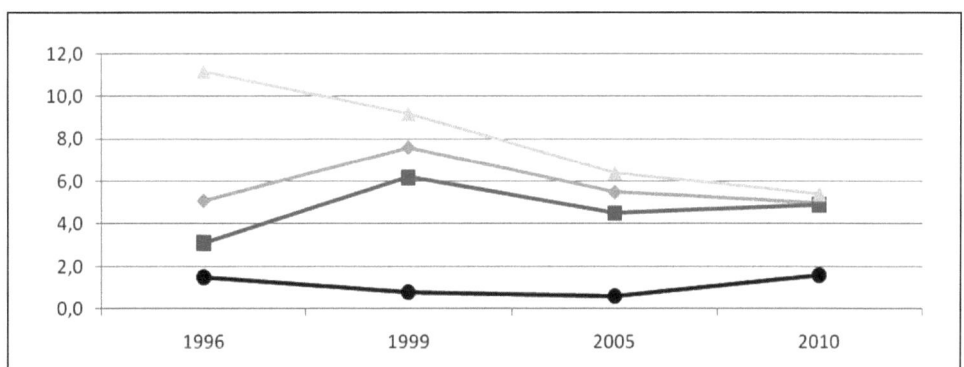

Insgesamt bleibt festzuhalten, dass „Elterliche Vernachlässigung" häufig mit restriktivem Erziehungsverhalten einhergeht (r = 0.37) und restriktive Eltern häufiger als andere Eltern körperliche Strafen einsetzen (Restriktion und Gewalterfahrung mit der Mutter: τ = 0.30; Restriktion und Gewalterfahrung mit dem Vater: τ = 0.27). Weiterhin zeigt sich ein Zusammenhang zwischen einem restriktiven bzw. vernachlässigenden Erziehungsverhalten der Eltern und stärker ausgeprägten externalen Kontrollüberzeugungen bei den Jugendlichen (r = 0.29 bzw. r = 0.24). Diese Ergebnisse deuten darauf hin, dass die Zuversicht der Jugendlichen, Einfluss auf die eigene Lebensgestaltung und den Lebenserfolg zu haben, vom Erziehungsverhalten der Eltern beeinflusst wird: Gewaltfrei und unterstützend erzogene Jugendliche sind eher der Meinung, des eigenen Glückes Schmied zu sein, als Jugendliche, die restriktiv behandelt bzw. vernachlässigt werden.

Die Meinungen der Jugendlichen zur Gewalt in der Erziehung wurden 2010 erstmalig erfasst. Insgesamt sprachen sich 79,1 Prozent der Befragten dafür aus, dass Eltern nicht durch körperliche Gewalt strafen sollten. Trotzdem war fast die Hälfte der Jugendlichen „Völlig" oder „Teilweise" der Ansicht, dass ein „Klaps ab und zu" nicht schade. Gut ein Viertel der Jugendlichen vertrat „Völlig" bzw. „Teilweise" die Meinung, dass man „schon mal eine Ohrfeige verdient" habe, wenn man „ungezogen war". Diese Ansichten wurden unabhängig davon vertreten, ob die Jugendlichen selbst Gewalt in ihrer Familie erlebt haben oder nicht. Das eigene Erleben einer gewaltfreien Erziehung in der Familie reicht also offensichtlich nicht aus, um bei den potenziellen Eltern von morgen eine handlungsleitende Ablehnung von Gewalt als Erziehungsstrategie zu verankern. Daher scheinen nach wie vor präventive Anstrengungen notwendig zu sein, um den Trend zu einer gewaltfreien Erziehung weiter zu stärken.

*Familienaktivitäten*

Eltern und Kinder verbringen häufig einen großen Teil ihrer Freizeit mit der Familie. Hierbei muss unterschieden werden, ob im engeren Sinne gemeinsame bzw. interaktive Freizeitaktivitäten unternommen werden oder ob die Familienmitglieder während bestimmter Freizeitaktivitäten lediglich zusammen sind bzw. diese Freizeitaktivitäten im Wohnbereich stattfinden. Zu berücksichtigen ist, dass aus dem Umfang der mit den Familienmitgliedern gemeinsam verbrachten Zeit weder auf die subjektive Wertschätzung gemeinsamer Freizeitgestaltung noch auf ein bestimmtes Familienklima oder eine spezifische Sozialisationswirkung zu schließen ist. Es zeigt sich dennoch relativ häufig, dass Familien, die selten gemeinsame Freizeitaktivitäten durchführen, als „Problemfamilien" anzusehen sind (Nave-Herz, 2007).

In der aktuellen brandenburgischen Jugendstudie wurden die Jugendlichen erstmalig differenziert nach verschiedenen Familienaktivitäten befragt. Dabei zeigte sich, dass die häufigste gemeinsame Familienaktivität das Besuchen von Verwandten oder Bekannten darstellt. Gemeinsames Fernsehen gehört bei 20,3 Prozent der Jugendlichen zum Familienalltag. Besuche von Museen oder Ausstellungen und der gemeinsame Besuch von Sportveranstaltungen werden hingegen von 42,3 bzw. 45,2 Prozent der Befragten als Aktivitäten benannt, die „Nie" gemeinsam mit der Familie stattfinden (s. Abb. 3.10).

Zeigen sich hinsichtlich der unterschiedlichen Familienformen Unterschiede bei der familiären Freizeitgestaltung? In der KiGGS-Studie konnte bezüglich der aktiven Freizeitgestaltung in der Familie festgestellt werden, dass Jugendliche und vor allem Jungen aus Stieffamilien häufiger über mangelnde gemeinsame Aktivitäten in der Familie

*Abbildung 3.10* Familienaktivitäten 2010

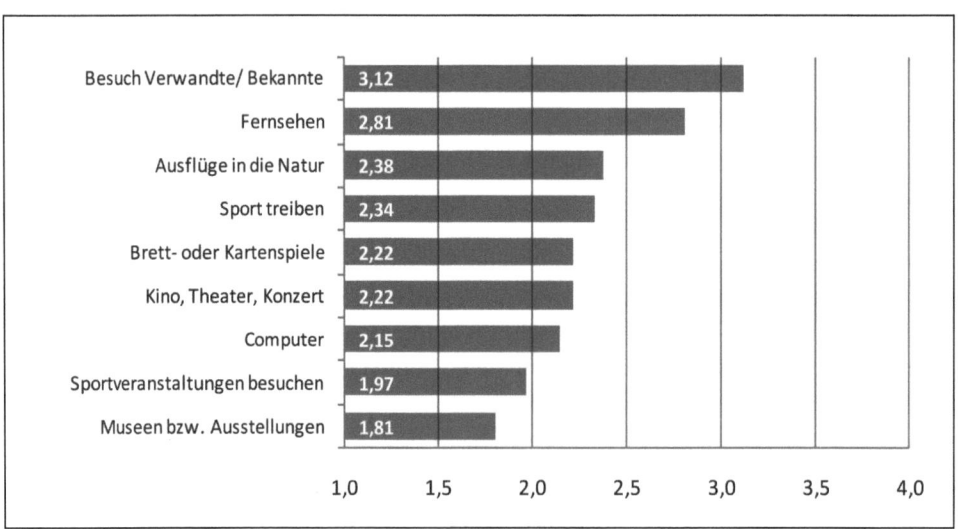

Mittelwerte einer Skala von „1" = „Nie" über „2" = „Selten" und „3" = „Manchmal" bis „4" = „Oft"

klagen als Jugendliche aus Ein-Eltern-Familien und traditionellen Familien; beim Vergleich der beiden letztgenannten Familienformen zeigten sich dagegen keine Unterschiede (Lampert, Hagen & Heizmann, 2010).

Nach den Ergebnissen der aktuellen brandenburgischen Jugendstudie besuchen Jugendliche, die in Ein-Eltern-Familien leben, seltener mit ihrer Familie Museen oder Ausstellungen als Jugendliche, die in traditionellen Familien oder in Stieffamilien leben („Nie": 49,1 % aus Ein-Eltern-Familien, 37,4 % aus traditionellen Familien und 45,9 % aus Stieffamilien). Unterschiede zwischen den drei Familienformen zeigen sich auch bezüglich der Aktivität „Ausflüge in die Natur": Beinahe die Hälfte der Jugendlichen aus traditionellen Familien (45,9 %) machen solche Ausflüge oft oder manchmal. Bei Jugendlichen aus Ein-Eltern-Familien liegt dieser Anteil hingegen nur bei 36,4 Prozent und bei Jugendlichen aus Stieffamilien bei 43,1 Prozent. Auch das gemeinsame „Sport treiben" in der Familie kommt bei Jugendlichen aus Stieffamilien etwas seltener vor als bei anderen Jugendlichen.

*Gesundheit*

Die Fragen zum Themenkomplex „Gesundheit" waren in der aktuellen Erhebung ebenfalls erstmalig Bestandteil des Fragebogens der Zeitreihenstudie „Jugend in Brandenburg". Die Mehrheit der Jugendlichen attestierte sich einen „Sehr guten" (27,2 %) bzw. „Guten" (60,4 %) allgemeinen Gesundheitszustand. „Weniger gut" schätzten 10,9 Prozent der Befragten ihre gesundheitliche Verfassung ein, und 1,5 Prozent gaben an, einen schlechten allgemeinen Gesundheitszustand zu haben. Bei einer differenzierten Betrachtung der Angaben zum allgemeinen Gesundheitszustand nach den verschiedenen Familienformen (s. Tab. 3.11) zeigen sich keine statistisch bedeutsamen Unterschiede. Bemerkenswert erscheint auch die Tatsache, dass keine Zusammenhänge zwischen der Einschätzung des allgemeinen Gesundheitszustands und den erlebten Belastungssituationen in den Familien festzustellen sind.

*Tabelle 3.11*    Selbsteinschätzung des Gesundheitszustands
nach Familienform 2010 (in %)

| | „Wie schätzen Sie Ihren allgemeinen Gesundheitszustand ein?" | | | |
| --- | --- | --- | --- | --- |
| | Sehr gut | Gut | Weniger gut | Schlecht |
| Traditionelle Familien | 30,3 | 58,4 | 9,6 | 1,7 |
| Ein-Eltern-Familien | 26,5 | 58,2 | 13,4 | 1,8 |
| Stieffamilien | 29,5 | 57,6 | 11,2 | 1,8 |

Wesentlich mehr Jungen (33,2 %) als Mädchen (20,8 %) bescheinigen sich einen sehr guten Gesundheitszustand; dafür achten Mädchen (38,0 %) stärker als Jungen (28,8 %)

darauf, nicht zu dick zu werden. Bei den Jungen essen 42,5 Prozent „was ihnen schmeckt, egal ob es gesund ist oder nicht", während nur 35,2 Prozent der Mädchen dieser Ansicht sind. Die Auswertung der Fragen zur Ernährung ergibt nur geringfügige Unterschiede zwischen den Jugendlichen aus den verschiedenen Familienformen (s. Tab. 3.12).

*Tabelle 3.12*      Fragen zur Ernährung nach Familienformen 2010 (in %)

|  | „Geben Sie bitte an, welche Aussage am ehesten für Sie zutrifft." | | | |
| --- | --- | --- | --- | --- |
|  | Ich achte auf eine gesunde, ausgewogene Ernährung. | Ich achte vor allem darauf, dass ich nicht zu dick werde. | Ich esse, was mir schmeckt, egal ob es gesund ist oder nicht. | Über Ernährung mache ich mir gar keine Gedanken. |
| Traditionelle Familien | 20,6 | 33,7 | 37,9 | 7,7 |
| Ein-Eltern-Familien | 23,6 | 31,6 | 38,2 | 6,6 |
| Stieffamilien | 21,8 | 30,9 | 42,7 | 4,5 |

In der Studie „Jugend 2009 in Sachsen" wurde nach dem subjektiven Empfinden von Körperlichkeit und Gewicht gefragt. Insgesamt fühlen sich etwa 72 Prozent der Befragten „gerade richtig", d. h. weder zu dünn noch zu dick. Etwa ein Viertel der Jugendlichen fühlte sich „zu dick"; dagegen meinte nur jeder zwanzigste Befragte, er sei „zu dünn". Es stellte sich heraus, dass die Unzufriedenheit mit dem eigenen Körpergewicht vor allem ein Problem junger Mädchen ab einem Alter von 18 Jahren darstellt: Überdurchschnittlich häufig fühlen sich weibliche Befragte (34 % der Altersgruppe von 18 bis 21 Jahren und 33 % der über 22-Jährigen) „zu dick". Im Vergleich dazu meinen nur etwa 15 Prozent aller männlichen Befragten, sie seien „zu dick" (Sächsisches Staatsministerium für Soziales und Verbraucherschutz, 2010). In der Shell-Jugendstudie 2010 wurde ebenfalls festgestellt, dass ein nicht unerheblicher Teil der Jugendlichen mit dem eigenen Körpergewicht unzufrieden ist: Etwa ein Drittel der Befragten hielt sich für zu dick; junge Frauen (ca. 44 %) waren deutlich öfter als junge Männer (ca. 27 %) der Meinung, dass sie zu dick seien. Je älter die Befragten waren, umso mehr nahm der Anteil derjenigen ab, die meinten, genau das richtige Gewicht zu haben (ca. 60 % bei den 12- bis 14-Jährigen, ca. 51 % bei den 22- bis 25-Jährigen; Shell Deutschland Holding, 2010).

## 3.4    Fazit

Rund jeder sechste brandenburgische Jugendliche wächst in einer Ein-Eltern-Familie auf, jeder zehnte in einer Stieffamilie. Daher stand 2010 im familienbezogenen Teil der Zeitreihenstudie „Jugend in Brandenburg" die Frage im Mittelpunkt, ob Jugendliche aus Ein-Eltern-Familien und Stieffamilien verglichen mit Jugendlichen aus traditionellen Familien stärkeren familiären Belastungen ausgesetzt sind und weniger Unterstützung erfahren.

Im Ergebnis der Auswertung bleibt festzuhalten, dass die Befragten aus Ein-Eltern-Familien und Stieffamilien häufiger belastende Situationen in der Familie erlebt hatten und sich gegebenenfalls stärker davon belastet gefühlt haben als Jugendliche aus traditionellen Familien. Besonders Jugendliche aus Ein-Eltern-Familien waren häufiger von finanziellen Schwierigkeiten betroffen. Darüber hinaus waren Jugendliche aus Ein-Eltern-Familien und vor allem aus Stieffamilien etwas häufiger als Befragte aus anderen Familien mit dem Familienklima unzufrieden; gleichzeitig erfuhren sie in geringerem Maße elterliche Unterstützung. Diese Befunde deuten auf die Notwendigkeit hin, die Unterstützung von Kindern und Jugendlichen aus Ein-Eltern-Familien und Stieffamilien noch stärker in den Fokus von Maßnahmen der Familienförderung zu stellen.

Insgesamt gesehen kann sich aber die Mehrheit der Jugendlichen auf ihre Familien völlig verlassen und ist mit dem Familienklima uneingeschränkt zufrieden; die Zufriedenheit mit der Verlässlichkeit der Familie und dem Familienklima erreichte 2010 die höchsten Werte seit Beginn der Zeitreihenstudie. Dementsprechend erleben auch immer mehr Jugendliche eine gewaltfreie Erziehung.

Während einerseits restriktive Erziehungspraktiken immer seltener werden und die Mehrheit der Familien ihren Kindern gute Entwicklungsbedingungen bietet, hat andererseits in den letzten Jahren die Zahl der Eltern deutlich zugenommen, die aus Sicht der Kinder „nicht da sind, wenn man sie braucht". Aus der Familienforschung ist bekannt, dass vor allem Eltern von älteren Kindern bei beruflichen oder Partnerschaftsproblemen leicht Gefahr laufen, die Bedürfnisse ihrer Kinder aus dem Auge zu verlieren. Das Zusammenleben mit Jugendlichen in der Familie, ihre familienbezogenen Sichten und Erwartungen stellen daher sicher ein lohnenswertes Thema für die Familienbildung dar.

Obwohl noch nicht alle Heranwachsenden in ihren Familien Geborgenheit und Unterstützung finden, besitzt das Zusammenleben mit Kindern in einer Familie für die meisten brandenburgischen Jugendlichen einen hohe Faszination: Über 80 Prozent von ihnen wollen selbst eine Familie gründen, Tendenz steigend.

# 4 Freizeit, Medien und Sport

*Bianca Bredow*

## 4.1 Theoretische Vorbemerkungen

*Freizeitbegriffe und das Freizeitmoratorium*

Freizeit besitzt für Jugendliche in vielerlei Hinsicht einen hohen Stellenwert: Einerseits dient sie der Erholung und Entspannung, andererseits bietet sie Raum für Aktivitäten im Bildungsbereich oder im Sport. Aus diesem Grund werden nachfolgend sowohl die Freizeitmöglichkeiten betrachtet, die den Jugendlichen in Brandenburg zur Verfügung stehen, als auch ihre finanziellen Spielräume zur Nutzung dieser Freizeitoptionen.

Zunächst stellt sich die Frage, welche Definition von „Freizeit" dem Anliegen dienlich ist, das Freizeitverhalten Jugendlicher zu erfassen und adäquat zu beschreiben. Die verschiedenen wissenschaftlichen Definitionen von Freizeit lassen sich nach „Restzeitdefinitionen" und „Verfügungszeitdefinitionen" unterscheiden. Bei „Restzeitdefinitionen" versteht man von der insgesamt zur Verfügung stehenden Zeit als Freizeit all das, was nicht Determinationszeit (fremdbestimmte Zeit, z. B. Schule und Arbeit) oder Obligationszeit (zweckgebundene Tätigkeiten oder Reproduktionszeit wie z. B. Essen, Schlafen) darstellt. Mit „Verfügungszeitdefinitionen" hingegen setzt man bei der Selbstbestimmtheit des Menschen an und versucht, Freizeit nicht als „Restkategorie" zu klassifizieren, sondern die subjektive Sichtweise stärker zu betonen und die Dispositionszeit als frei verfügbare, selbstbestimmte Zeit in den Mittelpunkt zu stellen. Innerhalb dieser Ansätze rücken subjektive emotionale Bedeutungen, Motive, Inhalte und Erlebensweisen von Freizeit in den Vordergrund (Fastenmeier, Gstalter & Lehnig, 2003). In zahlreichen Untersuchungen konnte gezeigt werden, dass die Vorstellungen über Freizeit in Abhängigkeit von der Lebenssituation der Befragten variieren. Eine relativ verbreitete Definition findet sich bei der Deutschen Gesellschaft für Freizeit (1998): „Freizeit ist das durch gesellschaftliche Übereinkunft ermöglichte Zeitquantum außerhalb der Arbeitszeit, über das der einzelne selbst (frei) entscheiden kann, um es für sein Wohlbefinden zu nutzen."

Wurde die Freizeit noch in den 1950er und 1960er Jahren überwiegend als Erholungszeit zur Regeneration der Arbeitskraft gesehen, so wird ihr heute ein großes Potenzial zur Ausgestaltung der eigenen Identität zugeschrieben. Diese Möglichkeit ist vor allem für Jugendliche von hoher subjektiver Bedeutung, da jugendtypische Bedürfnisse wie der Wunsch nach sozialer Anerkennung und nach einem Experimentieren mit

Normen, Werten und Erfahrungen gerade in der Freizeit ihren Raum finden (Hornstein, Schefold, Schmeiser & Stackebrandt, 1975).

Die Möglichkeiten für Jugendliche, ihre Freizeit selbstbestimmt zu gestalten, entwickelten sich erst mit der Industrialisierung gegen Ende des 19. Jahrhunderts. Diesbezügliche Ideen reichen jedoch bis Jean-Jacques Rousseau zurück, der bereits Mitte des 18. Jahrhunderts Grundlagen für ein modernes Konzept von „Jugend" vorstellte. Er forderte die Einführung eines Jugendbegriffs und idealisierte „Jugend" als ein Lebensstadium, das Jugendliche mittels Erziehung auf die zu erwartende Lebenswirklichkeit vorbereiten und ihnen einen „Schonraum" gewähren soll: In der Jugend sollten Heranwachsende ihre Eigentümlichkeit und Individualität ausleben, um schließlich „vollwertige Menschen" zu sein (Rousseau, 1978).

Rousseaus Vorstellungen wurden Mitte des 20. Jahrhunderts vom Psychologen Erikson aufgegriffen. Er stellte die Jugendphase als eine natürliche Periode der Wurzellosigkeit dar, in der es bei Jugendlichen zu einer psychosozialen Krise komme: In dieser Krise würden alte Orientierungen auf den Prüfstand geraten, neue müssten gefunden werden. Nur wenn den Jugendlichen ein „psychosoziales Moratorium" gewährt wird, könne die Krise erfolgreich bewältigt werden (Erikson, 2002). Unter einem „Moratorium" ist zu verstehen, dass zwei Parteien eine Abmachung über einen zeitlich begrenzten Aufschub von Forderungen getroffen haben. Die wechselseitigen Erwartungen bleiben bestehen, und die ausgesetzten Forderungen werden später wieder aufgenommen. Das „psychosoziale Jugendmoratorium" bedeutet, dass den Jugendlichen zur Bewältigung ihrer Identitätskrise von gesellschaftlicher Seite eine Auszeit gewährt wird. Für diese Auszeit existiert ein Abkommen zwischen den Jugendlichen und der Gesellschaft dahingehend, dass die Heranwachsenden von bestimmten gesellschaftlichen Verpflichtungen wie der Erwerbstätigkeit freigestellt werden, um sich auf die Übernahme gesellschaftlicher Verantwortung vorbereiten zu können (Reinders, 2006). Später wurde auf dieser Grundlage der Begriff des „Bildungsmoratoriums" geprägt, wonach die Jugendzeit hauptsächlich dem Erwerb von Kompetenzen und Bildungsabschlüssen dienen solle, um eine möglichst günstige Ausgangssituation für den späteren beruflichen Erfolg zu schaffen. Der Denkfigur des Bildungsmoratoriums wurde dann das Konstrukt des „Freizeitmoratoriums" hinzugefügt, wonach die Jugendzeit auch durch die selbstbestimmte Freizeitgestaltung sowie die Hinwendung zum Konsumwarenmarkt und zu Gleichaltrigen gekennzeichnet ist (Reinders & Wild, 2003).

*Freizeit und die Freundschaftsbeziehungen Jugendlicher*
In der Jugendphase und speziell im Freizeitbereich kommt den Gleichaltrigen (Peers) eine große Bedeutung zu, wobei das Ausmaß, in dem sich Jugendliche auf Gleichaltrigengruppen einlassen, unterschiedlich ist (Wetzstein, Erbeldinger, Hilgers & Eckert, 2005). Nach Fend (1998) liegt die Bedeutung Gleichaltriger darin begründet, dass die Familie allein nicht in der Lage ist, dem Jugendlichen all das zu vermitteln, was zur Lebensbewältigung notwendig ist. Dies ist vor allem darauf zurückzuführen, dass die El-

tern unter anderen Lebensumständen aufgewachsen sind und in ihrer Jugendzeit nicht die Erfahrungen gemacht haben, die ihre Kinder machen müssen. Da Gleichaltrige häufig mit ähnlichen Problemen konfrontiert sind, erweisen sie sich oft als kompetentere Ansprechpartner für Problemlösungen.

Verschiedene Studien zeigen, dass Jugendliche einen Großteil ihrer Freizeit mit Gleichaltrigen verbringen. Beispielsweise wird in der Studie „Jugend 2009 in Sachsen" berichtet, dass „Freunde/Freundinnen treffen" die am häufigsten ausgeübte Freizeitbeschäftigung Heranwachsender sei (Sächsisches Staatsministerium für Soziales und Verbraucherschutz, 2010). Ein ähnlicher Befund findet sich in der 16. Shell-Jugendstudie, in der auch festgestellt wird, dass sich seit 2002 nur wenige Veränderungen im Freizeitverhalten der Jugendlichen finden lassen: Während Musikhören und Fernsehen im Trend leicht zurückgehen, gewinnt das Surfen im Internet an Bedeutung und gehört 2010 zu den häufigsten Freizeitbeschäftigungen. Dem Alter der Jugendlichen und ihrer sozialen Herkunft kommt eine große Erklärungskraft für die Art der Freizeitgestaltung zu: 12- bis 14-Jährige beschäftigen sich neben dem Freizeitsport häufig mit Videospielkonsolen; 15- bis 17-Jährige bevorzugen das Surfen im Internet und das Musikhören, bei den 18- bis 21-Jährigen rücken gesellige Tätigkeiten mit Gleichaltrigen wie der Besuch von Diskotheken in den Vordergrund. Jugendliche aus den oberen Sozialschichten beschäftigen sich in ihrer Freizeit besonders häufig mit Lesen und mit kreativen bzw. künstlerischen Aktivitäten. Im Kontrast dazu verbringen männliche Jugendliche aus der Unterschicht ihre Freizeit vorrangig mit Computerspielen und Fernsehen (Shell Deutschland Holding, 2006, 2010).

Die Forschung zur Bedeutung von Freundschaftsbeziehungen und Peergroups verdeutlicht, dass die Erfahrungen mit Gleichaltrigen ein zentrales Lernfeld für die Entwicklung von sozialem Verständnis und Selbstverständnis sowie für den Aufbau sozialer Kompetenzen und moralischer Haltungen sind. Heranwachsende sehen sich mit der Lernaufgabe konfrontiert, eigenständige soziale Beziehungen einzugehen und sich dabei auf eine entwicklungsförderliche Weise emotional von den Eltern zu lösen (Erbeldinger, 2003). Für diese Selbstfindungs- und Sozialisationsprozesse haben Gleichaltrige einen hohen Unterstützungs- und Orientierungswert, weil sie Gelegenheit bieten, Normen des Miteinanders zu lernen, sich in andere hineinzuversetzen sowie Validierungen von Meinungen und Einschätzungen vorzunehmen (Fend, 1998). Die Beschleunigung der Lebensvollzüge hat dazu geführt, dass sowohl die Gleichaltrigen als auch die Medien in den letzten Jahren als Lern- und Erfahrungsräume an Bedeutung gewonnen haben: Wenn sich die Lebensbedingungen schnell und grundlegend verändern, verliert die Lebenserfahrung der Eltern für die Lösung neuartiger Probleme an Bedeutung und das Lernen von Gleichaltrigen wird bedeutsamer (Mead, 1971); soziale Netze und ein kompetenter Umgang mit Medien helfen insbesondere beim Aufdecken von Gelegenheitsstrukturen und Ressourcen.

*Freizeit und Medien*

Jugendliche wachsen heute in komplexen Medienwelten auf und weisen im Umgang mit Medien ein vielseitiges Interesse und eine hohe Kompetenz auf (Reinders & Wild, 2003). Dies beruht nicht zuletzt auf einer gewissen Experimentierfreudigkeit bei der Nutzung von neuer Technik. Dabei zeigen sich Heranwachsende nicht nur als passive Rezipienten von Medienbotschaften, die den Medien ausgeliefert sind, sondern auch als aktive und konkreative Mediennutzer (Ferchoff, 2007).

Medien können vielfältige Bedürfnisse befriedigen und erfüllen im Alltag Jugendlicher zum einen soziale Funktionen: Jugendliche pflegen soziale Kontakte über Medien und tauschen sich über ihre Mediennutzung aus. Medien stellen auch Erkennungszeichen für bestimmte Subkulturen dar, ermöglichen Distinktionen zu anderen Gruppen und unterstützen damit den Aufbau einer eigenen Gruppenidentität. Weiterhin bieten Medien den Jugendlichen die Gelegenheit zu gemeinsamen Tätigkeiten, beispielsweise indem der kollektive Medienkonsum als Anlass für Unternehmungen genutzt wird. Zum anderen dienen Medien als Informationsquelle über neue Lebens- und Selbstdarstellungsstile. Durch den Medienkonsum werden das stellvertretende Lernen sowie die symbolische Teilhabe an den Lebensentwürfen, Problemen und Problemlösungen anderer ermöglicht. In diesem Zusammenhang finden Jugendliche verschiedene Lebensmodelle und Vorbilder sowie Deutungsmuster für ihre Alltagserfahrungen; Medien leisten damit einen wichtigen Beitrag zur Identitätsentwicklung Heranwachsender. Der Mediennutzung kommt auch eine Prestigefunktion zu: Jugendliche nutzen diesen Bereich, in dem sie oft viel Wissen besitzen, als Möglichkeit, Kompetenz zu zeigen und Ansehen zu gewinnen. Nicht zuletzt werden Medien zuweilen auch als Kompensation für reale soziale Kontakte und als Rückzugsmöglichkeit gebraucht (Mikos, Hoffmann & Winter, 2009).

Seit einigen Jahren werden Medien in der Fachliteratur zunehmend als Sozialisationsinstanzen für Jugendliche konzipiert. Fritz, Sting und Vollbrecht (2003) stellen beispielsweise fest, dass Medien neben der Familie, der Peergroup und der Schule zur vierten Sozialisationsinstanz geworden seien. Reinders und Wild (2003) zufolge bleibt zwar vorerst fraglich, inwieweit Medien traditionelle Sozialisationsinstanzen abzulösen vermögen. Sicher erscheint jedoch, dass ein hohes Einflusspotenzial von Medien ausgeht, wobei die Mediensozialisation keinen unidirektionalen Prozess darstellt: Jugendliche sind aktiv an der Gestaltung dieser „Beziehung" beteiligt, indem sie beispielsweise Medieninhalte selektieren oder die Möglichkeit nutzen, sich den Medien zu verweigern (Fritz et al., 2003; Reinders & Wild, 2003).

Aufgrund der zunehmenden Bedeutung von Medien als Sozialisationsagent gibt es immer mehr Studien, die sich mit dem Medienumgang Jugendlicher beschäftigen. In der britischen Jugendmedienstudie „Young People, new media" (YPNM) wurde beispielsweise festgestellt, dass das Haushaltseinkommen die Anschaffung häuslicher Medien beeinflusst, wobei wohlhabende Eltern generell mehr Medien sowohl in Form von Büchern und Musikmedien als auch in Form von Computer und Internet erwerben

(Schorr, 2009). Die elterliche Bildung wiederum ist insbesondere zur Vorhersage darüber geeignet, welche Medien sich im persönlichen Besitz der Heranwachsenden befinden: Eine Anschaffung von Fernsehern, Spielkonsolen und Videokameras steht nach der YPNM-Studie im Zusammenhang mit einem höheren Haushaltseinkommen und einer geringeren elterlichen Bildung. Im Gegensatz dazu korrespondiert der Erwerb von Büchern und Internetzugängen mit einem höheren Familieneinkommen und einem höheren Bildungsniveau der Eltern; beim PC ist das Einkommen der ausschlaggebende Faktor für die Anschaffung.

Weitere empirische Studien konnten aufzeigen, dass sich je nach Bildungs- und Schichthintergrund Unterschiede in der Nutzung von Medientypen und Medieninhalten ausmachen lassen, was die bereits bestehenden schichtspezifischen Wissensklüfte verstärkt (Mikos, Hoffmann & Winter, 2009). Durch die Reanalyse zweier Schweizer Studien stellte Bonfadelli (2002) fest, dass mit einem geringeren Bildungsniveau der Probanden eine vermehrte Verwendung des Internets als Unterhaltungsmedium einherging. Gleichzeitig wurde das Internet seltener als Informationsmedium genutzt. Bezogen auf Deutschland zeigte die 16. Shell-Jugendstudie, dass sich der Einfluss der sozialen Herkunft auf die Zugangsmöglichkeiten zum Internet verringert hat (Shell Deutschland Holding, 2010). Die ehemals zu beobachtende „digitale Spaltung" in Form einer eingeschränkten Nutzung des Internets durch Jugendliche sozial benachteiligter Schichten setzt sich – wie in den Schweizer Studien – in unterschiedlichen Inhalten der Internetnutzung fort.

Die 1998 begonnene Studienreihe „Jugend, Information, (Multi-)Media" (JIM) stellt die umfangreichste Untersuchung zum Medienverhalten 12- bis 19-Jähriger in Deutschland dar (Klingler, 2008). Danach hat sich die Medienverfügbarkeit in den Haushalten während der letzten Jahre stark verändert: Waren 1998 erst 78 Prozent der Haushalte, in denen Jugendliche lebten, mit PCs oder Laptops versorgt, so stieg diese Zahl bis 2009 auf 100 Prozent. Seit 2001 wird auch danach gefragt, ob im Haushalt ein Internetzugang vorhanden ist: Damals stimmten 65 Prozent der Jugendlichen zu; 2009 gab es in 98 Prozent der Haushalte mit Jugendlichen einen Internetzugang. 1998 nutzten nur fünf Prozent der Befragten das Internet mehrmals in der Woche; 2009 waren es schon 90 Prozent. Mädchen wenden sich häufiger dem Fernseher zu und gebrauchen das Internet stärker als Jungen; Jungen hingegen spielen vor allem Computer- und Konsolenspiele und verwenden den Computer häufiger offline als Mädchen (Medienpädagogischer Forschungsverbund Südwest, 2009).

*Freizeit und Sport*
Neben den Medien besitzt der Sport eine große Bedeutung für die Freizeitgestaltung Jugendlicher: Sport selbst, aber auch der mediale und direkte Konsum von Sportereignissen sind zentrale Bestandteile des Alltagslebens Heranwachsender.

Über den Wandel der sportlichen Betätigung Jugendlicher in den letzten Jahrzehnten gibt es unterschiedliche Auffassungen. Einerseits gehen Vertreter der „Defizithypothese" davon aus, dass sich im Zuge einer Verhäuslichung und zunehmenden Medialisierung des Lebens Jugendlicher Veränderungen in den Gelegenheitsstrukturen zum Sporttreiben und in den sportlichen Freizeitinteressen der Jugendlichen ergeben hätten; danach geht die zunehmend intensive Mediennutzung mit einer Reduktion des Sporttreibens einher. Andererseits argumentieren Vertreter der „Versportlichungsthese", dass die Sportbeteiligung der Heranwachsenden aufgrund der erweiterten Optionen für verschiedenartige Sportengagements eher zunehme, weil sich mit den erweiterten Möglichkeiten im Hinblick auf Sportarten, Partnerkonstellationen und soziale Settings sowie auf den zeitlichen, räumlichen und organisatorischen Rahmen sportlicher Aktivitäten die Chancen Heranwachsender erhöhen würden, eine passende Form sportlicher Beteiligung zu finden (Burrmann, 2005).

Unter den sozialen und gemeinwohlorientierten Funktionen, die dem Sport zugeschrieben werden, ist die sozialintegrative Wirkung herauszustellen: Sport schafft, wenn er innerhalb von Vereinen, Organisationen oder Gruppen betrieben wird, einen sozialen Rahmen, der die Integration in soziale Gruppen und soziale Unterstützung fördert. Weil Sport von Menschen verschiedener Altersgruppen und sozialer Herkunft aktiv betrieben bzw. passiv verfolgt wird, bietet er über soziale und generationale Grenzen hinweg Anknüpfungspunkte für Gespräche und Kontakte.

In den letzten Jahren gab es eine verstärkte Diskussion um die intergenerationale Weitergabe sozialer Ungleichheiten; es stellt sich die Frage, ob dies auch für die Sportbeteiligung der nachfolgenden Generation gilt (Burrmann, 2005). Ein Zutreffen dieser These würde bedeuten, dass die Sportbeteiligungen Jugendlicher in Abhängigkeit vom familiären Hintergrund variieren. Heranwachsende, deren Eltern einen niedrigen oder keinen Schulabschluss aufweisen, sollten sich demnach seltener sportlich betätigen als Jugendliche, deren Eltern einen höheren Schulabschluss haben. Aus diesem Grund wurde in der vorliegenden Studie überprüft, ob das Sportengagement der Jugendlichen durch sozialstrukturelle Merkmale des Elternhauses beeinflusst wird.

## 4.2    Methodische Bemerkungen

Wie in den Vorgängerstudien wurde bei der jüngsten Erhebungswelle der Zeitreihenstudie „Jugend in Brandenburg" im Jahr 2010 erhoben, welche Freizeitangebote den Jugendlichen in ihrer Region zur Verfügung stehen, wie stark ihr Interesse an diesen Angeboten ist und wie sie den Preis, die Qualität und die Erreichbarkeit dieser Angebote bewerten. Die Daten hierzu können teilweise bis 1996 zurückverfolgt werden. Zusätzlich wurde untersucht, ob sich der bisherige Trend der wachsenden Gesamtzufriedenheit mit den Freizeitangeboten bis ins Jahr 2010 fortgesetzt hat. Seit 1993 wird die Cliquenzugehörigkeit der Heranwachsenden erfasst; 1996 wurde der entsprechende Indikator um die Frage nach dem Vorhandensein eines besten Freundes ergänzt. Die Indikatoren zu Freundschaftsbeziehungen Jugendlicher wurden im Jahr 2010 in gewohnter

Weise ausgewertet. Ähnlich wie in den Vorgängerstudien wurden auch die finanziellen Ressourcen der Jugendlichen sowie ihre Quellen erhoben. Des Weiteren wurde wie in den Vorjahren erfasst, wie häufig die Jugendlichen Sport treiben und welche Sportkontexte sie bevorzugen.

Der Themenbereich „Mediennutzung" wurde im Jahr 2010 aufgrund seiner stetig zunehmenden Bedeutung im Leben Jugendlicher neu in die Zeitreihenstudie aufgenommen. In diesem Zusammenhang wurde untersucht, ob die Verfügbarkeit bestimmter Medien von Merkmalen der Lebenslage Jugendlicher beeinflusst wird, wie viel Zeit brandenburgische Jugendliche täglich für Computer- und Videospiele aufwenden und ob die Mediennutzung die Sportbeteiligung beeinflusst. Da Mobiltelefone inzwischen als ständige Begleiter im Alltag Jugendlicher eine Rolle spielen, wurden die Jugendlichen zusätzlich danach befragt, ob sie ein eigenes Handy besitzen und welche monatlichen Kosten ihnen dafür entstehen.

## 4.3   Untersuchungsergebnisse

*Finanzielle Ressourcen*
Die Nutzung von Freizeitmöglichkeiten setzt vielfach die Verfügbarkeit von finanziellen Mitteln voraus. Dies gilt insbesondere dann, wenn neben öffentlichen Freizeiteinrichtungen auch kommerzielle Angebote genutzt werden. Aus diesem Grund werden brandenburgische Jugendliche seit der Erhebung im Jahr 1996 danach gefragt, wie viel Geld ihnen monatlich zur Verfügung steht. In der folgenden Tabelle 4.1 finden sich die nach Geschlecht, Alter und Schulform differenzierten Befragungsergebnisse für die Jahre 2005 und 2010.

Der Trend zunehmender finanzieller Ressourcen, der sich bereits im Jahr 2005 abzeichnete, hat sich 2010 fortgesetzt: Den Jugendlichen steht insgesamt mehr Geld zur freien Verfügung als in den Jahren 1999 und 2005. Die Unterschiede zwischen Mädchen und Jungen sind geringer geworden; dennoch steht den Jungen im Mittel immer noch etwas mehr Geld zur Verfügung als den Mädchen. Erwartungsgemäß variieren die verfügbaren finanziellen Mittel auch mit dem Alter der Befragten. Während rund 80,6 Prozent der 12- bis 14-Jährigen angeben, dass ihnen bis zu 49 Euro monatlich zur Verfügung stehen, sind es bei den 18-Jährigen rund sieben Prozent. Die Unterschiede zwischen der Finanzausstattung von Schülern verschiedener Schulformen resultieren teilweise aus diesen Alterseffekten.

Zusätzlich zur Höhe des verfügbaren Geldbetrags wurde auch nach den Quellen der finanziellen Ressourcen gefragt. Die von den Jugendlichen am häufigsten genannte Geldquelle stellt das Taschengeld dar, das rund 62 Prozent der Befragten regelmäßig erhalten. Im Vergleich zu 2005 hat sich der Anteil Jugendlicher, die regelmäßig Taschengeld bekommen, jedoch um rund vier Prozent reduziert. Neben dem Taschengeld bilden Zuwendungen von den Großeltern (24,6 %) eine wichtige Geldquelle. Das Erreichen der

*Tabelle 4.1*      Monatlich verfügbares Geld 2005 und 2010 (in %)

| (Teil-)Gruppen | „Über wie viel Geld können Sie im Monat frei verfügen?" | | | | | | | | | |
|---|---|---|---|---|---|---|---|---|---|---|
| | 0 bis 49 € | | 50 bis 99 € | | 100 bis 199 € | | 200 bis 299 € | | Ab 300 € | |
| | 2005 | 2010 | 2005 | 2010 | 2005 | 2010 | 2005 | 2010 | 2005 | 2010 |
| Gesamtstich-probe | 40,8 | 34,8 | 18,5 | 15,9 | 15,0 | 12,9 | 10,3 | 10,8 | 15,3 | 25,6 |
| Jungen | 35,6 | 32,8 | 17,3 | 15,4 | 14,0 | 10,0 | 12,4 | 11,7 | 20,7 | 30,1 |
| Mädchen | 46,3 | 37,0 | 19,8 | 16,5 | 16,2 | 16,0 | 8,2 | 9,8 | 9,5 | 20,6 |
| 12–14 Jahre | 78,5 | 80,6 | 12,3 | 10,5 | 5,6 | 4,9 | 1,0 | 1,6 | 2,5 | 2,4 |
| 15–17 Jahre | 46,1 | 48,3 | 25,3 | 26,2 | 13,5 | 11,4 | 6,6 | 6,2 | 8,4 | 7,9 |
| Ab 18 Jahre | 8,2 | 7,0 | 13,7 | 10,9 | 23,6 | 17,1 | 21,5 | 17,7 | 33,1 | 47,3 |
| Oberschule | 63,1 | 56,0 | 20,8 | 20,9 | 10,4 | 11,3 | 2,5 | 3,4 | 3,3 | 8,4 |
| Gymnasium | 54,4 | 57,5 | 25,7 | 24,4 | 13,7 | 12,0 | 3,5 | 3,5 | 2,8 | 2,7 |
| Oberstufen-zentrum | 6,7 | 4,2 | 10,0 | 6,1 | 20,8 | 14,5 | 24,3 | 21,0 | 38,2 | 54,2 |

wirtschaftlichen Selbständigkeit dauert je nach schulischer bzw. beruflicher Laufbahn unterschiedlich lange an und wird durch die Übernahme von Tätigkeiten zum Neben-verdienst begleitet. Im Jahr 2010 stellen Freizeitjobs für 20,9 % der brandenburgischen Jugendlichen eine Einnahmequelle dar. Damit ist die Anzahl der Jugendlichen, die zu-gunsten von Nebenjobs auf einen Teil ihrer Freizeit verzichten, seit 1999 um rund zwei Prozent angestiegen.

*Freundschaftsbeziehungen*
Jugendliche verbringen einen Großteil ihrer Freizeit mit Gleichaltrigen. Um die Be-ziehungen zu den Peers näher zu untersuchen, werden brandenburgische Jugend-liche im Rahmen der vorliegenden Zeitreihenstudie bereits seit 1993 danach gefragt, ob sie Mitglied in einer Clique sind. Über die Peergroup hinaus bieten enge persönliche Freundschaften wichtige emotionale und soziale Bezugspunkte und Unterstützungs-möglichkeiten. Daher geben die Jugendlichen seit der Erhebungswelle im Jahr 1996

zusätzlich an, ob sie einen besten Freund bzw. eine beste Freundin haben. In der nachfolgenden Tabelle 4.2 sind die nach Geschlecht, Alter und Schulform differenzierten Befragungsergebnisse für die Jahre 2005 und 2010 dargestellt.

*Tabelle 4.2*      Freundschaftsbeziehungen 2005 und 2010 (in %)

| (Teil-)Gruppen | „Haben Sie einen Menschen, den Sie als besten Freund/beste Freundin bezeichnen würden?" | | „Gehören Sie einer Freundesgruppe/Clique an, die sich regelmäßig trifft und sich zusammengehörig fühlt?" | |
|---|---|---|---|---|
| | „Ja" 2005 | „Ja" 2010 | „Ja" 2005 | „Ja" 2010 |
| Gesamtstichprobe | 88,7 | 89,8 | 70,0 | 73,0 |
| Jungen | 87,7 | 90,5 | 71,1 | 73,6 |
| Mädchen | 89,8 | 89,0 | 68,9 | 72,3 |
| 12 bis 14 Jahre | 90,5 | 95,1 | 63,5 | 71,6 |
| 15 bis 17 Jahre | 88,4 | 88,9 | 71,2 | 75,6 |
| Ab 18 Jahre | 88,1 | 87,7 | 73,8 | 72,1 |
| Oberschule | 91,0 | 94,4 | 64,0 | 73,7 |
| Gymnasium | 86,0 | 87,9 | 73,5 | 76,1 |
| Oberstufenzentrum | 88,7 | 88,2 | 72,9 | 69,9 |

Im Jahr 1993 gaben noch weniger als die Hälfte der Jugendlichen an, zu einer Clique zu gehören. Bis 1999 wurde der Anteil Jugendlicher, die berichteten, Mitglied in einer Clique zu sein, stetig größer (1996: 60,4 %, 1999: 70,1 %). Im Verlauf der letzten fünf Jahre lässt sich ein weiterer Zuwachs von 3,0 Prozent konstatieren. Wie in den Vorgängerstudien beeinflusst das Geschlecht die Zugehörigkeit zu einer Clique: Noch immer schätzen sich etwas mehr Jungen als Mädchen als cliquenzugehörig ein. Ein Effekt der eingeschlagenen Bildungslaufbahn ist dahingehend festzustellen, dass sich – ebenfalls ähnlich wie in den Vorgängerstudien – mehr Gymnasiasten einer Clique zugehörig fühlen als Oberschüler und Schüler von OSZ.

Der Anteil der Jugendlichen, die einen besten Freund bzw. eine beste Freundin haben, hat sich langfristig gesehen kaum verändert (1996: 90,8 %; 2010: 89,8 %). Ähnlich wie in den Vorgängerstudien geben mit zunehmendem Alter weniger Jugendliche an, über einen besten Freund bzw. eine beste Freundin zu verfügen; dennoch bleibt auch hier die Bedeutung enger Freundschaften auf hohem Niveau. Vor allem Oberschüler berichten häufig von solch vertrauten Beziehungen. Bei den vergangenen Erhebungswellen der Zeitreihenstudie gaben stets mehr Mädchen als Jungen an, eine enge Freundschaft zu pflegen. Im Jahr 2010 kehrte sich dieses Verhältnis erstmals um: 90,5 Prozent der Jungen, aber nur noch 89,0 Prozent der Mädchen verfügen über einen besten Freund bzw. eine beste Freundin.

*Freizeitangebote und ihre Bewertung*
Aus der Sicht der Jugendlichen existiert im Land Brandenburg im Jahr 2010 ein vielfältiges Angebot an Freizeitmöglichkeiten. Jeweils mehr als 80 Prozent der Jugendlichen, die in Städten wohnen (d. h. Einwohnerzahl größer als 5 000), geben für 10 der 13 erfassten Freizeitangebote an, dass diese in ihrer Region verfügbar seien. In kleineren Ortschaften (d. h. Einwohnerzahl kleiner als 5 000) berichten jeweils mehr als 80 Prozent der Jugendlichen für sieben Angebote, dass diese in ihrer Region vorhanden seien. Eine ausführliche Darstellung der Ergebnisse zur Verfügbarkeit von Freizeitangeboten und zum Interesse der Jugendlichen an ihnen findet sich in der Tabelle 4.3.

Für die Zufriedenheit mit den Freizeitmöglichkeiten ist neben dem Angebotsspektrum auch die Übereinstimmung zwischen den Freizeitangeboten und den Interessen der Jugendlichen wichtig. Hier zeigt sich ein differenziertes Bild: Während Restaurants und Kneipen, Sportvereine und Trainingsgruppen sowie öffentliche Flächen und Plätze zum Sporttreiben sowohl in Städten als auch in Dörfern vorhanden sind und auf ein eher großes Interesse stoßen, sind bei anderen Freizeitangeboten Diskrepanzen festzustellen. Die Nachfrage der Jugendlichen nach den regional weit verbreiteten Büchereien und Jugendclubs sowie den Angeboten von Hilfsorganisationen und kirchlichen Gruppen ist eher gering. Beispielsweise geben rund 53 Prozent der in ländlichen Gebieten wohnenden Jugendlichen an, dass Jugendclubs vorhanden seien, sie aber kein Interesse an ihnen hätten. Von den Jugendlichen, die in Städten wohnen, zeigen sogar rund 65 Prozent kein Interesse an vorhandenen Jugendclubs. Kinos und Diskotheken sind im Vergleich zu 2005 zwar deutlich häufiger vorhanden, das Angebot ist jedoch aus der Sicht der Jugendlichen noch immer nicht ausreichend. Dementsprechend klagen insbesondere in ländlichen Regionen nach wie vor viele Jugendliche über ein Fehlen dieser Angebote in ihrer Wohngegend.

Das Interesse der Jugendlichen an Videotheken und Internetcafés ist – vermutlich durch die rasant gewachsene Verfügbarkeit von privaten Internetanschlüssen und neuen Zugangsmöglichkeiten zu Videofilmen – insgesamt gesehen im Vergleich zu 2005 gesunken und fällt in Abhängigkeit vom Lebensumfeld unterschiedlich aus: Obwohl einerseits mehr Jugendliche (insbesondere Städter) angeben, dass diese Angebote zwar vorhanden seien, sie aber kein Interesse an ihnen hätten, klagen andererseits noch immer 10,9 Prozent bzw. 12,9 Prozent der Jugendlichen, die in ländlichen Regionen leben, über ein Fehlen von Videotheken bzw. Internet-Cafés.

Wie bereits im Jahr 2005 wurden die Jugendlichen auch 2010 gebeten, ihre Zufriedenheit mit dem Preis, der Erreichbarkeit und der Qualität der Freizeitangebote anzugeben. Zu konkreten Bewertungen der vorgegeben Freizeitangebote fühlten sich die Befragten in unterschiedlichem Ausmaß in der Lage: Freizeitmöglichkeiten, die bei Heranwachsenden auf großes Interesse stoßen, konnten naturgemäß häufiger bewer-

*Tabelle 4.3*    Existenz und Interesse an öffentlichen und kommerziellen Freizeitangeboten in Dörfern und in Städten 2010 (in %)

| | „Gibt es die aufgeführten Freizeitangebote in Ihrer Region und sind Sie daran interessiert? Die Angebote sind … | | | | | | | |
| | … vorhanden und sie interessieren mich auch." | | … vorhanden, aber sie interessieren mich nicht." | | … nicht vorhanden, aber sie interessieren mich auch nicht." | | … nicht vorhanden, aber sie fehlen mir." | |
| Freizeitangebote | Dorf | Stadt* | Dorf | Stadt | Dorf | Stadt | Dorf | Stadt |
|---|---|---|---|---|---|---|---|---|
| Jugendclubs/ Jugendtreffs | 29,6 | 23,8 | 53,3 | 64,6 | 9,8 | 6,7 | 7,4 | 4,9 |
| Sportvereine, Trainings- gruppen | 52,0 | 54,9 | 38,9 | 39,7 | 5,2 | 3,4 | 3,9 | 2,0 |
| Öffentliche Flächen und Plätze zum Sporttreiben | 50,3 | 52,4 | 36,0 | 36,3 | 5,7 | 5,7 | 7,9 | 5,7 |
| Büchereien | 29,9 | 31,3 | 50,2 | 58,0 | 13,4 | 7,0 | 6,6 | 3,6 |
| Hilfsorganisationen (Feuerwehr, DLRG) | 27,6 | 18,1 | 58,8 | 71,8 | 9,3 | 6,9 | 4,3 | 3,2 |
| Kirchliche Gruppen | 14,3 | 9,6 | 67,5 | 76,0 | 13,6 | 10,5 | 4,7 | 4,0 |
| Jugendverbände (z. B. Falken, Pfadfinder) | 5,9 | 6,5 | 46,0 | 59,2 | 38,5 | 28,1 | 9,5 | 6,2 |
| Kinos | 67,7 | 74,5 | 8,5 | 11,4 | 6,8 | 4,0 | 17,0 | 10,1 |
| Diskotheken/Konzerte | 53,7 | 56,9 | 20,7 | 24,6 | 9,6 | 6,7 | 16,0 | 11,8 |
| Angebote zum kreativen Arbeiten | 11,6 | 12,7 | 45,6 | 58,7 | 30,2 | 21,2 | 12,6 | 7,4 |
| Kneipen/Restaurants | 57,5 | 63,5 | 32,7 | 30,3 | 6,4 | 4,0 | 3,4 | 2,1 |
| Videotheken | 42,4 | 52,2 | 33,0 | 38,0 | 13,7 | 5,2 | 10,9 | 4,6 |
| Internet-Cafés | 16,1 | 18,8 | 45,7 | 60,3 | 25,3 | 14,5 | 12,9 | 6,4 |

*Öffentliche Angebote* (rows: Jugendclubs through Jugendverbände)

*Kommerzielle Angebote* (rows: Kinos through Internet-Cafés)

* Unter „Stadt" werden Wohnorte mit über 5 000 Einwohnern zusammengefasst.

tet werden als wenig interessierende Freizeitmöglichkeiten. Dementsprechend gaben 92,1 Prozent der Jugendlichen an, die Angebote von Jugendverbänden nicht einschätzen zu können; Kinos hingegen konnten nur von 20,3 Prozent der Heranwachsenden nicht bewertet werden.

Sowohl hinsichtlich des Preises als auch bezüglich der Erreichbarkeit und der Qualität werden die Freizeitangebote im Jahr 2010 besser bewertet als noch im Jahr 2005. Besonders die „Angebote zum kreativen Arbeiten" werden von den Jugendlichen, die diese Angebote einschätzen können, im Hinblick auf alle drei Kriterien deutlich positiver beurteilt. Eine zunehmende Zufriedenheit in Bezug auf die Preise ist vor allem für Sportvereine sowie für Kneipen und Restaurants festzustellen. Die ausführlichen Einschätzungen der Jugendlichen zu den Preisen, zur Erreichbarkeit und zur Qualität der Freizeitangebote finden sich in der Tabelle 4.4.

Die Erreichbarkeit von Freizeitangeboten stellt eine Voraussetzung dar, Angebote überhaupt in Anspruch nehmen zu können. Jeweils mehr als 85 Prozent der Jugendlichen zeigen sich mit der Erreichbarkeit von Sportvereinen, öffentlichen Flächen zum Sporttreiben, Büchereien sowie Restaurants und Kneipen zufrieden. Auch die Erreichbarkeit von Kinos wird deutlich besser bewertet als 2005, jedoch empfindet fast die Hälfte der Jugendlichen (49,8 %) die Preise für Kinobesuche als zu hoch. Mehr als 85 Prozent der Jugendlichen, die Kinos, Kneipen und Restaurants bzw. Videotheken nutzen, sind mit der Qualität dieser kommerziellen Angebote zufrieden. Bei öffentlichen Angeboten (z. B. Jugendclubs und Büchereien) sind die Jugendlichen in der Regel mit dem Preis zufriedener als mit der Qualität; bei kommerziellen Angeboten (z. B. Kinos und Diskotheken) wird die Qualität oft besser bewertet als der Preis.

Es zeigt sich kein bedeutsamer statistischer Zusammenhang zwischen dem Geldbudget, das Jugendlichen zur Verfügung steht, und der Zufriedenheit mit den Preisen der Freizeitangebote. Entgegen den Erwartungen erweisen sich die Jugendlichen, die über ein größeres Geldbudget verfügen, nicht als weniger kritisch bei den Preiseinschätzungen.

Seit 1996 geben die Jugendlichen über ihre Gesamtzufriedenheit mit dem regionalen Freizeitangebot Auskunft. Die eingangs formulierte Frage, inwieweit sich der Trend zu einer höheren Gesamtzufriedenheit mit den Freizeitangeboten fortgesetzt hat, kann mithilfe eines Vergleichs mit den Ergebnissen des Jahres 2005 beantwortet werden (s. Tab. 4.5). Insgesamt sind heute 70,2 Prozent der Befragten „Zufrieden" oder „Eher zufrieden" mit den Freizeitmöglichkeiten in ihrer Region; 1996 waren dies nur 38,4 Prozent (1999: 48,1 %; 2005: 61,7 %). Der Anteil der zufriedenen bzw. eher zufriedenen Jugendlichen stieg also von Erhebung zu Erhebung an und hat sich damit seit 1996 fast verdoppelt.

Ein Zuwachs an Zufriedenheit ist für alle Teilgruppen der Befragungsstichprobe festzustellen. Ähnlich wie in den Vorgängerstudien variiert die Zufriedenheit aber deutlich in Abhängigkeit vom Alter der Jugendlichen und von der Schulart, die sie besuchen. Die Zufriedenheit mit den regionalen Freizeitangeboten sinkt mit zunehmendem Alter

*Tabelle 4.4*    Zufriedenheit mit dem Preis, der Erreichbarkeit und der Qualität der Freizeitangebote 2010 (in %)

| | „Sind Sie mit dem Preis, der Erreichbarkeit und der Qualität der folgenden Freizeitangebote zufrieden? Ich bin zufrieden mit … | | | | | |
| | … dem Preis." | | … der Erreichbarkeit." | | … der Qualität." | |
| Freizeitangebote | Ja | Nein | Ja | Nein | Ja | Nein |
|---|---|---|---|---|---|---|
| Jugendclubs/Jugend-treffs | 79,9 | 20,1 | 84,8 | 15,2 | 66,4 | 33,6 |
| Sportvereine, Trainings-gruppen | 78,8 | 21,2 | 88,4 | 11,6 | 82,8 | 17,2 |
| Öffentliche Flächen und Plätze zum Sporttreiben | 88,1 | 11,9 | 87,6 | 12,4 | 73,6 | 26,4 |
| Büchereien | 88,6 | 11,4 | 85,9 | 14,1 | 78,3 | 21,7 |
| Hilfsorganisationen (Feuerwehr, DLRG) | 82,2 | 17,8 | 83,2 | 16,8 | 79,3 | 20,7 |
| Kirchliche Gruppen | 77,4 | 22,6 | 74,7 | 25,3 | 75,1 | 24,9 |
| Jugendverbände (z. B. Falken, Pfadfinder) | 52,5 | 47,5 | 53,8 | 46,2 | 57,0 | 43,0 |
| Kinos | 50,2 | 49,8 | 81,0 | 19,0 | 89,2 | 10,8 |
| Diskotheken/Konzerte | 66,3 | 33,7 | 68,5 | 31,5 | 73,7 | 26,3 |
| Angebote zum kreativen Arbeiten | 70,2 | 29,8 | 75,9 | 24,1 | 80,8 | 19,2 |
| Kneipen/Restaurants | 70,1 | 29,9 | 90,5 | 9,5 | 85,6 | 14,4 |
| Videotheken | 81,3 | 18,7 | 84,1 | 15,9 | 88,5 | 11,5 |
| Internet-Cafés | 70,9 | 29,1 | 80,3 | 19,7 | 77,1 | 22,9 |

Öffentliche Angebote

Kommerzielle Angebote

*Tabelle 4.5*     Gesamtzufriedenheit mit dem Freizeitangebot
                 in der Region 2005 und 2010 (in %)

| (Teil-)Gruppen | „Wie zufrieden sind Sie insgesamt mit dem Angebot zur Freizeitgestaltung in Ihrer Region?" | | | | | | | |
| | Zufrieden | | Eher zufrieden | | Eher unzufrieden | | Unzufrieden | |
| | 2005 | 2010 | 2005 | 2010 | 2005 | 2010 | 2005 | 2010 |
|---|---|---|---|---|---|---|---|---|
| Gesamtstichprobe | 18,7 | 25,6 | 43,0 | 44,6 | 31,5 | 24,1 | 6,9 | 5,7 |
| Jungen | 22,1 | 29,2 | 43,8 | 44,3 | 28,1 | 20,8 | 6,0 | 5,8 |
| Mädchen | 15,1 | 21,8 | 42,0 | 45,1 | 35,1 | 27,7 | 7,8 | 5,5 |
| 12–14 Jahre | 33,2 | 40,8 | 41,5 | 44,3 | 19,2 | 12,2 | 6,1 | 2,7 |
| 15–17 Jahre | 15,7 | 24,4 | 42,5 | 43,1 | 33,2 | 26,7 | 8,7 | 5,7 |
| Ab 18 Jahre | 12,9 | 18,8 | 44,6 | 45,5 | 37,2 | 28,7 | 5,4 | 7,1 |
| Oberschule | 26,2 | 32,3 | 43,3 | 43,4 | 22,9 | 18,5 | 7,6 | 5,8 |
| Gymnasium | 16,4 | 25,8 | 40,7 | 45,4 | 36,4 | 23,7 | 6,5 | 5,1 |
| Oberstufenzentrum | 13,5 | 20,9 | 44,5 | 44,7 | 35,4 | 28,3 | 6,5 | 6,1 |

der Jugendlichen (f = 0.20): 40,8 Prozent der 12- bis 14-Jährigen, aber nur 18,8 Prozent der über 18-Jährigen berichten, dass sie zufrieden mit den regionalen Freizeitangeboten seien. Oberschüler zeigen sich am häufigsten zufrieden, gefolgt von Gymnasialschülern und den Schülern von OSZ (f = 0.12). Die Heranwachsenden, die mit den Freizeitangeboten insgesamt zufriedener sind, geben auch häufiger an, mit dem Leben am Wohnort zufrieden zu sein (V = 0.19). Dementsprechend steigt der Wunsch, an einem anderen Ort zu wohnen, mit wachsender Unzufriedenheit mit den Freizeitangeboten an (V = 0.23). Trotz der Tatsache, dass sich die Freizeitinfrastruktur in ländlichen Gegenden von der in Städten unterscheidet, gibt es keinen statistisch bedeutsamen Zusammenhang zwischen dem Charakter des Wohnortes und der Gesamtzufriedenheit mit den Freizeitangeboten.

Die Ergebnisse decken sich mit den Befunden, die Isengard und Schneider in ihrem Datenreport (2006) berichteten. Die Autoren untersuchten die Lebenssituation Jugendlicher und junger Erwachsener im Alter von 17 bis 25 Jahren. Seit den 1990er Jahren zeigte sich dabei insgesamt ein positiver Trend bei der Freizeitzufriedenheit. Während 1991 nur 71 Prozent der Jugendlichen angaben, in diesem Lebensbereich eher zufrieden oder zufrieden zu sein, stieg ihr Anteil bis zum Jahr 2004 auf 77 Prozent an.

*Verfügbarkeit von Medien*

Bereits im Abschnitt „Theoretische Vorbemerkungen" dieses Beitrags wurde dargestellt, dass hinsichtlich der Freizeitgestaltung Jugendlicher vor allem die Medien stark an Bedeutung gewonnen haben. Dementsprechend wurden Indikatoren zur Verfügbarkeit von Unterhaltungselektronik und Computern in der Erhebungswelle des Jahres 2010 neu in den Fragebogen der Zeitreihenstudie aufgenommen. Eine ausführliche Darstellung der nach dem Alter der Jugendlichen differenzierten Ergebnisse findet sich in der Tabelle 4.6.

*Tabelle 4.6*     Verfügbarkeit von Medien nach Alter 2010 (in %)

| Medium | „Haben Sie zu Hause ... | | | | | | | | |
| | Gar nicht | | | Für mich allein | | | Zusammen mit Eltern bzw. Geschwistern | | |
| | 12–14 Jahre | 15–17 Jahre | Ab 18 Jahre | 12–14 Jahre | 15–17 Jahre | Ab 18 Jahre | 12–14 Jahre | 15–17 Jahre | Ab 18 Jahre |
|---|---|---|---|---|---|---|---|---|---|
| ... ein Radio?" | 1,9 | 2,3 | 7,5 | 74,6 | 73,7 | 75,0 | 23,6 | 24,0 | 17,5 |
| ... einen Fernseher?" | 1,1 | 0,6 | 3,1 | 62,6 | 75,1 | 81,9 | 36,3 | 24,3 | 15,0 |
| ... eine Spielkonsole?" | 17,5 | 22,5 | 35,0 | 59,2 | 57,4 | 51,8 | 23,3 | 20,1 | 13,2 |
| ... einen Computer?" | 1,4 | 1,4 | 2,6 | 64,3 | 76,0 | 78,7 | 34,3 | 22,5 | 18,7 |
| ... einen Internetanschluss?" | 4,9 | 3,7 | 6,3 | 39,9 | 51,9 | 57,4 | 55,2 | 44,4 | 36,3 |

In Übereinstimmung mit der JIM-Jugendstudie 2009 zeigt sich insgesamt, dass rund drei Viertel der brandenburgischen Jugendlichen einen eigenen Fernseher besitzen (75,4 %) und jeweils nahezu ebenso viele über ein eigenes Radio (74,5 %) bzw. über einen eigenen Computer (74,7 %) verfügen. Etwas mehr als die Hälfte der Jugendlichen hat eine eigene Spielkonsole (55,4 %). In rund 94 Prozent der Familien ist ein Internetanschluss vorhanden, und 51,9 Prozent der Jugendlichen haben einen eigenen Internetzugang. Die hohe Internetverbreitung ist auch mit der in der 16. Shell-Jugendstudie (Shell Deutschland Holding, 2010) aufgestellten These des Rückgangs der digitalen Spaltung in Form begrenzter Nutzungsmöglichkeiten des Internets durch Jugendliche benachteiligter Schichten vereinbar. Mit dem Alter der Befragten steigt der Anteil derer, die über ein eigenes Fernsehgerät, einen eigenen Computer bzw. über einen Internetzugang zur alleinigen Nutzung verfügen; dagegen sinkt der Anteil der Jugendlichen, die eine Spielkonsole besitzen. In Bezug auf den Besitz von Spielkonsolen zeigen sich zusätzlich deutliche Unterschiede zwischen den Geschlechtern (f = 0.26): Von den Jungen verfügen 68,4 Prozent über eine eigene Spielkonsole, von den Mädchen nur 41,7 Prozent. Eine Differenzierung der Ergebnisse nach verschiedenen Schulformen weist aus, dass Spielkonsolen insbesondere unter Oberschülern verbreitet sind; Gymnasialschüler verfügen mit 64,3 Prozent deutlich seltener über ein eigenes Fernsehgerät als Schüler von Oberschulen (75,8 %) oder OSZ (84,4 %, f = 0.20).

*Nutzung von Computer- und Videospielen*
Die weit verbreiteten Computer- und Videospiele spielen bei der Freizeitgestaltung Jugendlicher eine wichtige Rolle. Derartige Spiele können durchaus lernfördernd sein (Frank, 2009); jedoch gibt es auch ein breites Spektrum Gewalt verherrlichender und verharmlosender Spiele, mit denen sich nicht wenige Jugendliche trotz Altersvorschriften intensiv beschäftigen. In der JIM-Studie des Jahres 2009 wird berichtet, dass 45 Prozent der 12- bis 19-Jährigen mehrmals pro Woche allein oder mit anderen gemeinsam Computer-, Konsolen- oder Internetspiele nutzen (Medienpädagogischer Forschungsverbund Südwest, 2009). Auch in der vorliegenden Studie wurde erfasst, wie viel Zeit Jugendliche mit Spielen aus neun verschiedenen Computer- bzw. Videospielgenres verbringen; die entsprechenden Befunde finden sich in der Tabelle 4.7.

Vor allem die männlichen Jugendlichen verbringen ihre Freizeit häufig mit Computer- bzw. Videospielen. Zum Beispiel spielen rund 12 Prozent der Jungen, aber nur 0,5 Prozent der Mädchen mehr als vier Stunden am Tag „Ego- and Third-Person-Shooter" wie „Counter Strike" oder „Battlefield". Der Zeitaufwand für das Spielen und die diesbezüglichen Geschlechtsunterschiede variieren stark mit der Art des Spiels: Beispielsweise haben 93,8 Prozent der weiblichen, aber nur 35,2 Prozent der männlichen Jugendlichen noch nie einen „Ego- and Third-Person-Shooter" gespielt. Auch Sportspiele sowie Strategiespiele und militärische Simulationsspiele sind bei den Jungen deutlich beliebter als bei den Mädchen. Rollenspiele werden hingegen von Jungen und Mädchen gleichermaßen geschätzt; fast die Hälfte aller Befragten gibt an, sich ab und an mit ihnen zu beschäftigen (Jungen: 48,8 %, Mädchen: 41,0 %).

Eine nach Alter und Schulform differenzierte Ergebnisanalyse zeigt, dass das Interesse an vielen Spielarten (z. B. Rollenspielen) mit steigendem Alter abnimmt ($\rho = -.16$). Insbesondere die Jugendlichen der Altersgruppe von 12 bis 14 Jahren verbringen viel Zeit mit Computer- bzw. Videospielen. Eine Ausnahme bilden die mit Indikatoren zur Gewaltbereitschaft (s. Kap. 7) korrelierenden „Ego- and Third-Person-Shooter"-Spiele, mit denen sich vor allem die Jugendlichen in der Altersgruppe von 15 bis 17 Jahren beschäftigen. Rund 11 Prozent der Oberschüler spielen mehr als vier Stunden am Tag „Ego- oder Third-Person-Shooter"-Spiele; bei den Schülern von OSZ (5,9 %) und Gymnasien (3,0 %) ist dieser Anteil deutlich geringer (f = 0.15).

Häufig findet sich die Ansicht, dass die Jugendlichen, die oft vor dem Computer oder der Videospielkonsole sitzen, auch weniger Sport treiben würden (Defizithypo-

*Tabelle 4.7*       Spielen von Computerspielen für Jungen (M) und Mädchen (W) –
                    Häufigkeit und Zeitdauer 2010 (in %)

| | „Wie häufig spielen Sie durchschnittlich die folgenden Computer- bzw. Videospiele?" | | | | | | | | | |
| | Nie | | ≤ 1 Stunde am Tag | | 1–2 Stunden am Tag | | 2–4 Stunden am Tag | | > 4 Stunden am Tag | |
| Spielart | M | W | M | W | M | W | M | W | M | W |
|---|---|---|---|---|---|---|---|---|---|---|
| Denk- und Geschicklich-keitsspiele | 61,3 | 56,1 | 31,9 | 38,6 | 4,5 | 3,8 | 1,1 | 1,3 | 1,2 | 0,2 |
| Strategie- und militäri-sche Simulationsspiele | 38,9 | 88,3 | 33,3 | 9,2 | 14,5 | 1,5 | 8,6 | 0,5 | 4,7 | 0,5 |
| Sportspiele | 46,9 | 84,9 | 25,9 | 11,5 | 14,3 | 2,5 | 8,1 | 0,6 | 4,9 | 0,4 |
| (Action) Adventures | 50,4 | 84,9 | 25,1 | 10,6 | 13,4 | 2,8 | 6,4 | 1,2 | 4,8 | 0,4 |
| Ego- and Third-Person-Shooter | 35,2 | 93,8 | 24,0 | 4,0 | 16,4 | 1,2 | 12,4 | 0,5 | 11,9 | 0,5 |
| Beat'em Up's/Prügel-spiele | 63,2 | 92,9 | 19,8 | 4,9 | 7,3 | 1,0 | 5,3 | 0,7 | 4,4 | 0,4 |
| Rollenspiele | 51,1 | 59,0 | 21,3 | 24,8 | 10,8 | 9,2 | 8,2 | 4,7 | 8,5 | 2,3 |
| Aufbausimulations-spiele | 53,9 | 85,1 | 24,6 | 10,1 | 11,2 | 2,9 | 5,7 | 1,0 | 4,6 | 1,0 |
| Managerspiele | 69,6 | 93,0 | 15,8 | 4,6 | 7,5 | 1,2 | 3,5 | 0,6 | 3,6 | 0,5 |
| Online-Rollenspiele | 70,2 | 90,5 | 9,8 | 5,3 | 5,7 | 2,0 | 5,2 | 1,1 | 9,1 | 1,0 |

these, s. o.). Interessanterweise scheinen die Ergebnisse der vorliegenden Befragung das Stereotyp des „sportfaulen Computerfreaks" aber nicht zu bestätigen: Bei vielen Computerspielgenres findet sich zwischen den „Wenig-Spielern" und den „Viel-Spielern" kein statistisch signifikanter Unterschied in Bezug auf die Häufigkeit des Sporttreibens. Bei einigen Spielarten zeigt sich sogar, dass die Viel-Spieler im Mittel häufiger sportlich aktiv sind als die Wenig-Spieler. Beispielsweise treiben Jugendliche, die viel Zeit mit Sportspielen verbringen, auch in der realen Welt häufiger Sport als die Jugendlichen, die sich eher selten mit Sportspielen beschäftigen ($\rho = 0.28$). Dementsprechend sind die Daten der vorliegenden Studie nicht mit dem Schluss vereinbar, dass eine intensive

Mediennutzung automatisch zu einer Einschränkung der Sportaktivitäten Jugendlicher führen würde.

*Verfügbarkeit von Mobiltelefonen und Kosten*
Fast alle brandenburgischen Jugendlichen (98,7 %) sind im Besitz eines Mobiltelefons. Dieser Befund deckt sich mit den Ergebnissen der JIM-Studie: 1998 beschränkte sich der Anteil der 12- bis 19-jährigen Jugendlichen in Deutschland, die ein Handy besaßen, auf acht Prozent; knapp 10 Jahre später besaßen rund 95 Prozent ein Handy (Medienpädagogischer Forschungsverbund Südwest, 2009). Die monatlichen Mobilfunkkosten der brandenburgischen Jugendlichen variieren stark (s. Tab. 4.8); beispielsweise haben 64,3 Prozent der Jugendlichen Handykosten von bis zu 20 Euro pro Monat, während bei 11,9 Prozent Kosten von monatlich mehr als 40 Euro durch die Handynutzung (z. B. durch Telefonieren, Schreiben von SMS sowie den Kauf von Klingeltönen und Handybildern) entstehen.

*Tabelle 4.8*     Monatliche Handykosten 2010 (in %)

| (Teil-)Gruppen | „Wie hoch sind die Kosten, die für Sie durch die Handynutzung im Durchschnitt pro Monat entstehen?" | | | |
| --- | --- | --- | --- | --- |
| | Bis 10 € | Zwischen 10 und 20 € | Zwischen 20 und 40 € | Höher als 40 € |
| Gesamtstichprobe | 30,1 | 34,2 | 23,7 | 11,9 |
| Jungen | 36,9 | 30,7 | 20,1 | 12,3 |
| Mädchen | 22,9 | 38,0 | 27,5 | 11,6 |
| 12 bis 14 Jahre | 45,5 | 38,3 | 12,6 | 3,6 |
| 15 bis 17 Jahre | 36,2 | 38,7 | 18,2 | 6,9 |
| Ab 18 Jahre | 18,5 | 28,9 | 33,1 | 19,5 |
| Oberschule | 33,3 | 40,0 | 18,1 | 8,6 |
| Gymnasium | 43,7 | 39,7 | 13,9 | 2,7 |
| Oberstufenzentrum | 16,6 | 25,7 | 35,8 | 21,9 |

Die durchschnittlichen Mobilfunkkosten liegen in Übereinstimmung mit der JIM-Studie des Jahres 2009 bei den Mädchen etwas höher als bei den Jungen (f = 0.11). Weiterhin unterscheidet sich die Höhe der Kosten in Abhängigkeit vom Alter der Jugendlichen und der von ihnen besuchten Schulform: Mit zunehmendem Alter steigen oft auch die Handykosten (f = 0.36). Die Mobilfunkkosten der Schüler von OSZ sind im Mittel am höchsten, die geringsten monatlichen Kosten haben die Gymnasialschüler (f = 0.38).

Die große Mehrheit der Befragten hat ihre Ausgaben gut im Griff: 85,7 Prozent hatten noch nie so hohe Handykosten, dass diese nicht mehr „aus der eigenen Tasche" bezahlt werden konnten.

*Sportliche Aktivitäten*

Positiv hervorzuheben ist, dass im Jahr 2010 rund drei Viertel der Jugendlichen in ihrer Freizeit mindestens einmal pro Woche Sport treiben. Dieser Anteil ist im Vergleich zum Jahr 2005 um 6,5 Prozent gestiegen. Zugleich hat der Anteil der Jugendlichen, die in ihrer Freizeit so gut wie nie Sport treiben, sowohl bei den Mädchen (2005: 22,4 %; 2010: 12,0 %) als auch bei den Jungen (2005: 16,6 %; 2010: 7,8 %) deutlich abgenommen. Diese Ergebnisse sind mit der im theoretischen Teil erläuterten These einer „Versportlichung des Jugendalters" vereinbar: Es lässt sich festhalten, dass sich das sportliche Angebot weiter ausdifferenziert hat und die Beteiligung Jugendlicher an sportlichen Aktivitäten im Vergleich zu früher angestiegen ist. Die erfreulichen Trends sollten allerdings nicht darüber hinwegtäuschen, dass noch immer rund jeder zehnte Jugendliche angibt, fast nie sportlichen Aktivitäten nachzugehen. Eine ausführliche Darstellung der Ergebnisse der deskriptiven Analysen zur Häufigkeit des Sporttreibens findet sich in der Tabelle 4.9.

*Tabelle 4.9*      Häufigkeit des Sporttreibens in der Freizeit 2010 (in %)

| (Teil-)Gruppen | „Wie oft treiben Sie in Ihrer Freizeit Sport?" | | | | | |
| --- | --- | --- | --- | --- | --- | --- |
| | So gut wie nie | Nur einige Male im Jahr | 1 x pro Monat | 1 x pro Woche | Mehrmals pro Woche | Täglich |
| Gesamtstichprobe | 9,8 | 6,7 | 7,9 | 17,5 | 38,6 | 19,5 |
| Jungen | 7,8 | 4,8 | 5,0 | 14,9 | 43,5 | 24,0 |
| Mädchen | 12,0 | 8,6 | 10,9 | 20,4 | 33,5 | 14,6 |
| Oberschule | 9,8 | 6,0 | 5,6 | 11,6 | 32,2 | 34,8 |
| Gymnasium | 4,5 | 3,6 | 6,6 | 19,0 | 47,8 | 18,5 |
| Oberstufenzentrum | 14,4 | 9,7 | 10,5 | 20,2 | 35,3 | 9,9 |

Noch immer treiben Mädchen etwas seltener Sport als Jungen (f = 0.20). Dieser Geschlechtsunterschied zeigt sich insbesondere bei den Teilgruppen, die mehrmals in der Woche bzw. sogar täglich Sport treiben. Mit zunehmendem Alter der Jugendlichen nimmt vor allem der Anteil derjenigen ab, die täglich in ihrer Freizeit Sport treiben (f = 0.22). Eine nach Schulformen differenzierte Auswertung der Ergebnisse zeigt, dass die Schüler von OSZ weniger Zeit mit Sport verbringen als die Schüler von Gymnasien und Oberschulen (f = 0.19).

Wichtige Impulse für die Sportbeteiligung Jugendlicher gehen von ihren Familien aus. So wurden Zusammenhänge zwischen der Häufigkeit des Sporttreibens und familialen Merkmalen wie dem Berufsabschluss des Vaters (V = 0.11) und der Mutter (V = 0.09) gefunden: Jugendliche, deren Eltern über Hochschulabschlüsse verfügen, beschäftigen sich in ihrer Freizeit häufiger mit Sport als Jugendliche, deren Eltern andere Berufsabschlüsse (d. h. keine Hochschulabschlüsse) oder gar keine Berufsabschlüsse besitzen. Diese Zusammenhänge stützen die eingangs formulierte These einer intergenerationalen Weitergabe sozialer Ungleichheiten von den Eltern auf die nachfolgende Generation. Weitere Zusammenhänge verdeutlichen die Variation der Sportengagements Jugendlicher in Abhängigkeit vom familialen Hintergrund: Jugendliche, die gemeinsam mit ihrer Familie Sport treiben (V = 0.24) oder Sportveranstaltungen besuchen (V = 0.22), betätigen sich auch generell in ihrer Freizeit häufiger sportlich. Aber auch Jugendliche, die mit ihren Eltern außerhalb des direkten Sportkontextes viel unternehmen, d. h. beispielsweise oft ins Kino oder Theater (V = 0.11) bzw. in Museen oder Ausstellungen (V = 0.10) gehen, sind in ihrer Freizeit sportlich aktiver als andere.

Die sportlich engagierten Jugendlichen wurden danach gefragt, wo und wie oft sie Sport treiben. Differenziert wurde dabei zwischen den sechs Kontexten „Im Sportverein", „Bei kommerziellen Sportanbietern" (z. B. Fitnessstudio, Tenniscenter, Tanzschule), „Beim außerunterrichtlichen Sport in der Schulsport-AG", „In anderen Organisationen", „Sporttreiben gemeinsam mit anderen, aber nicht in Organisationen" und „Sporttreiben für mich allein". Die beiden letzten Kategorien lassen sich unter dem Begriff des „informellen Sporttreibens" zusammenfassen. Für jeden der Kontexte waren fünf Antwortmöglichkeiten von „Nie" bis „Mehr als dreimal pro Woche" vorgegeben. In der Tabelle 4.10 ist dargestellt, wie viele Jugendliche sich in den Jahren 2005 und 2010 mindestens einmal in der Woche in den verschiedenen Kontexten sportlich betätigen.

Wie bereits in der Vorgängerstudie des Jahres 2005 erfreuen sich Sportvereine vor allem bei jüngeren Oberschülern und Gymnasiasten großer Beliebtheit. Ähnlich wie im Jahr 2005 besuchen 2010 rund 43 Prozent der Jugendlichen mindestens einmal pro Woche einen Sportverein. Betrachtet man die Ergebnisse differenziert nach Geschlecht der Jugendlichen, so bestätigt sich, dass Jungen auch im Hinblick auf den Vereinssport aktiver sind als Mädchen (f = 0.23). Hinter den Sportvereinen bleiben die kommerziellen Sportanbieter zurück, auch wenn sie im Vergleich zu 2005 für Jugendliche aller Teilgruppen an Bedeutung gewonnen haben. Rund ein Viertel aller brandenburgischen Jugendlichen nutzt regelmäßig kommerzielle Sportanbieter. Ebenso wie die Sportvereine werden kommerzielle Sportanbieter von mehr männlichen Jugendlichen als weiblichen Jugendlichen besucht (f = 0.14). Im Gegensatz zu den Sportvereinen steigt die Nutzung kommerzieller Sportanbieter jedoch mit zunehmendem Alter an. In Schulsport-AGs treiben 15,6 Prozent der Jugendlichen, insbesondere Jungen, regelmäßig Sport. Das Interesse an außerunterrichtlichen Schulsport-AGs sinkt mit zunehmendem Alter, vor allem die Oberschüler nutzen derartige Arbeitsgemeinschaften häufig: Wäh-

*Tabelle 4.10*    Sportengagement in verschiedenen Kontexten 2005 und 2010 (in %)

| (Teil-)Gruppen | Sportaktive: Organisiertes Sporttreiben (mindestens einmal pro Woche) | | | | | | | |
| | Sportverein | | Kommerzieller Sport | | Schulsport-AG | | Sport in anderen Organisationen | |
| | 2005 | 2010 | 2005 | 2010 | 2005 | 2010 | 2005 | 2010 |
|---|---|---|---|---|---|---|---|---|
| Gesamtstichprobe | 43,0 | 42,6 | 18,1 | 25,3 | 14,7 | 15,6 | 11,0 | 12,5 |
| Jungen | 51,8 | 51,6 | 20,1 | 30,4 | 16,3 | 18,3 | 11,9 | 15,8 |
| Mädchen | 32,9 | 33,0 | 15,9 | 19,9 | 12,9 | 12,7 | 10,1 | 9,0 |
| 12 bis 14 Jahre | 53,3 | 59,4 | 17,0 | 20,4 | 24,2 | 25,0 | 15,9 | 13,6 |
| 15 bis 17 Jahre | 45,3 | 46,1 | 16,0 | 26,0 | 16,0 | 19,0 | 11,8 | 13,7 |
| Ab 18 Jahre | 33,1 | 31,8 | 21,3 | 27,0 | 7,2 | 8,6 | 6,8 | 11,3 |
| Oberschule | 50,3 | 54,0 | 17,6 | 27,7 | 20,7 | 27,8 | 14,7 | 16,3 |
| Gymnasium | 47,7 | 49,4 | 16,1 | 20,5 | 15,9 | 14,8 | 10,2 | 11,4 |
| Oberstufenzentrum | 31,2 | 29,3 | 20,4 | 27,6 | 7,6 | 7,9 | 8,2 | 11,0 |

rend 27,8 Prozent der Oberschüler in Schulsport-AGs involviert sind, geben dies nur 7,9 Prozent der Schüler von OSZ an.

Sportvereinen kommt eine wichtige und vermutlich wachsende Rolle als Sozialisationsinstanz zu: Der Anteil Jugendlicher, die Mitglied in einem Sportverein sind, ist zwischen 2005 und 2010 auf 41,8 Prozent gestiegen (2005: 39,3 %; s. Tab. 4.11). Weitere rund 28 Prozent der Jugendlichen berichten über ihr Interesse an einer Mitgliedschaft

*Tabelle 4.11*    Mitgliedschaften im Sportverein 2005 und 2010 (in %)

| (Teil-)Gruppen | Mitgliedschaft im Sportverein | |
| | 2005 | 2010 |
|---|---|---|
| Gesamtstichprobe | 39,3 | 41,8 |
| Jungen | 48,3 | 49,4 |
| Mädchen | 29,9 | 33,7 |
| Oberschule | 40,9 | 46,5 |
| Gymnasium | 45,1 | 50,8 |
| Oberstufenzentrum | 32,7 | 31,0 |

im Sportverein. Insbesondere geben 2010 mehr Oberschüler (+5,6 %) und Gymnasial-schüler (+5,7 %) an, Mitglied in einem Sportverein zu sein, während sich bei den Schü-lern von OSZ im Vergleich zu 2005 ein leichter Rückgang zeigt (−1,7 %). Ähnlich wie bei der allgemeinen Häufigkeit des Sporttreibens bestehen auch für die Mitgliedschaft in Sportvereinen Zusammenhänge mit den Berufsabschlüssen der Mutter und des Vaters: Jugendliche, deren Eltern über Hochschulabschlüsse verfügen, sind häufiger Mitglied in Sportvereinen als Jugendliche, deren Eltern über andere oder gar keine Berufsabschlüs-se verfügen.

Neben dem organisierten Sporttreiben erfreut sich auch das informelle Sporttreiben großer Beliebtheit. Diese Beliebtheit ist unter anderem darauf zurückzuführen, dass in-formeller Sport gut in die alltägliche Lebensführung eingebunden werden kann. Rund ein Drittel der Jugendlichen gibt an, informellen Sport in der Gruppe zu betreiben. Jun-gen haben sowohl Interesse an gemeinsamer sportlicher Betätigung (38,5 %) als auch daran, für sich allein Sport zu treiben (60,0 %); Mädchen hingegen bevorzugen es, ihre sportlichen Aktivitäten allein auszuführen (56,9 %).

## 4.4    Fazit

So vielfältig wie die Jugendlichen selbst sind auch ihre Interessen bei der Freizeitgestal-tung. Das reichhaltige Angebot an regionalen Freizeitmöglichkeiten, das den branden-burgischen Jugendlichen inzwischen zur Verfügung steht, kommt offensichtlich diesen unterschiedlichen Interessen und Erwartungen entgegen: Die Befunde zeigen, dass die Mehrheit der Jugendlichen insgesamt mit den regionalen Freizeitangeboten zufrie-den ist.

Durch die Beschleunigung der Lebensvollzüge hat das Lernen von Gleichaltrigen an Bedeutung gewonnen: Durch Kontakte zu Gleichaltrigen erfahren Jugendliche von Chancen zur Lebensgestaltung wie auch von Unterstützungsmöglichkeiten und Schwie-rigkeiten, falls man diese Chancen aufgreifen möchte. Für die Herstellung und Pflege solcher Kontakte sind die neuen Medien in den letzten Jahren genauso unverzichtbar geworden wie für die schnelle Informationsgewinnung an sich. Die Haushalte, in denen Jugendliche leben, sind heutzutage mit wesentlich mehr Mediengeräten ausgestattet als noch vor einigen Jahren. Viele dieser Geräte besitzen die Jugendlichen selbst, wo-durch eine stark individualisierte Nutzung der Medien ermöglicht wird. Bei der Me-diennutzung konnten sowohl geschlechts- als auch bildungsspezifische Unterschiede nachgewiesen werden, die bei der Förderung von Medienkompetenz berücksichtigt werden müssen.

Mit der erhöhten Bedeutung von Medien im Alltag Jugendlicher scheint im Gegen-satz zu verbreiteten Annahmen kein Rückgang ihres sportlichen Engagements verbun-den zu sein. Teilweise betätigen sich Jugendliche, die oft Computer- bzw. Videospielen nachgehen, sogar häufiger sportlich als Jugendliche mit geringerem Medienkonsum. Insgesamt konnte gezeigt werden, dass sich das sportliche Engagement der brandenburgischen Jugendlichen trotz vielfältiger konkurrierender Angebote in den letzten Jahren weiter erhöht hat.

# 5 Interesse und Beteiligung am politischen Leben

*Ulrike Zehrt & Mario Feist*

## 5.1 Theoretische Vorbemerkungen

Politisches Interesse und die politische Partizipation der nachwachsenden Generationen am politischen Leben werden als notwendige Voraussetzungen für eine funktionstüchtige Demokratie angesehen (Neller & van Deth, 2006; Niedermayer, 2001). Verschiedene Studien zu Wahldaten und Mitgliedschaften junger Menschen in politischen Organisationen (Hoffmann-Lange, 2003; Niedermayer, 2001) deuten aber darauf hin, dass es um die politische Partizipation der Jugendlichen nicht gut bestellt ist. Im folgenden Beitrag wird dargestellt, in welchem Ausmaß sich junge Menschen in Brandenburg für Politik interessieren, inwieweit sie am politischen Leben teilnehmen und welche Wandlungsprozesse sich diesbezüglich seit Mitte der 1990er Jahre vollzogen haben.

*Politisches Interesse*
Das Thema „Politik" nimmt im Leben Jugendlicher sehr wenig Raum ein (Hoffmann-Lange, 2003) und erreicht in Untersuchungen zu Werthaltungen junger Menschen jeweils den letzten Rang, weit abgeschlagen hinter familiären, beruflichen oder anderen Lebenszielen (Reinmuth & Sturzbecher, 2007; Gaiser, Gille, Krüger & de Rijke, 2000; s. auch Kap. 2). Als Voraussetzung für eine Beteiligung am politischen Leben wird grundsätzlich das Vorhandensein eines politischen Interesses angesehen (Neller & van Deth, 2006; Gaiser et al., 2000). Die Höhe des politischen Interesses scheint bei Jugendlichen wie auch bei Erwachsenen mit dem aktuellen politischen Geschehen zu variieren. So stellte Hoffmann-Lange (2003) fest, dass während der Studentenbewegung Mitte der 1970er Jahre und im Prozess der Wiedervereinigung 1989/90 das politische Interesse junger Menschen äußerst hoch und sogar höher als das politische Interesse der Erwachsenen war, welches normalerweise stets das politische Interesse der Jugendlichen übersteigt.

Auch innerhalb Europas finden sich große Unterschiede zwischen den Jugendlichen der einzelnen Staaten: In den etablierten Demokratien Westeuropas äußern sich Jugendliche politisch interessierter als in Ost- oder Südeuropa (Neller & van Deth, 2006). In der Bundesrepublik waren ostdeutsche Jugendliche unmittelbar nach der Wiedervereinigung politisch interessierter als ihre westdeutschen Altersgenossen. Ihr Interesse für Politik verringerte sich aber bereits mit Beginn der 1990er Jahre. Mittlerweile sind sie etwas weniger politisch interessiert als westdeutsche Jugendliche (Hoffmann-Lange, 2003; Gaiser et al., 2000).

Bei fast allen Untersuchungen zum politischen Interesse wird ein Bildungseffekt dahingehend festgestellt, dass Jugendliche mit höherer Bildung sich interessierter zeigen. Neben diesem Bildungseffekt scheint das politische Interesse auch in Abhängigkeit vom Alter und vom Geschlecht zu variieren, wobei Jüngere und Mädchen weniger politisch interessiert sind als ältere Jugendliche und Jungen (Shell Deutschland Holding, 2010; Görl & Holtmann, 2007; Hoffmann-Lange, 2003; Gaiser et al. 2000; de Rijke, Gaiser & Wächter, 2008). Der Alterseffekt wird damit erklärt, dass sich die Gelegenheitsstrukturen und die Berührungspunkte mit Politik im Laufe des Lebens durch mehr Verantwortlichkeiten in Beruf und Familie sowie in öffentlichen Rollen verbreitern (Gaiser et al., 2000). Hoffmann-Lange (2003) stellte für die Daten aus den 1990er Jahren außerdem fest, dass das politische Interesse bei Jugendlichen stärker abzunehmen scheint als bei den über 30-Jährigen. Zudem verringerten sich über die Zeit die Unterschiede im politischen Interesse zwischen den Jugendlichen mit hoher und niedriger Bildung: Gerade bei Jugendlichen mit Abitur zeigte sich ein geringeres politisches Interesse. Deutschlandweit wird in der Shell-Jugendstudie ein Sinken des Politikinteresses bei Jugendlichen und jungen Erwachsenen[17] zwischen 1984 und 2002 von 55 Prozent auf 34 Prozent berichtet. Seit Mitte der 2000er Jahre interessieren sich wieder etwas mehr Jugendliche für Politik. So gaben 39 Prozent der Jugendlichen im Jahr 2006 und 40 Prozent im Jahr 2010 an, politisch interessiert zu sein; aktuelle gesellschaftliche und politische Entwicklungen sollen zu dieser leichten „Repolitisierung" beigetragen haben (Shell Deutschland Holding, 2010). Dagegen wurde in der ostdeutschen Studie „Jugend 2009 in Sachsen" ein seit 2003 stetig abnehmendes politisches Interesse festgestellt; 45 Prozent der Jugendlichen interessieren sich „Wenig" oder „Gar nicht" für Politik (Sächsisches Staatsministerium für Soziales und Verbraucherschutz, 2010).

*Politische Kompetenz*

Die selbsteingeschätzte politische Kompetenz der Jugendlichen wird meist in Form von Aussagen wie „Ich verstehe eine Menge von Politik" oder „Politische Prozesse sind leicht zu durchschauen" erhoben (Gaiser et al., 2000, S. 4). Männliche Jugendliche erzielen höhere Werte für die selbsteingeschätzte politische Kompetenz als weibliche Jugendliche, was Gaiser et al. (2000) mit traditionellen Geschlechtsrollenerwartungen erklären, die Frauen eher einen Platz im Privaten einräumen. Unterschiede gab es im Zeitraum von 1990 bis 2000 auch zwischen ostdeutschen und westdeutschen Jugendlichen: Westdeutsche Jugendliche schätzten sich politisch kompetenter ein (Gaiser et al., 2000). Eine Forschungsarbeit von Neller und van Deth (2006) ergab, dass Menschen, die sowohl politisch desinteressiert als auch politisch inaktiv sind (die sog. „Apathischen"; s. u.), häufiger als andere angeben, komplexe politische Vorgänge nicht zu verstehen. „Apa-

---

17   Die untersuchte Gruppe beinhaltete Jugendliche von 15 bis 24 Jahren.

thische" Bürger aus Ostdeutschland, der Schweiz und Dänemark äußerten dies im Vergleich zu Menschen anderer Staaten häufiger.[18]

*Politikverdrossenheit*

Für Arzheimer ist Politikverdrossenheit „ein wissenschaftliches Modewort, dass seit Ende der 70er Jahre für beunruhigende Phänomene herhalten musste. [...] Es ist uneindeutig und nicht präzise" (2002, S. 24). Unter den deutschen Autoren und zwischen den Studien gebe es zudem keine einheitlichen Vorstellungen über die Objekte, Ursachen und Folgen von Politikverdrossenheit. Außerhalb Deutschlands existiere der Begriff in dieser Form nicht (s. u.). Als Konsequenz schlägt Arzheimer folgende Minimaldefinition vor: Politikverdrossenheit umfasst „negative oder zumindest neutrale Einstellungen gegenüber einer Vielzahl politischer Objekte" (S. 202). Gaiser et al. (2000, S. 1) beschreiben Politikverdrossenheit als „verschiedene negative Haltungen gegenüber der ‚Politik'" und subsummieren Folgendes darunter:

* Distanz zur Politik,
* eine generalisierte Unzufriedenheit mit politischen Objekten, Vorgängen und Ergebnissen sowie mit Politikern,
* ein geringes Vertrauen in die politischen Institutionen und Akteure sowie in die Responsivität des politischen Systems.

Die beschriebene begriffliche Heterogenität erschwert den Vergleich von Daten zur Politikverdrossenheit unter Jugendlichen genauso wie die Bewertung von Veränderungen, welche immer wieder herangezogen werden, um die Gefahr für die demokratische Grundordnung durch eine politisch unzufriedene und inaktive Jugend zu beschreiben. In den Befunden verschiedener Untersuchungen wird jedoch deutlich, dass Jugendliche zumeist ein großes Vertrauen in wichtige gesellschaftliche Institutionen wie die Gerichte und die Polizei setzen. Auch mit nicht-parteigebundenen Organisationen wie Umwelt- oder Menschenrechtsgruppen sind Jugendliche oft zufrieden; hauptsächlich konzentriert sich die berichtete hohe Politikverdrossenheit auf die Einstellungen zu Parteien und Politikern sowie aktuell – ausgelöst durch die Finanzkrise der letzten Jahre – immer mehr auf den Wirtschaftsbereich und die Banken (Shell Deutschland Holding, 2010, 2006; IARD, 2001).

Europaweit zeigen sich große Unterschiede im Institutionenvertrauen zwischen Jugendlichen der einzelnen Staaten: Zwischen 30 und 60 Prozent der Jugendlichen im Alter von 16 bis 25 Jahren bekunden ein hohes Vertrauen in das jeweilige Landesparlament. Jugendliche in Mittelmeerländern besitzen dieses Vertrauen eher weniger; Ähn-

---

18  Die Daten basieren auf dem European Social Survey. Folgende Länder wurden untersucht: Belgien, Dänemark, Deutschland, Finnland, Griechenland, Großbritannien, Luxemburg, Norwegen, Österreich, Portugal, Schweden, Schweiz, Spanien, Polen, Slowenien, Tschechische Republik.

liches gilt für Finnland und Großbritannien (IARD, 2001). Fast überall genießen die Justiz und die Polizei hohes Vertrauen. Interessante Unterschiede zwischen Ost- und Westdeutschland wurden bei der europäischen IARD-Studie (2001) festgestellt: Im Osten vertrauten bis Ende der 1990er Jahre weniger Jugendliche als in Westdeutschland dem Parlament und der Polizei, dafür war das Vertrauen in die Europäischen Union größer. Gaiser et al. (2000) stellten für die neuen Bundesländer ein gestiegenes Misstrauen und eine größere Unzufriedenheit mit Politikern gegenüber den 1990er Jahren fest, wobei auch das Vertrauen in die Responsivität des politischen Sytems und in die Demokratie abgenommen hatte. In vielen Studien wird betont, dass die Unzufriedenheit mit politischen Institutionen, der Politik und den Parteien kein Jugendphänomen ist (Arzheimer, 2002; Gaiser et al., 2000; Wolling, 1999). Rund 66 Prozent der Bundesbürger hatten 2008 wenig bis gar kein Vertrauen in die Bundesregierung; rund 82 Prozent äußerten Misstrauen gegenüber den Parteien (Deutschlandtrend, 2008).[19] In der vorliegenden Untersuchung wurde auch die Zufriedenheit mit der Landespolitik erhoben. Wolling (1999) konnte zeigen, dass persönliche Erfahrungen mit dem politischen Entscheidungshandeln ein starker Prädiktor für Vertrauen in gesellschaftliche Institutionen und in die Demokratie sind: Es könne davon ausgegangen werden, dass eine positiv bewertete Landespolitik und ihre für Jugendliche spürbaren Ergebnisse zu einer geringeren Politikverdrossenheit führen.

*Politische Partizipationsbereitschaft*
Politische Partizipation umfasst „alle Handlungen, die Bürger freiwillig mit dem Ziel unternehmen, Entscheidungen auf den verschiedenen Ebenen des politischen Systems zu beeinflussen" (Neller & van Deth, 2006, S. 32). Die Formen der politischen Partizipation können dementsprechend äußerst vielfältig sein; sie reichen von der Beteiligung an Wahlen über die Mitarbeit in Bürgerinitiativen bis hin zu Protestaktionen (z. B. Demonstrationen, Produktboykotte) und zu modernen Beteiligungsformen über das Internet (Neller & van Deth, 2006). Darüber, wie sich die politische Partizipationsbereitschaft parallel zu gesellschaftlichen Veränderungen weiterentwickelt, gibt es unterschiedliche Meinungen: Zum einen wird angenommen, dass in hochindustrialisierten Staaten materialistische Werte an Bedeutung verlieren und postmaterialistische wie gesellschaftliche und politische Partizipation dementsprechend wichtiger würden (Inglehart, 1998). Andere Autoren vertreten die Meinung, dass es durch eine Erosion gesellschaftlicher Strukturen und einer größeren Bedeutung individualistischer Werte zu einer geringeren politischen Beteiligung käme. Eine dritte Auffassung geht davon aus, dass sich durch die angesprochenen Veränderungen Partizipationsformen in neuen Be-

---

19  Siehe zu diesem Thema auch die Artikel: Walter, F. & Lühmann, M. (2010). *Zukunft der Demokratie – Die Empörungsgesellschaft.* (Zeit Online, 17. 03. 2010); Petersen, T. (2009). *Allensbach-Umfrage – Die unverdrossenen Nichtwähler* (FAZ.net 22. 07. 2009); Schönenborn, J. (2008). *ARD-Deutschlandtrend Oktober 2008. Kein Vertrauen – weit und breit.* (tagesschau.de, 02. 10. 2008).

reichen entwickelten (IARD, 2001; Gaiser et al., 2000), also beispielsweise ein Rückgang des Anteils von Jugendlichen in Parteiorganisationen bei einer gleichzeitigen Zunahme von Aktiven in neuen sozialen Bewegungen und beim ehrenamtlichen sozialen Engagement stattfinden würde (Hoffmann-Lange, 2003).

Gaiser und de Rijke untersuchten in ihrer 2008 erschienenen Längsschnitsudie des DJI-Jugendsurveys, inwieweit sich Jugendliche im Zeitraum zwischen 1992 und 2003 an verschiedenen Aktionsformen beteiligten bzw. eine Teilnahmebereitschaft äußerten. Sie kamen zu dem Ergebnis, dass rund 90 Prozent der Jugendlichen bereit waren zu wählen, und 80 Prozent gaben an, in der Vergangenheit auch schon gewählt zu haben. Darüber hinaus beteiligten sich die Jugendlichen im Jahr 2003 an folgenden Aktionsformen: Unterschriftensammlung (61 %), genehmigte Demonstration (34 %), öffentliche Diskussion (23 %), nicht genehmigte Demonstration (7 %), Bürgerinitiative oder andere politische Gruppierung (5 %). Für die Teilnahme an nicht genehmigten Demonstrationen und an Bürgerinitiativen wurde zwischen 1992, 1997 und 2003 ein Rückgang festgestellt.

Auch in der Shell-Jugendstudie 2010 (Shell Deutschland Holding, 2010) wurde berichtet, dass sich ein Großteil der Jugendlichen politisch beteiligen will. So möchten 77 Prozent von ihnen in Zukunft an Unterschriftensammlungen, 54 Prozent an Protestversammlungen und 39 Prozent an den Aktivitäten von Bürgerinitiativen teilnehmen. Die Bereitschaft, an Internetaktionen zu partizipieren oder sich online über Politik zu informieren, äußerten 31 Prozent, und 17 Prozent gaben an, in einer Partei oder politischen Gruppe mitarbeiten zu wollen. Gegenüber den recht hohen Bereitschaftswerten fielen die Werte für die tatsächliche Beteiligung deutlich geringer aus. So nahmen 59 Prozent der Befragten an Unterschriftensammlungen und 45 Prozent an Protestversammlungen teil; 31 Prozent von ihnen nutzten das Internet für politische Aktionen. Die größte Differenz zwischen der Bereitschaft zum politischen Handeln und den tatsächlichen Aktivitäten fanden die Forscher bei den Angaben zur Teilnahme an einer Bürgerinitiative: Nur 11 Prozent der Befragten äußerten hier eine tatsächliche Beteiligung in der Vergangenheit. Interessanterweise gaben in der Shell-Jugendstudie 2010 weibliche Jugendliche eine höhere Bereitschaft an als Jungen, an politischen Aktionen teilzunehmen. Unabhängig vom Bildungsabschluss zeigten sich Jugendliche aus Westdeutschland gegenüber ihren Altersgenossen im Osten partizipationsbereiter. Neben Befunden zum politischen Engagement finden sich in der Shell-Jugendstudie auch Aussagen über das „Soziale Engagement" unter Jugendlichen. Dieses ist seit 2002 kontinuierlich gestiegen (Shell Deutschland Holding, 2010), was die These unterstützt, dass sich mit dem Wandel der Gesellschaft auch das Beteiligungsspektrum verändert. Zudem stellte Reinders (2005) fest, dass die Häufigkeit sozialen Engagements in einem starken positiven Zusammenhang mit der politischen Partizipationsbereitschaft steht.

In der Studie „Jugend 2009 in Sachsen" wurde eine sinkende Bereitschaft Jugendlicher festgestellt, sich politisch zu beteiligen; konventionelle Beteiligungsformen würden weiterhin dominieren, nur wenige Jugendliche seien an Parteiarbeit interessiert (Sächsisches Staatsministerium für Soziales und Verbraucherschutz, 2010).

Neller und van Deth (2006) verglichen die politische Beteiligung von Bürgern in ost- und westeuropäischen Staaten in den Jahren 2002/03 und 2004: Während in Osteuropa eher Protestformen überwogen, verfügte die Bürgerschaft der etablierten Demokratien über ein größeres Repertoire an politischen Beteiligungsformen, zum Beispiel in Form des Engagements in Parteien oder Bürgerinitiativen. Auch in Ostdeutschland beteiligten sich die Bürger nach der Wiedervereinigung zunächst stärker an Protestaktionen als an anderen Formen politischer Partizipation. Seit dem Jahr 2000 zeigen sich viele Gemeinsamkeiten im Partizipationsverhalten ost- und westdeutscher Jugendlicher. De Rijke, Gaiser und Wächter (2008) stellten in ihrer Studie lediglich fest, dass im Unterschied zu Westdeutschland im Osten seltener Produktboykotte als Form von politischer Beteiligung gewählt wurden.

Um die Charakteristik verschiedener Beteiligungstypen genauer untersuchen zu können, bildeten Neller und van Deth (2006) vier Gruppen: die „Apathischen" (kein Interesse, keine Beteiligung), die „Mitmacher" (kein Interesse, aber politische Beteiligung), die „Zuschauer" (hohes Interesse, keine Beteiligung) und die „Engagierten" (hohes Interesse und hohe Beteiligung). In ihrer europaweiten Erwachsenenstichprobe waren die „Apathischen" in fast allen untersuchten Ländern die größte Gruppe. In den osteuropäischen Ländern stellten sie zudem die Mehrheit der Bevölkerung. Die Angehörigen dieser Gruppe waren häufiger weiblich und jünger als die Angehörigen der anderen Gruppen, sie verfügten über einen geringeren Bildungsstatus und waren vergleichsweise weniger zufrieden mit der Demokratie. Sie vertrauten zudem wenig auf die Responsivität des politischen Systems.

*Mitgliedschaften in Organisationen und Vereinen*
Die Teilnahme an Vereinsaktivitäten bzw. eine auf Langfristigkeit ausgerichtete Mitarbeit in Organisationen und Verbänden wird als Schlüsselqualifikation für die Integration in die Gesellschaft angesehen (Gaiser & de Rijke, 2008; IARD, 2001) und stellt somit einen wichtigen Bestandteil der politischen und sozialen Partizipation Jugendlicher dar. In Europa gibt es hinsichtlich des Anteils von Jugendlichen, die Mitglied in Vereinen oder Verbänden sind, große Unterschiede. So ist dieser Anteil beispielsweise in den südeuropäischen Mittelmeerländern viel geringer als in den skandinavischen Ländern, obwohl er insbesondere in den 1990er Jahren auch in Südeuropa sprunghaft anstieg (IARD, 2001).

Die beliebteste Vereinsform stellen in Deutschland und Europa die Sportvereine dar. Andere Vereine erreichen deutschlandweit zumeist höchstens 10 Prozent der Jugendlichen (Sächsisches Staatsministerium für Soziales und Verbraucherschutz, 2010[20];

---

20  Für die Studie „Jugend 2009 in Sachsen" wurde gefragt nach gewerkschaftlich-politischen Verbänden (2 %), konfessionellen Vereinen (4 %), Sportvereinen (28 %), Vereinen des Katastrophenschutzes (4 %), ökologischen Vereinen (1 %), kulturellen Vereinen (6 %) und nach sonstigen Vereinen (7 %).

Gaiser & de Rijke, 2008[21]; Richter, Buddeberg, Richter & Riekmann, 2008[22]; IARD, 2001[23]). In Brandenburg waren im Jahr 2005 rund 39 Prozent der Jugendlichen in Sportvereinen aktiv (Sturzbecher & Holtmann, 2007). Einige Autoren berichten, dass es zwar in den 1990er Jahren einen Rückgang bei der Zahl der Mitgliedschaften von Jugendlichen in Vereinen gab, allerdings wuchs die Mitgliederzahl in der Folgezeit wieder auf das Ausgangsniveau an (Gaiser & de Rijke, 2008). Andere Studien weisen anhaltende Mitgliederverluste bei den Vereinen aus (Sächsisches Staatsministerium für Soziales und Verbraucherschutz, 2010; Hoffmann-Lange, 2003). Diese Verluste scheinen sich hauptsächlich auf Gewerkschaften und politische Vereine zu beschränken (Gaiser & de Rijke, 2008; Hoffmann-Lange, 2003). Generell ergibt sich bezüglich der Mitgliedschaftsraten ein sehr heterogenes Bild: Während in der Shell-Jugendstudie (2010) gezeigt wurde, dass 47 Prozent der Jugendlichen in Vereinen oder Verbänden Mitglied sind, weist die Studie „Jugend 2009 in Sachsen" (Sächsisches Staatsministerium für Soziales und Verbraucherschutz, 2010) einen Anteil von nur rund 37 Prozent für das Bundesland aus. In Schleswig-Holstein wiederum erreichte die Mitgliedschaftsquote unter Jugendlichen sogar rund 69 Prozent auf dem Land und rund 65 Prozent in der Stadt (Richter et al., 2008). Auch Gaiser & de Rijke (2008) konnten anhand von Daten des DJI-Jugendsurveys für die Jahre zwischen 1992 und 2003 Unterschiede zwischen Ost und West feststellen. Vielleicht spiegeln sich in den Unterschieden aber auch spezielle strukturelle Besonderheiten der einzelnen Bundesländer wider, beispielsweise die Verteilung von städtischen und ländlichen Regionen.

Die Mitgliedschaft von Jugendlichen variiert auch in Anhängigkeit vom Geschlecht, wobei nach Gaiser und de Rijke (2008) zumeist Jungen über eine Mitgliedschaft verfügen und sich dann auch häufiger in traditionellen Vereinen engagieren. In eher ländlichen Räumen stellt sich das Geschlechterverhältnis bezüglich der Mitgliedschaften allerdings ausgeglichener dar: Mädchen sind dort genauso häufig Mitglied in Vereinen wie Jungen; zwar engagieren sie sich beispielsweise weniger in Schützenvereinen, stellen dafür aber die Mehrheit der Mitglieder in Reitvereinen (Richter et al., 2008). Es gibt zudem Hinweise darauf, dass auf dem Land normalerweise in Verbänden und Vereinigungen unterrepräsentierte Gruppen wie Jugendliche mit Migrationshintergrund oder aus Hauptschulen häufiger in Vereinen vertreten sind als in der Stadt (Richter et al.,

---

21 Im DJI-Jugendsurvey (z. B. für das Jahr 2003) wurden Mitgliedschaften in Gewerkschaften (8 %), Berufsverbänden (4 %), politischen Parteien (2 %), religiösen Vereinen (8 %), Wohlfahrtsverbänden (1 %), Heimat- und Bürgervereinen (10 %), Jugend-und Studentenverbänden (5 %), Sportvereinen (36 %), sonstigen geselligen Vereinigungen (9 %), Bürgerinitiativen (1 %) und in anderen Vereine (9 %) erhoben.

22 In der Studie des Landesjugendverbands Schleswig-Holstein e. V. wurde gefragt nach der Mitgliedschaft im Sportverein (Land 47 %, Stadt 34 %), Hobbyverein (Land 9 %, Stadt 11 %), Reitverein (Land 11 %, Stadt 7 %), in der Tanz- und Theatergruppe (Land 7 %, Stadt 13 %), im Schützenverein (Land 5 %) und in der freiwilligen Feuerwehr (Land 6 %).

23 In der IARD-Studie wurde nach Sportvereinen (36 %), Pfarrvereinen oder religiösen Vereinen (7 %) und nach Jugendvereinen (6 %) gefragt.

2008). Daneben wurde in den meisten Untersuchungen zu Mitgliedschaften ein Bildungseffekt festgestellt, höher Gebildete sind eher Vereinsmitglied als geringer Gebildete (Gaiser & de Rijke, 2008; Richter et al., 2008).

*Freiwilligendienst*
In der Shell-Jugendstudie wurde seit 2002 ein steigendes soziales Engagement der Jugendlichen in Deutschland festgestellt, welches von der Schichtzugehörigkeit der Jugendlichen und von ihren Bildungsabschlüssen abhängt (Shell Deutschland Holding, 2010). Richter et al. (2008) berichten über die Jugendlichen in Schleswig-Holstein, dass rund 14 Prozent der Mädchen und sechs Prozent der Jungen bereit sind, nach der Schule einen sozialen Dienst zu leisten.

*Wahlalter*
Die Beteiligung an Wahlen stellt eine wichtige Form der politischen Partizipation dar. Im Gegensatz zu vielen anderen europäischen Ländern erreicht die Wahlbeteiligung in Deutschland bei Parlamentswahlen relativ hohe Werte. Trotzdem sind seit 1990 rund 20 bis 25 Prozent der Wahlberechtigten Nichtwähler (Korte, 2009).[24] Oft wird das „Nicht-Wählen" als politischer Protest bewertet, der durch Politikverdrossenheit hervorgerufen wird (Korte, 2009). Das gleichzeitige Auftreten von steigenden Politikverdrossenheitswerten und sinkender Wahlbeteiligung seit Beginn der 1990er Jahre scheint vielen Autoren und Journalisten zu genügen, um einen kausalen Zusammenhang zu behaupten (Korte, 2009).[25] Studien zur sinkenden Wahlbeteiligung haben demgegenüber ergeben, dass es sich bei Nichtwählern eher um Menschen handelt, die an Politik nicht interessiert sind. Außerdem wurde nachgewiesen, dass eine fehlende Bereitschaft zur Beteiligung an Wahlen auch durch eine hohe Zufriedenheit mit der persönlichen Lage zustande kommen kann (Korte, 2009). Parallel zur Diskussion um die sinkende Wahlbereitschaft in der deutschen Bevölkerung wird häufig ein gravierender Abfall der Wahlbereitschaft gerade bei jungen Menschen seit Beginn der 1990er Jahre diskutiert[26] (Hoffmann-Lange, 2003). Um das politische Interesse und die politische Partizipation Jugendlicher frühzeitig zu fördern, sprechen sich verschiedene Politiker und Wissenschaftler für eine Herabsetzung des Wahlalters von 18 auf 16 Jahre aus (Jesse, 2003); in Bremen durften 2011 erstmalig auch 16- und 17-Jährige das Landesparlament wählen. Laut der Bundeszentrale für Politische Bildung lehnt aber die Mehrheit der Jugendlichen dieses Vorhaben bisher eher ab. Knapp 82 Prozent der Jugendlichen würden im

24  Die Quote der Nichtwähler bei Bundestagswahlen schwankte in den Jahren 1949 (21,5 %) bis 2009 zwischen 8,9 Prozent im Jahr 1972 und dem aktuellen Höchststand von 27,8 Prozent bei den letzten Bundestagswahlen im Jahr 2009 (Korte, 2009).
25  Siehe zu diesem Thema auch die Artikel: Walter, F. & Lühmann, M. (2010). *Zukunft der Demokratie – Die Empörungsgesellschaft.* (Zeit Online, 17.03.2010); Petersen, T. (2009). *Allensbach-Umfrage – Die unverdrossenen Nichtwähler* (FAZ.net 22.07.2009).
26  Hier ist die Altersgruppe der 21- bis 25-Jährigen im Gegensatz zur Gesamtwählerschaft gemeint.

Falle des Wahlrechts ab 16 Jahren allerdings trotzdem wählen gehen (Bundeszentrale für politische Bildung, 2009). In der Shell-Jugendstudie (2010) sprachen sich 56 Prozent der Befragten gegen eine Herabsetzung des Wahlalters aus; dies ist der höchste Wert seit 2002. Die Untersuchung verdeutlichte, dass Jugendliche unter 18 Jahren dem Wahlrecht ab 16 Jahren positiver gegenüberstehen. Allerdings ist auch bei ihnen ein Trend zur wachsenden Ablehnung zu verzeichnen.

## 5.2 Methodische Bemerkungen

*Messung der Konstrukte*
Um das politische Interesse bzw. die politische Kompetenz zu erfassen, wurden im Fragebogen die beiden folgenden Indikatoren verwendet: „Ich interessiere mich für Politik" und „Ich verstehe eine Menge von Politik". Die Jugendlichen konnten die beiden Sachverhalte auf einer vierstufigen Skala zustimmend oder ablehnend bewerten.

Bei der Politikverdrossenheit handelt es sich um ein heterogenes Konstrukt, das in der Fachliteratur sehr unterschiedlich operationalisiert wird. Die in der brandenburgischen Jugendstudie eingesetzte Skala umfasst sechs Items und erfasst die Einstellungen der Jugendlichen zur Responsivität des politischen Systems sowie ihr Vertrauen gegenüber den Parteien, den Politikern und den politischen Mechanismen.

Die Zufriedenheit mit der Politik im Land Brandenburg wurde durch sechs Einzelaussagen erfasst, die auf unterschiedlichen politischen Ebenen bearbeitet werden (z. B. „Unterstützung von Familien und Kindern", „Schaffung von Freizeitangeboten", „Bekämpfung des Rechtsextremismus"). Die Partizipationsbereitschaft junger Menschen und ihre Partizipationserfahrungen wurden mit Hilfe von sechs Items wie beispielsweise „Sich in Versammlungen an Diskussionen beteiligen" oder „Beteiligung an Bürgerinitiativen" erhoben. Die befragten Jugendlichen konnten in den Antworten darüber Auskunft geben, ob sie in der Vergangenheit bereits politisch aktiv waren oder nicht und ob sie dies zukünftig vorhaben.

Weiterhin wurden die Jugendlichen in der vorliegenden Studie nach ihren Mitgliedschaften in Vereinen, Organisationen und Verbänden sowie nach ihrer Bereitschaft gefragt, nach dem Schulabschluss einen Freiwilligendienst zu absolvieren; ggf. konnten sie auch ihre Wünsche zum Einsatzbereich angeben. Die Indikatoren zum Freiwilligendient wurden 2010 erstmals in der brandenburgischen Jugendstudie erhoben. Dies gilt auch für einen weiteren Fragenkomplex, der sich u. a. auf eine mögliche Herabsetzung des Wahlalters und die Wahlbereitschaft in diesem Fall richtete.

*Analyseverfahren*
Alle Skalen und Variablen wurden in einem ersten Schritt deskriptiv ausgewertet. Zur Darstellung der Ergebnisse in der Zeitreihe zwischen 1996 und 2010 wurden Mittelwerte über die Ausprägungen der Antwortskalen gebildet. Unterschiede zwischen den Grup-

pen wurden mit Hilfe varianzanalytischer Verfahren auf statistische Bedeutsamkeit getestet (s. Kap. 1).

Darüber hinaus wurden die Befragten in Anlehnung an Neller und van Deth (2006)
für weiterführende Analysen zur politischen Partizipation entsprechend des von ihnen
berichteten politischen Interesses und der tatsächlichen politischen Beteiligung vier
verschiedenen Gruppen zugeordnet (s. Tab. 5.1).

*Tabelle 5.1*   Bildung von vier Gruppen nach politischer Beteiligung und politischem
Interesse

|  | „Ich interessiere mich für Politik" | |
|---|---|---|
| **Tatsächliche Partizipation in der Vergangenheit** | Stimmt völlig / Stimmt teilweise | Stimmt kaum / Stimmt nicht |
| Höchstens an einer politischen Aktionsform in der Vergangenheit beteiligt | Die „Zuschauer" | Die „Apathischen" |
| Mindestens an zwei politischen Aktionsformen in der Vergangenheit beteiligt | Die „Engagierten" | Die „Mitmacher" |

Die vier Beteiligungstypen wurden dann mit anderen Variablen (z. B. Alter, Geschlecht,
Schulform, Einstellungen zur Herabsetzung des Wahlalters und zum Jugendfreiwilli-
gendienst, Bildungsstand der Eltern, Politikverdrossenheit, externale Kontrollüberzeugungen und Rechtsextremismus) in Beziehung gesetzt und beschrieben.

## 5.3   Untersuchungsergebnisse

### 5.3.1 *Politisches Interesse, politische Kompetenz und Politikverdrossenheit*

*Politisches Interesse*

Im Jahr 2010 stimmten 37,5 Prozent der brandenburgischen Jugendlichen völlig oder
teilweise dem Statement „Ich interessiere mich für Politik" zu (s. Tab. 5.2). Gleichzeitig
bedeutet dies, dass eine Mehrheit der Jugendlichen (62,6 %) keinerlei oder kaum Interesse für Politik äußert. Die Höhe des Interesses hängt von unterschiedlichen Faktoren
ab: So geben ältere Jugendliche im Mittel häufiger als jüngere Jugendliche an, sich für
politische Fragen zu interessieren (f = 0.10). Jungen zeigen sich deutlich mehr an Politik
interessiert als Mädchen (f = 0.19).

Wie in der Abbildung 5.1 zu sehen ist, äußern sich Jugendliche, die ein Gymnasium
besuchen, politisch interessierter als Schüler eines Oberstufenzentrums. Oberschü-

*Tabelle 5.2*      Politisches Interesse 2005 und 2010 (in %)

| | „Ich interessiere mich für Politik" | | | | | | | |
| | Stimmt völlig | | Stimmt teilweise | | Stimmt kaum | | Stimmt nicht | |
| (Teil-)Gruppen | 2005 | 2010 | 2005 | 2010 | 2005 | 2010 | 2005 | 2010 |
|---|---|---|---|---|---|---|---|---|
| Gesamtstichprobe | 11,5 | 10,3 | 29,5 | 27,2 | 28,6 | 30,2 | 30,3 | 32,4 |
| Jungen | 15,3 | 15,0 | 31,9 | 29,9 | 27,3 | 29,0 | 25,5 | 26,1 |
| Mädchen | 7,5 | 5,4 | 27,0 | 24,3 | 30,0 | 31,4 | 35,4 | 39,0 |
| 12–14 Jahre | 9,0 | 8,6 | 22,3 | 21,7 | 26,6 | 32,5 | 42,0 | 37,1 |
| 15–17 Jahre | 10,8 | 10,9 | 27,0 | 25,0 | 28,8 | 29,0 | 33,4 | 35,2 |
| Ab 18 Jahre | 14,1 | 10,9 | 37,5 | 31,3 | 29,9 | 30,3 | 18,5 | 27,8 |
| Oberschule | 8,9 | 7,0 | 22,0 | 21,2 | 29,0 | 31,3 | 40,2 | 40,5 |
| Gymnasium | 16,7 | 14,2 | 30,3 | 30,4 | 26,0 | 26,9 | 27,0 | 28,4 |
| Oberstufenzentrum | 9,7 | 9,1 | 36,3 | 28,5 | 30,4 | 32,2 | 23,6 | 30,2 |

ler zeigen sich am wenigsten an Politik interessiert. Diese Unterschiede finden sich bei allen vier Erhebungszeitpunkten zwischen 1996 und 2010. Da es sich bei den Berufs-schülern und Gymnasialschülern eher um ältere Jugendliche handelt, sind diese Bil-

*Abbildung 5.1*   Politisches Interesse nach Schulform im Zeitraum von 1996 bis 2010

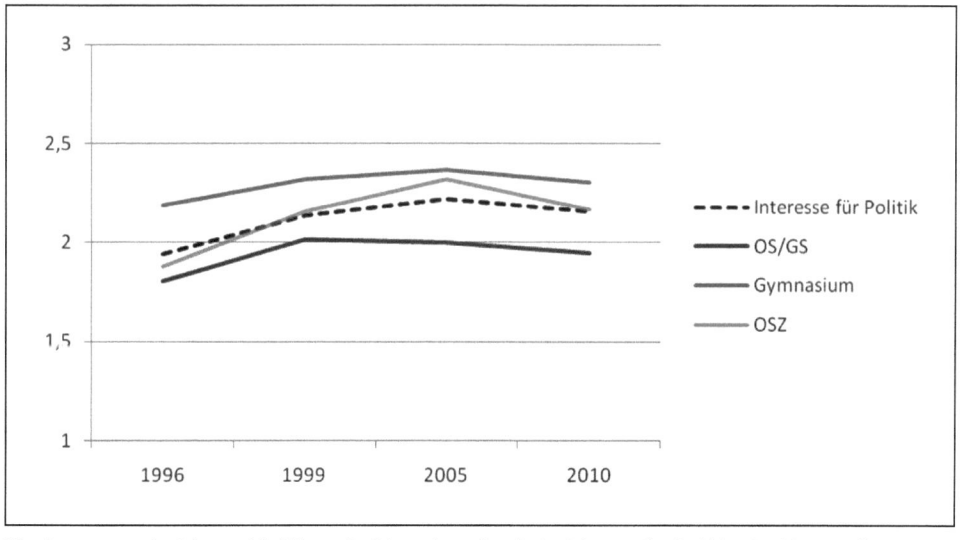

Mittelwerte von „1"=„Stimmt nicht" über „2"=„Stimmt kaum" und „3"=„Stimmt teilweise" bis „4"=„Stimmt völlig"

dungsunterschiede allerdings mit dem Alterseffekt konfundiert. Zwischen 1996 und
2005 stieg das politische Interesse unter Jugendlichen im Durchschnitt von 28,9 Prozent
auf 41,0 Prozent an, im nachfolgenden Zeitraum verringerte es sich bis zum Jahr 2010
auf 37,5 Prozent. Dieser Entwicklungstrend wird in Abbildung 5.1 mit Hilfe von Mittelwerten verdeutlicht. Im Unterschied zu den Werten für das politische Interesse der
Schüler von Gymnasien und Oberstufenzentren, die dem Gesamttrend folgen, steigt das
politische Interesse unter Oberschülern lediglich bis zum Jahr 1999 und verringert sich
dann allmählich wieder.

*Politische Kompetenz*
Der Anteil der Befragten, die sich für politisch kompetent halten, hat seit dem Jahr 1996
zugenommen; am stärksten im Zeitraum zwischen 1999 und 2005. Während im Jahr
1999 lediglich 25,4 Prozent der Jugendlichen der Aussage „Ich verstehe eine Menge von
Politik" völlig oder teilweise zustimmten, erhöhte sich dieser Anteil bis zum Jahr 2005
auf 35,8 Prozent und bis zum Jahr 2010 nochmals leicht auf 37,5 Prozent (s. Tab. 5.3).

*Tabelle 5.3*      Politische Kompetenz 2005 und 2010 (in %)

|  | „Ich verstehe eine Menge von Politik." | | | | | | | |
|---|---|---|---|---|---|---|---|---|
|  | Stimmt völlig | | Stimmt teilweise | | Stimmt kaum | | Stimmt nicht | |
| (Teil-)Gruppen | 2005 | 2010 | 2005 | 2010 | 2005 | 2010 | 2005 | 2010 |
| Gesamtstichprobe | 6,5 | 6,2 | 29,3 | 31,3 | 40,9 | 38,1 | 23,4 | 24,1 |
| Jungen | 9,9 | 10,1 | 35,7 | 39,5 | 37,3 | 32,2 | 17,0 | 18,2 |
| Mädchen | 2,7 | 2,0 | 22,5 | 22,8 | 44,7 | 44,3 | 30,0 | 30,9 |

Männliche Jugendliche schätzten sich über alle Erhebungszeitpunkte der Zeitreihenstudie hinweg politisch kompetenter ein als weibliche Jugendliche. Im Jahr 1996 hielten
sich 27,0 Prozent der Jungen, aber nur 16,1 Prozent der Mädchen für politisch kompetent; im Jahr 2010 trifft dies für etwa die Hälfte aller Jungen (49,6 %) und immerhin
24,8 Prozent der Mädchen ($f = 0.25$) zu. Somit sind die Werte für die selbst zugeschrie-
bene politische Kompetenz bei beiden Geschlechtern angewachsen, bei den männlichen
Jugendlichen jedoch stärker als bei den weiblichen Jugendlichen. Dieser Entwicklungstrend ist in der Abbildung 5.2 mit Hilfe von Mittelwerten dargestellt. Es finden sich
keine Zusammenhänge zwischen dem Alter der Jugendlichen und der Schulform einerseits und der Ausprägung ihrer politischen Kompetenz andererseits.

*Politikverdrossenheit*
Die Politikverdrossenheit der brandenburgischen Jugendlichen hat sich im Jahr 2010
im Vergleich zum Jahr 2005 leicht verringert, wie anhand der Tabelle 5.4 erkennbar ist.

*Abbildung 5.2*   Politische Kompetenz nach Geschlecht im Zeitraum von 1996 bis 2010

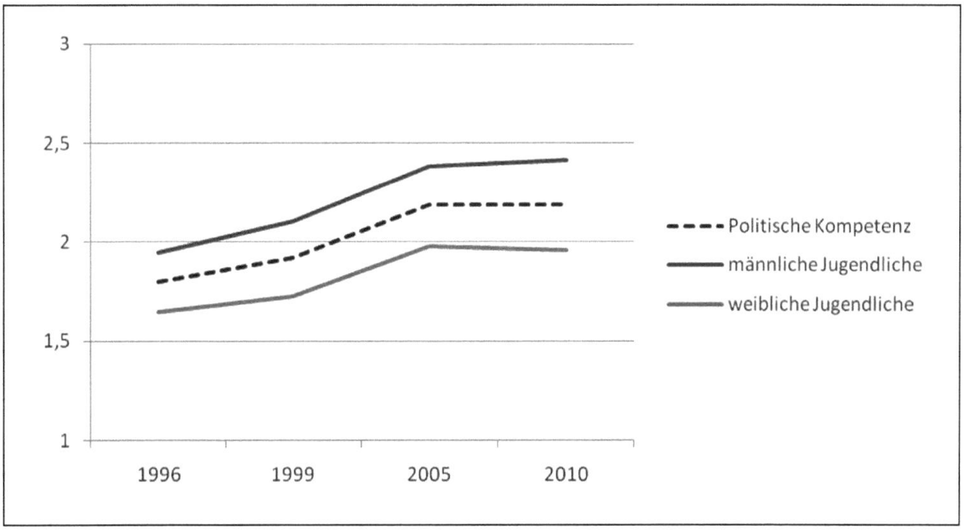

Mittelwerte von „1" = „Stimmt nicht" über „2" = „Stimmt kaum" und „3" = „Stimmt teilweise" bis „4" = „Stimmt völlig"

Während damals noch 88,7 Prozent der Befragten eine „Hohe" oder „Eher hohe" Politikverdrossenheit äußerten, sank dieser Anteil bis zum Jahr 2010 auf 83,6 Prozent. Der Rückgang an Politikverdrossenheit ist in den Altersgruppen der 12- bis 14-Jährigen und

*Tabelle 5.4*      Skala „Politikverdrossenheit" 2005 und 2010 (in %)

| (Teil-)Gruppen | Skala „Politikverdrossenheit" | | | | | | | |
|---|---|---|---|---|---|---|---|---|
| | Niedrig | | Eher niedrig | | Eher hoch | | Hoch | |
| | 2005 | 2010 | 2005 | 2010 | 2005 | 2010 | 2005 | 2010 |
| Gesamtstichprobe | 1,4 | 1,8 | 9,9 | 14,6 | 39,9 | 42,8 | 48,8 | 40,8 |
| Jungen | 1,7 | 2,1 | 11,0 | 16,0 | 40,6 | 43,0 | 46,7 | 38,9 |
| Mädchen | 1,0 | 1,5 | 8,6 | 13,2 | 39,3 | 42,6 | 51,0 | 42,7 |
| 12–14 Jahre | 0,9 | 3,3 | 7,4 | 16,8 | 39,3 | 46,5 | 52,4 | 33,4 |
| 15–17 Jahre | 1,1 | 1,9 | 10,0 | 16,9 | 40,7 | 44,4 | 48,2 | 36,8 |
| Ab 18 Jahre | 2,2 | 0,9 | 11,5 | 11,9 | 39,4 | 40,1 | 46,9 | 47,0 |
| Oberschule | 0,8 | 2,0 | 8,7 | 14,5 | 40,2 | 45,8 | 50,4 | 37,7 |
| Gymnasium | 1,9 | 3,3 | 14,3 | 20,2 | 42,7 | 45,2 | 41,1 | 31,3 |
| Oberstufenzentrum | 1,5 | 0,4 | 7,1 | 10,0 | 37,4 | 38,8 | 54,1 | 50,9 |

der 15- bis 17-Jährigen besonders stark. Demgegenüber stieg der Anteil der Politikverdrossenen in der Gruppe der über 18-Jährigen leicht an.

Bei einer differenzierten Betrachtung der Ergebnisse nach Schulformen wird ersichtlich, dass im Unterschied zur Vorgängerstudie bei der Befragung im Jahr 2010 vor allem
an den Gymnasien und an den Oberschulen deutlich weniger Jugendliche Unzufriedenheit mit der Politik äußerten. Dagegen ist an den Oberstufenzentren der Anteil derer,
die unzufrieden mit der Politik sind, nur geringfügig zurückgegangen.

*Zufriedenheit mit der Politik*
Die Ergebnisse zur Zufriedenheit mit der Politik sind in der nachfolgenden Abbildung
5.3 dargestellt. Die Jugendlichen äußerten sich 2010 bei allen Themen mehrheitlich eher
zufrieden und insgesamt deutlich zufriedener als noch im Jahr 2005. Dies gilt insbesondere im Hinblick auf die Politik zur Schaffung von Lehrstellen, die im Jahr 2005 noch
sehr kritisch bewertet wurde. Gleichzeitig wurden auch die politischen Bemühungen
zur Unterstützung der Jugendlichen beim Berufseinstieg deutlich positiver bewertet als
noch im Jahr 2005. Schließlich fällt auch die Zufriedenheit mit der Politik zur Bekämpfung des Rechtsextremismus im Jahr 2010 deutlich höher aus als im Jahr 2005.

*Abbildung 5.3*   Zufriedenheit mit der Politik 2005 und 2010 (in %)

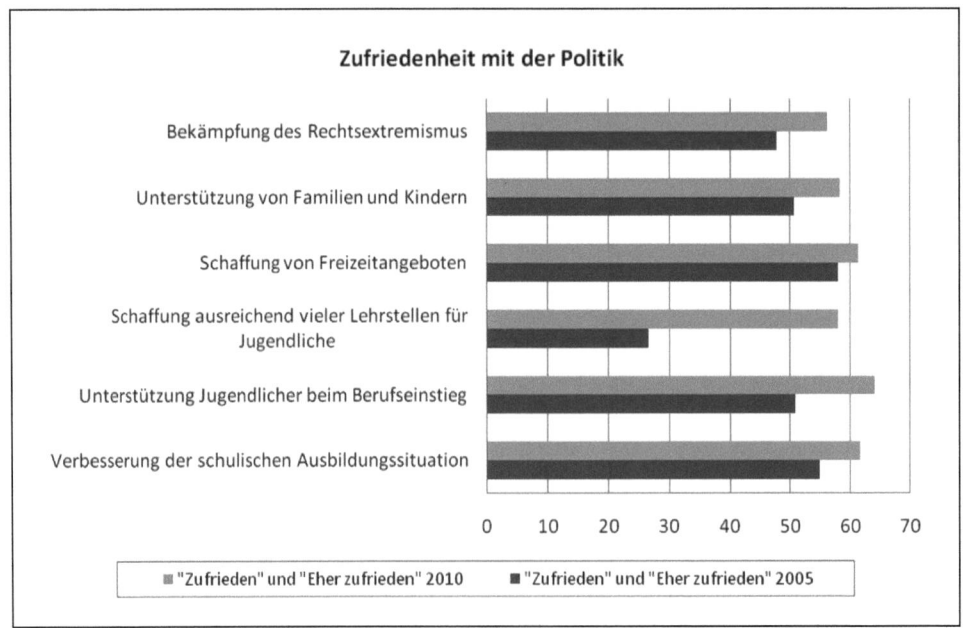

### 5.3.2  Politische Partizipationsbereitschaft: Mitgliedschaft, Freiwilligendienst und Einstellungen zur Herabsetzung des Wahlalters

*Politische Partizipationsbereitschaft*

In den Ergebnissen zur Bereitschaft brandenburgischer Jugendlicher, sich politisch zu beteiligen (Skala „Politische Partizipationsbereitschaft", s. Tab. 5.5), zeigt sich, dass der Anteil der Befragten mit einer hohen Bereitschaft (Skalenwerte „Hoch" und „Eher Hoch") zwischen 1996 (56,8 %), 1999 (56,9 %) und 2005 (55,7 %) zunächst fast stabil blieb und anschließend nur geringfügig kleiner wurde. Die Ergebnisse für das Jahr 2010 weisen dagegen einen deutlichen Rückgang der Partizipationsbereitschaft aus (42,6 %).

Der in den Jahren 1996 und 1999 noch bestehende Unterschied zwischen den Werten für die Partizipationsbereitschaft von Jungen und Mädchen ist mittlerweile nahezu verschwunden: Während im Jahr 1996 noch 60,5 Prozent der Mädchen und 53,2 Prozent der Jungen ihre Bereitschaft zur politischen Partizipation äußerten, verringerten sich diese Werte bis zum Jahr 2005 bei den weiblichen Jugendlichen auf 58,5 Prozent und bei den männlichen Jugendlichen auf 53,0 Prozent. Im Jahr 2010 betrugen sie nur noch 41,2 Prozent bei den weiblichen Befragten und 43,9 Prozent bei den männlichen Befragten.

*Tabelle 5.5*    Skala „Politische Partizipationsbereitschaft" 2005 und 2010 (in %)

| (Teil-)Gruppen | Skala „Politische Partizipationsbereitschaft" | | | | | | | |
| | Niedrig | | Eher niedrig | | Eher hoch | | Hoch | |
| | 2005 | 2010 | 2005 | 2010 | 2005 | 2010 | 2005 | 2010 |
|---|---|---|---|---|---|---|---|---|
| Gesamtstichprobe | 11,9 | 22,1 | 32,3 | 35,3 | 44,7 | 29,2 | 11,0 | 13,4 |
| Jungen | 13,6 | 23,3 | 33,4 | 32,8 | 40,2 | 27,3 | 12,8 | 16,6 |
| Mädchen | 10,2 | 20,9 | 31,3 | 37,8 | 49,4 | 31,3 | 9,1 | 9,9 |
| 12–14 Jahre | 15,0 | 24,8 | 30,0 | 30,5 | 43,9 | 26,8 | 11,1 | 17,8 |
| 15–17 Jahre | 11,6 | 17,6 | 34,9 | 32,8 | 44,0 | 34,1 | 9,4 | 15,5 |
| Ab 18 Jahre | 10,6 | 23,6 | 30,6 | 39,5 | 45,8 | 27,7 | 12,9 | 9,2 |
| Oberschule | 14,5 | 30,0 | 37,0 | 32,3 | 38,0 | 23,4 | 10,5 | 14,2 |
| Gymnasium | 6,5 | 8,5 | 24,2 | 32,0 | 56,9 | 39,5 | 12,3 | 20,0 |
| Oberstufenzentrum | 14,4 | 28,4 | 35,3 | 40,0 | 40,0 | 24,5 | 10,3 | 7,2 |

Im Jahr 1999 zeigten sich noch 76,2 Prozent der Schüler von brandenburgischen Gymnasien offen für politische Aktivitäten; im Jahr 2005 waren es 69,2 Prozent und 2010 sind es nur noch 59,5 Prozent. Dieser Trend wird in der Abbildung 5.4 mit Hilfe von

*Abbildung 5.4*  Politische Partizipationsbereitschaft nach Schulform
im Zeitraum von 1996 bis 2010

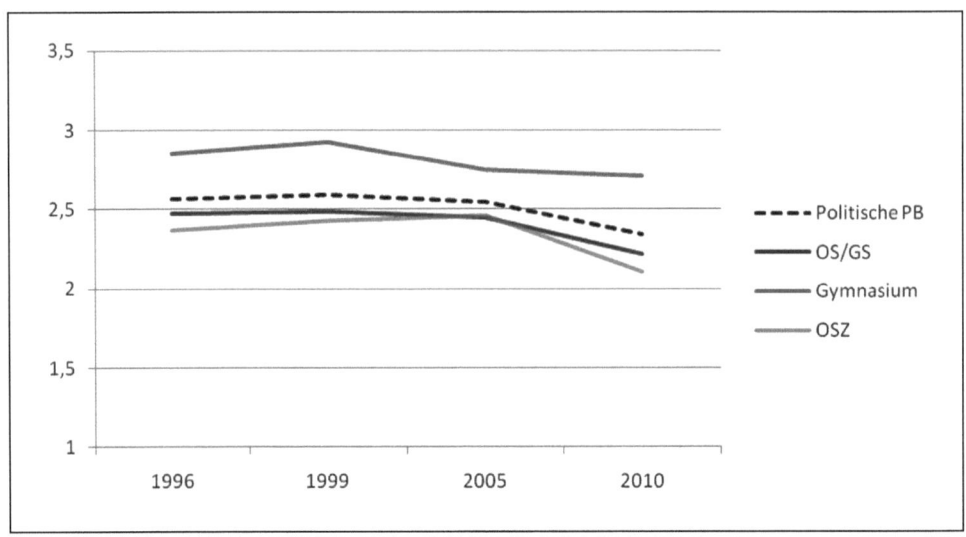

Mittelwerte von „1" = „Niedrig" über „2" = „Eher niedrig" und „3" = „Eher hoch" bis „4" = „Hoch"

Mittelwerten verdeutlicht. Gleichwohl bekunden die Gymnasiasten von allen befragten Jugendlichen stetig das höchste Interesse an einer politischen Partizipation.

Der Einfluss des Alters auf die politische Partizipationsbereitschaft lässt sich nicht eindeutig beschreiben: Im Jahr 1999 äußerte die Gruppe der 15- bis 17-Jährigen die höchste politische Partizipationsbereitschaft unter allen Altersgruppen; 2005 wird diese „Spitzenposition" hingegen von der Gruppe der über 18-Jährigen eingenommen. Dies ändert sich im Jahr 2010: Nun geben wieder die jüngeren Schüler (d. h. die 15- bis 17-Jährigen, aber auch die 12- bis 14-Jährigen) eine höhere Bereitschaft an, politisch aktiv zu sein.

Neben Angaben zur Bereitschaft, sich informell politisch und gesellschaftlich zu engagieren, wurden über den Zeitraum von 1996 bis 2010 auch Daten über die tatsächliche Teilnahme an politischen Aktivitäten erhoben. Die diesbezüglichen Veränderungen sind in der Abbildung 5.5 zu erkennen.

Die Rangreihe der einzelnen Beteiligungsformen hat sich im Verlauf der Zeitreihenstudie nicht verändert; allerdings entwickelten sich die Beteiligungsquoten über den Zeitverlauf unterschiedlich. Während beispielsweise im Jahr 1996 noch 73,5 Prozent der brandenburgischen Jugendlichen angaben, an Unterschriftensammlungen teilzunehmen, berichten 2010 nur noch 55,2 Prozent über eine Teilnahme. Die Werte für die Beteiligung an Demonstrationen sanken bis 2010 weniger stark. Demgegenüber wurden alle anderen Beteiligungsformen von den Jugendlichen zunehmend genutzt, insbeson-

*Abbildung 5.5* Aktionsformen der Jugendlichen im Zeitraum von 1996 bis 2010 (in %)

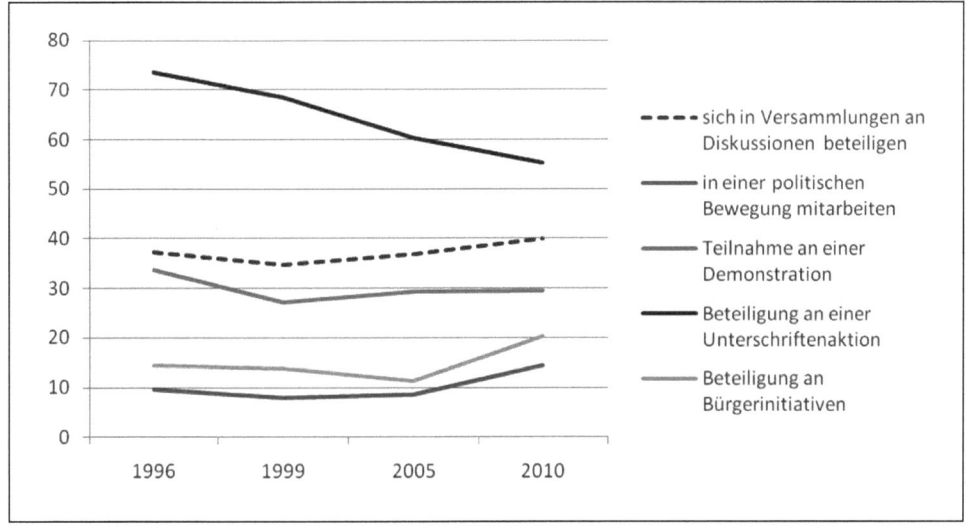

dere in den letzten Jahren. Während 2005 noch 11,3 Prozent aller Befragten angaben, in einer Bürgerinitiative mitzumachen, waren es 2010 bereits 20,3 Prozent. Der Anteil derjenigen, die bereits in einer Bewegung mitgearbeitet haben, stieg von 8,5 Prozent im Jahr 2005 auf 14,4 Prozent im Jahr 2010.

### Mitgliedschaften in Organisationen und Vereinen

Im Jahr 2010 war mehr als die Hälfte der befragten Jugendlichen (55,6 %) Mitglied mindestens einer Organisation oder eines Vereins. Wie anhand der nachfolgenden Tabelle 5.6 ersichtlich ist, verfügten 12,0 Prozent der Befragten über eine Mitgliedschaft in einem politischen Verein oder einer politischen Organisation[27] und 54,0 Prozent über eine Mitgliedschaft in einer Freizeit- oder Freiwilligenorganisationen[28].

Beim Blick auf die Mitgliederzahlen in Gruppen, Vereinigungen und Organisationen zeigen sich Unterschiede hinsichtlich des Geschlechts und des Alters der Befragten und der Schulform. Ältere Jugendliche (f = 0.13), Mädchen (f = 0.16) und Schüler der Oberstufenzentren (f = 0.17) sind weniger häufig Mitglied einer Gruppe, Vereinigung oder Organisation als Jugendliche der entsprechenden Vergleichsgruppen. Geschlechtsunterschiede zeigen sich allerdings nicht bei kirchlichen Jugendgruppen, kulturellen

---

27  Mitglied in mindestens einer der folgenden Gruppen, Vereinigungen oder Organisationen: Bürgerinitiative, Jugendorganisation einer politischen Partei, Gewerkschaftsjugend, Umweltschutz-, Tierschutz- oder Menschenrechtsorganisation.

28  Mitglied in mindestens einer der folgenden Gruppen, Vereinigungen oder Organisationen: Sportverein, Freiwillige Feuerwehr/THW, kulturelle Vereinigung, Kulturverein, Theaterring/Jugendorchester, Heimatverein, Volkstanzgruppe, Trachtenverein, anderer Jugendverband, Pfadfinderverband.

Vereinigungen sowie Umweltschutz-, Tierschutz- und Menschenrechtsorganisationen. In Theatergruppen und Jugendorchestern sind Mädchen sogar etwas häufiger vertreten als Jungen.

Bezogen auf die Schulform ergibt sich folgendes Bild: Die Schüler von Gymnasien engagieren sich häufig in Freizeit- und Freiwilligenorganisationen. Im Gegensatz dazu sind die Schüler der Oberschulen und der Oberstufenzentren häufiger als Gymnasialschüler Mitglied in politischen Gruppen und Vereinigungen.

*Tabelle 5.6*     Mitgliedschaften aufgeschlüsselt nach Geschlecht, Alter und Schulform 2010 (in %)

| (Teil-)Gruppen | Kein Mitglied | Mitglied in politischer Organisation* | Mitglied in Freizeit- oder Freiwilligenorganisation* |
|---|---|---|---|
| Gesamtstichprobe | 44,4 | 12,0 | 54,0 |
| Jungen | 37,1 | 13,3 | 61,3 |
| Mädchen | 52,1 | 10,3 | 46,0 |
| 12–14 Jahre | 36,7 | 15,9 | 62,2 |
| 15–17 Jahre | 40,2 | 10,5 | 58,4 |
| Ab 18 Jahre | 51,1 | 10,5 | 46,7 |
| Oberschule | 40,8 | 16,4 | 57,6 |
| Gymnasium | 33,8 | 9,1 | 64,8 |
| Oberstufenzentrum | 55,8 | 11,1 | 42,0 |

* Die Werte in den Spalten 3 und 4 beziehen sich auf Indikatoren, bei denen auch Mehrfachnennungen möglich waren. Daher übersteigen die Zeilensummen der Tabelle 100 Prozent.

Wie anhand der Abbildung 5.6 deutlich wird, waren im Jahr 2010 nur relativ wenige Jugendliche Mitglied in einer Bürgerinitiative (5,3 %) oder in der Jugendorganisation einer politischen Partei (4,1 %). Engagement als Mitglied einer Tierschutz-, Umweltschutz- oder Menschenrechtsorganisation zeigten 7,7 Prozent. Im Kontrast dazu fällt eine vergleichsweise hohe Mitgliedschaft in den Gruppen und Vereinen aus dem Freizeit- und Freiwilligenbereich auf, beispielsweise in Sportvereinen (41,8 %), kirchlichen oder konfessionellen Jugendgruppen (10,0 %), in Hilfsorganisationen wie der Freiwilligen Feuerwehr (FFW) oder dem THW (12,7 %), in anderen Jugendverbänden (9,6 %) sowie in Kulturvereinen wie Theatergruppen oder Jugendorchestern (8,7 %). In kulturellen Vereinigungen waren 7,0 Prozent, in Heimatvereinen, Volkstanzgruppen oder Trachtenvereinen 6,2 Prozent und im Pfadfinderverband 2,8 Prozent der Jugendlichen Mitglied.

*Abbildung 5.6*   Mitgliedschaften je Organisation, Gruppe oder Verein 2010 (in %)

*Freiwilligendienst*
Jeder fünfte Jugendliche (20,0 %) hat Interesse daran, ein Freiwilliges Soziales Jahr oder ein Ökologisches Jahr abzuleisten. Die Einstellungen gegenüber einem Freiwilligendienst variieren mit dem Alter der Befragten und mit der Schulform: Je älter die Jugendlichen sind, desto weniger kommt für sie ein Freiwilligendienst in Betracht (f = 0.13). Schüler von Gymnasien stehen dem Absolvieren eines Jugendfreiwilligendienstes offener gegenüber als Schüler von Oberschulen und Oberstufenzentren (f = 0.15). Die präferierten Einsatzbereiche im Freiwilligendienst sind Einsätze in Sporteinrichtungen (26,3 %), Einsätze im Ausland (21,9 %), Tätigkeiten in der Kinder- und Jugendbetreuung (19,4 %) sowie Einsätze im Pflege-, Sozial- und Rettungsdienst (17,8 %). Weiterhin werden angestrebt: Tätigkeiten im ökologischen Bereich (7,6 %), im Bereich Kultur (4,3 %), in der Denkmalpflege (1,7 %) und in einer Kirchengemeinde (1,1 %).

*Wahlalter*
In der nachfolgenden Tabelle 5.7 sind die Ergebnisse zu den Einstellungen gegenüber der Herabsetzung des Wahlalters von 18 auf 16 Jahre differenziert nach Geschlecht, Alter und Schulform dargestellt. Eine Herabsetzung des Wahlalters von 18 auf 16 Jahre befürworten nur 33,9 Prozent der Jugendlichen der Befragungsstichprobe. Befragte im nicht wahlberechtigten Alter (unter 18 Jahre) wünschen sich dabei häufiger eine Herabsetzung des Wahlalters (45,9 % Zustimmung) als wahlberechtigte Befragte (20,1 % Zustimmung; f = 0.30). Dieser Alterseffekt spiegelt sich auch in den deutlichen Unterschieden zwischen Oberschulen, Gymnasien und Oberstufenzentren wider.

*Tabelle 5.7*      Zustimmung zur Herabsetzung des Wahlalters und zur Wahlbereitschaft 2010 (in %)

| (Teil-)Gruppen | „Würden Sie es begrüßen, wenn das Wahlalter auf 16 Jahre herabgesetzt würde?" | | „Würden Sie dann wählen gehen?" | |
|---|---|---|---|---|
| | Ja | Nein | Ja | Nein |
| Gesamtstichprobe | 33,9 | 66,1 | 59,4 | 40,6 |
| Jungen | 36,2 | 63,8 | 64,6 | 35,4 |
| Mädchen | 31,4 | 68,6 | 53,9 | 46,1 |
| 12–14 Jahre | 55,4 | 44,6 | 64,0 | 36,0 |
| 15–17 Jahre | 38,5 | 61,5 | 67,2 | 32,8 |
| Ab 18 Jahre | 20,1 | 79,9 | 52,0 | 48,0 |
| Oberschule | 47,9 | 52,1 | 57,0 | 43,0 |
| Gymnasium | 36,8 | 63,2 | 73,7 | 26,3 |
| Oberstufenzentrum | 22,0 | 78,0 | 48,9 | 51,1 |

Rund zwei Drittel (65,8 %) der nicht wahlberechtigten Befragten gaben an, bei einer Absenkung des Wahlalters von ihrem Wahlrecht Gebrauch machen zu wollen, wobei männliche Jugendliche eher wählen gehen würden (71,2 %) als weibliche Jugendliche (60,1 %; f = 0.10). Darüber hinaus äußerten nicht wahlberechtigte Jugendliche, die ein hohes politisches Interesse besitzen, erwartungsgemäß eher den Wunsch, wählen zu gehen, als Jugendliche mit geringem politischen Interesse (V = 0.26).

Mehr als 70 Prozent der nicht wahlberechtigten Befragten glauben völlig (28,7 %) oder teilweise (43,2 %), im Falle einer Absenkung des Wahlalters auf 16 Jahre selbst mehr Einfluss auf die Politik nehmen zu können; etwas mehr als ein Viertel glaubt dies nicht (9,1 %) oder kaum (18,9 %). Rund 53 Prozent der nicht wahlberechtigten Befragten sind nicht oder eher nicht der Ansicht, dass sie sich bei einer Herabsetzung des Wahlalters mehr für Politik interessieren würden. 60,4 Prozent der Jugendlichen der Gesamtstichprobe und 51,0 Prozent der nicht Wahlberechtigten bezweifeln teilweise oder völlig, dass bei einer Absenkung des Wahlalters mehr für die Schulen getan würde.

*Typische Gruppen von Jugendlichen im Hinblick auf politische Partizipation*
Wie bereits im Kapitel 5.2 beschrieben, wurden die Jugendlichen in Abhängigkeit von ihrem politischen Interesse und Engagement vier Typen der politischen Partizipation zugeordnet. Der Gruppe der „Apathischen" gehören 45,9 Prozent der Befragten an, der Gruppe der „Mitmacher" 17,5 Prozent, der Gruppe der „Zuschauer" 18,0 Prozent und der Gruppe der „Engagierten" 18,5 Prozent. In der folgenden Tabelle 5.8 ist dar-

gestellt, inwieweit sich die vier Gruppen nach Geschlecht und Schulform unterscheiden: Rund 40 Prozent der Jungen und 52,0 Prozent der Mädchen sind der Gruppe der „Apathischen" zuzuordnen, d. h. diese Jugendlichen sind weder an Politik interessiert noch beteiligen sie sich an unterschiedlichen politischen Aktionsformen. Die „Apathischen" sind in jeder Schulform die größte Gruppe unter den Schülern; in der Oberschule sind sie zudem überproportional häufig vertreten. Während es im Gymnasium verhältnismäßig mehr „Zuschauer" gibt, die zwar interessiert sind, sich allerdings kaum beteiligen, scheinen Schüler an den Oberstufenzentren generell eher interessiert und beteiligungsmotiviert zu sein (die „Engagierten").

*Tabelle 5.8*      Die vier Beteiligungsgruppen nach Geschlecht und Schultyp (in %)

| (Teil-)Gruppen | Beteiligungsgruppen | | | |
| --- | --- | --- | --- | --- |
| | „Apathische" | „Mitmacher" | „Zuschauer" | „Engagierte" |
| Gesamtstichprobe | 45,9 | 17,5 | 18,0 | 18,5 |
| Jungen | 40,2 | 16,7 | 20,8 | 22,3 |
| Mädchen | 52,0 | 18,4 | 15,1 | 14,5 |
| Oberschule | 56,9 | 17,2 | 15,8 | 10,1 |
| Gymnasium | 41,9 | 15,7 | 22,4 | 20,0 |
| Oberstufenzentrum | 42,0 | 19,1 | 15,9 | 23,1 |

Die Väter und Mütter der „Apathischen" verfügen häufiger über einen niedrigeren Bildungsstand als die Eltern der Jugendlichen der anderen Gruppen. Zudem zeigt sich ein signifikanter Altersunterschied: Die „Apathischen" sind deutlich jünger ($\bar{x} = 16{,}9$) als die „Engagierten" ($\bar{x} = 18{,}9$). Um weitere charakteristische Eigenschaften der einzelnen Beteiligungsgruppen zu verdeutlichen, werden in der folgenden Tabelle 5.9 die Zusammenhänge mit weiteren Variablen dargestellt. Die „Zuschauer" scheinen die Herabsetzung des Wahlalters eher als die anderen Gruppen zu begrüßen. Etwa 40 Prozent dieser Gruppe stimmten der Aussage zu, die anderen Gruppen bejahten sie nur zu etwas mehr als 30 Prozent. Auf die Frage nach der Wahlbeteiligung im Falle eines verminderten Wahlalters antworteten die Jugendlichen in den Gruppen sehr unterschiedlich. Nur 49,2 Prozent der „Apathischen", aber 56,3 Prozent der „Mitmacher", 72,9 Prozent der „Zuschauer" und 78,2 Prozent der Engagierten würden wählen gehen (f = 0.25). Ähnliche Unterschiede zwischen den Gruppen zeigten sich bei der Bereitschaft, einen Freiwilligendienst zu absolvieren; auch dazu sind die „Apathischen" seltener bereit. Des Weiteren wurde untersucht, inwieweit die Jugendlichen der vier Beteiligungsgruppen Mitglied in mindestens einem Verein, einer Organisation oder Gruppe sind bzw. inwieweit sie Mitgliedschaften in entweder politischen oder Freizeit- und Freiwilligenorgani-

*Tabelle 5.9*    Zustimmung der Beteiligungsgruppen zur Herabsetzung des Wahlalters, zur Wahlbeteiligung und zu den Mitgliedschaften (in %)

| Item | Beteiligungsgruppen | | | |
| --- | --- | --- | --- | --- |
| | „Apathische" | „Mitmacher" | „Zuschauer" | „Engagierte" |
| „Würden Sie es begrüßen, wenn das Wahlalter von 18 auf 16 Jahre herabgesetzt würde?" | 33,1 | 31,0 | 40,1 | 34,8 |
| „Würden Sie dann wählen gehen?" | 49,2 | 56,3 | 72,9 | 78,2 |
| Interesse am Jugendfreiwilligendienst | 13,7 | 19,3 | 18,5 | 25,6 |
| Mitgliedschaft in einer Organisation, Vereinigung oder Gruppe* | 46,1 | 62,7 | 57,0 | 69,2 |
| Mitgliedschaft in einer politischen Organisation, Vereinigung oder Gruppe* | 6,9 | 15,5 | 8,1 | 25,7 |
| Mitgliedschaft in einer Freizeit- und Freiwilligenorganisation* | 45,2 | 59,7 | 54,9 | 66,5 |

* Mitgliedschaft in mindestens einer Gruppe, Vereinigung oder Organisation

sationen bevorzugen. Nur rund 46 Prozent der „Apathischen" sind in mindestens einem Verein, einer Organisation oder Gruppe Mitglied und dies vornehmlich in Freizeit- und Freiwilligenorganisationen.

Die „Engagierten" sind erwartungsgemäß am häufigsten Mitglied in mindestens einem Verein, einer Organisation oder Gruppe, dicht gefolgt von den „Mitmachern". Obwohl auch die „Zuschauer" sich nicht oder nur wenig an politischen Aktionsformen beteiligen, sind sie doch häufiger Mitglied in Vereinen, Organisationen oder Gruppen als die „Apathischen".

Weitere Unterschiede (s. Tab. 5.10) ergeben sich bei der politischen Kompetenz. „Apathische" schätzen sich inkompetenter ein und lehnen zusammen mit der Gruppe der „Mitmacher" die Aussage „Demokratie ist die beste Staatsform" eher ab als „Zuschauer" und „Engagierte". Die Jugendlichen der vier Gruppen unterscheiden sich auch bei der Politikverdrossenheit: „Apathische" und „Mitmacher" sind verdrossener als „Zuschauer" und „Engagierte". Keine signifikanten Unterschiede konnten bei den Skalen „Externale Kontrollüberzeugungen" sowie „Rechtsextremismus" gefunden werden.

In der folgenden Abbildung 5.7 ist die quantitative Verteilung der Jugendlichen auf die vier Beteiligungsgruppen im Zeitraum von 1996 bis 2010 dargestellt. Zu allen vier Erhebungszeitpunkten bildeten die „Apathischen" die größte Gruppe, wobei der Anteil dieser Gruppe von 40,2 Prozent im Jahr 1996 auf 45,9 Prozent im Jahr 2010 anstieg. Während sich in die Gruppe der „Mitmacher" im Jahr 1996 noch 30,8 Prozent der Ju-

*Tabelle 5.10*     Mittelwerte der Beteiligungsgruppen

|  | Beteiligungsgruppen | | | |
|---|---|---|---|---|
|  | „Apathische" | „Mitmacher" | „Zuschauer" | „Engagierte" |
| Politische Kompetenz | 1,72 | 2,05 | 2,73 | 2,96 |
| Demokratie – beste Staatsform | 2,91 | 2,93 | 3,06 | 3,19 |
| Politikverdrossenheit | 3,33 | 3,29 | 3,20 | 3,12 |
| Externale Kontrollüberzeugungen | 1,98 | 1,96 | 1,91 | 1,86 |
| Rechtsextremismus | 1,52 | 1,47 | 1,53 | 1,52 |

gendlichen einordnen lassen, können 2010 nur noch 17,5 Prozent der Befragten dieser Gruppe zugeordnet werden. Relativ stabile Zahlen verzeichnet die Gruppe der „Engagierten": Schüler, die an Politik interessiert sind und sich an unterschiedlichen Aktionsformen beteiligen, waren im Jahr 1996 zu 17,5 Prozent und im Jahr 2010 zu 18,5 Prozent unter den Jugendlichen vertreten. Ein deutlicher Gruppenzuwachs kann für die „Zuschauer" festgestellt werden: Im Jahr 1996 gehörten 11,5 Prozent, im Jahr 2010 schon 18,0 Prozent der Befragten zu den Jugendlichen, die sich zwar politisch interessieren, aber nicht engagieren.

*Abbildung 5.7*   Die vier Beteiligungsgruppen im Zeitraum von 1996 bis 2010 (in %)

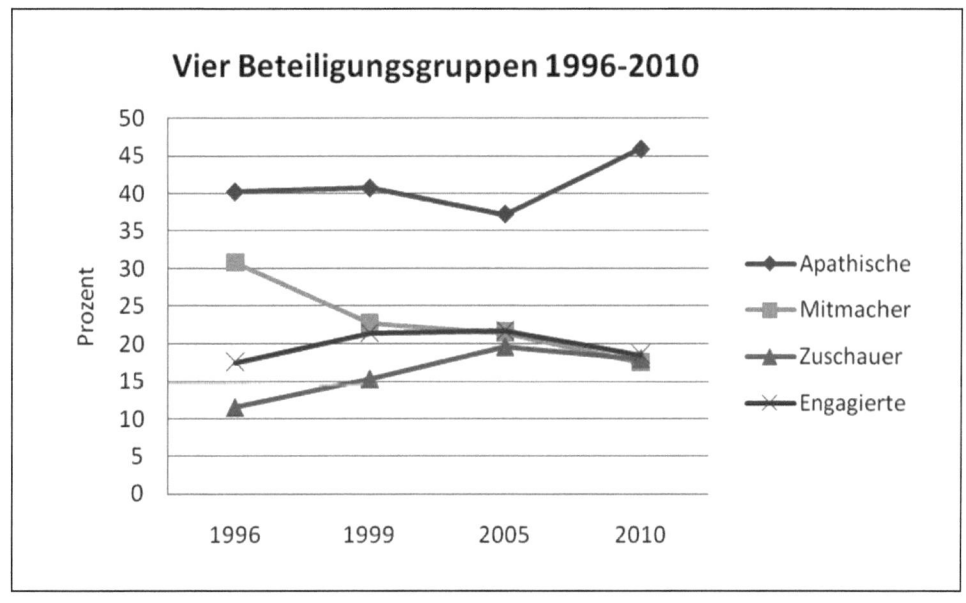

## 5.4    Fazit

Entgegen der landläufigen Meinung, Jugendliche würden sich immer mehr von der „Politik" abwenden, und im Gegensatz zu den Ergebnissen der sächsischen Jugendstudie (Sächsisches Staatsministerium für Soziales und Verbraucherschutz, 2010) zeigen die Ergebnisse der Studie „Jugend in Brandenburg 2010", dass das Ausmaß des politischen Interesses der brandenburgischen Jugendlichen zwischen 1996 und 2010 gestiegen ist. Auch der in der Shell-Jugendstudie (Shell Deutschland Holding, 2010) berichtete Abfall des politischen Interesses bis 2002 kann für Brandenburg nicht bestätigt werden. Analog zu den Ergebnissen deutschlandweiter Untersuchungen ist eine leichte Repolitisierung – bezogen auf das politische Interesse – der brandenburgischen Jugendlichen seit Mitte der 2000er Jahre festzustellen. Die Ergebnisse für die selbsteingeschätzte Politische Kompetenz bestätigen diesen Eindruck; seit 1996 ist sie bei den brandenburgischen Jugendlichen ebenfalls gestiegen. In allen einschlägigen Studien wurde festgestellt, dass sich Jungen kompetenter einschätzen als Mädchen. Dies gilt auch für alle Erhebungszeitpunkte der vorliegenden Studie; der Geschlechtereffekt vergrößerte sich zwischen 2005 und 2010 noch.

Der Anteil der Jugendlichen, die sich als politikverdrossen einschätzen, ist zwischen 2005 und 2010 gesunken, er befindet sich allerdings trotzdem noch auf einem hohen Niveau. Politikern und Parteien wird also häufig Unzufriedenheit und Misstrauen entgegengebracht, dies entspricht den Ergebnissen anderer europäischer und nationaler Untersuchungen (Shell Deutschland Holding, 2010; IARD, 2001). Gleichzeitig entwickelten sich die Einstellungen der brandenburgischen Jugendlichen zur Politik zwischen 2005 und 2010 positiv: Die Mehrheit äußerte sich 2010 sogar deutlich zufriedener als 2005; insbesondere die politischen Bemühungen für eine Verbesserung der Lehrstellensituation wurden als sehr positiv bewertet. Folgt man Wollings (1999) These, dass gute persönliche Erfahrungen mit den Folgen politischer Entscheidungen ein starker Prädiktor für Vertrauen in die Politik und in die politischen Institutionen sind, so könnte der festgestellte Rückgang des Anteils der politikverdrossenen brandenburgischen Jugendlichen auf die für sie spürbaren positiven Entwicklungen bei der Bearbeitung politischer Aufgaben auf unterschiedlichen Handlungsebenen zurückführbar sein.

Die politische Partizipationsbereitschaft der brandenburgischen Jugendlichen ist zwischen 1996 und 2005 relativ stabil gewesen, dann aber zwischen 2005 und 2010 deutlich gesunken. Die tatsächliche politische Beteiligung der Befragten zeigt demgegenüber einen kontinuierlichen Abwärtstrend. Dieser resultiert hauptsächlich aus dem Rückgang der Beteiligung an Unterschriftensammlungen und Demonstrationen. Über einen ähnlichen bundesweiten Trend berichteten Gaiser und de Rijke (2008). In den Forschungsberichten von Neller und van Deth (2006) sowie von Gaiser und de Rijke (2008) wird darauf hingewiesen, dass der Rückgang von Protestaktivitäten auch als Indiz für einen Wandel hin zu vielfältigeren und in Teilen neuartigen Beteiligungsstrukturen gedeutet werden kann, wie sie für etablierte Demokratien typisch sind. Der gleichzeitige Anstieg der Partizipationsaktivitäten brandenburgischer Jugendlicher in anderen Bereichen (z. B. Diskutieren in Versammlungen, Mitarbeit in Bürgerinitiativen) stützt diese These.

Ein weiterer Aspekt des Wandels der politischen Partizipation junger Menschen sollte nicht unerwähnt bleiben: In der Shell-Jugendstudie (Shell Deutschland Holding, 2010) wurde deutlich, dass sich mittlerweile rund 31 Prozent der Jugendlichen im Internet politisch beteiligen bzw. informieren. Da diese Partizipationsform in der vorliegenden Untersuchung nicht erhoben wurde, lässt sich eine Unterschätzung des Anteils der politisch partizipierenden Jugendlichen in Brandenburg vermuten.

Eine andere Art, sich politisch oder gesellschaftlich zu engagieren, stellt die Mitgliedschaft in Gruppen, Vereinigungen oder Organisationen dar. Die Mehrheit der brandenburgischen Jugendlichen ist Mitglied in mindestens einem Verein; damit werden in Brandenburg die durchschnittlichen deutschlandweiten Mitgliedsquoten (Shell Deutschland Holding, 2010) bei Weitem übertroffen. Im ländlich geprägten Schleswig-Holstein sind dagegen über 65 Prozent der Jugendlichen Vereinsmitglieder (Richter et al., 2008); das sind über 10 Prozent mehr als in Brandenburg.

Rund 20 Prozent der brandenburgischen Jugendlichen können sich vorstellen, sich während eines Jugendfreiwilligendienstes sozial zu engagieren. Dabei zeigen sich die Mädchen motivierter als die Jungen, ein Freiwilliges Soziales Jahr oder ein Ökologisches Jahr zu absolvieren. Gleiches berichteten Richter et al. für die Jugendlichen Schleswig-Holsteins (2008).

Um die politische Partizipation junger Menschen zu fördern, steht immer wieder das Thema „Wahlrecht ab 16 Jahren" zur Debatte. Der Großteil der brandenburgischen Jugendlichen lehnt eine Herabsetzung des Wahlalters ab; ein ähnlicher Befund findet sich in der Shell-Jugendstudie (Shell Deutschland Holding, 2010). Die unter 18-Jährigen zeigen sich generell weniger ablehnend; rund 70 Prozent von ihnen sind davon überzeugt, mit einem Wahlrecht ab 16 Jahren mehr Einfluss auf die Politik nehmen zu können. Da mangelndes Vertrauen in die Responsivität des politischen Systems eine wichtige Komponente der Politikverdrossenheit Jugendlicher ist, scheint hier ein Ansatzpunkt für Interventionen zu liegen. Die Wahlbeteiligung der 16- bis 18- jährigen Jugendlichen bei der Wahl zur Bremischen Bürgerschaft im Jahr 2011 stützt diese Überlegungen. Die jüngste Altersgruppe zeigte eine deutlich höhere Wahlbeteiligung als die 21- bis 30- Jährigen und nahm, entgegen dem Trend der Wahl, sogar leicht zu (Statistisches Landesamt Bremen, 2011). Eine ähnliche Entwicklung wurde auch bei der Landtagswahl 2009 in Brandenburg sichtbar: Die Wahlbeteiligung der jüngsten Wähler stieg am stärksten an (Amt für Statistik Berlin-Brandenburg, 2010b). Das Wahlrecht ab 16 Jahren scheint ein effektives Instrument zu sein, um junge Menschen in politisches Leben zu integrieren.

Die nach Zielgruppen differenzierte Auswertung der vorliegenden Befragungsergebnisse deutet darauf hin, dass Maßnahmen zur Förderung der politischen Partizipation von Jugendlichen insbesondere auf jüngere Jugendliche in Oberschulen und Oberstufenzentren und auf Mädchen zielen sollten. Jugendliche mit Partizipationsdefiziten sind relativ selten Mitglied in Vereinen und stammen oft aus Elternhäusern, in denen die Eltern nur niedrigere Bildungsabschlüsse besitzen. Daher trägt die Schule eine hohe Verantwortung für die Bewältigung der Aufgabe, politische Aktivitäten zu fördern, Zweifel an der Demokratie auszuräumen und der Politikverdrossenheit entgegenzuwirken.

Rund ein Drittel der Befragten der Shell-Jugendstudie realisiert politische Aktivitäten im Internet (Shell Deutschland Holding, 2010). Dieser Befund wie auch die Reaktionen von Jugendlichen auf aktuelle politische Ereignisse wie die Reaktorkatastrophe in Japan und die darauf folgende politische Debatte um den „Atomausstieg" deuten darauf hin, dass sich die politische Partizipation junger Menschen künftig stärker in internetgestützten sozialen Netzwerken wie Facebook mit ihren Millionen Nutzern abspielen wird. So konnten im März 2011 beim Internet-Dienst Open Book[29], der Statusmeldungen von Facebook-Nutzern nach Stichwörtern durchsucht, stündlich ca. 500 Einträge zur Reaktorkatastrophe in Japan gezählt werden. Daher sollte das neuartige politische Partizipationspotential der Medien zum einen noch systematischer untersucht und zum anderen von politischen Akteuren vermehrt genutzt werden, um junge Menschen für Politik zu interessieren: Ob die Jugend ihre Verantwortung für den Fortbestand der Demokratie mitträgt, hängt nicht zuletzt von der Modernisierung des politischen Systems und der politischen Partizipationsformen ab.

---

29   Siehe www.openbook.org.

# 6 Risikoverhalten und Delinquenz

*Susann Mörl & Dietmar Sturzbecher*

## 6.1 Theoretische Vorbemerkungen

Jugendliche werden mit vielfältigen Verhaltensweisen in Verbindung gebracht, die einerseits häufig mit Risiken verbunden sind und andererseits von der Gesellschaft als „nicht normal" angesehen werden. Daher stellt sich die Frage, warum gerade Jugendliche häufig vermeidbare Risiken in Kauf nehmen oder sich abweichend verhalten. In diesem Zusammenhang ist oft von „Risikoverhalten", „Devianz" oder „Delinquenz" die Rede: Bei der Definition des Begriffs „Risikoverhalten" spielen die Schadenspotenziale des Handelns und die Einstellungen des Handelnden zur Schadensvermeidung eine Rolle; spricht man von „Devianz" oder „Delinquenz", richtet sich der Blick auf normative Bewertungen des Verhaltens.

*Risikoverhalten*
Als Risikoverhalten werden alle freiwillig und bewusst praktizierten Verhaltensweisen bezeichnet, „die ein Schädigungspotenzial gegenüber dem eigenen Leben oder der Umwelt bzw. den Lebensbedingungen besitzen" (Raithel, 2001, S. 12). Diese Verhaltensweisen werden in der Regel mit individuellen Gewinn- bzw. Nutzenerwartungen verknüpft; dazu tritt die bewusste Gefahr einer eventuellen Schädigung oder eines Verlustes. Risiken eingehen heißt demnach, mögliche selbst- und fremdschädigende Folgen eigenen Verhaltens zu kennen, sie aber abwägend oder ignorierend in Kauf zu nehmen. Ein Risiko wird im Gegensatz zur Gefahr eher freiwillig eingegangen, wobei ein positiver Ausgang möglich erscheint; denkbare negative Folgen werden als weniger bedeutsam eingestuft als der erwartete Gewinn. Raithel (2001) betont weiterhin, dass Risikoverhalten neben dem erwarteten Nutzen nicht selten auch eine Entwicklungschance beherbergt, da Risikoverhalten der Förderung von Selbstverantwortung und Entscheidungsfähigkeit dienen könne; daher sollte Risikoverhalten nicht grundsätzlich negativ beurteilt werden.

Risikoverhaltensweisen können phänomenologisch hinsichtlich folgender Aspekte betrachtet werden: Schädigungsaspekt, risikoqualitativer Aspekt und Geschlechtsaspekt (Raithel, 2004). Beim Schädigungsaspekt steht im Vordergrund, mit welchen gesundheitlichen, strafrechtlichen, finanziellen oder ökologischen Gefahren bestimmte Risikoverhaltensformen verbunden sind. Die Übernahme gesundheitlicher Risiken schließt beispielsweise die Gefahr von Unfällen, Verletzungen und Krankheiten bis hin zu Lebensbedrohung und Tod ein und zeigt sich u. a. in Drogenkonsum oder riskantem Verhalten im Straßenverkehr. Das strafrechtliche Risiko beinhaltet dagegen die Gefahr juristischer Sanktionen und resultiert aus der Missachtung von Gesetzen (z. B. Ladendiebstahl, Beschädigung von Pkw, „Schwarzfahren"). Hinsichtlich des risikoqualitativen Aspekts können nach Jessor (2001) risikoakzeptierende und risikosuchende Verhaltensweisen unterschieden werden. Beim risikoakzeptierenden Verhalten werden Gefahren billigend in Kauf genommen: Beispielsweise ist beim Rauchen die Gesundheitsgefahr bekannt; sie wird jedoch ignoriert, weil keine unmittelbaren gesundheitlichen Schäden auftreten. Beim risikosuchenden Verhalten dagegen fungiert die Gefahr an sich als Motivationsquelle („Kick"); beispielsweise wirkt beim S-Bahn-Surfen die Todesgefahr als Anreiz. Hinsichtlich des Geschlechtsaspekts lässt sich festhalten, dass Jungen häufiger als Mädchen Risikoverhalten zeigen (Duberstein-Lindberg, Boggess, Porter & Williams, 2000; Greene, Krcmar, Walters, Rubin & Hale, 2000) und exteriorisierende Risikoverhaltensweisen bevorzugen (z. B. Drogen- und Alkoholkonsum), während Mädchen eher interiorisierende Formen (z. B. gestörtes Essverhalten) des Risikoverhaltens praktizieren (Hurrelmann, Klocke, Melzer & Ravens-Sieberer, 2003).

*Devianz und Delinquenz*
Das Zusammenleben in einer Gesellschaft ist über soziale Verhaltenserwartungen bzw. Normen geregelt. Man unterscheidet zwischen „Konformem Verhalten" und „Abweichendem Verhalten" (Devianz). Als Devianz (lat. *devius:* „vom Wege abbiegend, entlegen") wird in der Soziologie ein Verhalten bezeichnet, das nicht den in einer Gesellschaft vorherrschenden Normen entspricht. Die an bestimmte Gesellschaften, Kulturen oder Zeiten gebundenen Normen und Werte entscheiden also darüber, ob ein bestimmtes Verhalten als abweichend angesehen wird oder nicht.

Mit dem Begriff „Delinquenz" (lat. *delinquere:* „sich vergehen") wird die Überschreitung rechtlicher Grenzen beschrieben; er umfasst die Verhaltenstendenz, straffällig zu werden (Montada, 2002). Die Begriffe „Delinquenz" und „Kriminalität" werden im Sprachgebrauch häufig gleichgesetzt, da sich beide auf Straftaten beziehen. Der Tatbestand der „Delinquenz" wurde 1899 im amerikanischen Jugendstrafrecht eingeführt, um kriminelle Erwachsene von straffälligen Jugendlichen zu unterscheiden. „Im Gegensatz zum Verbrechen, das allgemein verurteilt wird, ist delinquentes Verhalten im strafrechtlichen Sinn zwar ein Gesetzesbruch, wenn man jedoch das soziale Umfeld betrachtet, nicht unbedingt eine verwerfliche Tat" (Reinhold, 1992, S. 95). Je nach Gesellschaft und historischer Einordnung variiert, was als Straftatbestand angesehen wird. Jugenddelinquenz wird häufig als ein episodenhaftes Übergangsphänomen betrachtet, das sich in der Regel auch ohne strafrechtliche Verfolgung und schwerwiegende Sanktionen wieder legt (Kreuzer, 1993).

Unter Devianz bzw. Delinquenz werden also „Problemverhaltensweisen" verstanden; welche Verhaltensweisen darunter fallen, hängt von den normativen Vorstellungen des Betrachters über angemessenes Verhalten ab. In Anlehnung an Jessor (1987) sind Problemverhaltensweisen dadurch charakterisiert, dass sie „von der sozialen bzw. gesellschaftlichen und/oder gesetzlichen Norm einer Gesellschaft abweichen sowie von den Autoritäten in einer Gesellschaft missbilligt werden und in der Regel mit sozialen Sanktionen einhergehen, wie zum Beispiel milden Formen von Tadel bis hin zu sozialer Zurückweisung oder sogar Haftstrafen in Folge strafrechtlicher Verfolgung" (Scheithauer, Hayer & Niebank, 2008, S. 12). Typische Problemverhaltensweisen Jugendlicher sind beispielsweise frühzeitiges Rauchen, übermäßiger Alkoholkonsum, Konsum illegaler Drogen, Autofahren unter Drogeneinwirkung sowie Diebstahl und Sachbeschädigung.

*Die Bedeutung von Risikoverhalten und deviantem bzw. delinquentem Verhalten für die Entwicklung im Jugendalter*
Das Jugendalter ist durch ein entwicklungspsychologisch bedingtes stärkeres Risikoverhalten gekennzeichnet, das sich bei den meisten Jugendlichen lediglich als eine vorübergehende Erscheinung zeigt. Das Risikoverhalten Jugendlicher steht im Zusammenhang mit der Bewältigung alterstypischer Entwicklungsaufgaben (Reese & Silbereisen, 2001). Entwicklungsaufgaben stellen nach Havighurst (1948) Anforderungen dar, die sich in bestimmten Lebensabschnitten im Wechselspiel von körperlichem Wachstum, gesellschaftlichen Erwartungen und eigenen Zielen stellen und die für eine positive künftige Entwicklung erfolgreich bewältigt werden müssen. Die Auseinandersetzung mit diesen Entwicklungsaufgaben erfolgt im Rahmen eines aktiven Prozesses; Risikoverhalten kann bei der Erfüllung bestimmter Aufgaben eine Unterstützungsfunktion einnehmen. Zu den jugendtypischen Entwicklungsaufgaben zählen beispielsweise der Selbstbeweis und die Identitätsentwicklung, die Aufnahme in eine Clique und die Gewinnung von sozialem Status sowie die Bewältigung von spezifischen Problemlagen (z. B. Berufseinstieg, Partnerwahl) und diesbezüglichem Stress (Jost, 2007). Risikoverhalten dient dabei dazu, Ängste und Misserfolge zu kompensieren, die Peer-Group-Integration zu erleichtern, expressive Selbstdarstellung und Abgrenzung zu ermöglichen oder einfach nur durch einen „Kick" etwas Glanz in den Alltag zu bringen (Csikszentmihalyi, 1992). Dabei bieten sich Chancen zur Selbstwerterhöhung, es werden Möglichkeiten zum Selbstwerterleben und Grenzerfahrungen zur eigenen Wirksamkeit vermittelt, und die Suche nach den Handlungsfehlern bei Misserfolgen enthüllt Kompetenzdefizite und falsche Selbstwahrnehmungen (Schwarzer, 1995).
Der Konsum von Alkohol und Drogen, das Ausloten der eigenen Fähigkeiten, aber auch riskante Verhaltensweisen im Sport und im Straßenverkehr stellen aufgrund der oben genannten Gründe entwicklungsbedingte Verhaltensweisen dar, die darauf hindeuten, dass sich die Jugendlichen aktiv mit ihrem Umfeld und den ihnen gestellten Aufgaben auseinandersetzen. Das Experimentieren mit verschiedenen legalen und illegalen Suchtmitteln stellt ein typisches Beispiel jugendlichen Risikoverhaltens dar. Allerdings verändern sich die Konsumformen: Einerseits finden sich insgesamt rückläufige Zahlen beim regelmäßigen Konsum von Alkohol und illegalen Drogen und andererseits nehmen riskante exzessive Gebrauchsmuster stark zu (Bundesministerium für Fami-

lie, Senioren, Frauen und Jugend, BMFSFJ, 2009). Anhand des Suchtmittelkonsums verdeutlichen Silbereisen und Reese (2001) die vielfältigen Funktionen des Risikoverhaltens hinsichtlich der Bewältigung bestimmter jugendspezifischer Entwicklungsaufgaben (s. Tab. 6.1).

*Tabelle 6.1*     Entwicklungsaufgaben und Funktionen des Suchtmittelkonsums (nach Silbereisen & Reese, 2001)

| Entwicklungsaufgaben (nach Dreher & Dreher, 1985) | Funktionen des Suchtmittelkonsums |
|---|---|
| Wissen, wer man ist und was man will; Identität | • Ausdruck persönlichen Stils<br>• Suche nach grenzüberschreitenden, bewusstseinserweiternden Erfahrungen und Erlebnissen |
| Aufbau von Freundschaften, Aufnahme intimer Beziehungen | • Erleichterung des Zugangs zu Peergroups<br>• Exzessiv-ritualisiertes Verhalten<br>• Kontaktaufnahme mit Peers anderen Geschlechts |
| Individuation von den Eltern | • Demonstration der Unabhängigkeit von den Eltern<br>• Bewusste Verletzung elterlicher Kontrolle |
| Lebensgestaltung, Lebensplanung | • Teilhabe an subkulturellem Lebensstil<br>• Spaß haben und genießen |
| Eigenes Wertesystem entwickeln | • Gewollte Normverletzung<br>• Ausdruck sozialen Protests |
| Entwicklungsprobleme | • Ersatzziel verwehrter normativer Entwicklungsziele<br>• Stress- und Gefühlsbewältigung (Notfallreaktion) |

Zusammenfassend bleibt festzuhalten, dass es sich beim Risikoverhalten in der Regel um eine temporäre entwicklungsspezifische Erscheinungsform jugendlichen Verhaltens handelt, welche aus entwicklungspsychologischer Sicht einen konkreten Nutzen für die individuelle Entwicklung erbringt und der Bewältigung spezieller Entwicklungsaufgaben im Jugendalter dient (Bühler, 2003). Treten während der Auseinandersetzung mit den Entwicklungsaufgaben Probleme auf und misslingt ihre Bewältigung, kann es zu Störungen im Entwicklungsprozess kommen, d. h. zu anhaltenden Schwierigkeiten bei der Bearbeitung von nachfolgenden Entwicklungsaufgaben und der Bestimmung von Entwicklungszielen. Diese Störungen können sich auch in einer fehlangepassten Entwicklung und in Form von devianten bzw. delinquenten Verhaltensweisen ausdrücken.

Deviantes Verhalten kann als ein Teil des Lernprozesses in der Kindheit und Jugend gesehen werden: Insbesondere im Umgang mit Gleichaltrigen, in der Freizeit und bei der Schaffung neuer Lebensräume außerhalb der eigenen Familie werden Normen auf ihre Tauglichkeit getestet, zuweilen überschritten und dabei erlernt. Die Erscheinungsformen devianten Verhaltens sind vielfältig; zuweilen mündet es in unterschiedlichen Formen von Kriminalität oder Gewaltbereitschaft (Oelkers, 2008). Devianz im Jugendalter und auch leichte Formen der Delinquenz stellen aus entwicklungspsychologischer Perspektive ein „normales" Phänomen dar: Grenzüberschreitungen und damit auch Normbrüche gehören zu den alterstypischen Verhaltensweisen Jugendlicher (Melzer & Jakob, 2002).

*Erklärungsansätze für Risikoverhalten sowie für Devianz bzw. Delinquenz im Jugendalter*
Einen wichtigen theoretischen Beitrag zur Erklärung von Risikoverhalten liefert der psychologische Ansatz des „Sensation Seeking". Nach Zuckerman (1979) ist Sensation Seeking eine Persönlichkeitseigenschaft, die durch das Verlangen und Suchen nach abwechslungsreichen, neuartigen, komplexen und starken Empfindungen und Erfahrungen sowie die Bereitschaft gekennzeichnet ist, physische, soziale, rechtliche und finanzielle Risiken um derartiger Erfahrungen willen in Kauf zu nehmen. Zuckerman geht davon aus, dass die Reizsuche-Tendenz zum Teil genetisch verankert ist: Vererbt werden demnach die biologischen Prädispositionen, die bestimmen, inwieweit solche Risikoverhaltensmuster überhaupt erlernt werden. Im Alter von etwa 16 Jahren, also zu der Zeit, in der Risikoverhalten am häufigsten ausgeübt wird, sind auch die Sensation Seeking-Werte am höchsten. Im Vergleich der Geschlechter erreichen Jungen die deutlich höheren „Sensation-Seeking-Skalenwerte" (Ruch & Zuckerman, 2001).

Mit der Sozialen Kontrolltheorie (Hirschi, 1969) werden unterschiedliche Formen abweichenden Verhaltens erklärt, indem der Frage nachgegangen wird, warum sich Menschen überhaupt konform verhalten. Konformes Verhalten resultiert danach aus der Einbindung einer Person in die Gesellschaft, aus ihrer Verpflichtung gegenüber gesellschaftlichen Normen und Werten sowie aus dem Vorhandensein wirksamer Kontrollen (d.h. interne Selbstkontrolle ergänzt durch externe Verhaltenskontrolle). Abweichendes Verhalten lässt sich vor allem auf fehlende soziale Kontrolle zurückführen: Dadurch wird das Individuum gehindert, internale Kontrollsysteme zu entwickeln, und es wird ermuntert und in die Lage versetzt, mit abweichendem Verhalten erfolgreich zu handeln. Von zentraler Bedeutung sind dabei die Bindungen, die ein Individuum an Personen, Gruppen oder Institutionen hat, die konventionelle Werte- und Normensysteme vertreten. Je schwächer die soziale Einbindung in die konventionelle Gesellschaftsordnung ist, desto höher ist nach Hirschi die Wahrscheinlichkeit abweichenden Verhaltens. Ein festes Netz aus konventionellen sozialen Beziehungen und Verantwortlichkeiten kann Jugendliche also vor Devianz und Delinquenz schützen, wohingegen die Lockerung oder Zerstörung solcher Bindungen die Gefahr von abweichendem Verhalten erhöht. Nach Hirschi beeinflussen vier verschiedene Bindungsarten die Neigung zu abweichendem Verhalten: die emotionale Bindung an relevante Bezugspersonen und

Institutionen, die Anbindung an die Gesellschaft und die Investition in konventionelle Lebensziele, die zeitliche Einbindung in konventionelle Tätigkeiten sowie das Ausmaß der Orientierung an konventionellen Werten und Normen.

In neuropsychologischen Erklärungsansätzen von Risikoverhalten und Delinquenz wird davon ausgegangen, dass die erhöhte Risiko- und Delinquenzbereitschaft Jugendlicher auf einen Umbau („Frontalisierung") der Gehirnstrukturen (Chugani, 1998; Rubia, Overmeyer, Taylor, Brammer, Williams, Simmons, Andrew & Bullmore, 2000) und auf Veränderungen in den emotionssteuernden hormonellen, neuronalen und kognitiven Systemen (Spear, 2000) beruht. Gerade die Hirnregion, die unter anderem für die Verhaltensplanung, Entscheidungsfindung, Impulskontrolle und Risikoeinschätzung verantwortlich ist, befindet sich danach während des Jugendalters in einer Phase massiver Veränderungen, wodurch sich sämtliche affektregulierende Funktionen noch in der Entwicklung befinden und nicht vollständig ausgebildet sind. Dementsprechend zeigen Studien zur Affektregulation und Impulskontrolle (Fröhlich, Haase & Silbereisen, 2006; Steinberg & Scott, 2003), dass Jugendliche verglichen mit (jungen) Erwachsenen eine geringere Fähigkeit zur Affektregulation und eine erhöhte Impulsivität aufweisen. Demnach lernen Menschen auch noch im Verlauf des Jugendalters, die eigenen Gefühle zu kontrollieren, wodurch unüberlegte Handlungen zunehmend vermieden und realistische Risikoabschätzungen gefördert werden.

Risikoverhalten wie auch abweichendes Verhalten zeigen Jugendliche besonders häufig in sozialen Gruppen. Wie ist dies zu erklären? Jugendliche verbringen wesentlich mehr Zeit in Gleichaltrigengruppen als Erwachsene (Brown, 2004) und schreiben der sozialen Anerkennung durch die Gruppe einen hohen Stellenwert zu; daraus resultiert eine besondere Neigung, sich dem Gruppendruck zu fügen (Brown, Clasen & Eicher, 1986). Um den Einfluss der sozialen Gruppendynamik in Gruppensituationen auf Risikoverhalten bzw. abweichendes Verhalten zu beschreiben, wird oft das „Risky Shift" Phänomen angeführt (Stoner, 1968). Danach sind männliche wie auch weibliche Personen in Gruppen eher bereit, Risiken zu übernehmen bzw. sich abweichend zu verhalten, als wenn sie allein sind. Als Erklärung dafür werden vier Faktoren genannt:

- Diffusion der Verantwortung: Das Individuum „versteckt" sich hinter der Gruppe und „schiebt" den anderen Gruppenmitgliedern die Entscheidung und somit auch die Verantwortung für die Folgen zu.
- Informationsniveau: Durch die erhöhte Anzahl von Sichtweisen entsteht der subjektive Eindruck, Entscheidungen und ihre Folgen ausreichend und objektiv bedacht zu haben.
- Führerschaft: Risikofreudige Führerfiguren verstärken Argumente für eine Risikoübernahme und schwächen Warnungen vor der damit verbundenen Gefahr.
- Risikobereitschaft als sozialer Wert: Gezeigte Risikobereitschaft kann den Status innerhalb der Gruppe heben und damit zu einem Verlassen gewohnter Positionen verführen.

## 6.2    Methodische Bemerkungen

Eine schriftliche anonyme Befragung (sog. „Dunkelfelderhebung") bietet den Vorteil, an Aussagen über normabweichendes oder kriminelles Verhalten zu gelangen, die weder eine Befragung von Angesicht zu Angesicht noch die Polizeiliche Kriminalstatistik ergeben können (Sachse & Sturzbecher, 2001). Daher standen bei der Durchführung der vorliegenden Jugendstudie die Gewährleistung einer vertrauensvollen Befragungssituation und die explizite Zusicherung einer garantiert anonymen Verwendung der Daten an oberster Stelle.

Bevor die Untersuchungsergebnisse vorgestellt werden, wollen wir nachfolgend kurz aufzeigen, welche Indikatoren zum Risikoverhalten und zur Delinquenz Jugendlicher im Rahmen welcher Erhebungswellen der Zeitreihenstudie „Jugend in Brandenburg" erfasst wurden. Die genaue Formulierung der Indikatoren findet sich dann im Rahmen der Ergebnisdarstellungen im Kapitel 6.3.

Im Bereich der Jugenddelinquenz wurden Fragen zur Verkehrsdelinquenz sowie zu den Delikten Sachbeschädigung und Diebstahl gestellt. Bei den Indikatoren zur Verkehrsdelinquenz wurden die Jugendlichen gefragt, ob sie in den letzten 12 Monaten ein Auto oder Motorrad ohne Führerschein bzw. unter Einfluss von Alkohol gefahren haben. Neben der Häufigkeit einzelner Taten wurde auch danach gefragt, ob die Taten allein oder in der Gruppe begangen wurden. Beide Items zum verkehrsdelinquenten Verhalten sowie die Frage, ob man schon einmal etwas „geklaut hat", werden bereits seit 1999 erfasst. Das Item zum Diebstahl von Autos wurde 2005 in den Fragenkatalog aufgenommen. Hinsichtlich des Tatbestands der Sachbeschädigung werden die Jugendlichen seit 2005 danach befragt, ob sie schon einmal „Ein fremdes Fahrzeug beschädigt" oder „Graffiti gesprayt" haben. Die Indikatoren zum Suchtmittelkonsum wurden gegenüber 2005 teilweise überarbeitet und ausdifferenziert; vor 2005 wurden diesbezügliche Daten nur sehr eingeschränkt bzw. gar nicht erfasst. Die Fragen zum Suchtmittelkonsum beziehen sich auf das Rauchen und den Alkoholmissbrauch sowie auf den Konsum von Haschisch/Marihuana, Ecstasy und Kokain. Mit Bezug auf die Häufigkeit des Suchtmittelkonsums werden unauffällige Jugendliche von gelegentlichen und regelmäßigen Konsumenten unterschieden. Die Fragen zur Art und Häufigkeit von Opfererfahrungen wurden erstmalig im Fragenkatalog der Jugendstudie von 2010 eingesetzt.

## 6.3    Untersuchungsergebnisse

Es sei vorausgeschickt, dass zum Vergleich der nachfolgend dargestellten Ergebnisse der brandenburgischen Jugendstudie einige Untersuchungen der Bundeszentrale für gesundheitliche Aufklärung aus den letzten Jahren zum Drogenkonsum und Genussmittelmissbrauch Jugendlicher wie auch die Studie „Jugend 2009 in Sachsen" gesichtet wurden; vergleichbare Ergebnisse werden nachfolgend an geeigneter Stelle aufgeführt.

Grundsätzlich ist in den genannten Studien erkennbar, dass sowohl der Konsum von
Suchtmitteln wie Tabak, Alkohol und illegalen Drogen als auch die kriminellen Taten
von Jugendlichen in den letzten Jahren zurückgegangen sind.

*Delinquentes Verhalten*

Delinquentes Verhalten von Jugendlichen im Straßenverkehr stellt im Land Brandenburg auch im Jahr 2010 keine Seltenheit dar. Aus der nachfolgenden Tabelle 6.2 wird
jedoch ersichtlich, dass der Anteil der Jugendlichen, die ohne eine Fahrerlaubnis oder
unter Alkoholeinfluss gefahren sind, in den vergangenen zehn Jahren rückläufig war:
Bei der Befragung im Jahr 2010 gaben nur noch 26,8 Prozent der Jugendlichen an, in
den letzten 12 Monaten mindestens eines dieser beiden Verkehrsdelikte begangen zu
haben (1999: 39,6 %; 2005: 35,7 %). Der Anteil der Jugendlichen, die ohne Fahrerlaubnis
gefahren sind, hat sich gegenüber den Jahren 1999 und 2005 deutlich reduziert (1999:
34,1 %, 2005: 29,3 %, 2010: 20,4 %), wobei insbesondere die Teilgruppe der Jugendlichen
kleiner geworden ist, die mehrfach ohne Führerschein gefahren sind. Beim Fahren ohne
Fahrerlaubnis traten die 15- bis 17-jährigen männlichen Jugendlichen als besondere Risi-
kogruppe hervor: Rund 28 Prozent der Befragten dieser Altersgruppe haben 2010 mindestens einmal ein Fahrzeug ohne Führerschein geführt. Erwartungsgemäß geht der
Anteil der Jugendlichen, die ohne Fahrerlaubnis fahren, nach dem Erreichen der Voll-
jährigkeit deutlich zurück, da viele Jugendliche bis dahin einen Pkw-Führerschein erworben haben.

*Tabelle 6.2*      Häufigkeit von delinquenten Verhaltensweisen 2005 und 2010 (in %)

|  | „Ich habe in den letzten 12 Monaten … | | | | | |
|---|---|---|---|---|---|---|
|  | Nein, gar nicht | | Ja, ein- oder zweimal | | Ja, dreimal oder öfter | |
|  | 2005 | 2010 | 2005 | 2010 | 2005 | 2010 |
| … ein Moped/Motorrad/Auto ohne Führerschein gefahren." | 70,7 | 79,6 | 14,9 | 12,2 | 14,4 | 8,2 |
| … unter Alkohol ein Moped/ Motorrad/Auto gefahren." | 87,3 | 89,3 | 9,4 | 8,7 | 3,3 | 2,0 |
| … etwas geklaut." | 80,3 | 85,4 | 15,7 | 11,6 | 4,0 | 3,0 |
| … ein Auto ‚geknackt' und bin damit gefahren." | 99,4 | 99,3 | 0,4 | 0,5 | 0,2 | 0,2 |
| … ein fremdes Fahrzeug ab- sichtlich beschädigt." | 94,7 | 96,5 | 4,6 | 2,8 | 0,7 | 0,7 |
| … Graffiti gesprayt." | 92,6 | 91,5 | 5,0 | 5,9 | 2,4 | 2,6 |

Der Anteil von „Alkoholfahrern" hat sich im Vergleich zu den Jahren 1999 und 2005 um 2,5 Prozent bzw. um 2,0 Prozent reduziert (1999: 13,2 %, 2005: 12,7 %, 2010: 10,7 %). Auch im Jahr 2010 betraf das Fahren unter Alkohol schwerpunktmäßig die Gruppe der volljährigen jungen Erwachsenen. Jeder sechste von ihnen war in den vorangegangenen 12 Monaten mindestens einmal unter Alkoholeinfluss gefahren; zwei Prozent haben sogar mehrfach nach dem Konsum von Alkohol am Straßenverkehr teilgenommen. Beim „Fahren unter Alkohol" zeigt sich ein Geschlechtseffekt: Männliche Jugendliche neigen häufiger als weibliche Jugendliche dazu, ein Kraftfahrzeug unter Alkoholeinfluss zu führen (f = 0.16).

Im Jahr 2010 gaben rund 15 Prozent der Befragten an, in den zurückliegenden 12 Monaten mindestens einmal „etwas geklaut" zu haben. Dieser Anteil ist seit der ersten Erfassung dieses Indikators im Rahmen der Zeitreihenstudie rückläufig (1999: 27,1 %; 2005: 19,7 %). Im Jahr 2010 waren etwa zwei Drittel der Täter männliche Jugendliche. Bei einer differenzierten Betrachtung der Ergebnisse nach Altersgruppen fällt auf, dass insbesondere die 15- bis 17-Jährigen häufig berichteten, ein- oder zweimal etwas gestohlen zu haben (15,0 %). In der Antwortkategorie „Dreimal und öfter" sind die 12- bis 14-Jährigen am häufigsten vertreten (4,5 %); allerdings liegt hier die Altersgruppe der 15- bis 17-Jährigen fast gleich auf (3,8 %).

Der Anteil der Jugendlichen, die in den letzten 12 Monaten einen Pkw „geknackt" haben und mit diesem gefahren sind, ist nach wie vor sehr klein: Im Jahr 2010 gaben 0,7 Prozent der Befragten an, dieses Delikt innerhalb der vergangenen 12 Monate mindestens einmal begangen zu haben (2005: 0,6 %). Die Täter waren zumeist männlich und besuchten nahezu ausnahmslos eine Oberschule oder ein Oberstufenzentrum (OSZ). Weiterhin ist der Anteil der Jugendlichen, die innerhalb der letzten 12 Monate mindestens einmal ein fremdes Auto absichtlich beschädigt haben, seit 2005 rückläufig: Er lag im Jahr 2010 bei 3,5 Prozent, während im Jahr 2005 noch 5,3 Prozent der Befragten angegeben hatten, dass sie absichtlich einen fremden Pkw demoliert haben. Dieses Delikt zeigte sich besonders häufig bei männlichen Jugendlichen der Altersgruppe zwischen 15 und 17 Jahren, wobei die Mehrheit der Täter Schüler von Oberschulen oder OSZ waren.

Im Jahr 2010 gaben 8,5 Prozent der Jugendlichen an, innerhalb der vergangenen 12 Monate mindestens einmal Graffiti gesprüht zu haben; dieser Anteil ist seit dem Jahr 2005 leicht angewachsen (2005: 7,4 %). Die Gruppe der Sprayer ist zu rund drei Vierteln männlich (f = 0.15), wobei der Anteil männlicher Jugendlicher den Anteil der Mädchen insbesondere in der Gruppe der Mehrfachtäter („Dreimal oder öfter") deutlich überwiegt. Die Sprayer gehören mehrheitlich der Altersgruppe der 15- bis 17-Jährigen an und besuchen zumeist eine Oberschule (f = 0.14). Allerdings besteht die Gruppe derjenigen, die das Sprühen von Graffiti ein- oder zweimal ausprobiert haben, auch zu einem Drittel aus Gymnasialschülern.

Aus der nachfolgenden Tabelle 6.3 geht hervor, dass verkehrsdelinquentes Verhalten von jungen Menschen nicht selten ein Cliquenphänomen darstellt. Im Jahr 2010 gab etwa jeder zweite Jugendliche (Fahren ohne Führerschein) bzw. fast jeder dritte Befragte (Fahren unter Alkohol) an, bei seiner Tat mit anderen zusammen gewesen zu sein. Auffällig ist allerdings, dass der Anteil von verkehrsdelinquenten Verhaltensweisen im Gruppenkontext im Vergleich zu 2005 gesunken ist (Fahren ohne Führerschein: −3,2 %, Fahren unter Alkohol: −6,6 %) und die „Alleingänge" zugenommen haben (+7,5 % bzw. +12,6 %).

*Tabelle 6.3*      Delinquente Verhaltensweisen im Gruppenkontext 2005 und 2010 (in %)

| | „Waren Sie bei solchen Aktionen allein oder mit anderen zusammen?" | | | | | |
| | Ich war dabei allein | | Ich war dabei mit anderen zusammen | | Das war unterschiedlich – mal so, mal so | |
| | 2005 | 2010 | 2005 | 2010 | 2005 | 2010 |
|---|---|---|---|---|---|---|
| … ein Moped/Motorrad/Auto ohne Führerschein gefahren. | 12,9 | 20,4 | 58,1 | 54,9 | 29,1 | 24,7 |
| … unter Alkohol ein Moped/Motorrad/Auto gefahren. | 36,2 | 48,8 | 35,6 | 29,0 | 28,2 | 22,2 |
| … etwas geklaut. | 35,3 | 40,0 | 46,4 | 40,7 | 18,3 | 19,4 |
| … ein Auto „geknackt" und bin damit gefahren. | 21,6 | 11,7 | 37,9 | 21,6 | 40,5 | 66,7 |
| … ein fremdes Auto absichtlich beschädigt. | 27,1 | 10,2 | 47,2 | 53,8 | 25,7 | 36,0 |
| … Graffiti gesprayt. | 11,0 | 11,7 | 58,3 | 56,0 | 30,7 | 32,3 |

Auch beim „Klauen" ist der Anteil der Einzeltäter größer geworden (2005: 35,3 %, 2010: 40,0 %). Bei einer differenzierten Betrachtung der Angaben der Befragten nach Altersgruppen zeigt sich allerdings, dass Diebstähle nur bei den über 18-Jährigen zumeist allein erfolgen. Die 12- bis 14-Jährigen sind beim „Klauen" zu gleichen Teilen entweder allein oder in Begleitung anderer; bei den 15- bis 17-Jährigen stellt Diebstahl sogar mehrheitlich ein Gruppenphänomen dar. Die absichtliche Beschädigung von Autos und das Sprühen von Graffiti sind sowohl im Jahr 2005 als auch im Jahr 2010 vorwiegend als Gruppenphänomene zu klassifizieren (2005: 47,2 %, 2010: 53,8 % bzw. 2005: 58,3 %, 2010: 56,0 %). Diese Ergebnisse bestätigen die zuvor dargestellten theoretischen Erklärungsansätze, wonach die soziale Gruppendynamik in Jugendcliquen häufig als begünstigender Faktor von Risikoverhalten und Jugenddelinquenz zu sehen ist (s. Kap. 6.1).

Der Rückgang der Zahlen der tatverdächtigen Jugendlichen wird auch durch die Polizeiliche Kriminalstatistik (PKS) von 2009 bestätigt: Der Anteil der 14- bis 17-jährigen Jugendlichen an den Tatverdächtigen insgesamt betrug in diesem Jahr 11,1 Prozent (2008: 11,8 %; 2007: 12,1 %). Jugendliche dieser Altersgruppe wurden dabei hauptsächlich durch Ladendiebstähle, Körperverletzungen oder Sachbeschädigungen auffällig.

*Suchtmittelkonsum*

Wie aus der Tabelle 6.4 ersichtlich ist, gaben im Jahr 2010 rund 42 Prozent der brandenburgischen Jugendlichen an zu rauchen. Ähnliche Ergebnisse findet man in der Studie „Jugend 2009 in Sachsen" (Sächsisches Staatsministerium für Soziales und Verbraucherschutz, 2010): Hier gehörten 38 Prozent der Jugendlichen zu den Rauchern. Der Anteil der regelmäßigen Raucher lag 2010 in Brandenburg bei 26,9 Prozent; als gelegentliche Raucher bezeichneten sich 15,2 Prozent der Jugendlichen. Im Jahr 2005 lag der Anteil der Raucher ebenfalls bei über 40 Prozent. Im Unterschied zu 2005, als es etwas mehr weibliche Raucher gab, zeigten sich 2010 keine nennenswerten Geschlechtsunterschiede mehr beim Rauchen. Im Mittel waren die Jugendlichen im Jahr 2010 zwischen 14 und 15 Jahre alt, wenn sie das erste Mal „zur Zigarette griffen"; 2005 lag das Einstiegsalter bei 13 Jahren. Zu ähnlichen Ergebnissen kommt auch die seit 1979 durchgeführte Längsschnittuntersuchung zum Tabakkonsum Jugendlicher der Bundeszentrale für gesundheitliche Aufklärung (BZgA) im Jahr 2010: Das durchschnittliche Einstiegsalter Jugendlicher beim Rauchen lag zu diesem Zeitpunkt demnach bei 14 Jahren (BZgA, 2011c).

*Tabelle 6.4*       Rauchen und Alkoholkonsum 2005 und 2010 (in %)

| | Fragen zum Suchtmittelkonsum | | | | | |
| | Nein, überhaupt nicht | | Ja, gelegentlich | | Ja, regelmäßig | |
| | 2005 | 2010 | 2005 | 2010 | 2005 | 2010 |
|---|---|---|---|---|---|---|
| Rauchen | 58,3 | 57,9 | –* | 15,2 | –* | 26,9 |
| Alkohol trinken | 16,2 | 23,4 | 71,6 | 67,4 | 12,1 | 9,2 |

* Im Fragebogen für die Erhebungswelle 2005 erfolgte keine Differenzierung zwischen gelegentlichem und regelmäßigem Rauchen.

An den in der Tabelle 6.4 dargestellten Ergebnissen kann außerdem abgelesen werden, dass der Anteil der brandenburgischen Jugendlichen, die Alkohol konsumieren, rückläufig ist: Im Jahr 2010 gaben 67,4 Prozent der Befragten an, gelegentlich Alkohol zu konsumieren; im Jahr 2005 lag dieser Wert noch bei 71,6 Prozent. Der Anteil der regelmäßigen Alkoholtrinker ist ebenfalls von 12,1 Prozent im Jahr 2005 auf 9,2 Prozent im Jahr 2010 gesunken. Diese Ergebnisse bestätigt auch die Studie „Alkoholkonsum Jugendlicher und junger Erwachsener" (BZgA, 2011a): Mit 12,9 Prozent aller Jugendlichen im Alter von 12 bis 17 Jahren ist der Anteil der regelmäßig Alkohol konsumierenden Jugendlichen seit 2004 (21,2 %) und 2008 (17,4 %) stetig gesunken (BZgA, 2009).

Im Durchschnitt waren die brandenburgischen Jugendlichen 2010 im Alter zwischen 14 und 15 Jahren das erste Mal „richtig betrunken"; im Jahr 2005 lag das „Einstiegsalter" für den Alkoholkonsum mit rund 14 Jahren etwas unter diesem Wert. Auch in der Längsschnittstudie der BZgA (2011a) zum Alkoholkonsum unter Jugendlichen aus dem Jahr 2010 wird das durchschnittliche Einstiegsalter mit 14,5 Jahren angegeben. Die Gruppe derjenigen, die angeben, regelmäßig Alkohol zu trinken, besteht nach der brandenburgischen Jugendstudie von 2010 vor allem aus männlichen Jugendlichen. Zum gleichen Ergebnis kommen auch die Studien der BZgA (2011a) und der DAK (Leuphana Universität Lüneburg & DAK, 2010), mit denen ebenfalls der Alkoholkonsum Jugendlicher im Jahr 2010 untersucht wurde. Von den männlichen Jugendlichen sind in Brandenburg in den vergangenen 12 Monaten 41,0 Prozent mehrmals oder gelegentlich betrunken gewesen; dies trifft nur auf jedes vierte Mädchen zu. Bei den Jungen berichteten 5,7 Prozent, dass sie sehr oft bzw. regelmäßig alkoholisiert waren; bei den Mädchen umfasste diese Teilgruppe hingegen nur 1,3 Prozent (f = 0.18).

Beim Blick auf die nachfolgende Tabelle 6.5 zeigt sich, dass insbesondere der Konsum von Haschisch bzw. Marihuana unter den brandenburgischen Jugendlichen relativ stark verbreitet ist. Dies spiegelt auch das Bild bundesweiter Befragungen wider, nach denen Haschisch ebenfalls als die am meisten verbreitete illegale Droge unter Jugendlichen anzusehen ist (BMFSFJ, 2009; BZgA, 2011b). Rund ein Viertel der befragten Jugendlichen hat diese Droge zumindest einmal probiert; rund neun Prozent der Jugendlichen konsumieren gelegentlich oder sogar regelmäßig Haschisch bzw. Marihuana. Jeweils rund vier Prozent der Jugendlichen haben einmal Ecstasy oder Kokain probiert. Rund ein Prozent konsumiert gelegentlich oder sogar regelmäßig Ecstasy, rund zwei Prozent nehmen gelegentlich oder regelmäßig Kokain zu sich. Betrachtet man lediglich den Anteil der Jugendlichen, die in den letzten 12 Monaten vor der Befragung mindestens einmal illegale Drogen konsumiert haben, dann zeigt sich im Vergleich zur Vorgängerstudie ein leichter Rückgang von rund 21 Prozent im Jahr 2005 auf rund 18 Prozent im Jahr 2010.

*Tabelle 6.5*     Drogenkonsum 2010 (in %)

| | Fragen zum Drogenkonsum | | | |
|---|---|---|---|---|
| | Nein, noch nie | Ja, einmal probiert | Ja, gelegentlich | Ja, regelmäßig |
| | 2010 | 2010 | 2010 | 2010 |
| Haschisch/Marihuana | 73,0 | 17,8 | 7,4 | 1,9 |
| Ecstasy | 94,9 | 3,7 | 1,1 | 0,3 |
| Kokain | 93,5 | 4,2 | 2,2 | 0,2 |

Das Einstiegsalter für den Erstkonsum von illegalen Drogen lag im Jahr 2010 für Haschisch bzw. Marihuana bei etwa 15 Jahren, für Ecstasy bei etwa 16 Jahren und für Kokain bei circa 16,5 Jahren. Im Jahr 2005 ergab die Frage danach, in welchem Alter erstmalig Drogen probiert wurden, einen durchschnittlichen Wert von 15 Jahren. Geschlechtsunterschiede beim Drogenkonsum scheinen immer mehr zu verschwinden: Der Unterschied zwischen Jungen und Mädchen beim einmaligen Probieren von Drogen wie auch beim gelegentlichen Drogenkonsum ist mittlerweile sehr gering. Im Jahr 2005 war der Anteil der Mädchen (33,9 %) unter den einmaligen und gelegentlichen Drogenkonsumenten noch deutlich kleiner als der Anteil der Jungen (39,1 %). Der Konsum von illegalen Drogen sowie von Tabak und Alkohol nimmt mit steigendem Alter erheblich zu; dies bestätigen auch die Ergebnisse anderer Studien (FOKUS-Institut, 2009; BZgA, 2011). Wie auch anhand der folgenden Tabelle 6.6 ersichtlich ist, zeigen Berufsschüler ein gesundheitsriskanteres Konsumverhalten als Schüler allgemeinbildender Schulen.

*Tabelle 6.6*      Regelmäßiger Suchtmittel- und Drogenkonsum
nach Schulformen 2010 (in %)

| (Teil-)Gruppen | Regelmäßiger Konsum von ... | | |
| --- | --- | --- | --- |
|  | Zigaretten | Alkohol | Haschisch/Marihuana* |
| Oberschule | 47,6 | 5,8 | 1,1 |
| Gymnasium | 9,7 | 6,7 | 1,0 |
| Oberstufenzentrum | 47,6 | 12,9 | 3,2 |

* Auf eine Darstellung der prozentualen Anteile der regelmäßigen Konsumenten von Ecstasy und Kokain wurde aufgrund der geringen Fallzahlen verzichtet.

Im Ergebnis von Zusammenhangsanalysen zwischen der Häufigkeit des übermäßigen Alkoholkonsums und der Häufigkeit des Konsums anderer Suchtmittel finden sich Korrelationen zwischen dem Missbrauch von Alkohol einerseits und dem Rauchen von Tabak ($\rho = 0.31$), dem Konsum von Haschisch bzw. Marihuana ($\rho = 0.34$) sowie der Einnahme von „härteren" Drogen wie Ecstasy ($\rho = 0.17$) und Kokain ($\rho = 0.19$) andererseits. Auch für das Rauchen wurden deutliche statistische Zusammenhänge mit dem Gebrauch anderer Suchtmittel gefunden (Haschisch- bzw. Marihuana-Konsum: $\rho = 0.51$, Ecstasy-Konsum: $\rho = 0.23$, Kokain-Konsum: $\rho = 0.26$). Da der Zeitpunkt des Erstkonsums von Tabak und Alkohol (im Mittel) dem Zeitpunkt des Erstkonsums der im Fragebogen erfassten illegalen Drogen vorangeht, legen die Ergebnisse der durchgeführten Zusammenhangsanalysen die Vermutung nahe, dass Alkohol und Nikotin als Einstiegsdrogen für den späteren Konsum härterer Suchtmittel wie Haschisch bzw. Marihuana, Ecstasy und Kokain anzusehen sind.

*Opfererfahrungen*

Die in der folgenden Tabelle 6.7 dargestellten Indikatoren zum Thema „Opfererfahrungen" waren im Jahr 2010 erstmalig Bestandteil des Fragebogens der Jugendstudie. Der Anteil derer, denen in den letzten 12 Monaten ein- oder zweimal etwas gestohlen wurde, lag 2010 bei 19,5 Prozent; von drei und mehr erlittenen Diebstählen berichteten 1,5 Prozent der Jugendlichen. Der Anteil der Jugendlichen, die in den letzten 12 Monaten ein- oder zweimal Opfer einer Sachbeschädigung waren, betrug 19,6 Prozent. Rund zwei Prozent berichteten davon, dass ihnen bereits dreimal oder öfter etwas absichtlich zerstört oder beschädigt wurde. Rund neun Prozent der Befragten wurden bereits ein- oder zweimal sexuell belästigt, wobei vier von fünf Opfern sexueller Belästigungen weiblich sind (f = 0.19). Rund zwei Prozent der Jugendlichen wurden sogar dreimal und öfter sexuell belästigt. Etwa 16 Prozent der Befragten waren bereits mindestens einmal Opfer von körperlicher Gewalt geworden (d.h. Schläge mit Fäusten und Fußtritten); dabei waren etwa vier von fünf Opfern männlich (f = 0.21). Über Angriffe mit Waffen (Messer, Stock, Schusswaffe, Werkzeug usw.) berichteten rund drei Prozent der Jugendlichen; die Opfer dieser Angriffe waren ebenfalls mehrheitlich männlich (f = 0.10).

*Tabelle 6.7*      Häufigkeit von Opfererfahrungen 2010 (in %)

|  | „Ist es in den letzten 12 Monaten vorgekommen, … | | |
|---|---|---|---|
|  | Nein, gar nicht | Ja, ein- oder zweimal | Ja, dreimal oder öfter |
|  | 2010 | 2010 | 2010 |
| … dass Ihnen jemand etwas gestohlen hat?" | 79,0 | 19,5 | 1,5 |
| … dass jemand etwas, das Ihnen gehört, absichtlich zerstört oder beschädigt hat?" | 78,6 | 19,6 | 1,8 |
| … dass Sie (z.B. auf der Straße) sexuell belästigt worden sind?" | 89,5 | 8,8 | 1,7 |
| … dass Sie jemand mit Fäusten oder Fußtritten, aber ohne Waffen angegriffen hat?" | 84,2 | 13,3 | 2,5 |
| … dass Sie jemand mit einer Waffe (Messer, Stock, Schusswaffe, Werkzeug usw.) angegriffen hat?" | 96,9 | 2,5 | 0,6 |

Aus den Befragungsergebnissen geht hervor, dass viele der von kriminellen Delikten betroffenen Jugendlichen ihre Opfererfahrungen nicht in der Schule gemacht haben: Die meisten Diebstähle (70,1 %) und Sachbeschädigungen (63,4 %) wie auch die meisten Fälle von sexueller Belästigung (85,5 %) und gewalttätigen Angriffen (ohne Waffen: 77,1 % bzw. mit einer Waffe: 84,9 %) geschahen außerhalb von Schulen.

## 6.4    Fazit

Jugendliche stehen einer Reihe von altersspezifischen Herausforderungen gegenüber, bei deren Bewältigung sie sich eine Identität erarbeiten und – um mit Fends (2000a) Worten zu sprechen – „den Körper bewohnen lernen". Bei der Auseinandersetzung mit diesen jugendtypischen Entwicklungsaufgaben (z. B. Berufseinstieg und Partnersuche) werden auch unkonventionelle Handlungsmöglichkeiten erprobt und Normen in Frage gestellt; darüber hinaus müssen auch Stresssituationen verarbeitet werden. Dabei kann es zu Formen von Risikoverhalten oder abweichendem Verhalten kommen, die den Einzelnen als temporäres bzw. passageres Phänomen begleiten und die in der Regel später wieder abklingen. Je nach personalen und sozialen Ressourcen kann sich daraus aber auch ein langanhaltendes Problemverhalten entwickeln; dies betrifft allerdings nur einen kleinen Personenkreis.

Vergleicht man die Ergebnisse der brandenburgischen Jugendstudien von 2005 und 2010, dann lassen sich in fast allen Bereichen des Risikoverhaltens Jugendlicher, der Jugenddevianz und der Jugenddelinquenz rückläufige Zahlen erkennen. Diese Trends spiegeln sich auch in bundesweiten Studien und in Jugendstudien aus anderen Bundesländern wider. Sachbeschädigungen wie das absichtliche Demolieren fremder Fahrzeuge stellen in Brandenburg Ausnahmeerscheinungen dar, auch Autodiebstähle geschehen relativ selten. Besorgniserregend erscheint der nach wie vor hohe Anteil von Jugendlichen, die unter Alkoholeinfluss ein Kraftfahrzeug führen; das Fahren ohne Führerschein steht hinsichtlich seiner Verbreitung noch immer an der Spitze der Rangreihe der in der Jugendstudie erfassten strafbaren Delikte. Nichtsdestotrotz ist auch der Anteil der „Schwarzfahrer" im Vergleich zu 2005 zurückgegangen. Der Anteil von Jugendlichen mit Diebstahldelikten ist ebenfalls rückläufig; lediglich beim Sprühen von Graffiti muss ein leichter Anstieg der Quote verzeichnet werden.

Der Gebrauch der leicht zugänglichen „Alltagsdrogen" Tabak und Alkohol ist unter brandenburgischen Jugendlichen weit verbreitet. Wie im Jahr 2005 rauchen auch im Jahr 2010 rund 40 Prozent der Befragten. Mehr als zwei Drittel der Jugendlichen trinken gelegentlich Alkohol, rund neun Prozent regelmäßig. Wie im Kapitel 6.1 dargestellt, kann man davon ausgehen, dass es sich beim Tabak- und Alkoholkonsum um ein normales Verhalten im Zuge des Erwachsenwerdens handelt und dass nur ein geringer Teil der Jugendlichen mit Drogenerfahrungen später auch Drogen missbraucht oder gar von ihnen abhängig wird. Im Hinblick auf den Konsum von illegalen Drogen bleibt es bei den meisten Jugendlichen beim Ausprobieren; nur ein geringer Teil zählt zu den häufigen bzw. regelmäßigen Konsumierenden, wobei sich gegenüber 2005 ein leichter Rückgang verzeichnen lässt.

Schließlich konnte der eingangs beschriebene Geschlechtsaspekt beim Risikoverhalten auch in unserer Studie gefunden werden: Im Vergleich mit Mädchen weisen Jungen eine höhere Neigung zur Risikoübernahme auf, wobei sie insbesondere durch exteriorisierende Formen von Risikoverhalten wie beispielsweise exzessiven Alkohol- und

Drogenkonsum auffällig werden. Dieser Effekt lässt sich vor allem hinsichtlich des Alkoholkonsums belegen; beim Konsum illegaler Drogen zeigt er sich nur, wenn es um
den regelmäßigen Drogengebrauch geht. Beim Ausprobieren von Drogen gibt es hingegen keinen Geschlechtseffekt; dabei sammeln Mädchen wie Jungen gleichermaßen
Drogenerfahrungen.

# 7 Jugendgewalt und Reaktionen des sozialen Umfelds

*Andrea Kleeberg-Niepage & Dietmar Sturzbecher*

## 7.1 Theoretische Vorbemerkungen

Schlagzeilen über die „Jugend von heute" vermitteln zuweilen den Eindruck, die Gewalttätigkeit von Jugendlichen würde immer mehr zunehmen oder gar „neue Dimensionen" erreichen. Als Ursachen für die Gewalt von Jugendlichen werden meist ein Versagen der Sozialisationsinstanzen sowie der steigende Medienkonsum und die Perspektivlosigkeit gerade von Jugendlichen aus unteren sozialen Schichten angeführt. Die Annahmen über eine zunehmende Gewalttätigkeit von Jugendlichen und auch die vermuteten Ursachen werden allerdings selten empirisch belegt. Das überrascht, liegt doch eine Vielzahl von empirischen Studien – so wie die diesem Beitrag zugrunde liegende Zeitreihenstudie „Jugend in Brandenburg" – vor, die es ermöglichen, die Veränderungen bei der Akzeptanz und Ausübung von Jugendgewalt zu verfolgen und die Gewaltursachen zu erhellen. Dieses Ziel wird im vorliegenden Beitrag verfolgt: Zunächst werden theoretische Ansätze zur Erklärung von Gewalt diskutiert und aktuelle Forschungsergebnisse zur Jugendgewalt in Deutschland analysiert. Darauf aufbauend werden dann die Veränderungen der Gewaltakzeptanz und Gewaltbereitschaft sowie des Gewalthandelns der Jugendlichen in Brandenburg von 1993 bis 2010 dargestellt und Erklärungsangebote für diese Entwicklungen unterbreitet. Zudem werden Einflussfaktoren diskutiert, die zu einer erhöhten Gewaltbereitschaft Jugendlicher führen können.

*Gewaltbegriffe*
In der sozialwissenschaftlichen Forschung lässt sich keine für alle Formen von Gewalt gültige Begriffsdefinition finden. Hieraus leitet sich die Notwendigkeit ab, den der jeweiligen Studie zugrunde liegenden Gewaltbegriff genau einzugrenzen, um widersprüchliche Interpretationen und unzulässige Vergleiche zu vermeiden. Zunächst erscheint eine Unterscheidung von Aggression und Gewalt sinnvoll. Nach Wahl (2009) beschreibt „Aggression" als umfassenderer Begriff das individuelle Potential für aggressives Verhalten. Dieses Potential ermöglicht es dem Menschen, sich gegen andere mit schädigenden Mitteln zu behaupten. „Gewalt" hingegen versteht Wahl als eine durch gesellschaftliche Normierungen festgelegte Teilmenge von „Aggression", die laut gesellschaftlichem Kon-

sens nicht mehr vertretbar ist.[30] In diesem Rahmen werden physische, psychische und strukturelle Formen von Gewalt gegen Personen unterschieden; auch die Zerstörung materieller Objekte (Vandalismus) wird dazu gezählt.

In der Zeitreihenstudie „Jugend in Brandenburg" wird der Schwerpunkt auf die physische Gewalt gegen Personen gelegt; erfasst werden „Schlägereien" bzw. „gewalttätige Aktionen" (Prügel, Tritte, Ohrfeigen). Der Vorteil einer solchen Eingrenzung liegt in der guten Erfassbarkeit solcher Phänomene, da sie im Gegensatz zu subtileren psychischen Gewaltformen gut beobachtbar sind. Psychische Gewalt (z. B. Mobbing) wird damit nicht angesprochen, obwohl solche Erscheinungsformen gerade im Kontext Schule bedeutsam sind.

*Theoretische Ansätze zur Erklärung von Gewaltbereitschaft*
Die sozialwissenschaftliche Gewaltforschung ist in mehreren Wissenschaftsdisziplinen verankert, die jeweils eine andere Perspektive bei der Suche nach den Erklärungen für Gewalt einnehmen. Obwohl die Altersgruppe der Jugendlichen vorrangig im Fokus der Gewaltdiskussion steht, lassen sich die verschiedenen Ansätze, die nachfolgend kurz vorgestellt werden, auch für die Erklärung von Gewalttätigkeiten Erwachsener heranziehen.

Die verhaltensbiologischen wie auch die neueren neuropsychologischen Ansätze sehen in biologisch bedingten, genetisch angelegten Prozessen eine Ursache für gewalttätiges Verhalten. Dabei wird häufig auf die Bedeutung des präfrontalen Cortex verwiesen (Beelmann & Raabe, 2007; Wahl, 2009): Aggressive und dissoziale Kinder weisen in diesem Hirnbereich, der verantwortlich für die Kontrolle aggressiven Verhaltens ist, Aktivitätsdefizite auf. Dadurch treten zum einen impulsiv-aggressive Verhaltensweisen häufiger auf, und zum anderen fällt es diesen Kindern schwerer als anderen, Kontrollstrategien für dieses Verhalten zu erlernen. Auch das biologische Geschlecht gilt als Risikofaktor für gewalttätiges Verhalten (ebd.): Die Tatsache, dass mehr männliche als weibliche Personen körperliche Gewalt ausüben, wird durch Studien ergänzt, die der Testosteronkonzentration einen maßgeblichen Einfluss auf das Verhalten zuschreiben. Hierzu ist allerdings anzumerken, dass es sich dabei nicht um einen einfachen Kausalzusammenhang – also höhere Testosteronkonzentration gleich vermehrte Gewalttätigkeiten – handelt. Sozialpsychologische Befunde deuten beispielsweise darauf hin, dass Männer in mehrdeutigen Situationen eher dazu neigen, diese als Provokation auszulegen und entsprechend zu reagieren (Aronson, Wilson & Akert, 2008; Oerter & Dreher, 2008). Zudem führt ein erhöhter Testosteronspiegel eher zu einem dominanten Auftreten in sozialen Situationen als zu aggressivem Verhalten; die Wirkung ist überdies auch abhängig von Umweltfaktoren. Beispielsweise kann eine geschlechtsspezifische Erzie-

---

30  Die Bedeutung der gesellschaftlichen Normierung bei der Definition von Gewalt lässt sich beispielsweise an der veränderten gesellschaftlichen Auffassung zur Gewalt in der Ehe verdeutlichen, welche schließlich auch gesetzliche Veränderungen nach sich zog.

hung, welche Jungen das Recht oder gar die Pflicht zuspricht, sich mittels offener Gewalt gegenüber anderen durchzusetzen, die reale Gewaltausübung fördern.[31] Die vor allem in Zwillings- und Adoptionsstudien gefundene genetische Komponente in der Ursachenstruktur gewalttätigen Verhaltens bedeutet also nicht, dass Individuen durch eine bestimmte Anlage quasi dazu bestimmt wären, gewalttätig zu sein. Vielmehr ist das Zusammenspiel zwischen biologischen und Umweltfaktoren entscheidend: Bestimmte Umweltfaktoren wie eine schwierige Familiensituation können sich verstärkend auf biologische Risikofaktoren auswirken; andere wiederum (z. B. eine unterstützende Bezugsperson) können sie hemmen.

Psychologische Ansätze zur Erklärung gewalttätigen Verhaltens fokussieren auf bestimmte Lernprozesse bzw. auf die subjektiven Erfahrungen des Individuums als Ursache von Gewalt. In der „Sozialen Lerntheorie" nach Bandura (1976, 1979) wird das „Lernen am Modell" als entscheidender Mechanismus für den Erwerb und die Stabilisierung gewalttätigen Verhaltens[32] gesehen, sofern derartiges Verhalten positiv verstärkt wird. Die Bedeutung der Belohnungskomponente zeigt sich auch in sogenannten „Täterstudien": Gewalttäter geben häufig an, die auf ihre Taten folgenden Machtgefühle als befriedigend erlebt zu haben; der Wunsch, dieses Gefühl wieder zu verspüren, führte dann zu weiteren Gewalttaten (Wahl, 2001b, 2009; Sutterlüty, 2002). Folgt man diesem Ansatz, eröffnet sich auch eine weitere mögliche Erklärung für die bei Mädchen geringere Häufigkeit von offenen Gewalttätigkeiten: Da gewalttätiges Verhalten bei Mädchen aufgrund der gesellschaftlichen Normvorstellungen von angemessenem weiblichen Verhalten eher abgelehnt als belohnt wird, tritt es in der Folge auch seltener auf (Bliesinger, Lösel & Averbeck, 1999).

Ein weiteres psychologisches Modell zur Erklärung von Gewalt bietet der Informationsverarbeitungsansatz (Crick & Dogde, 1994), welcher sich auf die individuell unterschiedliche Wahrnehmung und Interpretation von sozialen Situationen richtet. Diesem Ansatz liegt der Befund zugrunde, dass gewalttätige Kinder und Jugendliche besonders dazu neigen, anderen Personen feindselige Absichten zu unterstellen, auf die sie dann aggressiv reagieren.[33]

---

31  In diesem Zusammenhang sei auf Studien verwiesen, die beim Einbezug verdeckter Aggressions- und Gewaltformen einen deutlich reduzierten Geschlechtsunterschied aufzeigen (für einen Überblick vgl. Beelmann & Raabe, 2007).

32  Die Soziale Lerntheorie Banduras wurde bereits im Rahmen der Vorgängerstudie (Sturzbecher & Holtmann, 2007) ausführlich dargestellt. Daher soll an dieser Stelle lediglich auf diese Darstellung und auf die umfangreiche Literatur zur Sozialen Lerntheorie verwiesen werden. Selbiges trifft auch auf den nachfolgend dargestellten Informationsverarbeitungsansatz zu.

33  In ihrer kritischen Analyse des Informationsverarbeitungsansatzes weist Woods (2010) darauf hin, dass ein solches Modell die soziale Wirklichkeit des Kindes einbeziehen muss, d. h. anstatt per se davon auszugehen, dass Kinder eine soziale Situation nicht zutreffend interpretieren, muss die soziale Welt des Kindes (z. B. höherer Status für Schläger in der Schule) als Rahmen für die Interpretation mit berücksichtigt werden.

Bei der Klärung der Ursachen von Gewalt wird auch der Frage nachgegangen, welche Rolle eigene Opfererfahrungen für die Ausübung von gewalttätigem Verhalten spielen. Ausgangspunkt dieser Frage sind Forschungsbefunde, nach denen ein erheblicher Anteil von Gewalttätern frühere Opfererfahrungen (z. B. im familiären Kontext) aufweist (Diepold & Cierpka, 1997; Lützinger, 2010; Wahl, 2009). Als Erklärung für diesen Wandel vom Opfer zum Täter, der ja bei Weitem nicht auf alle Gewaltopfer zutrifft, wird beispielsweise die Bindungstheorie nach Bowlby (2005) und Ainsworth (1978) herangezogen: Insbesondere bei Kindern, die zu ihrer Bezugsperson in einer desorganisierten Bindungsbeziehung stehen, welche durch angstauslösende und kaum vorhersehbare Interaktionen geprägt ist, können Gewaltphantasien und eigene Gewalthandlungen einen stabilisierenden Faktor darstellen[34] (Diepold & Cierpka, 1997).

Soziologische Modelle stellen gesellschaftliche Prozesse bei der Frage nach den Ursachen von Gewalt in den Mittelpunkt. Kontrolltheoretische Ansätze (Hirschi, 1969) sehen in der Stärke der Einbindung eines Individuums in die Gesellschaft einen bedeutenden Faktor, der zu abweichendem Verhalten und damit auch zu Gewalt führen oder diese verhindern kann. Indikatoren für eine solche Einbindung sind eine starke emotionale Bindung an eine Bezugsperson (Attachement), eine hohe Bedeutsamkeit konventioneller Lebensziele (Committment), die Einbindung in konventionelle Aktivitäten (Involvement) und der Glaube an eine Verbindlichkeit moralischer Normen und gesellschaftlicher Werte (Believe). Hieraus wird, anders als beispielsweise bei der Suche nach biologisch-genetischen Ursachen von Gewalt, bereits deutlich, dass aus soziologischer Perspektive immer auch das soziale und gesellschaftliche Umfeld für die Herausbildung gewalttätigen Verhaltens beim Einzelnen berücksichtig werden muss. Noch deutlicher wird dies anhand der sogenannten „Etikettierungstheorien" als deren Begründer der Historiker Frank Tannenbaum (1938) gilt.[35] Diese v. a. in den 1960er Jahren weiterentwickelten Ansätze verstehen abweichendes Verhalten und Gewalt als Resultat von Zuschreibungsprozessen: Die Etikettierung einer Person beispielsweise als „kriminell" oder „gewalttätig" erfolgt auf der Basis von Gruppenzugehörigkeiten und situativen Besonderheiten. Auch wenn die Person selbst keine Gewalt ausübt, ist sie doch mit diesem Etikett versehen, ihre Handlungsmöglichkeiten werden eingeschränkt und Täterkarrieren begünstigt. Goffman (1986, orig. 1963) benannte beispielsweise die Zugehörigkeit zu einer ethnischen bzw. religiösen Gruppe, einen niedrigen sozialen Status oder auch eine körperliche Behinderung als sog. „Stigmata", anhand derer ein Individuum als von der „Norm" abweichend wahrgenommen wird. Aufgrund dieser Normabweichung werde den Betreffenden die volle soziale Anerkennung verweigert. Die beständige Erfahrung,

---

34  Über die Phantasien zieht sich das Kind in eine fiktive Welt und damit aus der schwer aushaltbaren Beziehung zur Bezugsperson zurück, über eigene Gewalthandlungen gewinnt es hingegen zumindest teilweise die Handlungsfähigkeit in der realen Situation.

35  Sowohl die kontrolltheoretischen Ansätze als auch der Etikettierungsansatz wurden im Rahmen der Vorgängerstudie (Sturzbecher, Großmann & Reinmuth, 2007) ausführlich dargestellt. Sie werden mit Verweis darauf an dieser Stelle nur kurz aufgeführt.

als nicht „normal" eingestuft zu werden, beeinflusst und verändert letztlich die soziale Identität der Stigmatisierten, welche entweder – meist vergeblich – danach streben, der Norm doch noch zu entsprechen, oder aber sich selbst von der unerreichbaren Normalität distanzieren. Insbesondere im letzteren Fall besteht die Möglichkeit, dass die vermittelte und wahrgenommene Normabweichung letztlich auch tatsächlich zu normabweichendem Verhalten führt.

*Der Einfluss von Medienkonsum auf die Entstehung von Gewaltbereitschaft*
Kaum eine Ursachendiskussion zur Jugendgewalt kam in den letzten Jahren ohne die Frage aus, inwiefern der steigende Medienkonsum – und hier insbesondere der Konsum gewalthaltiger Inhalte – auf die reale Gewalttätigkeit von Jugendlichen wirkt. Die Medienwirkungsforschung war bis Mitte der 1990er Jahre durch uneindeutige, zum Teil sogar widersprüchliche Einschätzungen geprägt, die sich bis heute in kontroversen Diskussionen widerspiegeln: Während beispielsweise Freedman (2002) auf der Basis von rund 200 durchgesehenen Studien zur Wirkung von Gewaltdarstellungen in Film und Fernsehen zu dem Schluss kommt, dass weniger als die Hälfte dieser Studien einen Zusammenhang zwischen Mediengewalt und tatsächlicher Gewalt belegen kann, sehen Thome und Birkel (2007) einen solchen Zusammenhang als erwiesen an (vgl. auch Baier, Pfeiffer, Rabold, Simonson, & Kappes, 2010).

Aus dem anglo-amerikanischen Raum gibt es vier bedeutsame Metaanalysen (Hearold, 1986; Wood, Wong & Chachere, 1991, Paik & Comstock, 1994; Anderson & Bushman, 2001) zur Wechselwirkung von Medienkonsum und Gewalttätigkeit. Im Rahmen dieser Metaanalysen wurden ca. 1 000 Primäruntersuchungen mit ca. 500 000 Probanden ausgewertet. In allen Studien wurden ähnliche Ergebnisse gefunden, die auf mittelstarke Zusammenhänge zwischen der Rezeption von Gewaltdarbietungen und Gewaltverhalten hindeuten; beispielsweise fanden Wood et al. (1991) einen Zusammenhang von $r = .27$. Anderson und Bushman (2001) analysierten 46 Längsschnitt- und 86 Querschnittstudien, 28 Feldexperimente und 124 Laborexperimente zur Wechselwirkung von Mediengewalt und Gewaltverhalten: Die Effekte der experimentellen Studien fielen stärker aus als die Effekte der anderen Studien.

Weitgehend unstrittig erscheint heute, dass eine Nachahmung von Gewaltverhalten, das in den Medien beobachtet wurde, wahrscheinlicher ist, wenn der Beobachter durch die Imitation des Verhaltens eine positive Verstärkung (d. h. Belohnung oder Vermeidung von „Strafe") erhofft (s. o.) und wenn die Szenerie des Films Ähnlichkeiten mit der Lebensrealität und Situation des Rezipienten aufweist. Insbesondere bei Personen, die bereits gewaltbereiter als andere sind, führen gewalthaltige Medieninhalte zu einer Verstärkung der Gewaltbereitschaft. Die Ergebnisse einer Untersuchung von Singer, Miller, Guo, Flannery, Frierson und Slovak (1999) mit über 2 000 Schülern unterschiedlicher sozialer Herkunft deuten darauf hin, dass Gewaltkonsum in Medien unabhängig von familialen Bedingungen und Gewalterfahrungen gewalttätiges Verhalten fördert.

Aufgrund der sich wandelnden Formen des Medienkonsums wird ebenfalls diskutiert, ob sich dadurch auch die Formen gewalttätigen Handelns verändern. Insbesondere angesichts sich häufender Berichte zum sogenannten „Happy Slapping" (Anzetteln
von Schlägereien mit dem Ziel, diese dann mit der Handykamera aufzunehmen und
weiterzuleiten bzw. ins Internet zu stellen) stellt sich die Frage nach einem möglichen
Trend, der physischen Gewaltanwendung eine zusätzliche psychische Demütigung des
Opfers hinzuzufügen bzw. sich mit den selbst aufgenommenen realen Gewaltszenen
vor anderen zu brüsten. Am Beispiel des „Happy Slapping" weisen Thome und Birkel
(2007) auf die neuartigen Gelegenheitsstrukturen hin, welche die „Neuen Medien" eröffnen: Die Technik ermögliche es jedem, ein Filmemacher zu sein, der Gewalt nicht
nur konsumiert, sondern auch selbst produziert. In der beständigen Wiederholung solchen Tuns liegt für sie die Gefahr, dass sich die Grenzen zwischen dem „Normalen" und
dem „Perversen" verwischen. Richard, Grünwald und Recht (2008) warnen allerdings
davor, „Happy Slapping" als ein neues Massenphänomen der Jugendgewalt zu bewerten;
gerade die medial aufbereiteten spektakulären Fälle seien seltene Einzelfälle. Zugleich
weisen sie darauf hin, dass es einen Unterschied zwischen denjenigen Jugendlichen gibt,
die eine „Happy Slapping"-Situation inszenieren und ihre Aufzeichnungen weitergeben,
und dem weitaus größeren Anteil von Jugendlichen, die eine solche Aufzeichnung einmal angesehen haben, was oft auch unfreiwillig geschehe.

*Der Einfluss der Familie auf die Entstehung von Gewaltbereitschaft*
Die Familie beeinflusst als zentrale Sozialisationsinstanz insbesondere in der frühen
Kindheit die Herausbildung von Gewaltbereitschaft; in diesem Zusammenhang wurden
bereits unsichere Bindungsmuster und eine gewalttätige Erziehung als Risikofaktoren
angesprochen. Wahl (2009) verweist diesbezüglich auf Studien, die Zusammenhänge
zwischen einer sicheren Bindung insbesondere an den Vater und geringer Aggressivität des Kindes bzw. des Jugendlichen zeigen. Zudem seien das Familienklima und auch
die familiäre Situation mitentscheidend für aggressives und gewalttätiges Verhalten
des Kindes: Wenig Kommunikation über Emotionen unter den Familienmitgliedern,
eine Trennung der Eltern bzw. ein abwesender Vater sowie ein autoritärer bzw. vernachlässigender Erziehungsstil werden oft als gewaltfördernde Einflussfaktoren genannt
(Beelmann & Raabe, 2007).

*Der Einfluss von Schule und Freunden auf Jugendgewalt*
Sowohl die Schule als auch die Peergroup stellen im Jugendalter zentrale Sozialisationsinstanzen dar. Für die Schule trifft dies sogar in doppelter Weise zu: Zum einen erfor-
dert sie durch ihren disziplinierenden Charakter eine enorme Anpassungsleistung der
Jugendlichen. Zum anderen ist die Schule schon allein durch die vielen Stunden, die
Jugendliche täglich in ihr zubringen, und die dabei entstehenden intensiven Kontakte
sowohl zu Gleichaltrigen als auch zu den erwachsenen Lehrkräften eine wichtige Institution, welche Heranwachsende auch über das engere Unterrichtsgeschehen hinaus als

Lern- und Experimentierfeld nutzen. Wahl (2009) gibt einen Überblick über verschiedene Studien, die einen Zusammenhang zwischen Schulkima und Gewalt feststellen: Demnach scheinen langweiliger Unterricht, wenig bekannte Schulregeln, eine als negativ empfundene soziale Kultur im Klassenzimmer sowie eine geringe Durchsetzung von Disziplin und eine mangelnde Hilfsbereitschaft der Lehrkräfte positiv mit der Häufigkeit von Gewalttätigkeiten bei Schülern zusammenzuhängen. Wahls eigene Täterstudie (2001b) ergab, dass die untersuchten Gewalttäter häufig negative Erinnerungen an ihre Schulzeit hatten: Diese war geprägt durch Langeweile oder Überforderung, von häufigen Aggressionen gegenüber Mitschülern oder Lehrkräften sowie durch Fernbleiben vom Unterricht. Auch die Struktur des Schulsystems und die damit einhergehenden sozialen Ungleichheiten stehen offenbar in einem Zusammenhang mit der Gewaltbelastung: An deutschen Hauptschulen sind beispielsweise Gewalttätigkeiten deutlich häufiger anzutreffen als an Gymnasien (Klewin & Tillmann, 2006). LeBlanc, Swisher, Vitaro und Tremblay (2007) stellten in einer kanadischen Schuluntersuchung fest, dass an Privatschulen und an Schulen im ländlichen Raum weniger Gewalttätigkeiten auftraten als an öffentlichen Schulen und an solchen in städtischen Gebieten.

Dem Freundeskreis eines Jugendlichen kommt eine wichtige Orientierungsfunktion für das eigene Verhalten zu; dies gilt auch für gewalttätiges Verhalten, das häufig aus einem Gruppenkontext heraus geschieht. Die Integration in eine sogenannte „Peergroup" gilt als eine wichtige Entwicklungsaufgabe im Jugendalter (Oerter & Dreher, 2008). Schwierigkeiten bei der Bewältigung dieser Aufgabe können in unterschiedlicher Weise mit der Gewalttätigkeit bei Jugendlichen zusammenhängen, beispielsweise können gewalttätige Jugendliche aufgrund ihrer Aggressivität von den Gleichaltrigen abgelehnt werden. Umgekehrt entwickeln aufgrund bestimmter Merkmale abgelehnte Jugendliche zuweilen eine reaktive Aggressivität. Eine dritte Möglichkeit stellt der Anschluss aggressiver Jugendlicher an eine ebensolche Peergroup dar (Boivin, Vitaro & Poulin, 2005). Insbesondere in diesem Fall besteht nach Wahl (2009) die Gefahr, dass der Jugendliche in seiner Gewalttätigkeit immer weiter bekräftigt wird. Verschiedene Studien haben ergeben, dass bereits das Vorhandensein von delinquenten Freunden in der Peergroup das eigene Delinquenzrisiko beträchtlich erhöht. Als Ursachen werden die Verstärkerfunktion einer solchen Peergroup, der Wunsch des Jugendlichen nach Anerkennung und die Angst, sich lächerlich zu machen, sowie gruppendynamische Prozesse diskutiert (Baier et al., 2010; Baier & Boehnke, 2008; Oswald & Uhlendorff, 2008).

*Aktuelle Studien zu den Trends von Jugendgewalt*
Mit der Polizeilichen Kriminalstatistik (PKS) werden jährlich alle der Polizei bekannt gewordenen strafrechtlichen Sachverhalte erfasst; sie zeigt das Hellfeld[36] der Kriminalität. Aus der PKS des Jahres 2009 lässt sich entnehmen, dass die Zahl der ermittelten

---

36  Das sog. „Dunkelfeld", also Straftaten, die der Polizei nicht zur Kenntnis gelangt sind, können somit nicht miterfasst werden. Anzumerken ist, dass das Hellfeld von Kriminalität u. a. vom Anzeigever-

jugendlichen Tatverdächtigen zwischen 14 und 18 Jahren insgesamt seit 2004 abnimmt (Bundeskriminalamt, BKA, 2009a). Auch die Zahl der tatverdächtigen Kinder unter 14 Jahren geht seit 1998 zurück. Für die Deliktgruppe der Gewaltkriminalität (Körperverletzung, Mord, Totschlag, Raub) ist nach einem starken Anstieg seit den 1990er Jahren seit 2008 ebenfalls eine leicht rückläufige Entwicklung in der Altersgruppe der Jugendlichen festzustellen (vgl. auch Baier et al., 2010).

Die PKS erfasst bezüglich aller Delikte neben dem Alter auch das Geschlecht der Tatverdächtigen. Bei allen ermittelten Straftaten stellen Männer die Mehrheit der Tatverdächtigen; bei Mord und Totschlag sowie bei Körperverletzungsdelikten wurden sogar zu über 80 Prozent männliche Tatverdächtige ermittelt. Diese Geschlechtsverteilung trifft im Wesentlichen für alle Altersgruppen zu (BKA, 2009a). Darüber hinaus zeigen die Zeitreihen des Bundeskriminalamtes aber auch, dass seit 1987 die absoluten Zahlen weiblicher Tatverdächtiger beispielsweise bei Körperverletzungen zunehmen (BKA, 2009b). Gleiches gilt allerdings auch für die männlichen Tatverdächtigen (BKA, 2009c), so dass das Verhältnis von männlichen und weiblichen Tatverdächtigen bei Körperverletzungsdelikten in den letzten Jahren nahezu unverändert geblieben ist. Zuweilen werden im Zusammenhang mit bekannt gewordenen Gewalttaten von Mädchen Befürchtungen geäußert, dass die Mädchengewalt stark angestiegen sei. Dagegen argumentiert Heeg (2009), dass sich in den Kriminalitätsstatistiken zwar für einige Zeiträume prozentuale Zuwächse von Mädchengewalt im Vergleich zur Gewalt von Jungen feststellen ließen, jedoch die absolute Zahl der Gewaltdelikte bei Mädchen auch deutlich geringer als bei Jungen sei.

Weiter oben wurde bereits auf Studien verwiesen, die vermuten lassen, dass Mädchen nicht weniger aggressiv, aber deutlich seltener offen gewalttätig sind. Bei subtileren Gewaltformen (z. B. Mobbing) ist folglich der Anteil der Mädchen höher als bei direkten körperlichen Auseinandersetzungen (Ittel, Bergann & Scheithauer, 2008). Da diese Aktivitäten selten strafrechtlich relevant werden, tauchen sie in der PKS nicht auf. Die Tatsache, dass Gewalt lange als vornehmlich männliches Phänomen begriffen und untersucht wurde (Bruhns & Wittmann, 2002; Heeg, 2009; Ittel et al., 2008), spiegelt sich auch in der Gestaltung entsprechender Indikatoren in Erhebungsinstrumentarien wider: Gewalt wird als offene physische Schädigung anderer Personen operationalisiert und zielt damit auf männliche Formen der Gewaltausübung. Auf diese Weise werden dann die mit derartigen Operationalisierungen gefundenen Geschlechtsunterschiede teilweise selbst produziert; dies gilt auch für die vorliegende Studie.

In der Shell-Jugendstudie (Shell Deutschland Holding, 2010), einer sogenannten Dunkelfeldstudie, wurden den Befragten Indikatoren mit verschiedenen prototypischen Situationen vorgelegt, zu denen sie angeben sollten, in welchen situativen Kontexten sie in den letzten zwölf Monaten in Schlägereien verwickelt waren. Im Jahr 2010 waren

---

halten der Bevölkerung abhängig ist: Ein Absinken der PKS-Zahlen muss somit nicht unbedingt ein Absinken der Kriminalität darstellen, Gleiches gilt allerdings auch für den umgekehrten Fall.

23 Prozent der Befragten in zumindest einem Kontext an gewaltsamen Auseinandersetzungen beteiligt; damit hatte sich dieser Wert im Vergleich zum Jahr 2006 kaum verändert (22 %). Die Beteiligung an Schlägereien ging statistisch mit einer geringen Bildung,
materialistischen Wertorientierungen, einer empfundenen Diskriminierung im Alltag
(insbesondere bei Befragten mit Migrationshintergrund) und einem autokratischen Erziehungsstil der Eltern einher. Zudem waren junge Männer deutlich häufiger in Schlägereien verwickelt als junge Frauen. In der Altersgruppe der 15- bis 17-Jährigen traten
bei beiden Erhebungen gewalttätige Auseinandersetzungen häufiger auf als bei älteren
Jugendlichen. Hauptschüler waren häufiger in Schlägereien verwickelt als Realschüler
und Gymnasiasten; bei den Erstgenannten stieg zudem der Anteil der in Schlägereien
verwickelten Jugendlichen im Vergleich zu 2006 deutlich an.

In der Studie „Jugend 2009 in Sachsen" (Sächsisches Staatsministerium für Soziales
und Verbraucherschutz, 2010) sollten die Befragten angeben, ob und gegebenenfalls in
welcher Weise sie in den letzten zwölf Monaten Opfer von „alltäglicher Gewalt" (z. B.
Beleidigungen, Diebstähle, kleinere und größere Prügeleien) geworden sind. Am häufigsten wurden die Befragten Opfer von Beleidigungen und Beschimpfungen. Jungen
und junge Männer insbesondere der Altersgruppe der 15- bis 17-Jährigen gaben – ähnlich wie in der vorliegenden Studie und in der Untersuchung des Kriminologischen Instituts Niedersachen (Baier, Pfeiffer, Simonson & Rabold, 2009) – am häufigsten an, in
den letzten zwölf Monaten Gewalt erlebt zu haben.[37] Im Zeitreihenvergleich wurde allerdings deutlich, dass zwischen den Jahren 1999 und 2009 kein gravierender Anstieg
bei der Häufigkeit der Gewalterfahrungen erfolgte.


## 7.2   Methodische Bemerkungen

Für die Studie „Jugend in Brandenburg" wurden Skalen und Items konstruiert, die es
erlauben, Gewalt auf der Akzeptanz-, der Bereitschafts- und der Handlungsebene zu
erfassen. In vielen Fällen blieben die verwendeten Indikatoren seit 1993 unverändert,
wodurch auch Aussagen zu den langfristigen Entwicklungen der Jugendgewalt in Brandenburg ermöglicht werden. Die „Gewaltakzeptanz" wurde mit einer aus fünf Items bestehenden Skala erhoben (s. Anhang); die „Instrumentelle Gewaltbereitschaft" wird mit
Hilfe eines Einzelindikators erfasst. Bezüglich des eigenen Gewalthandelns wurden die
Befragten gebeten anzugeben, wie oft sie sich an „Schlägereien oder gewalttätigen Aktionen" beteiligen. Die Darstellung der Befunde in der Zeitreihe erfolgt auf der Basis
der Mittelwerte der Skala bzw. der Einzelindikatoren zu jedem Erhebungszeitpunkt. Die
Werte rangieren jeweils zwischen den Stufen „1" und „4", wobei „1" den niedrigsten und
„4" den höchsten möglichen Wert darstellt.

---

37  Umgekehrt fällt das Geschlechterverhältnis allerdings bei der Frage nach erlebten sexuellen Belästigungen aus, die nicht Gegenstand des vorliegenden Kapitels sind.

Jeweils seit 1996 werden die brandenburgischen Jugendlichen gefragt, wie oft sie Gewalt im schulischen Kontext und im Freizeitumfeld beobachten. Somit lässt sich die Entwicklung der Gewaltbelastung in den beiden Lebensbereichen über vier Erhebungszeitpunkte hinweg nachvollziehen. Bezüglich der Gewaltbelastung der Jugendlichen in der Schule wird seit 1999 mittels vier Items zudem erhoben, wie die Reaktion der Lehrer auf Schulgewalt ausfällt (z. B. „Sie sehen weg"). Die eigene Reaktion der Jugendlichen auf Gewalt in ihrem Freizeitumfeld wird seit 1999 (bzw. in einem Fall seit 2005) mittels vier Items erfasst (z. B. „… schaue ich selbst meist nur zu, ohne einzugreifen"). Zudem wird seit 1999 die Meinung der Jugendlichen zur Gewaltausübung anderer erfragt; aus fünf Statements sollen die Befragten dasjenige auswählen, welches für sie am ehesten zutrifft (z. B. „Ich akzeptiere dies als ihre Entscheidung. Jeder soll so handeln, wie er es für richtig hält.").

Um die Bedeutung des Freundeskreises für die Gewaltbereitschaft der Jugendlichen abzubilden, werden die Befragten bereits seit 1996 mittels drei Items nach der Einstellung zur Gewalt in der jeweiligen Clique gefragt (z. B. „Gewalt findet die Mehrheit in der Gruppe nicht so schlimm").

Erstmals wurden im Jahr 2010 vier Items zum Themenbereich „Happy Slapping" erhoben. Hierbei wurden die Jugendlichen danach gefragt, ob und ggf. wie oft sie entsprechende Videoaufnahmen angesehen, weitergeleitet, ins Internet gestellt oder selbst aufgezeichnet haben.

Mittels bi- und multivariater Analysen wurden Zusammenhänge zwischen der „Allgemeinen Gewaltbereitschaft"[38] der Jugendlichen einerseits und Indikatoren zu Persönlichkeitsmerkmalen (z. B. politische Einstellungen, Zukunftserwartungen, Kontrollüberzeugungen), zur Familie und zur Familienerziehung, zu Peerbeziehungen, zur Schule, zu Wertorientierungen, zu Opfererfahrungen sowie zum Computerspielen und zum „Happy Slapping" andererseits analysiert.

## 7.3   Untersuchungsergebnisse

*Gewaltakzeptanz*
Die seit 1993 in der Studie „Jugend in Brandenburg" erhobene Skala „Gewaltakzeptanz" gibt Aufschluss darüber, in welchem Umfang Gewalt als Mittel der Alltagsbewältigung als akzeptabel erscheint. Im Jahr 2010 lehnten ähnlich wie in der Vorgängererhebung im Jahr 2005 rund 80 Prozent der Jugendlichen gewaltakzeptierende Statements völlig oder zumindest überwiegend ab (Skalenbereiche „Niedrig" bzw. „Eher Niedrig", s. Tab. 7.1).

---

38  Für die bi- und multivariaten Analysen wurden neun Einzelitems, darunter die Indikatoren zur „Instrumentellen Gewaltbereitschaft" und zur „Teilnahme an Schlägereien", zur Skala „Allgemeine Gewaltbereitschaft" zusammengefasst (s. Anhang).

Der kleine Teil derjenigen, die solchen Statements völlig zustimmten, liegt wie in der Erhebung 2005 bei rund vier Prozent. Jungen akzeptieren Gewalt nach wie vor eher als Mädchen (f = 0.25). Zudem ist die Höhe der Gewaltakzeptanz vom Alter abhängig: Eine hohe Gewaltakzeptanz ist in den Altersgruppen der 12- bis 14-Jährigen und der 15- bis 17-Jährigen verbreiteter als bei den über 18-jährigen Befragten (f = 0.22). Bei den Jugendlichen, die eine hohe Gewaltakzeptanz aufweisen, ist der Anteil der Oberschüler am größten (f = 0.31); er ist außerdem im Vergleich zu 2005 angewachsen.

*Tabelle 7.1*      Skala „Gewaltakzeptanz" 2005 und 2010 (in %)

| | Skala „Gewaltakzeptanz" | | | | | | | |
| | Niedrig | | Eher niedrig | | Eher hoch | | Hoch | |
| (Teil-)Gruppen | 2005 | 2010 | 2005 | 2010 | 2005 | 2010 | 2005 | 2010 |
|---|---|---|---|---|---|---|---|---|
| Gesamtstichprobe | 42,1 | 41,7 | 38,7 | 39,4 | 16,0 | 15,1 | 4,1 | 3,7 |
| Jungen | 32,6 | 32,0 | 40,0 | 41,8 | 20,8 | 20,5 | 6,7 | 5,7 |
| Mädchen | 52,3 | 52,0 | 35,4 | 36,9 | 10,9 | 9,4 | 1,3 | 1,6 |
| 12–14 Jahre | 33,3 | 31,8 | 40,8 | 44,6 | 19,0 | 18,6 | 6,9 | 5,0 |
| 15–17 Jahre | 39,0 | 38,5 | 38,2 | 41,0 | 18,8 | 15,5 | 4,0 | 5,0 |
| Ab 18 Jahre | 52,2 | 49,0 | 35,1 | 36,2 | 10,7 | 12,7 | 2,0 | 2,2 |
| Oberschule | 29,0 | 25,7 | 40,1 | 42,1 | 23,5 | 23,4 | 7,5 | 8,7 |
| Gymnasium | 54,6 | 51,0 | 33,3 | 37,9 | 10,2 | 9,7 | 1,9 | 1,4 |
| Oberstufenzentrum | 44,1 | 44,6 | 39,5 | 39,0 | 13,7 | 14,1 | 2,7 | 2,4 |

Im Verlauf der Zeitreihe ist der Anteil der Jugendlichen, die Gewalt grundsätzlich ablehnen, seit dem Jahr 1993 (32,6 %) bis ins Jahr 2005 (42,1 %) beständig gewachsen; danach ist ein leichter Rückgang zu verzeichnen (2010: 41,7 %). Zugleich blieb im Gesamtzeitraum der Anteil derjenigen, die eine hohe Gewaltakzeptanz aufweisen, mit rund vier Prozent relativ konstant. Mit Blick auf die Mittelwerte lässt sich feststellen, dass die Akzeptanz von Gewalt als Mittel der Auseinandersetzung seit 1996 zunächst deutlich rückläufig war und seit 1999 nur noch leicht zurückging (vgl. Abb. 7.1).

*Instrumentelle Gewaltbereitschaft*
Der Indikator „Instrumentelle Gewaltbereitschaft" gibt Aufschluss über die Bereitschaft der Befragten, Gewalt zur Durchsetzung der eigenen Interessen anzuwenden. Aus der Tabelle 7.2 wird ersichtlich, dass die große Mehrheit der Jugendlichen die Aussage „Ich bin in bestimmten Situationen durchaus bereit, auch körperliche Gewalt anzuwenden,

*Abbildung 7.1*   Skala „Gewaltakzeptanz" im Zeitraum von 1993 bis 2010
                  (Mittelwerte von „1" = „Niedrig" bis „4" = „Hoch")

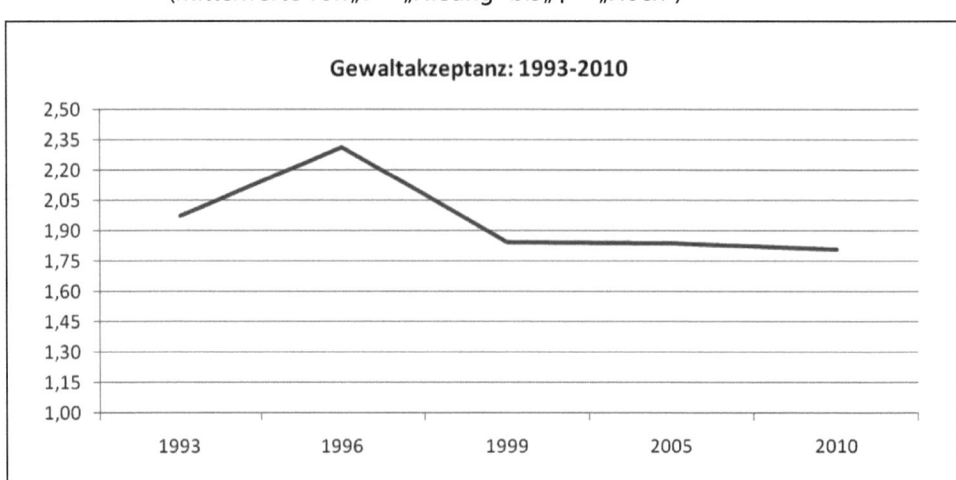

um meine Interessen durchzusetzen" völlig oder tendenziell ablehnt (76,6 %). Der Anteil derjenigen, die dieser Aussage uneingeschränkt zustimmen, ist von 10,0 Prozent im Jahr 2005 auf nunmehr 6,9 Prozent gesunken.

*Tabelle 7.2*      „Instrumentelle Gewaltbereitschaft" 2005 und 2010 (in %)

| | „Ich bin in bestimmten Situationen durchaus bereit, auch körperliche Gewalt anzuwenden, um meine Interessen durchzusetzen" | | | | | | | |
|---|---|---|---|---|---|---|---|---|
| | Stimmt völlig | | Stimmt teilweise | | Stimmt kaum | | Stimmt nicht | |
| (Teil-)Gruppen | 2005 | 2010 | 2005 | 2010 | 2005 | 2010 | 2005 | 2010 |
| Gesamtstichprobe | 10,0 | 6,9 | 17,0 | 16,5 | 26,1 | 24,7 | 46,9 | 51,9 |
| Jungen | 14,9 | 10,7 | 21,7 | 22,2 | 29,3 | 28,2 | 34,1 | 38,8 |
| Mädchen | 4,8 | 2,9 | 12,0 | 10,5 | 22,7 | 21,0 | 60,5 | 65,6 |
| 12–14 Jahre | 13,4 | 7,3 | 18,9 | 20,6 | 27,3 | 28,2 | 40,4 | 43,9 |
| 15–17 Jahre | 10,7 | 7,6 | 18,2 | 19,0 | 28,2 | 27,3 | 42,8 | 46,1 |
| Ab 18 Jahre | 6,4 | 6,1 | 13,9 | 12,6 | 22,8 | 21,1 | 56,8 | 60,2 |
| Oberschule | 14,7 | 11,2 | 19,2 | 22,2 | 28,5 | 29,3 | 37,6 | 37,3 |
| Gymnasium | 6,2 | 4,0 | 13,5 | 14,5 | 26,9 | 23,6 | 53,3 | 57,9 |
| Oberstufenzentrum | 8,5 | 6,6 | 17,9 | 14,4 | 23,1 | 22,5 | 50,5 | 56,5 |

Die verschiedenen Teilgruppen unterscheiden sich bei der „Instrumentellen Gewaltbereitschaft" ähnlich wie bei der „Gewaltakzeptanz": Jungen sind auch im Jahr 2010 deutlich gewaltbereiter als Mädchen (f = 0.28). Ebenso weisen die jüngeren Altersgruppen eine höhere „Instrumentelle Gewaltbereitschaft" auf als die über 18-Jährigen (f = 0.16). Eine differenzierte Betrachtung nach Schulformen zeigt außerdem, dass Oberschüler gewaltbereiter sind als Schüler von Gymnasien oder OSZ (f = 0.22).

Auch der Indikator „Instrumentelle Gewaltbereitschaft" wird bereits seit dem Jahr 1993 in der Zeitreihenstudie erfasst. In diesem Zeitraum stieg der Anteil der Jugendlichen, welche die entsprechende Aussage völlig ablehnen, von 44,8 Prozent im Jahr 1993 auf 51,9 Prozent im Jahr 2010. Zugleich ist die Gruppe der Jugendlichen, welche der Aussage völlig zustimmen, kleiner geworden; sie erreicht im Jahr 2010 mit 6,9 Prozent den niedrigsten Wert in der Zeitreihe. Der Mittelwertvergleich (vgl. Abb. 7.2) zeigt eine kontinuierliche Abnahme der „Instrumentellen Gewaltbereitschaft" seit der Erhebung 1996.

*Abbildung 7.2* „Instrumentelle Gewaltbereitschaft" im Zeitraum von 1993 bis 2010 (Mittelwerte von „1" = „Niedrig" bis „4" = „Hoch")

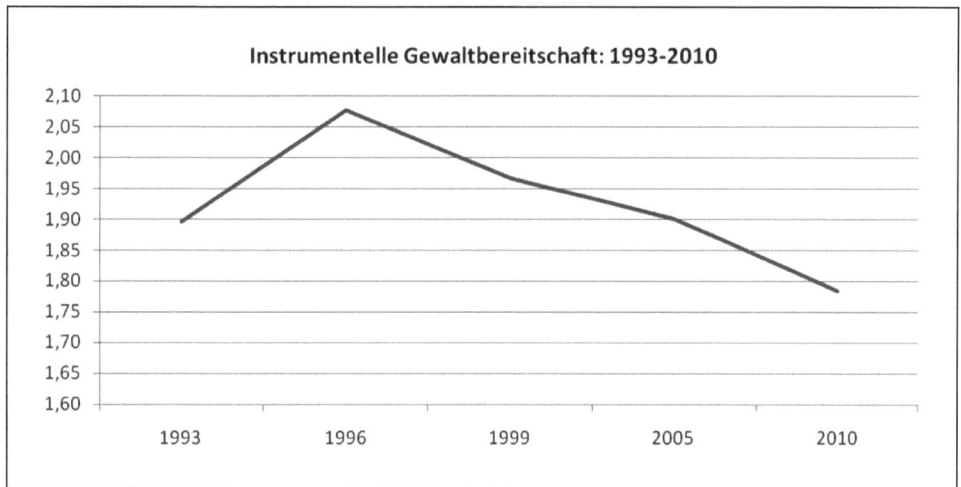

*Beteiligung an gewalttätigen Aktionen*
Wenn die Mehrheit der brandenburgischen Jugendlichen Gewalt ablehnt und der Anteil der Befürworter eher klein ist, stellt sich die Frage, ob dies auch für die tatsächliche Beteiligung an Gewalthandlungen zutrifft. Der nachfolgenden Tabelle 7.3 kann entnommen werden, dass der Anteil der Jugendlichen, die sich nie an gewalttätigen Aktionen beteiligen, im Vergleich zu 2005 leicht angestiegen ist; er liegt 2010 bei 61,2 Prozent (2005: 59,8 %). Allerdings zeigt sich – wie bereits bei der Erhebung des Jahres 2005 – ein Polarisierungseffekt: Der Anteil derjenigen Jugendlichen, die sich oft an Schlägereien

beteiligen, ist im Jahr 2010 ebenfalls geringfügig angestiegen (2005: 2,2 %; 2010: 2,5 %); für die Altersgruppe der 15- bis 17-Jährigen und insbesondere für die Gruppe der Oberschüler fällt dieser Anstieg sogar recht deutlich aus.

Die differenzierten Auswertungen nach Geschlecht, Alter und Schultyp zeigen ein ähnliches Bild wie zuvor die Auswertungen zur „Gewaltakzeptanz" und zur „Instrumentellen Gewaltbereitschaft": Jungen beteiligen sich häufiger an gewalttätigen Aktionen als Mädchen (f = 0.30); Jugendliche über 18 Jahre nehmen seltener an solchen Aktionen teil als jüngere Jugendliche (f = 0.14). Dies entspricht früheren Befunden und stützt die These, dass Gewalt bei vielen Jugendlichen ein Provokanz- und Durchgangsphänomen in der Pubertät darstellt (Sturzbecher, Hess & Them, 2002). Bei denjenigen Befragten, die angeben, sich oft an Gewaltaktionen zu beteiligen, stellen die Oberschüler auch im Jahr 2010 den weitaus größten Anteil (f = 0.24). Dieses Ergebnis korrespondiert mit Befunden der 16. Shell-Jugendstudie, nach denen Hauptschüler deutlich öfter an gewalttätigen Handlungen beteiligt sind als Schüler, die ein Gymnasium besuchen (Shell Deutschland Holding, 2010).

*Tabelle 7.3*      Beteiligung an gewalttätigen Aktionen 2005 und 2010 (in %)

| (Teil-)Gruppen | Beteiligung an gewalttätigen Aktionen | | | | | | | |
| | Oft | | Manchmal | | Selten | | Nie | |
| | 2005 | 2010 | 2005 | 2010 | 2005 | 2010 | 2005 | 2010 |
|---|---|---|---|---|---|---|---|---|
| Gesamtstichprobe | 2,2 | 2,5 | 8,2 | 8,4 | 30,4 | 27,9 | 59,8 | 61,2 |
| Jungen | 3,4 | 3,9 | 12,6 | 13,0 | 39,6 | 38,3 | 44,3 | 44,9 |
| Mädchen | 0,7 | 1,1 | 3,3 | 3,6 | 19,8 | 16,9 | 76,2 | 78,5 |
| 12–14 Jahre | 2,9 | 3,1 | 10,1 | 9,5 | 38,4 | 32,6 | 48,5 | 54,8 |
| 15–17 Jahre | 2,3 | 3,4 | 8,6 | 8,9 | 30,1 | 28,9 | 59,0 | 58,9 |
| Ab 18 Jahre | 1,2 | 1,7 | 5,9 | 7,2 | 23,7 | 24,6 | 69,2 | 66,5 |
| Oberschule | 3,8 | 5,4 | 10,5 | 13,8 | 40,4 | 34,1 | 45,3 | 46,7 |
| Gymnasium | 1,0 | 1,0 | 5,0 | 3,6 | 20,6 | 24,8 | 73,4 | 70,7 |
| Oberstufenzentrum | 1,4 | 1,9 | 8,4 | 8,8 | 27,9 | 26,3 | 62,3 | 63,0 |

Aus der Abbildung 7.3 ist ersichtlich, dass der Anteil derjenigen, die sich nie an gewalttätigen Aktionen beteiligen, seit 1996 kontinuierlich gewachsen ist. Bei der Betrachtung der Anteile derjenigen Jugendlichen, die oft bzw. manchmal an Schlägereien teilnehmen, wird deutlich, dass diese seit 2005 ebenfalls leicht zunehmen, obgleich die jeweils höchsten Werte aus dem Jahr 1996 noch nicht wieder erreicht wurden.

*Abbildung 7.3*   Beteiligung an gewalttätigen Aktionen im Zeitraum
                 von 1993 bis 2010 (in %)

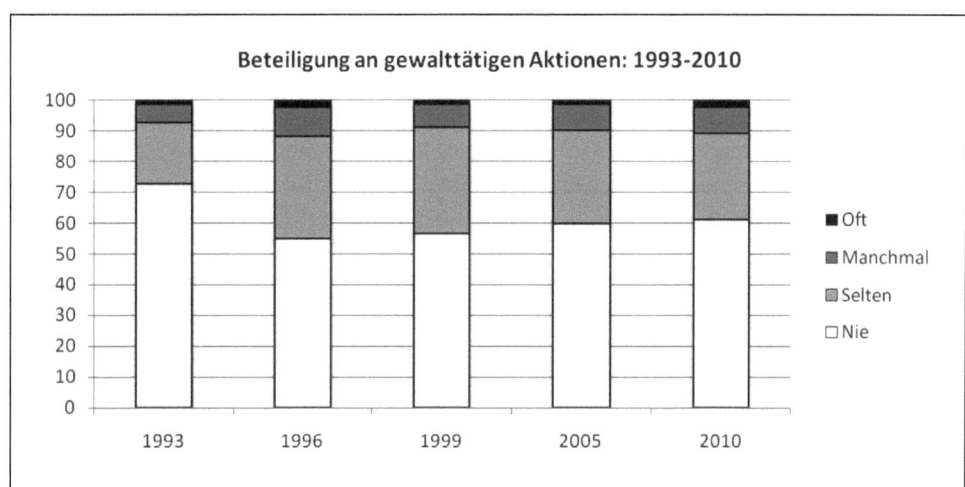

*Happy Slapping*

Um auch die modernen Varianten von Jugendgewalt im Zusammenhang mit der ver-
stärkten Mediennutzung zu erfassen, wurden die Jugendlichen in Brandenburg bei der
Erhebung im Jahr 2010 erstmals nach den unterschiedlichen Beteiligungsformen am sog.
„Happy Slapping" gefragt. Den in der Tabelle 7.4 dargestellten Ergebnissen ist zu entneh-

*Tabelle 7.4*      Indikatoren zu „Happy Slapping" 2010 (in %)

| | „Haben Sie in den letzten 12 Monaten ... | | |
|---|---|---|---|
| | Nein, gar nicht | Ja, ein- oder zweimal | Ja, dreimal oder öfter |
| | 2010 | 2010 | 2010 |
| ... sich Videoaufnahmen von Schlägereien und Be-lästigungen („Happy Slapping") auf einem Handy oder im Internet angesehen?" | 83,8 | 11,0 | 5,2 |
| ... Videoaufnahmen von Schlägereien und Belästi-gungen („Happy Slapping") an andere weitergeleitet?" | 95,2 | 2,9 | 1,9 |
| ... Videoaufnahmen von Schlägereien und Belästigungen („Happy Slapping") ins Internet gestellt?" | 98,9 | 0,5 | 0,6 |
| ... Videoaufnahmen von Schlägereien und Belästigungen („Happy Slapping") selbst auf-gezeichnet?" | 96,9 | 2,3 | 0,8 |

men, dass die große Mehrheit der Jugendlichen verneint, sich in den letzten zwölf Monaten derartige Filme auf dem Handy angesehen, sie weitergeleitet, ins Internet gestellt oder sogar selbst aufgenommen zu haben. Die Anteile derjenigen, die sich solche Filme ein- oder zweimal (11,0 %) bzw. dreimal oder häufiger (5,2 %) angeschaut haben, sind deutlich größer als die Anteile derjenigen, welche die gefilmten Gewaltszenen weitergeleitet, ins Internet gestellt oder selbst aufgenommen haben. Das Anschauen der Filme ist bei männlichen Jugendlichen verbreiteter als bei weiblichen Jugendlichen (f = 0.16); bei denjenigen Befragten, die sich durch Weiterleiten, ins Internet stellen oder eigene Aufnahmen aktiv am „Happy Slapping" beteiligen, handelt es sich fast ausnahmslos um männliche Jugendliche.

*Gewaltbelastung im Lebensumfeld*

Die bereits bei den Erhebungen der Jahre 1999 und 2005 festgestellten Unterschiede in der Gewaltbelastung der Lebensbereiche „Schule" und „Freizeit" zeigten sich im Jahr 2010 erneut: In ihrer Freizeit beobachteten die Befragten deutlich mehr Gewaltaktionen als in der Schule (s. Abb. 7.4). Der Anteil derjenigen, die im Freizeitumfeld „Fast nie" Gewalttätigkeiten beobachteten, ist mit 49,9 Prozent (2005: 43,4 %) deutlich kleiner als die Gruppe derjenigen, die dies für ihr schulisches Lebensumfeld angeben (2010: 72,6 %; 2005: 73,2 %).

*Abbildung 7.4*  Beobachtung von Gewalthandlungen in Schule und Freizeit 2010 (in %)

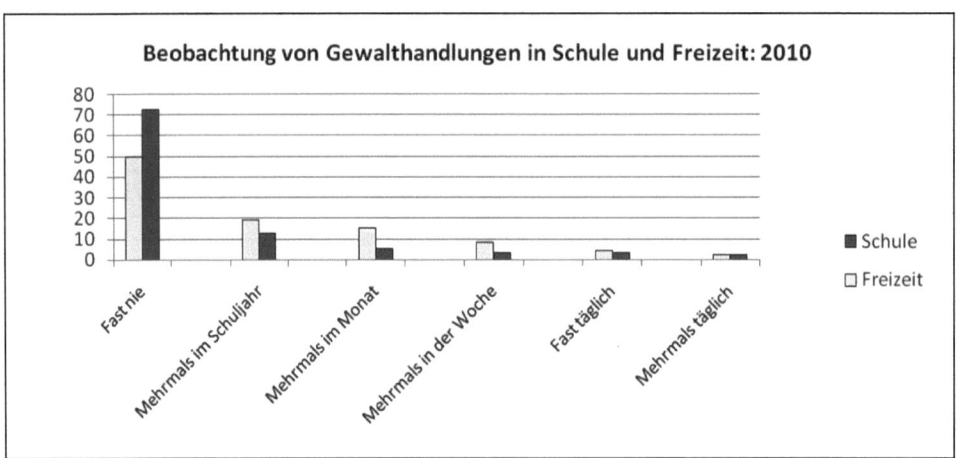

Eine differenzierte Auswertung der Ergebnisse zur Beobachtung von Gewalt in der Freizeit nach Alter und Schultyp ergab, dass Jugendliche unter 18 Jahren (alle Schultypen, f = 0.14) bzw. Schüler von Oberschulen (f = 0.16) häufiger Gewaltkationen beobachten als die älteste Altersgruppe bzw. Schüler von Gymnasien oder Oberstufenzentren. Jungen und Mädchen unterscheiden sich hingegen kaum darin, wie häufig sie Gewaltaktionen in ihrer Freizeit beobachten (f = 0.07).[39]

Der Anteil derjenigen, die in der Schule „Fast nie" Gewalt beobachten, stieg seit der ersten Erhebung dieses Indikators deutlich an: Während im Jahr 1996 nur rund 54 Prozent der Jugendlichen „Fast nie" Schulgewalt beobachteten, trifft dies im Jahr 2010 ähnlich wie in der Vorgängeruntersuchung für mehr als 70 Prozent zu (vgl. dazu auch Kap. 9). Die Größe des Anteils derjenigen, die in ihrer Freizeit „Fast nie" Gewalt beobachten, schwankt hingegen stärker über die Erhebungszeitpunkte: Nach einem Anstieg von rund 44 Prozent im Jahr 1996 auf rund 56 Prozent im Jahr 1999, sank dieser Anteil 2005 wieder auf das Ausgangsniveau zurück; 2010 ist er wiederum auf rund 50 Prozent angewachsen.

*Meinung zur Gewalt anderer*

Seit 1999 werden die Jugendlichen gefragt: „Was halten Sie davon, wenn andere zu Schlägereien/gewalttätigen Aktionen greifen?" (s. Tab. 7.5). Erfreulicherweise ist der Anteil derjenigen Jugendlichen, welche die Gewalt anderer akzeptieren, mittlerweile von rund 20 Prozent im Jahr 1999 auf 12,9 Prozent im Jahr 2010 gesunken (2005: 14,7 %). Zugleich sind heute mehr Jugendliche bereit, ihre Ablehnung von Gewalt auch zu zeigen: Der Anteil derjenigen, die Gewalt ablehnen und dies auch äußern, stieg von knapp einem Viertel der Jugendlichen im Jahr 1999 auf 33,5 Prozent im Jahr 2010 (2005: 32,8 %). Allerdings ist auch der Anteil der Jugendlichen erneut leicht gestiegen, die Gewalt zwar ablehnen, sich aber nicht trauen, etwas dagegen zu sagen.

*Tabelle 7.5*    Gewaltakzeptanz unter Mitschülern 2005 und 2010 (in %)

| | „Was halten Sie davon, wenn andere zu Schlägereien/gewalttätigen Aktionen greifen?" | | | | | | | | | |
|---|---|---|---|---|---|---|---|---|---|---|
| | „Akzeptiere es als ihre Entscheidung." | | „Finde es nicht in Ordnung, mische mich aber nicht ein." | | „In bestimmten Fällen akzeptabel." | | „Absolut dagegen, traue mich aber nicht, etwas zu sagen." | | „Absolut dagegen und sage es auch." | |
| | 2005 | 2010 | 2005 | 2010 | 2005 | 2010 | 2005 | 2010 | 2005 | 2010 |
| Gesamtstichprobe | 14,7 | 12,9 | 19,4 | 19,5 | 21,0 | 20,3 | 12,1 | 13,8 | 32,8 | 33,5 |

Jungen akzeptieren Gewalt eher als „eigene Entscheidung" als Mädchen (17,0 % bzw. 8,5 %) und finden sie auch deutlich häufiger „in bestimmten Fällen akzeptabel" (28,3 %

---

39  Für detaillierte Angaben zur Gewaltbelastung an Schulen und zu den Reaktionen der Lehrkräfte vgl. Kapitel 9.

bzw. 11,8 %). Mädchen sind im Vergleich dazu deutlich häufiger „absolut dagegen, trauen sich aber nicht etwas zu sagen" (18,6 % bzw. 9,3 %); darüber hinaus ist der Anteil derjenigen, die ihre Ablehnung von Gewalt auch offen vertreten, bei den Mädchen erheblich größer als bei den Jungen (42,7 % bzw. 24,9 %). Beim Blick auf die Altersunterschiede wird deutlich, dass der Anteil derjenigen, die Gewalt ablehnen und dies auch offen sagen, in der Gruppe der über 18-Jährigen am größten (42,0 %) und in der Altersgruppe „12 bis 14 Jahre" am kleinsten (23,2 %) ist.

*Eigene Reaktionen auf Gewalt im Freizeitumfeld*
Ebenfalls seit 1999 werden die Jugendlichen nach ihren eigenen Reaktionen auf Gewalthandlungen in ihrem Freizeitumfeld befragt (s. Tab. 7.6). Hierbei hat sich der Anteil derer, die ohne einzugreifen zuschauen, von rund 12 Prozent im Jahr 1999 auf 6,2 Prozent im Jahr 2010 reduziert. Mittlerweile würden etwas weniger Jugendliche als noch im Jahr 2005, aber doch deutlich mehr als im Jahr 1999, bei Gewalthandlungen „selbst dazwischen gehen" (1999: 8,3 %, 2005: 14,8 %, 2010: 13,3 %). Mit zwei Dritteln ist der Anteil der Jungen an dieser Gruppe etwas größer als jener der Mädchen (f = 0.17). Weiterhin würden heute mehr Jugendliche (37,5 %) im Gewaltfall Hilfe holen als im Jahr 2005 (31,5 %); hier überwiegt der Anteil der Mädchen (48,5 %) den der Jungen deutlich (27,1 %; f = 0.24).

*Tabelle 7.6*      Reaktion der Jugendlichen auf Gewalt 2005 und 2010 (in %)

|  | „Wenn es zu Gewalthandlungen in Ihrem Freizeitumfeld kommt …" | | | | | | | |
|---|---|---|---|---|---|---|---|---|
|  | Stimmt völlig | | Stimmt teilweise | | Stimmt kaum | | Stimmt nicht | |
|  | 2005 | 2010 | 2005 | 2010 | 2005 | 2010 | 2005 | 2010 |
| „… schaue ich zu ohne einzugreifen." | 8,7 | 6,2 | 32,5 | 29,6 | 30,5 | 30,9 | 28,4 | 33,3 |
| „… sehe ich zu, dass ich schnell verschwinden kann." | 5,7 | 5,1 | 22,2 | 23,8 | 28,7 | 29,2 | 43,4 | 42,0 |
| „… versuche ich selbst dazwischen zu gehen." | 14,8 | 13,3 | 43,6 | 45,8 | 25,3 | 24,9 | 16,2 | 16,1 |
| „… versuche ich, Hilfe zu holen." | 31,5 | 37,5 | 39,9 | 38,9 | 16,7 | 15,6 | 11,9 | 8,0 |

*Gewalt in der Peergroup*
Erfreulicherweise bewegt sich die Mehrheit der Jugendlichen in Brandenburg nach wie vor in Peergroups, in denen niemand oder kaum jemand zu Gewalt greift (2010: 64,5 %; 2005: 63,4 %) und Gewalt mehrheitlich nicht toleriert wird (2010: 67,7 %; 2005: 62,8 %;

s. Tab. 7.7).[40] Im Freundeskreis der meisten Jugendlichen würde die große Mehrheit der Freunde bei Gewalttätigkeiten einschreiten (85,6 %), dieser Wert ist im Vergleich zu 2005 leicht gesunken (88,6 %). Mädchen bewegen sich deutlich häufiger als männliche Jugendliche in gewaltfreien Freundeskreisen. Dem Indikator „Niemand aus der Gruppe greift zu Gewalt" stimmten im Jahr 2010 beispielsweise 70,0 Prozent der Mädchen, aber nur 59,1 Prozent der Jungen völlig oder teilweise zu (f = 0.16). Die Aussage „Gewalt findet die Mehrheit in der Gruppe nicht so schlimm" lehnten 78,5 Prozent der weiblichen Jugendlichen völlig oder überwiegend ab, bei den männlichen Jugendlichen traf dies nur für 57,4 Prozent zu (f = 0.25). Schüler an Oberschulen gaben deutlich seltener als die Schüler an OSZ und Gymnasien an, in Gruppen eingebunden zu sein, in denen niemand zu Gewalt greift (f = 0.20). Sie agieren folgerichtig auch häufiger als Auszubildende und Gymnasiasten in Peergroups, in denen die Gruppenmehrheit Gewalt „nicht so schlimm" findet (f = 0.23). Zudem fand sich beim Indikator „Gewalt findet die Mehrheit in der Gruppe nicht so schlimm" ein Unterschied zwischen den Altersgruppen: Nur 27,5 Prozent der über 18-Jährigen, aber 39,5 Prozent der 15- bis 17-Jährigen sowie 32,9 Prozent der 12- bis 14-Jährigen stimmten dieser Aussage völlig oder teilweise zu (f = 0.14).

*Tabelle 7.7*     Einstellung zu Gewalt in der Peergroup 2005 und 2010 (in %)

|  | „Wie stehen die Leute aus Ihrem Freundeskreis/Ihrer Clique zu Gewalt?" | | | | | | | |
|---|---|---|---|---|---|---|---|---|
|  | Stimmt völlig | | Stimmt teilweise | | Stimmt kaum | | Stimmt nicht | |
|  | 2005 | 2010 | 2005 | 2010 | 2005 | 2010 | 2005 | 2010 |
| „Niemand aus der Gruppe greift zu Gewalt." | 25,5 | 32,1 | 37,9 | 32,4 | 26,9 | 24,7 | 9,8 | 10,9 |
| „Gewalt findet die Mehrheit in der Gruppe nicht so schlimm." | 9,5 | 8,8 | 27,7 | 23,5 | 31,2 | 28,7 | 31,6 | 39,0 |
| „Wenn es bei einzelnen Gruppenmitgliedern zu Gewalthandlungen käme, würde die Mehrheit in der Gruppe versuchen, etwas dagegen zu tun." | 61,8 | 58,7 | 26,8 | 26,9 | 8,2 | 9,7 | 3,3 | 4,8 |

---

40  Zu den in Tabelle 7.7 aufgeführten Fragen sollten nur diejenigen Jugendlichen Angaben machen, die zuvor die Frage, ob sie in einer Clique sind, positiv beantwortet haben. Dies trifft bei der Befragung 2010 für 73,0 Prozent und für die Befragung 2005 für 70,0 Prozent der Jugendlichen zu.

*Einflussfaktoren auf Jugendgewalt*

Welche Bedingungen fördern die „Allgemeine Gewaltbereitschaft" von Jugendlichen? Für die bereits 1999 bzw. 2005 gefundenen Einflussfaktoren Rechtsextremismus ($r = 0.55$), Ausländerfeindlichkeit ($r = 0.41$) und Externale Kontrollüberzeugungen ($r = 0.29$) lassen sich auch 2010 enge Zusammenhänge mit der Gewaltbereitschaft nachweisen; weiterhin korrespondiert Gewaltbereitschaft mit hedonistischen und materialistischen Wertorientierungen („Ohne Anstrengung ein angenehmes Leben führen": $\rho = 0.19$; „Viel Geld verdienen": $\rho = 0.20$).

Auch familiäre Erfahrungen beeinflussen die Gewaltbereitschaft von Jugendlichen: Jugendliche, die einen stark kontrollierenden elterlichen Erziehungsstil erleben („Elterliche Restriktion", $r = 0.25$) und wenig Fürsorge seitens ihrer Eltern wahrnehmen („Elterliche Vernachlässigung", $r = 0.22$), weisen eine höhere Gewaltbereitschaft auf als andere Jugendliche. Zugleich scheinen die Zufriedenheit mit dem Verhältnis zu den Eltern ($\rho = -0.16$) und dem Familienklima ($\rho = -0.14$), eine als offen wahrgenommene Familienkommunikation („Probleme offen ansprechen", $\rho = -0.16$), das Gefühl der Geborgenheit in der Familie ($\rho = -0.17$) und die Erfahrung, dass die Eltern die Ansichten der Jugendlichen respektieren ($\rho = -0.20$), protektive Faktoren hinsichtlich der Entstehung von Gewaltbereitschaft bei Jugendlichen zu sein.

Die große Bedeutung der Peergroup insbesondere im Jugendalter zeigt sich auch bei der Entwicklung von Gewaltbereitschaft: Jugendliche, die sich in einem gewaltakzeptierenden Freundeskreis bewegen, weisen eine höhere Gewaltbereitschaft auf ($\rho = 0.47$) als Jugendliche, deren Clique Gewalt ablehnt. Die Gewaltbereitschaft derjenigen, in deren Peergroup „Niemand gewalttätig ist" ($\rho = -0.35$) bzw. in der sich die Mehrheit gegen Gewalt engagiert ($\rho = -0.25$), ist entsprechend gering. Auch die politische Ausrichtung des Freundeskreises ist für die Herausbildung von Gewaltbereitschaft relevant: Jugendliche, die in einer politisch rechts eingestellten Clique sind, weisen eine erhöhte Gewaltbereitschaft auf ($\tau = 0.26$); ist die Clique eher politisch links eingestellt, findet sich ein solcher Zusammenhang nicht.

Im Jahr 2010 wurde erstmals überprüft, ob der Medienkonsum – am Beispiel von verschiedenen Computerspielen – von Jugendlichen mit ihrer Gewaltbereitschaft korrespondiert. In Bezug auf das Spielen von sogenannten „Ego- und Third-Person-Shooter" ($\rho = 0.33$) und „Prügelspielen" ($\rho = 0.32$) am Computer bzw. mit der Spielkonsole lässt sich jeweils ein deutlicher Zusammenhang feststellen: Diejenigen Jugendlichen, die sich mit solchen Spielen beschäftigen, weisen auch eine erhöhte Gewaltbereitschaft auf. Wichtig erscheint an dieser Stelle die Anmerkung, dass solche Zusammenhänge zwar bemerkenswert sind, aber keine Kausalität in dem Sinne bedeuten, dass sich mit der vorliegenden Studie eine eindeutige Wirkrichtung (wie z. B. „Computerspiele machen gewaltbereit" oder auch „Gewaltbereitschaft führt zum Spielen gewaltverherrlichender Computerspiele") nachweisen ließe.

Jugendliche, die sich „Happy Slapping"-Filme anschauen, spielen wie erwartet auch häufiger „Ego- und Third-Person-Shooter" ($\rho = 0.20$) und „Prügelspiele" ($\rho = 0.18$); sie weisen darüber hinaus auch eine erhöhte Gewaltbereitschaft ($\rho$ = 0.29) im Vergleich zu anderen Jugendlichen auf. Zudem finden sich Zusammenhänge zwischen dem Ansehen von „Happy Slapping"-Filmen einerseits und delinquenten Verhaltensweisen anderseits („Klauen": $\rho$ = 0.26; Beschädigung fremder Fahrzeuge: $\rho$ = 0.27; Sprühen von Graffiti: $\rho$ = 0.22). Jugendliche, die angaben, „Happy Slapping"-Filme angesehen zu haben, bewegen sich außerdem häufiger in Freundeskreisen, in denen die Meinung „Gewalt ist nicht so schlimm" vorherrschend ist ($\rho$ = 0.21). Eine erhöhte Gewaltbereitschaft zeigte sich auch bei Jugendlichen, die für die letzten 12 Monate das Begehen von verschiedenen Delikten eingeräumt hatten („Etwas geklaut": $\rho$ = 0.26; „An gewaltsamen Aktionen teilgenommen": $\rho$ = 0.48; „Graffiti gesprüht": $\rho$ = 0.27). Alkoholkonsum stellt ebenfalls einen Risikofaktor für die Gewaltbereitschaft dar: Sowohl diejenigen, die früh anfangen, Alkohol zu trinken (r = −0.26), als auch jene Jugendlichen, die angaben, häufig betrunken zu sein ($\tau$ = 0.17), weisen eine höhere Gewaltbereitschaft als andere Befragte auf. Die Gewaltbereitschaft ist zudem bei denjenigen Jugendlichen erhöht, die angaben, bereits Drogen („Pillen, Hasch oder Ähnliches") konsumiert zu haben ($\rho$ = 0.17).

Im Jahr 2010 wurde erstmals überprüft, in welcher Weise sich die Erfahrung, selbst Opfer von Gewalt geworden zu sein, auf die Gewaltbereitschaft von Jugendlichen auswirkt. Die Ergebnisse zeigen, dass diejenigen, die selbst Opfer von körperlicher Gewalt geworden sind („Mit Fäusten oder Fußtritten angegriffen": $\rho$ = 0.26), auch eine höhere Gewaltbereitschaft aufwiesen als andere Befragte. Dementsprechend steht die Gewaltbelastung im Lebensumfeld ebenfalls in einem engen Zusammenhang mit der Gewaltbereitschaft von Jugendlichen; sie ist bei denjenigen erhöht, die in ihrer Freizeit ($\rho$ = 0.33) bzw. an ihrer Schule ($\rho$ = 0.31) Gewalt beobachten. Diese Befunde könnten ein Hinweis darauf zu sein, dass Jugendliche, die sich in einem gewalttätigen Umfeld bewegen (müssen), auch selbst gewaltbereiter sind und eher zum Opfer von Gewalt werden. Diejenigen, die im Gewaltfall „ohne einzugreifen zuschauen", sind selbst gewaltbereiter ($\rho$ = 0.25) als andere, während diejenigen, die in einem solchen Fall „versuchen Hilfe zu holen", Gewalt eher ablehnen ($\rho$ = −0.35).

Eine geringe Gewaltbereitschaft korrespondiert mit einer hohen Zufriedenheit der Jugendlichen mit der Schul- und Ausbildungssituation ($\rho$ = −0.15) und einer als hoch wahrgenommenen „Sozialen Lehrqualität" (r = −0.22). Anderseits gehen „Schulunlust" (r = 0.42) sowie ein selbst als schlecht eingeschätzter Notenschnitt ($\rho$ = 0.30) mit einer deutlich erhöhten Gewaltbereitschaft einher. Die Lehrkräfte stellen im Umgang mit Gewalt wichtige Vorbilder dar: Jugendliche, die erleben, dass Lehrer bei gewalttätigen Auseinandersetzungen wegsehen, weisen eine erhöhte Gewaltbereitschaft auf ($\rho$ = 0.21).

Welche der in den bivariaten Zusammenhangsanalysen hervorgetretenen Variablen sind nun aber für die multivariate Erklärung der Gewaltbereitschaft Jugendlicher von besonderer Bedeutung? Zur Untersuchung dieser Frage wurde eine multiple lineare Regressionsanalyse durchgeführt (s. Tab. 7.8). Aus den Ergebnissen dieser Regressionsanalyse geht hervor, dass neben rechtsextremen Einstellungen vor allem die Zugehörigkeit zu einer gewaltakzeptierenden Clique, ein von gewalttätigem Verhalten geprägtes Schulklima und eine geringe Schulmotivation sowie das Ansehen von „Happy Slapping"-Filmen und das Spielen gewaltverherrlichender Computerspiele eine Vorhersagekraft für die „Allgemeine Gewaltbereitschaft" aufweisen.

*Tabelle 7.8*      Regressionsanalyse zur Aufklärung
           der „Allgemeinen Gewaltbereitschaft" 2010

| Einflussfaktor | Beta-Gewichte | $\Delta R^2$ | Signifikanz |
|---|---|---|---|
| Rechtsextremismus (Skala) | 0.29 | .308 | .000 |
| Gewaltakzeptierende Freundesclique | −0.20 | .107 | .000 |
| Gewaltbeobachtung in der Schule | −0.07 | .032 | .005 |
| „Happy Slapping" (angesehen) | 0.10 | .023 | .000 |
| Schulunlust (Skala) | 0.10 | .020 | .000 |
| Spielen von Ego-and Third-Person-Shooter (Häufigkeit) | 0.13 | .015 | .000 |
| Erstmalig betrunken (Alter) | −0.08 | .010 | .000 |
| Gewaltbeobachtung in der Freizeit | −0.07 | .005 | .003 |
| Schule: Notenschnitt | 0.07 | .004 | .003 |
| Etwas geklaut | 0.06 | .004 | .010 |
| Opfererfahrung (Angriff mit Fäusten und Fußtritten) | 0.06 | .003 | .008 |
| Elterliche Restriktion (Skala) | 0.06 | .002 | .010 |
| Materialistische Wertorientierung („Viel Geld verdienen") | −0.05 | .003 | .013 |
| **Varianzaufklärung $R^2$** | | **0.53** | |

## 7.4   Fazit

Der eingangs beschriebene und aus den Darstellungen in der Medienöffentlichkeit zuweilen entstehende Eindruck, dass sich die Jugendgewalt stetig verschlimmert, kann auf der Grundlage der Daten der Zeitreihenstudie „Jugend in Brandenburg" nicht bestätigt werden: Sowohl die Akzeptanz von Gewalt als auch die Bereitschaft, Gewalt anzuwenden, sind seit Jahren rückläufig; die große Mehrheit der brandenburgischen Jugendlichen lehnt Gewalt ab und beteiligt sich nicht an gewalttätigen Aktionen. Diese Ergebnisse korrespondieren mit anderen Forschungsbefunden (vgl. Kap. 7.1) und mit den Ergebnissen der Polizeilichen Kriminalstatistik. Allerdings findet sich bei den verschiedenen Erhebungszeitpunkten der Zeitreihenstudie nahezu unverändert immer auch eine – wenn auch kleine – Gruppe von Jugendlichen, die Gewalt bedingungslos akzeptiert und oft in Schlägereien verwickelt ist. Ähnlich wie in anderen Studien (Baier et al., 2010; Shell Deutschland Holding, 2010) und wie bei den früheren Erhebungen der Zeitreihenstudie „Jugend in Brandenburg" (z. B. Sturzbecher et al., 2007) äußern sich auch bei der aktuellen Studie vornehmlich die jüngeren Altersgruppen (12 bis 14 Jahre und 15 bis 17 Jahre), männliche Jugendliche sowie Jugendliche, die eine Oberschule besuchen, gewaltbereiter als die Vertreter der jeweiligen Vergleichsgruppen.

Erwartungsgemäß stehen die Sozialisationsinstanzen „Schule" und „Familie" in einem bedeutsamen Zusammenhang zur Jugendgewalt: Jugendliche, die mit ihrer Schulsituation zufrieden sind, die eine wertschätzende und fördernde Schulatmosphäre wahrnehmen und die ihre Lehrer als Vorbilder beim Zurückdrängen von Gewaltaktionen erleben, äußern sich deutlich weniger gewaltbereit als andere Befragte. Bezüglich der familiären Situation wurde zudem deutlich, dass es weniger konkrete soziale Problemlagen wie beispielsweise die Arbeitslosigkeit der Eltern oder schwierige finanzielle Situationen sind, welche die Gewaltbereitschaft von Jugendlichen befördern; vielmehr gehen ein autoritärer und vernachlässigender elterlicher Erziehungsstil sowie eine als wenig offen wahrgenommene familiäre Kommunikation statistisch mit einer relativ hohen Gewaltbereitschaft davon betroffener Jugendlicher einher.

Bei der Untersuchung des Einflusses neuer Medienformen und den damit einhergehenden neuen technischen Möglichkeiten auf die Jugendgewalt zeigte sich, dass gewaltverherrlichende Computerspiele in einem engen Zusammenhang mit der Gewaltbereitschaft Jugendlicher stehen. Hier eröffnen sich neue Bedarfe wie auch neuartige Möglichkeiten für die Gewaltprävention. Die Nutzung dieser Möglichkeiten sollte mit einer grundsätzlichen Förderung von Medienkompetenz einhergehen; dabei sind neben den Jugendlichen auch die Eltern und Lehrkräfte einzubeziehen. Hinsichtlich des Phänomens „Happy Slapping" lassen die vorliegenden Ergebnisse erkennen, dass es sich dabei nicht um eine massenhaft auftretende neue Form von Jugendgewalt handelt: Zum einen sind die Anteile derer gering, die über das Aufnehmen, das Weiterleiten und das Einstellen solcher Filme ins Internet aktiv „Happy Slapping" betreiben, zum anderen deuten die bestehenden Zusammenhänge mit anderen delinquenten Verhaltensweisen darauf hin, dass „Happy Slapping" vorrangig zum Verhaltensrepertoire ohnehin delinquenter und gewaltbereiter Jugendlicher gehört[41]; dagegen scheint die Faszination dieser Form der Mediengewalt für friedfertige Jugendliche eher gering zu sein .

Die Ergebnisse der Regressionsanalyse stimmen weitgehend mit den Befunden der Vorgängerstudien überein, nach denen auf die Variablen „Rechtsextremismus", „Gewaltakzeptierende Clique" und „Schulunlust" die stärkste Vorhersagekraft für die „Allgemeine Gewaltbereitschaft" entfiel. Zugleich wurde deutlich, dass die vorhersagekräftigsten Variablen unterschiedlichen Lebensbereichen zuzurechnen sind: Sowohl der Freundeskreis als auch die schulischen und familiären Bedingungen beeinflussen, in

---

41  In der Gruppe derjenigen, die „Happy Slapping"-Filme bereits „Dreimal oder öfter" angesehen haben, sind 39,1 Prozent „Hoch" oder „Eher hoch" gewaltbereit.

welchem Maße Gewalt eine akzeptable Handlungsoption für Jugendliche ist. Dieser Befund muss bei der Prävention von Jugendgewalt dahingehend berücksichtigt werden, dass sich Präventionsmaßnahmen immer auf alle für die Jugendlichen bedeutsamen Lebensbereiche beziehen sollten.

# 8 Rechtsextremismus und Ausländerfeindlichkeit

*Mathias Burkert*

## 8.1 Theoretische Vorbemerkungen

*Begriffe und Erscheinungsformen*

Rechtsextremismus beinhaltet nach einer Definition von Jaschke (2001) „die Gesamtheit von Einstellungen, Verhaltensweisen und Aktionen, organisiert oder nicht, die von der rassisch oder ethnisch bedingten sozialen Ungleichheit der Menschen ausgehen, nach ethnischer Homogenität von Völkern verlangen und das Gleichheitsgebot der Menschenrechts-Deklaration ablehnen, die den Vorrang der Gemeinschaft vor dem Individuum betonen, von der Unterordnung des Bürgers unter die Staatsräson ausgehen und die den Wertepluralismus einer liberalen Demokratie ablehnen und Demokratisierung rückgängig machen wollen" (S. 30). Der Begriff „Rechtsextremismus" ist weiter als der des (Neo-)Nazismus oder des Faschismus und umfasst auch „deutschnationale bzw. nationalistisch-konservative Konzepte" (Stöss, 2007, S. 25). Somit ist Rechtsextremismus als „ein Sammelbegriff für verschiedenartige gesellschaftliche Erscheinungsformen, die als rechtsgerichtet, undemokratisch und inhuman" gelten, zu charakterisieren (ebd.).

Wichtig erscheint die Unterscheidung zwischen rechtsextremen Einstellungen und Verhaltensweisen, die sich sowohl bei Jaschke (2001) als auch bei Stöss (2007) findet. Während sich rechtsextreme Verhaltensweisen in Form von Gewalttaten gegen Migranten und „Linke", in der Verwendung oder Verbreitung verfassungsfeindlicher Symbole und Schriften, in Demonstrationen und Kundgebungen, in Mitgliedschaften in rechtsextremen Organisationen und Gruppierungen oder auch in Wahlentscheidungen für rechtsextreme Parteien vergleichsweise selten und von wenigen Personen ausgehend manifestieren, sind rechtsextreme Einstellungen bei größeren Teilen der Bevölkerung nachweisbar[42] (Stöss & Niedermayer, 2008; Heitmeyer, 2009).

---

42  Die Tatsache, dass rechtsextreme Einstellungen nicht nur an den „Rändern" der Gesellschaft zu finden sind, gab Anlass zur Kritik am (Rechts-)Extremismus-Begriff. Dieser wurde ursprünglich von den Verfassungsschutzbehörden geprägt, die von einer Einteilung des politischen Spektrums in die Bereiche „linksextrem", „demokratische Mitte" und „rechtsextrem" ausgingen. In politikwissenschaftlichen Untersuchungen konnte aber gezeigt werden, dass der Raum politischer Einstellungen durch ein solches eindimensionales Schema unzureichend abgebildet wird und dass „Linksextremismus" und „Rechtsextremismus" nicht die äußeren Pole einer einzelnen Dimension bilden (Stöss, 2007, S. 20–21, S. 73).

Rechtsextreme Einstellungsmuster weisen nach Stöss (2007) die folgenden Merkmale[43] auf:

- Befürwortung einer rechtsautoritären Diktatur,
- übersteigerter Nationalismus (Chauvinismus),
- Ausländerfeindlichkeit,
- Antisemitismus,
- Sozialdarwinismus (Übertragung von Aspekten der Darwinschen Evolutionstheorie wie z. B. das „Recht des Stärkeren" auf die menschliche Gesellschaft) und
- Verharmlosung des Nationalsozialismus.

Laut einer Studie von Decker, Weissmann, Kiess und Brähler (2010) rangiert die Verbreitung der oben genannten Einstellungsmerkmale in der deutschen Bevölkerung zwischen ca. drei Prozent (Verharmlosung des Nationalsozialismus) und rund 25 Prozent (Ausländerfeindlichkeit). Dabei stellt sich Rechtsextremismus keineswegs nur als ein „Jugendproblem" dar. In der Untersuchung von Decker et. al. (2010) sind die Prozentzahlen in der Altersgruppe „Älter als 60 Jahre" für fast alle Einstellungsmerkmale höher als in den Altersgruppen „14–30 Jahre" und „31–60 Jahre". Ähnlich berichtet Stöss (2007) bezogen auf das Jahr 2003 für die Altersgruppe „Ab 55 Jahre" ein rechtsextremes Einstellungspotenzial von 20 Prozent, während die Werte für die jüngeren Altersgruppen („16 bis 24 Jahre" und „25 bis 54 Jahre") mit 12 bzw. 14 Prozent niedriger ausfallen.

Trotzdem gibt es Gründe, der Beschäftigung mit dem Thema „Rechtsextremismus unter Jugendlichen", wie sie seit der ersten Erhebungswelle der Studie „Jugend in Brandenburg" im Jahr 1991 erfolgt ist, eine besonders hohe Bedeutung beizumessen. Zum einen findet die politische Sozialisation vornehmlich im Jugendalter statt (Preiser, 2002). Die Jugendphase ist daher die zu untersuchende Altersspanne, wenn Ursachen und Bedingungsfaktoren für Rechtsextremismus – im Hinblick auf Erkenntnisse für die Prävention – analysiert werden sollen. Zum anderen werden Straftaten mit einem rechtsextremen Hintergrund hauptsächlich von Jugendlichen im Alter von 15 bis 24 Jahren begangen (Willems, Eckert, Würtz & Steinmetz, 1993; Peucker, Gaßebner & Wahl, 2001a).

Ausländerfeindlichkeit gehört zu den Merkmalen rechtsextremer Einstellungsmuster, ist für sich allein genommen aber weiter verbreitet als diese (s. o.). Negative Einstellungen zu Einwanderern gehen mit Ängsten vor „Überfremdung" einher (vgl. Decker et al., 2010) und werden meist „nur" damit begründet, dass Ausländer Arbeitsplätze wegnehmen oder Sozialleistungen beziehen, die nur Deutschen zustehen sollten („Wohlfahrtschauvinismus" nach Stöss, 2000, S. 26). Von einem solchen Standpunkt aus scheint es

---

43  Mit dem Ziel, zu einer einheitlichen Erfassung von rechtsextremen Einstellungen zu gelangen, wurden die genannten Merkmale von einer Expertengruppe erarbeitet, zu der Stöss und weitere mit dem Thema befasste Forscherinnen und Forscher gehörten.

jedoch nur ein kleiner Schritt zu Haltungen zu sein, die generell von einer Höherwertigkeit der deutschen Kultur oder der weißen Rasse ausgehen. Daher wird Ausländerfeindlichkeit auch als „Einstiegsdroge in ein geschlossenes rechtsextremes Weltbild" betrachtet (Decker, Brähler & Geißler, 2006, S. 167; Landua, Harych & Schutter, 2002).

*Einflussfaktoren auf die Herausbildung rechtsextremer Einstellungen*
Bei der Darstellung der Ursachen von rechtsextremen Einstellungen wird oft auf Schicht- und Milieuunterschiede verwiesen. In der sog. Unterschicht (Personen mit niedrigem Einkommen und niedriger Bildung) sind rechtsextreme Einstellungen verbreiteter als in der Mittelschicht (mittlere Einkommen und mittleres Bildungsniveau); am seltensten sind rechtsextreme Einstellungen bei Angehörigen der Oberschicht (hohe Einkommen, hohes Bildungsniveau) zu finden. Für die Bundesrepublik beziffert Stöss (2007) das rechtsextreme Einstellungspotenzial im Jahr 2003 in der Unterschicht auf 25 Prozent; in der Mittelschicht sind es demgegenüber 11 Prozent und in der Oberschicht sechs Prozent. Decker et al. (2010) berichten ähnliche Ergebnisse für sechs unterschiedliche Einkommensgruppen.[44]

Für die Schichtunterschiede existieren in der Forschungsliteratur unterschiedliche Erklärungen, die einander aber ähneln. Demnach werden rechtsextreme Einstellungen nach Stöss (2007) gefördert durch:

- Unzufriedenheit mit dem sozialen Status als Folge von ökonomischen Krisen, gesellschaftlichen Umbrüchen und tiefgreifenden Modernisierungsprozessen,
- relative Deprivation, d. h. eine empfundene Benachteiligung der eigenen gesellschaftlichen Gruppe (z. B. der Berufsgruppe oder der Bevölkerung in der Heimatregion) und
- einen drohenden oder eingetretenen Verlust an Privilegien in Folge von sozialem Wandel, zunehmender Migration etc.

Auf welchem Weg Unzufriedenheit, relative Deprivation und der Verlust an Privilegien rechtsextreme und ausländerfeindliche Einstellungen produzieren, lässt sich zum Beispiel mit Hilfe der Theorie der sozialen Identität genauer beschreiben (Tajfel & Turner, 1979, 1986). Die Selbstwahrnehmung als Mitglied einer benachteiligten sozialen Gruppe führt gemäß dieser Theorie zu Bestrebungen, diesen als unangenehm empfundenen Zustand zu beenden. So kann ein Selbstverständnis als gesellschaftlicher „Verlierer" zum einen die Suche nach befriedigenderen sozialen Identitäten motivieren, die dann

---

44 Bemerkenswert erscheint, dass in der Studie von Decker et. al. (2010) die Schichtunterschiede bezüglich rechtsextremer Einstellungen in Ostdeutschland wesentlich stärker ausgeprägt sind als in Westdeutschland: Rechtsextremistische Positionen werden von einkommensschwachen Gruppen in Ostdeutschland stärker befürwortet als von einkommensschwachen Gruppen in Westdeutschland. Zugleich stimmen einkommensstarke Gruppen in Ostdeutschland rechtsextremistischen Positionen weniger zu als die entsprechenden Gruppen in Westdeutschland.

in einer starken Identifizierung mit der nationalen Gruppe der Deutschen oder in der Zugehörigkeit zu einer Kameradschaft gefunden werden können. Eine andere Strategie, das Benachteiligungsempfinden zu kompensieren, kann darin bestehen, andere soziale Gruppen (z. B. Migranten) abzuwerten. Viele der Annahmen und Vorhersagen der Theorie der sozialen Identität konnten in Experimenten bestätigt werden.[45]

Anhand von Forschungsergebnissen zu sozialen Milieus lässt sich das gesellschaftliche Umfeld, in dem rechtsextreme und ausländerfeindliche Einstellungen scheinbar am besten gedeihen, noch genauer fassen. Während Schichtmodelle auf objektiven Kriterien wie Einkommen, Höhe des Bildungsabschlusses und Beruf zurückgreifen, um verschiedene gesellschaftliche Gruppen zu beschreiben, beziehen Milieumodelle wie das der „Sinus-Milieus" auch „subjektive Faktoren" (insbesondere Wertorientierungen, vgl. Kap. 2) mit ein (Bartz, Baum, Cerci, Göddertz & Raidt, 2010). Mit Bezug auf die Sinus-Milieus zu Beginn der 2000er Jahre bringen Hofmann und Rink (2006) Rechtsextremismus in Ostdeutschland vor allem mit dem „Konsum-materialialistischen Milieu" (heute: „Prekäres Milieu") und dem unkonventionellen, von verschiedenen Jugendkulturen beeinflussten „Hedonistischen Milieu" in Verbindung. Für beide Milieus sind Konsumfreude und eine eher niedrige soziale Lage kennzeichnend (Kalka & Allgayer, 2007); zudem nehmen beide Milieus in der Gesellschaft eine Außenseiterposition ein. Ein weiteres hervorstechendes Merkmal ist „Bildungsferne", die Bartz et al. (2010) anhand von Interviewbelegen für „Konsum-Materialisten" wie folgt schildern: An der Institution Schule werde rückblickend der soziale Kontakt geschätzt, das Lernen sei hingegen mit negativen Konnotationen verbunden. Es bestehe eine Distanz zum Lehrpersonal, das als der eigenen Lebenswelt fernstehend abgelehnt wird. Es dominiere das Gefühl, in einer zweigeteilten Gesellschaft zu den Bildungsverlierern zu gehören. Letzteres sei auch verbunden mit der fatalistischen Einstellung, daran nichts ändern zu können; diese Einstellung werde auf die eigenen Kinder übertragen. Diese würden mit schulischen Misserfolgen die Erfahrungen ihrer Eltern bestätigen, ohne dass seitens der Eltern Anstrengungen unternommen werden, der Situation entgegenzuwirken. Das Bildungsverständnis orientiere sich an äußeren Merkmalen wie formalen Abschlüssen und guten Schulnoten, die es ermöglichen, mehr Geld zu verdienen. Bildung als Gut an sich und berufliche Erfüllung stünden im Hintergrund.

Anhand dieser Beschreibung wird deutlich, welche Dynamiken in bildungsfernen Milieus dazu beitragen können, dass Jugendliche frühzeitig zu „Bildungsverlierern" werden und dysfunktionale Strategien der Selbstaufwertung wie die Identifikation mit einer rechtsextremen Clique entwickeln. In diesem Sinn lassen sich auch die in früheren Jugendstudien gefundenen Zusammenhänge zwischen rechtsextremen Einstel-

---

45  Henri Tajfel und seine Mitarbeiter konnten z. B. zeigen, dass zufällig vorgenommene Gruppeneinteilungen (z. B. per Münzwurf) genügen, damit Probanden die „Eigengruppe" bevorteilen und aufwerten sowie die „Fremdgruppe" benachteiligen und tendenziell abwerten (Tajfel, 1982; Tajfel & Billig, 1974; Tajfel & Turner, 1979).

lungen und „Externalen Kontrollüberzeugungen" (Überzeugungen, nicht „des eigenen Glückes Schmied" zu sein) interpretieren (Sturzbecher, Landua & Heyne, 2001). Bezüge zwischen Rechtsextremismus und materialistischen Wertemustern wurden auch von Sturzbecher, Burkert und Hoffmann (2010) berichtet. Auf Zusammenhänge zwischen Ausländerfeindlichkeit, sozialer Lage und bestimmten ökonomistischen Auffassungen (z. B. „Menschen, die wenig nützlich sind, kann sich keine Gesellschaft leisten") weisen Heitmeyer und Endrikat (2008) hin.

Ob ökonomische und soziale Probleme zu Rechtsextremismus führen, hängt nach Stöss (2007) auch davon ab, inwiefern das politische System imstande ist, die nötigen „Steuerungs-, Legitimations- und Integrationsleistungen zu erbringen" (S. 54): Eine Unzufriedenheit mit den politischen Akteuren könne dazu führen, dass das demokratische System als Ganzes in Frage gestellt wird und die Zustimmung für antidemokratische Rezepte steigt. Zusammenhänge zwischen empfundener „Politischer Machtlosigkeit" und „Ausländerfeindlichkeit" werden zum Beispiel von Klein und Hüpping (2008) thematisiert. Holtmann und Görl (2007) konnten zeigen, dass „Politikverdrossenheit" in Regressionsanalysen einen Beitrag zur Erklärung von „Rechtsextremismus" und „Ausländerfeindlichkeit" leistet.

In der politischen Sozialisationsforschung besteht weitgehend Einigkeit, dass den Eltern eine prominente Rolle bei der Herausbildung von Werten und Einstellungen von Jugendlichen zukommt (Cassel & Celia, 1997; Sherrod, Flanagan & Youniss, 2002). Es erscheint somit naheliegend, einen elterlichen Einfluss auf die Entwicklung rechtsextremer Einstellungen zu vermuten. Gniewosz und Noack (2006) kommen jedoch aufgrund einer Untersuchung mit mehr als 1 000 thüringischen Jugendlichen und deren Eltern zu dem Schluss, dass ausländerfeindliche Einstellungen kaum auf direktem Wege von Eltern auf deren Kinder übertragen werden. Stattdessen projizierten die Jugendlichen in wesentlich stärkerem Ausmaß die eigene Ausländerfeindlichkeit auf ihre Eltern; die projizierte oder wahrgenommene Ausländerfeindlichkeit korrelierte dabei nur schwach mit der realen Ausländerfeindlichkeit der Eltern. Dieser „falsche Konsens" – Jugendliche wähnen sich fälschlicherweise im Einklang mit den Einstellungen ihrer Eltern – deutet darauf hin, dass im familiären Kontext eine allenfalls oberflächliche Auseinandersetzung mit den Themen Einwanderung und Toleranz stattfindet: Die Eltern von ausländerfeindlichen Jugendlichen versäumen es anscheinend, korrigierend einzugreifen und ihren Standpunkt zu Ausländern den Jugendlichen zu vermitteln. Die Gründe hierfür könnten in einer generellen Vernachlässigung oder in mangelhafter familiärer Kommunikation zu suchen sein, bedingt beispielsweise durch beruflichen Stress und eigene Problemlagen der Eltern. Auch ein Unvermögen der Eltern, rechtsextreme Tendenzen zu erkennen und adäquat (z. B. mit Gesprächen) darauf zu reagieren, könnte eine Rolle spielen.

Die Annahme, dass der elterliche Einfluss auf die Entwicklung rechtsextremer Einstellungsmuster bei Jugendlichen indirekt erfolgt, wird durch Studien über rechtsextrem orientierte Straftäter gestützt. Zwar können die in derartigen Studien untersuchten

Straftäter nicht als repräsentativ für die „breite Masse" von rechtsextrem orientierten Jugendlichen gelten; gleichwohl können sich aus dem Studium dieser „Extremfälle" aber Anhaltspunkte für allgemeine Einflussfaktoren auf Rechtsextremismus ergeben. Die Studien deuten darauf hin, dass die Täter oft aus massiv „zerrütteten" familiären Umfeldern stammten (gekennzeichnet durch Eheprobleme, Scheidung der Eltern, Gewalt als Erziehungsmethode, Arbeitslosigkeit, Alkoholprobleme, häufige Heimaufenthalte) oder aber in formal intakten Elternhäusern Konflikte zwischen den (späteren) Tätern und ihren Eltern zu einer Distanzierung und einer stärken Hinwendung zu Jugendcliquen führten (Willems et al., 1993; Lützinger, 2010). Eine geringe Verbundenheit und oberflächliche Kommunikationsstrukturen werden ebenfalls als typische familiale Merkmale der Herkunftsfamilien von Tätern beschrieben (Neumann & Frindte, 1993; Lützinger, 2010).

Bereits in den 1950er Jahren wurde vermutet, dass ein kontrollierender, körperlich strafender Erziehungsstil von Eltern mit der Herausbildung von rechtsextremen Einstellungen bei den auf diese Art Erzogenen in Verbindung steht.[46] Bestätigung erfuhr diese These durch Studien mit rechtsextrem orientierten Straftätern. Nach Wahl (2001a) wurden die von ihm untersuchten Gewalttäter häufiger mittels körperlicher Gewalt – auch durch die Mütter – bestraft als eine Kontrollgruppe. In der Studie von Lützinger (2010) berichteten Rechtsextremisten häufig von zum Teil drastischer häuslicher Gewalt, welche sich nicht ausschließlich gegen die Kinder richtete, sondern sich auch zwischen den Eltern ereignete. Scheinbar lernten manche der Straftäter ganz im Sinne der Sozialen Lerntheorie (Bandura, 1969) in ihrer Familie Gewalt als eine normale Verhaltensoption kennen. In der von Willems et al. (1993) erarbeiteten Typologie von rechtsextrem orientierten Straftätern ist Gewalt in der Erziehung allerdings lediglich für den Typus „Krimineller Jugendlicher/Schlägertyp" ein charakteristisches Merkmal, nicht für rechtsextreme Täter generell.

Wenngleich einige Jugendliche vielleicht „schon als Kinder von Großeltern oder Eltern erste Lektionen für die Ausbildung eines *rechtsextremen Weltbildes* erhalten" (Wahl,

---

46 Amerikanische Wissenschaftler um den aus Nazi-Deutschland emigrierten Philosophen und Soziologen Theodor W. Adorno gingen davon aus, dass die Macht der Nationalsozialisten über die Deutschen nicht allein auf gewaltsamer Unterdrückung gründen konnte. Die Bereitwilligkeit, sich den Nationalsozialisten unterzuordnen, sahen sie bedingt durch die Erziehung in den Familien, aber auch in anderen gesellschaftlichen Institutionen: Eine totalitäre Herrschaft sei nur möglich, „wenn in Familien, Schulen und Betrieben Menschen geformt werden, die ein subjektives Bedürfnis nach autoritärer Herrschaft und Unterordnung haben" (Adorno, Frenkel-Brunswik, Levinson & Sanford, 1950). Man nahm daher an, dass die durch Hierarchien und Gewalt strukturierte Gesellschaft des 19. und frühen 20. Jahrhunderts eine bestimmte „Mentalität" (den „Autoritären Charakter") hervorbrachte, die u. a. durch rigiden Konventionalismus, Schwarz-Weiß-Denken, einen Hang zu Verschwörungstheorien, Machtdenken, autoritäre Unterwürfigkeit und autoritäre Aggression gekennzeichnet war (vgl. Stöss, 2007). Unter Berufung auf die Forschungen zum „Autoritären Charakter" wurde versucht, Rechtsextremismus mit Hilfe von Persönlichkeitseigenschaften zu erklären. Ein Überblick hierzu findet sich bei Winkler (2005).

2001a, S. 227; Hervorhebung im Original), ist vor dem Hintergrund von Täterstudien dennoch eher davon auszugehen, dass rechtsextreme Einstellungen vor allem in den Jugendcliquen von Freunden und Bekannten übernommen werden. Laut der Analyse von Wahl (2001a) gaben die von ihm untersuchten Straftäter an, durchschnittlich im Alter von acht Jahren erstmals Gewalt gegen andere Personen ausgeübt zu haben. Erst später, meist im Alter von 14 Jahren, fast immer zeitgleich mit dem Eintritt in die rechtsextreme Szene bzw. eine entsprechende Jugendclique, wird der Beginn einer rechtsextremen Ideologisierung angesetzt. Für Wahl „deutet dies darauf hin, daß […] relativ konsistent in der 7. und 8. Klassenstufe die Hinwendung zu rechten Cliquen und Szenen und damit zur rechten Ideologie erfolgt" (S. 263). Aber warum wenden sich einige Jugendliche ausgerechnet einer rechtsextremen Clique zu?

Kohlstruck (2005) betrachtet rechtsextreme Jugendcliquen bzw. Jugendkulturen als Spezialfall maskuliner Jugendkulturen. In derartigen Jugendkulturen werde ein traditionelles Männlichkeitsbild kultiviert, das durch ein risikosuchendes, dominierendes und körperbetontes Auftreten gekennzeichnet ist. Neben dem Ausbruch aus den Regeln des Alltags und offensivem Machtgebaren seien zudem eine autochthone Orientierung (Territorialverhalten etc.), Fremdenfeindlichkeit und eine Ablehnung von dem, was als unmännlich gilt, charakteristisch. Der Neigung, die Zugehörigkeit zur Szene durch sichtbare Zeichen auszudrücken, entspreche in der rechtsextremen Jugendkultur die Verwendung von Symbolen der extremen Rechten. Weltanschauliche und politische Motive seien dennoch für die Szenezugehörigkeit von untergeordneter Bedeutung.

Für rechtsextrem motivierte Straftäter haben rechtsextreme Cliquen – abgesehen vom Ausleben stereotyper Männlichkeit – häufig noch eine weitere Funktion: Gerade vor dem Hintergrund dysfunktionaler familiärer Beziehungen stellt die Clique oft die wichtigste soziale Bezugsgruppe dar. In der Studie von Wahl (2001a) billigten die Täter ihren Müttern nur in knapp 50 Prozent der Fälle und den Vätern nur in 30 Prozent der Fälle eine große Bedeutung für ihr Leben zu; die Jugendclique hatte hingegen für 88 Prozent eine große Bedeutung (ebd.). In der Studie von Lützinger (2010) wurde die Jugendclique sogar oft als „Familie" bezeichnet. Zwei Drittel der von Wahl (2001a) untersuchten Straftäter gaben an, durch die Clique emotionale Unterstützung zu erhalten, womit Gefühle von Zugehörigkeit, Anerkennung und Akzeptanz verbunden waren. Es ist folglich zu vermuten, dass der soziale Einfluss der Clique bei denjenigen Jugendlichen besonders groß ist, die nicht in funktionierende familiäre Strukturen integriert sind. Wenn zudem eine schlechte schulische Integration gegeben ist (was für rechtsextreme Straftäter typisch ist, s. Neumann & Frindte, 1993) und somit auch Lehrkräfte keine akzeptierten Vorbilder in Bezug auf demokratische Werte darstellen, hängt die Wertebildung der betreffenden Jugendlichen praktisch allein von Peerzusammenhängen ab.

*Aktuelle Studien zu den Trends von Rechtsextremismus*
Repräsentative Trendstudien, welche unter anderem die Verbreitung rechtsextremer und ausländerfeindlicher Einstellungen in periodischen Abständen erfassen, wurden

seit Beginn der 2000er Jahre auch in anderen ostdeutschen Bundesländern sowie für Ostdeutschland und Deutschland insgesamt durchgeführt.

Lässt man Schwankungen außer Acht, wurden in den letzten Jahren hinsichtlich der Verbreitung rechtsextremer Einstellungen in den ostdeutschen Bundesländern zumeist Rückgänge gemessen. Beispielsweise kletterte die Zustimmung der thüringischen Bevölkerung zu ausländerfeindlichen Positionen zwischen 2001 und 2003/2004 auf mehr als 40 Prozent; seither ist der entsprechende Wert bis auf etwas über 30 Prozent im Jahr 2010 gesunken (Edinger, Gerstenhauer & Schmitt, 2010). Der gleiche Verlauf, jedoch auf niedrigerem Niveau, wurde für rechtsextreme Weltbilder mit allen sechs der oben genannten Merkmale festgestellt: Der „harte Kern" von Personen, die mehr als drei Viertel der maximal erreichbaren Punkte auf einer kombinierten Rechtsextremismus-Skala erzielten, machte im Jahr 2003 zehn Prozent der thüringischen Bevölkerung aus, im Jahr 2010 nur noch drei Prozent (ebd.). Auch in der Studie „Jugend 2009 in Sachsen" wurde – für Jugendliche im Alter von 15 bis 26 Jahren – ein Rückgang ausländerfeindlicher Einstellungen festgestellt, der sich hier seit dem Jahr 2005 abzeichnet (Sächsisches Staatsministerium für Soziales und Verbraucherschutz, 2010). Dennoch waren im Jahr 2009 noch immer 19 Prozent der Befragten „voll und ganz" der Meinung: „Der Ausländeranteil in Sachsen ist zu hoch."

Für Ostdeutschland und Deutschland insgesamt kommen Decker et al. (2010) dagegen zu anderen Trendaussagen. Im Jahr 2002 betrug demzufolge der Bevölkerungsanteil mit einem „geschlossenen rechtsextremen Weltbild" in Westdeutschland 11,3 Prozent, in Ostdeutschland 8,1 Prozent. Im Jahr 2006 waren die Zahlen in den westlichen wie auch in den östlichen Bundesländern gesunken. Während sich dieser erfreuliche Trend in Westdeutschland fortsetzte (2010: 7,6 %), stieg die Verbreitung eines „geschlossenen rechtsextremen Weltbilds" in Ostdeutschland an (2010: 10,5 %).

## 8.2   Methodische Bemerkungen

*Verwendete Indikatoren (abhängige Variablen)*
Im Rahmen der Studie „Jugend in Brandenburg" werden rechtsextreme Einstellungen seit 1993 mit denselben sechs Indikatoren erfasst. Diese Indikatoren bilden die Skala „Rechtsextremismus". Wie anhand der Tabelle 8.1 ersichtlich ist, entspricht die Erfassung von Rechtsextremismus dabei inhaltlich weitgehend den von Stöss (2007) unterschiedenen Merkmalen rechtsextremer Einstellungsmuster. Die in der Jugendstudie verwendeten Itemformulierungen ähneln überdies den von Stöss vorgeschlagenen Indikatoren. Abweichungen existieren zum einen hinsichtlich des Merkmals „Sozialdarwinismus", das in der hier verwendeten Skala nicht berücksichtigt wird. Zum anderen wird „Ausländerfeindlichkeit" in einer separaten Skala erfasst.

Die Indikatoren der Skala „Ausländerfeindlichkeit" wurden ebenfalls erstmals in der zweiten Erhebungswelle der brandenburgischen Jugendstudie im Jahr 1993 verwendet.

*Tabelle 8.1*    Merkmale rechtsextremer Denkmuster (nach Stöss, 2007, S. 61ff.) und ihre Erfassung in der Zeitreihenstudie „Jugend in Brandenburg" (JiB)

| Merkmal | Indikatoren nach Stöss | Indikatoren JiB |
|---|---|---|
| Übersteigerter Nationalismus (Chauvinismus) | „Andere Völker mögen Wichtiges vollbracht haben, an deutsche Leistungen reicht das aber nicht heran." | „Die Deutschen sind anderen Völkern grundsätzlich überlegen." |
| Sozialdarwinismus | „Es gibt wertvolles und unwertes Leben." | – |
| Ausländerfeidlichkeit | „Wenn Arbeitsplätze knapp werden, sollte man die Ausländer wieder in ihre Heimat zurückschicken." | Erfassung in separater Skala |
| Verharmlosung des National-sozialismus | „Der Nationalsozialismus hatte auch seine guten Seiten." | „Der Faschismus bzw. Nationalsozialismus hatte auch seine guten Seiten." „In den Berichten über Konzentrationslager und Judenverfolgung wird vieles übertrieben dargestellt." |
| Antisemitismus | „Auch heute noch ist der Einfluss der Juden zu groß." | „Die Juden sind mitschuldig, wenn sie gehasst und verfolgt werden." |
| Befürwortung einer rechtsau-toritären Diktatur | „Wir sollten einen Führer haben, der Deutschland zum Wohle aller mit starker Hand regiert." | „Deutschland braucht wieder einen Führer/starken Mann, der zum Wohle aller regiert." |

Anhand der Zustimmung zu Aussagen wie „Deutschland den Deutschen – Ausländer raus" oder „Die Ausländer haben schuld an der Arbeitslosigkeit in Deutschland" erfasst die Skala im Wesentlichen die Einstellung zu der Frage, ob „Ausländer" in Deutschland bzw. Brandenburg willkommen geheißen werden sollten oder nicht. Dies schließt nicht aus, dass die Aussagen auch aus im engeren Sinn rechtsextremen (z. B. rassistischen) Motiven befürwortet werden können.

Dargestellt werden im Rahmen dieses Kapitels auch die prozentualen Zustimmungs- und Ablehnungswerte zu der Aussage „Es gibt derzeit keine bessere Staatsform als die Demokratie". Diese werden den Ergebnissen zu einem fast identischen, 1993 erhobenem Indikator („Die Demokratie ist die beste Staatsform") gegenübergestellt.

*Verwendete statistische Verfahren zur Überprüfung von Effekten*
Neben Mittelwertvergleichen, Varianzanalysen und bivariaten Zusammenhangsanalysen wurden für das vorliegende Kapitel auch multiple lineare Regressionsanalysen durchgeführt (vgl. Kap. 1). Dabei wurde untersucht, inwiefern sich die Merkmale „Rechtsextremismus" und „Ausländerfeindlichkeit" durch andere Variablen bzw. „Prädiktoren" (z. B. Gewaltbereitschaft, Mitgliedschaft in einer „rechten" Clique etc.) vorhersagen lassen. Die Operationalisierungen der in die Regressionsanalyse einbezogenen

Prädiktorvariablen sind, sofern sie nicht hinreichend aus der Ergebnisdarstellung hervorgehen, den anderen Kapiteln und dem Anhang dieses Bandes zu entnehmen.

## 8.3    Untersuchungsergebnisse

*Rechtsextremismus*

Aus der Abbildung 8.1 geht hervor, dass die Akzeptanz rechtsextremer Positionen von 1993 bis 2010 sukzessive gesunken ist. Nahezu verdoppelt hat sich dabei der Anteil der Jugendlichen, die rechtsextreme Aussagen „völlig" ablehnen (1993: 31,6 %; 2010: 60,2 %). Zugleich hat sich der Anteil der Befürworter reduziert: Stimmten im Jahr 1993 noch 5,4 Prozent der Jugendlichen rechtsextremen Aussagen „völlig" und 20,1 Prozent „tendenziell" zu, hatten sich diese Anteile bis zum Jahr 2005 fast halbiert (2,8 % bzw. 10,4 %); seitdem stagnieren sie (2010: 2,9 % bzw. 10,5 %).

*Abbildung 8.1*    Zustimmung zu rechtsextremen Aussagen im Zeitraum von 1993 bis
2010 (in %)

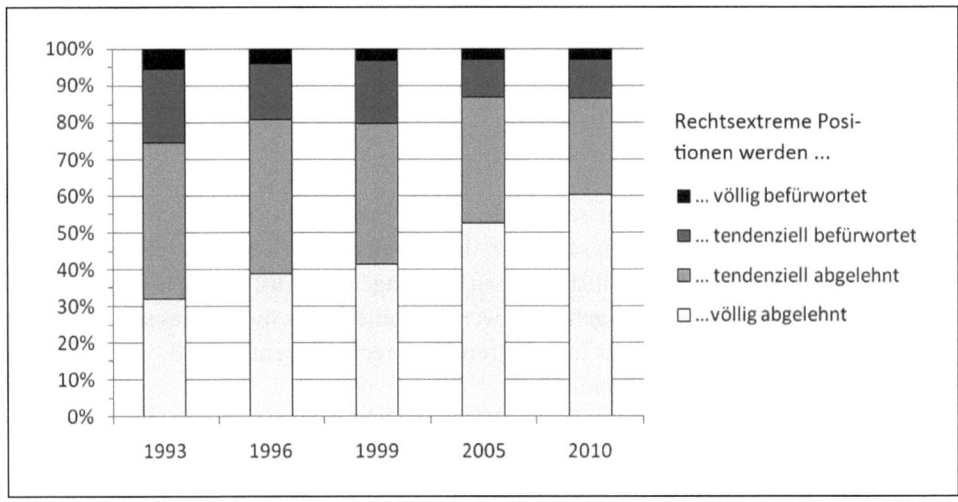

Wie anhand der nachfolgenden Tabelle 8.2 deutlich wird, scheinen männliche Jugendliche anfälliger für rechtsextreme Orientierungen zu sein als Mädchen. Der Anteil derer, die rechtsextremen Statements „völlig" zustimmen, ist unter männlichen Jugendlichen fünfmal so hoch wie unter weiblichen (f = 0.23). Ein Effekt mittlerer Größenordnung zeigt sich auch beim Merkmal „Schultyp": Auszubildende an OSZ äußern sich ablehnender gegenüber rechtsextremen Positionen als Oberschüler; noch seltener finden sich rechtsextreme Einstellungen bei Schülern an Gymnasien (f = 0.29). Anders ausgedrückt, ist der Anteil rechtsextrem eingestellter Jugendlicher an Oberschulen fünfmal höher und unter Auszubildenden dreimal höher als an Gymnasien. Dabei muss berücksichtigt werden, dass die schultypbezogenen Unterschiede auch dadurch bedingt sind, dass der Anteil weiblicher Jugendlicher an Gymnasien höher ist als an Oberschulen und OSZ.[47]

*Tabelle 8.2*      Zustimmung zu rechtsextremen Statements 2005 und 2010 (in %)

| | Rechtsextreme Statements werden ... | | | | | | | |
|---|---|---|---|---|---|---|---|---|
| | ... völlig abgelehnt. | | ... tendenziell abgelehnt. | | ... tendenziell befürwortet. | | ... völlig befürwortet. | |
| (Teil-)Gruppen | 2005 | 2010 | 2005 | 2010 | 2005 | 2010 | 2005 | 2010 |
| Gesamtstichprobe | 52,7 | 60,2 | 34,1 | 26,4 | 10,4 | 10,5 | 2,8 | 2,9 |
| Jungen | 44,6 | 50,0 | 37,7 | 31,9 | 13,2 | 13,3 | 4,5 | 4,8 |
| Mädchen | 61,5 | 71,0 | 30,3 | 20,6 | 7,4 | 7,5 | 0,9 | 0,9 |
| 12–14 Jahre | 37,9 | 48,9 | 41,9 | 32,1 | 16,9 | 16,2 | 3,3 | 2,9 |
| 15–17 Jahre | 55,4 | 62,4 | 32,0 | 24,8 | 9,7 | 9,6 | 2,9 | 3,2 |
| Ab 18 Jahre | 59,7 | 64,7 | 31,5 | 24,5 | 6,7 | 8,1 | 2,1 | 2,7 |
| Oberschule | 37,7 | 44,2 | 42,2 | 32,0 | 16,0 | 18,6 | 4,2 | 5,1 |
| Gymnasium | 70,6 | 75,8 | 23,3 | 18,3 | 5,5 | 4,9 | 0,7 | 1,0 |
| Oberstufenzentrum | 51,6 | 57,9 | 35,8 | 29,3 | 9,2 | 9,7 | 3,3 | 3,1 |

Letztlich treten im Jahr 2010 wie schon in den zurückliegenden Erhebungswellen der Jugendstudie Alterseffekte zu Tage (s. die folgende Abb. 8.2). Demnach ist die Zustimmung zu rechtsextremen Positionen umso höher, je jünger die Befragten sind (f = 0.16; $\rho = -0.17$).

Warum ist das rechtsextreme Einstellungspotenzial in der Gruppe der 12- bis 14-Jährigen am größten? Aus Täterstudien (s. o.) ist bekannt, dass die Ideologisierung meist mit 14 Jahren einsetzt und typischerweise mit der Orientierung in neuen Freundeskreisen nach dem Übergang von der Grundschule zu einer weiterführenden Schule einhergeht. Dabei kommen viele Jugendliche wahrscheinlich erstmalig mit rechtsextremen Denk- und Verhaltensmustern in Berührung: Geheime Zeichen, verbotene Musik und andere Aspekte der rechtsextremen Subkultur wirken wohl (vorübergehend) neu und anziehend, versprechen zum Beispiel Aufmerksamkeit, Respekt und Anerkennung von Gleichaltrigen und begünstigen damit die Übernahme rechtsextremer Einstellungen.

---

47   Nach Angaben des brandenburgischen Bildungsministeriums (MBJS) betrug der Anteil weiblicher Jugendlicher an Gymnasien im Schuljahr 2009/2010 rund 55 Prozent, an Oberschulen (inkl. Gesamtschule) und Oberstufenzentren rund 46 Prozent.

*Abbildung 8.2*   Zustimmung zu rechtsextremen Aussagen im Jahr 2010 nach Schultypen
und Alter der Befragten

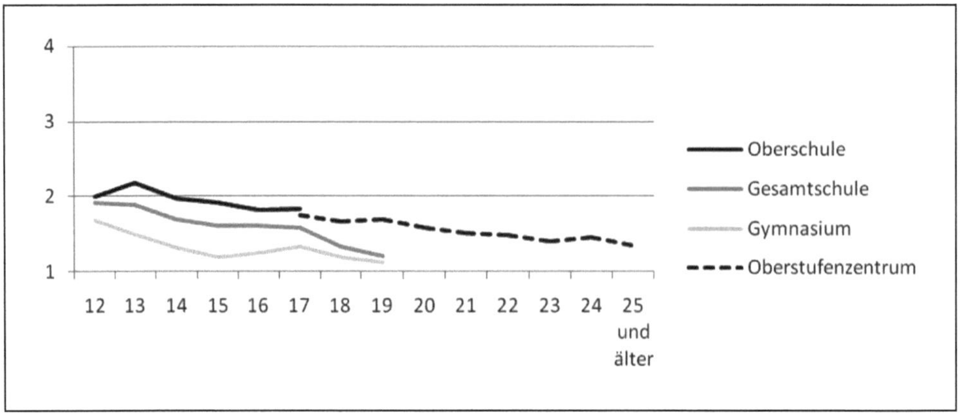

Mittelwerte einer Skala von „1" = „Völlige Ablehnung" bis „4" = „Völlige Befürwortung"

Während einzelne Jugendliche sich dann zunehmend der rechtsextremen Subkultur zu-
wenden, ihre Einstellungen stabilisieren und vielleicht sogar Straftaten begehen, nimmt
bei der Mehrheit der Jugendlichen, vermutlich auch in Folge schulischer Einflüsse, die
Zustimmung zu rechtsextremen Einstellungen ab. Diese zeitliche Instabilität rechtsextremer Einstellungen wurde in den IFK-Jugendstudien der Jahre 1999/2001 auch längs-
schnittlich nachgewiesen (Landua, Harych & Schutter, 2002).

*Ausländerfeindlichkeit*
Wie oben berichtet, werden die Indikatoren zur Ausländerfeindlichkeit im Rahmen der
Studie „Jugend in Brandenburg" in einer separaten Skala erfasst. Die Skalen „Ausländerfeindlichkeit" und „Rechtsextremismus" korrelieren hoch (r = 0.63). Somit über-
rascht es auch nicht, dass der Rückgang rechtsextremer Einstellungen mit ähnlichen
Veränderungen bei den ausländerfeindlichen Einstellungen korrespondiert (s. Abb. 8.3).
Im Jahr 1993 wurden ausländerfeindliche Statements von 14,4 Prozent der Jugendlichen
„völlig" und von 24,0 Prozent „tendenziell" befürwortet. Nachdem sich bis 1996 die Zustimmung zu ausländerfeindlichen Parolen verringert hatte, wurden 1999 wieder höhere
Zustimmungswerte gemessen. Elf Jahre später ist die Ausländerfeindlichkeit scheinbar
nachhaltig gesunken: Im Jahr 2010 befürworteten nur noch 5,9 Prozent der Befragten
ausländerfeindliche Aussagen „völlig" und 16,4 Prozent „tendenziell"; mehr als drei
Viertel der Jugendlichen lehnten ausländerfeindliche Positionen „völlig" oder „tendenziell" ab.

    Angaben zur Ausländerfeindlichkeit in der Gesamtstichprobe wie auch in verschie-
denen Teilgruppen der Befragten sind für die Jahre 2005 und 2010 in der folgenden Tabelle 8.3 dargestellt. Es zeigt sich, dass Ausländerfeindlichkeit weitaus verbreiteter ist als

*Abbildung 8.3* Zustimmung zu ausländerfeindlichen Aussagen im Zeitraum von 1993 bis 2010 (in %)

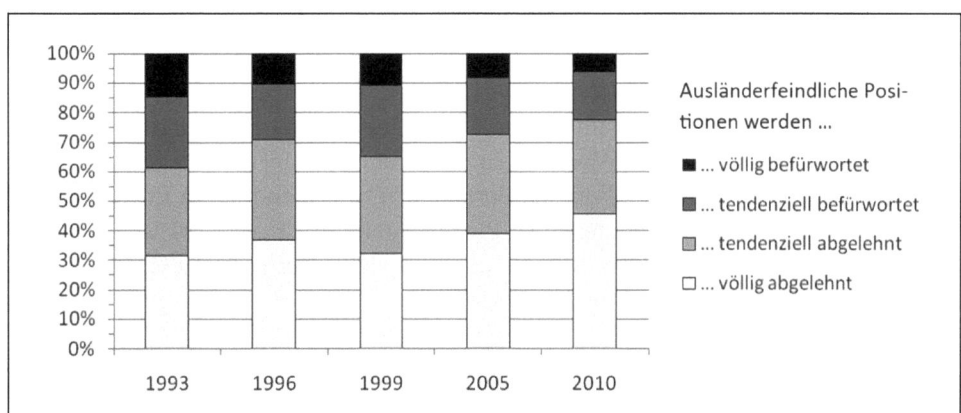

Rechtsextremismus. Eine dreifaktorielle Varianzanalyse mit den Variablen „Geschlecht", „Schultyp" und „Altersgruppe" ergibt wie bei der Skala „Rechtsextremismus" für alle drei Faktoren signifikante Effekte. Allerdings erreicht nur der Effekt für die Variable „Schultyp" eine mittlere Größenordnung (f = 0.26). Die Effekte für die Faktoren „Geschlecht" und „Altersgruppe" sind hingegen vernachlässigbar (f = 0.09 bzw. f = 0.06).

*Tabelle 8.3*    Zustimmung zu ausländerfeindlichen Statements 2005 und 2010 (in %)

| (Teil-)Gruppen | Ausländerfeindliche Statements werden ... | | | | | | | |
| | ... völlig abgelehnt. | | ... tendenziell abgelehnt. | | ... tendenziell befürwortet. | | ... völlig befürwortet. | |
| | 2005 | 2010 | 2005 | 2010 | 2005 | 2010 | 2005 | 2010 |
|---|---|---|---|---|---|---|---|---|
| Gesamtstichprobe | 38,9 | 45,7 | 33,9 | 32,0 | 19,1 | 16,4 | 8,1 | 5,9 |
| Jungen | 34,8 | 42,2 | 34,3 | 31,3 | 22,4 | 18,6 | 8,4 | 8,0 |
| Mädchen | 43,2 | 49,5 | 33,5 | 32,7 | 15,6 | 14,1 | 7,6 | 3,7 |
| 12–14 Jahre | 41,3 | 48,1 | 31,1 | 34,7 | 18,9 | 13,8 | 8,7 | 3,4 |
| 15  17 Jahre | 40,3 | 47,4 | 32,7 | 31,1 | 19,5 | 14,5 | 7,5 | 7,0 |
| Ab 18 Jahre | 36,0 | 43,6 | 37,3 | 31,4 | 18,3 | 18,7 | 8,4 | 6,3 |
| Oberschule | 32,5 | 38,4 | 33,8 | 35,4 | 23,1 | 18,3 | 10,7 | 7,9 |
| Gymnasium | 60,3 | 62,3 | 27,5 | 29,0 | 9,9 | 7,0 | 2,3 | 1,7 |
| Oberstufenzentrum | 26,5 | 36,8 | 39,7 | 32,3 | 23,3 | 23,0 | 10,5 | 8,0 |

Offenbar sind ausländerfeindliche Einstellungen unter weiblichen Jugendlichen fast ebenso verbreitet wie unter männlichen. Auch Altersunterschiede existieren praktisch nicht: Während bei Rechtsextremismus für alle Schulformen ein kontinuierliches Absinken der Mittelwerte in Abhängigkeit vom Alter beobachtet werden kann (s. Abb. 8.2), ist dies bei Ausländerfeindlichkeit nur für den Schultyp „OSZ" der Fall (r = 0.20).

Vorbehalte gegen Ausländer und Ängste vor „Überfremdung" zeigen sich auch in den Antworten auf die Frage „Was würden Sie generell zu der Anzahl der Ausländer im Land Brandenburg sagen?". Von den Befragten antworteten hier 5,3 Prozent: „Jeder Ausländer ist einer zu viel"; weitere 34,3 Prozent meinten: „Es sind zu viele"; immerhin noch 43,5 Prozent waren der Ansicht: „Es sind viele, aber nicht zu viele", und nur 16,9 Prozent gaben an: „Es sind nicht zu viele."

*Zustimmung zur Demokratie*

Im Jahr 1993 wie auch im Jahr 2010 wurden die Jugendlichen mit ähnlichen Indikatoren gefragt, inwieweit sie die Demokratie für die „beste Staatsform" halten. In der Tabelle 8.4 sind die Ergebnisse für beide Indikatoren bzw. beide Befragungszeitpunkte dargestellt. Im Jahr 2010 stimmten 27,6 Prozent der Jugendlichen der Aussage „völlig" zu, dass die Demokratie die beste Staatsform sei; eine „tendenzielle" Befürwortung fand sich bei 47,7 Prozent der Jugendlichen. Vorausgesetzt, die Indikatoren sind vergleichbar, zeigte sich damit im Jahr 2010 scheinbar eine höhere Zustimmung zur Demokratie als 1993. Dieser Befund wurde im Rahmen einer vierfaktoriellen Varianzanalyse mit den Faktoren „Alter", „Geschlecht", „Schultyp" und dem Gruppenfaktor „Erhebungszeitpunkt" überprüft. Im Ergebnis erwiesen sich die Unterschiede zwischen den Jahren 1993 und 2010 als nicht signifikant, wenn der Einfluss von Stichprobenunterschieden in Bezug auf die Merkmale „Alter", „Geschlecht" und (soweit möglich[48]) „Schultyp" rechnerisch eliminiert wird. Die Analyse ergab allerdings eine signifikante Interaktion zwischen den Faktoren „Schultyp" und „Erhebungszeitpunkt": Die Zustimmung zur Demokratie hat bei Schülern an Gymnasien zwischen 1993 und 2010 zugenommen, während Auszubildende der Demokratie im Jahr 2010 skeptischer gegenüberstehen als 1993. War die Schultypabhängigkeit der Demokratiezufriedenheit 1993 noch vernachlässigbar, erreichte sie im Jahr 2010 annähernd das Ausmaß eines mittleren Effekts (1993: f = 0.08; 2010: f = 0.22). Während im Jahr 1993 ältere Jugendliche deutlicher ihre Zustimmung zur Demokratie äußerten als jüngere, ist die Altersabhängigkeit der Demokratiezustimmung im Jahr 2010 vernachlässigbar.

Erwähnenswert erscheint, dass es in der Gesamtstichprobe nur einen relativ geringen statistischen Zusammenhang zwischen der Einstellung zur Demokratie und dem

---

48  Da das brandenburgische Schulsystem im Jahr 1993 eine andere Struktur aufwies als im Jahr 2010 (z. B. wegen der Einführung des Schultyps „Oberschule" im Jahr 2005), ist die für die Anwendung der Varianzanalyse geforderte Unabhängigkeit der Faktoren für „Schultyp" und „Erhebungszeitpunkt" nur bedingt gegeben.

*Tabelle 8.4*    Zustimmung zur Staatsform „Demokratie" 1993 und 2010 (in %)

| (Teil-)Gruppen | „Die Demokratie ist die beste Staatsform."/„Es gibt derzeit keine bessere Staatsform als die Demokratie." | | | | | | | |
| | Stimmt völlig | | Stimmt teilweise | | Stimmt kaum | | Stimmt nicht | |
| | 1993 | 2010 | 1993 | 2010 | 1993 | 2010 | 1993 | 2010 |
|---|---|---|---|---|---|---|---|---|
| Gesamtstichprobe | 22,0 | 27,6 | 52,7 | 47,7 | 17,4 | 16,8 | 7,9 | 7,9 |
| Jungen | 26,6 | 28,9 | 47,0 | 46,7 | 15,9 | 15,6 | 10,5 | 8,7 |
| Mädchen | 17,2 | 26,2 | 58,4 | 48,6 | 18,9 | 18,1 | 5,4 | 7,0 |
| 12–14 Jahre | 16,7 | 21,8 | 49,4 | 53,3 | 23,6 | 18,8 | 10,3 | 6,0 |
| 15–17 Jahre | 24,0 | 33,9 | 56,1 | 44,2 | 14,1 | 15,8 | 5,8 | 6,1 |
| Ab 18 Jahre | 30,1 | 26,6 | 49,4 | 47,4 | 11,7 | 16,3 | 8,7 | 9,8 |
| Oberschule | 19,2 | 21,1 | 51,5 | 49,5 | 19,9 | 20,3 | 9,5 | 9,1 |
| Gymnasium | 24,0 | 41,2 | 54,3 | 45,5 | 16,6 | 10,5 | 5,0 | 2,7 |
| Oberstufenzentrum | 25,3 | 20,5 | 53,3 | 48,3 | 12,9 | 19,8 | 8,5 | 11,4 |

Ausprägungsgrad rechtsextremer Einstellungen gibt (2010: $\rho = 0.18$). Betrachtet man die einzelnen Altersgruppen, ist sogar festzustellen, dass bei den 12- bis 14-Jährigen gar kein Zusammenhang zwischen der Einstellung zur Demokratie und der Zustimmung zu rechtsextremen Statements existiert: In dieser Altersgruppe stimmen 43,2 Prozent der Befragten sowohl rechtsextremen Aussagen als auch der Aussage, dass die Demokratie die beste Staatsform sei, „völlig" zu. Diese jüngeren Jugendlichen besitzen offenbar nur ein sehr oberflächliches Wissen über rechtsextreme Ideologien bzw. über das Wesen von Demokratie; ein autoritärer „Führer-Staat" und Demokratie stellen für sie noch keine Gegensätze dar. Rechtsextreme Einstellungen scheinen in dieser Altersgruppe also nicht nur zeitlich instabil (s.o.), sondern auch inhaltlich inkonsistent zu sein. Demgegenüber halten bei den Jugendlichen der Altersgruppe „Ab 18 Jahre" nur 14,3 Prozent derer, die rechtsextreme Positionen völlig befürworten, eine Demokratie für die derzeit beste Staatsform.

*Einflussfaktoren auf Rechtsextremismus und Ausländerfeindlichkeit*
Eingangs wurden unter Bezug auf andere Studien theoretische Überlegungen zu Einflussfaktoren auf die Entwicklung rechtsextremer und ausländerfeindlicher Einstellungen dargestellt. Welche Befunde ergeben sich nun aus der vorliegenden Studie? Hierzu werden nachfolgend zunächst einige bivariate Zusammenhänge zwischen „Rechtsextremismus" bzw. „Ausländerfeindlichkeit" einerseits und anderen in der Studie erhobenen Variablen andererseits vorgestellt. Danach wird das Zusammenwirken verschiedener

Variablen in Regressionsmodellen für „Rechtsextremismus" und „Ausländerfeindlich-keit" erkundet. Es sei an dieser Stelle hinzugefügt, dass sich kausale Zusammenhänge im Rahmen der vorliegenden Studie nicht belegen lassen, da lediglich die 2010 erhobe-nen Querschnittsdaten ausgewertet wurden.

Es ließen sich keine nennenswerten Effekte finden, die belegen, dass rechtsextrem oder ausländerfeindlich orientierte Jugendliche häufiger als andere aus problemati-schen familiären Verhältnissen stammen. In der Tabelle 8.5 sind Korrelationen zwi-schen „Rechtsextremismus" bzw. „Ausländerfeindlichkeit" und Indikatoren dargestellt, an denen sich Zusammenhänge mit ökonomischen und familiären Problemlagen hätten zeigen können. Diese Befunde sprechen nicht dafür, familiären Problemlagen generell eine wichtige Bedeutung für die Entwicklung rechtsextremer oder ausländerfeindlicher Einstellungen bei Jugendlichen beizumessen; sie können aber indirekt, d. h. vermittelt durch andere Entwicklungsbedingungen, eine fördernde Wirkung entfalten.

*Tabelle 8.5*    Zusammenhänge zwischen Indikatoren für familiäre Problemlagen einerseits sowie „Rechtsextremismus" und „Ausländerfeindlichkeit" andererseits

| | Korrelationen mit der Skala ... | |
|---|---|---|
| **Indikatoren für familiäre Belastungen** | „Rechtsextremismus" | „Ausländerfeindlichkeit" |
| Zufriedenheit mit finanzieller Situation | $\rho = 0.04*$ | $\rho = -0.08**$ |
| Zufriedenheit mit dem Verhältnis zu den Eltern | n. s. | $\rho = -0.04*$ |
| Arbeitslosigkeit der Mutter | $r_{pb} = 0.04*$ | n. s. |
| Arbeitslosigkeit der Mutter erlebt | n. s. | n. s. |
| Arbeitslosigkeit des Vaters | n. s. | n. s. |
| Arbeitslosigkeit des Vaters erlebt | n. s. | n. s. |
| Mutter hat keinen Berufsabschluss | $r_{pb} = 0.06**$ | n. s. |
| Vater hat keinen Berufsabschluss | $r_{pb} = 0.04*$ | n. s. |
| Finanzielle Notlage der Familie erlebt | $r_{pb} = -0.04*$ | n. s. |

\* = signifikant auf dem 5%-Niveau; \*\* = signifikant auf dem 1%-Niveau

Jugendliche mit erhöhten Werten bezüglich „Rechtsextremismus" bzw. „Ausländer-feindlichkeit" neigen in erhöhtem Maß zu „Schulunlust" ($r = .36$ bzw. $r = .29$) und er-zielen häufiger als andere schlechte Schulleistungen ($\rho = .25$ bzw. $\rho = .23$). Außerdem stoßen bei ihnen fatalistische und pessimistische Aussagen wie „Es nützt nichts, etwas anzustreben, das ich gerne hätte, da ich es wahrscheinlich doch nicht erreiche" (Exter-nale Kontrollüberzeugungen; $r = .27$ bzw. $r = .23$) häufiger auf Zustimmung. „Ausländerfeindlichkeit" korreliert ferner negativ mit der Bewertung der „Sozialen Lehrqualität" (r = −.22); für „Rechtsextremismus" erscheint der Zusammenhang mit dieser Skala hingegen vernachlässigbar (r = 0.09).

Schließlich gibt es Zusammenhänge zwischen „Rechtsextremismus" bzw. „Ausländerfeindlichkeit" und materialistischen Wertorientierungen: Rechtsextrem bzw. ausländerfeindlich orientierte Jugendliche schätzen das Lebensziel „Viel Geld verdienen" häufiger als sehr bedeutsam ein ($\rho$ = 0.19 bzw. $\rho$ = 0.23); ebenso ist das Lebensziel „Materiell abgesichert sein" für sie oft bedeutsamer als für ihre Altersgenossen ($\rho$ = 0.12 bzw. $\rho$ = 0.13). Zugleich ist die Bedeutsamkeit des leistungsfeindlichen Lebensziels „Ohne Anstrengungen ein angenehmes Leben führen" bei rechtsextrem und ausländerfeindlich orientierten Jugendlichen erhöht ($\rho$ = 0.18; $\rho$ = 0.16).

Rechtsextremismus und stärker noch Ausländerfeindlichkeit korrelieren mit der Skala „Politikverdrossenheit" (r = 0.15 bzw. r = 0.27), während die Korrelationen zur Skala „Politische Partizipationsbereitschaft" negativ ausfallen (r = −0.08 bzw. r = −0.17). Erziehungseinflüsse erweisen sich in der bivariaten Analyse nur ansatzweise als bedeutend: Für die Skala „Rechtsextremismus" lassen sich geringe Zusammenhänge mit „Elterlicher Vernachlässigung" (r = 0.14) und „Elterlicher Restriktion" (r = 0.16) finden; die Korrelationen mit der Skala „Ausländerfeindlichkeit" erscheinen demgegenüber (fast) vernachlässigbar (r = 0.10 bzw. r = 0.08). Wichtiger erscheinen die Zusammenhänge der Skalen „Rechtsextremismus" und „Ausländerfeindlichkeit" mit der Skala „Allgemeine Gewaltbereitschaft" (r = 0.56 bzw. r = 0.59) und dem Anteil von „Rechten" in der Clique ($\rho$ = 0.42 bzw. $\rho$ = 0.39). Ein hoher Anteil von „Rechten" in der Clique korrespondiert auch mit häufigem Alkoholkonsum ($\rho$ = 0.21).

In den abschließenden multiplen linearen Regressionsanalysen wurden alle jene Variablen berücksichtigt, die sich in den bivariaten Analysen als bedeutsame Korrelate von „Rechtsextremismus" und „Ausländerfeindlichkeit" herausgestellt hatten. Aus der Tabelle 8.6 geht hervor, dass Rechtsextremismus bei Jugendlichen scheinbar hauptsächlich als spezifische Erscheinungsform maskuliner Jugendkulturen und -cliquen zu begreifen ist. Allein der Prädiktor „Allgemeine Gewaltbereitschaft" klärt knapp 31 Prozent der Varianz der Messwerte bezüglich rechtsextremer Einstellungen auf; weitere rund 11 Prozent werden durch die Variable „Anteil ‚rechter' Mitglieder in der Clique" erklärt.

Von vergleichsweise geringer Bedeutung scheinen demgegenüber – zumindest auf dem ersten Blick – Indikatoren zu sein, die mit einer schlechten schulischen Integration in Verbindung stehen („Schulunlust", „Externale Kontrollüberzeugungen", „Soziale Lehrqualität") bzw. auf materialistische Wertemuster (Bedeutsamkeit des Lebensziels „Materiell abgesichert sein") hindeuten; einen ebenfalls nur geringen Erklärungsbeitrag leistet die Skala „Politikverdrossenheit". In ergänzenden Detailanalysen, die hier nicht dargestellt werden können, zeigte sich aber, dass der Einfluss schulbezogener Variablen auf „Rechtsextremismus" durch „Gewaltbereitschaft" partiell mediiert wird. Die Daten stützen demnach die Annahme, dass eine schlechte schulische Integration („Schulunlust", geringe Bewertung der „Sozialen Lehrqualität") und ein geringes Vertrauen in die

*Tabelle 8.6*    Multiple lineare Regressionsanalyse zur Aufklärung des Konstrukts
                 „Rechtsextremismus" (Methode „Schrittweise"; standardisierte Beta-
                 Gewichte und Varianzaufklärung[49])

| Prädiktor | β | ΔR² | Signifikanz |
|---|---|---|---|
| „Allgemeine Gewaltbereitschaft" (Skala) | .39 | .308 | .00 |
| Anteil „rechter" Mitglieder in der Clique (4-stufig) | .33 | .105 | .00 |
| „Schulunlust" (Skala) | .12 | .016 | .00 |
| „Externale Kontrollüberzeugungen" (Skala) | .07 | .004 | .00 |
| „Soziale Lehrqualität" (Skala) | .07 | .004 | .00 |
| Bedeutsamkeit des Lebensziels „Materiell abgesichert sein" (4-stufig) | .05 | .003 | .02 |
| „Politikverdrossenheit" (Skala) | .05 | .002 | .02 |
| **Varianzaufklärung R²** | | **.44** | |

eigene Leistungsfähigkeit („Externale Kontrollüberzeugungen") eine hohe Gewaltbereitschaft fördern, die wiederum mit rechtsextremen Einstellungen einhergeht.

In der Tabelle 8.7 ist der letzte Schritt der Regressionsanalyse bezüglich des Konstrukts „Ausländerfeindlichkeit" dargestellt. Die Analyse erfolgte nach dem gleichen
Vorgehen wie beim Konstrukt „Rechtsextremismus", jedoch wurde „Rechtsextremismus" als zusätzlicher Prädiktor mit aufgenommen. Somit wird im Ergebnismodell
jener (Varianz-)Anteil der ausländerfeindlichen Einstellungen sichtbar, der allein durch
Rechtsextremismus zu erklären ist. Dies ermöglicht es, im weiteren Verlauf der Regressionsanalyse diejenigen Anteile ausländerfeindliche Einstellungen genauer zu analysie-
ren, die nicht im Verbund mit rechtsextremen Einstellungen auftreten.

Im Ergebnis der Regressionsanalyse erweist sich „Rechtsextremismus" als bedeut-
samster Prädiktor von „Ausländerfeindlichkeit"; er erklärt 35 Prozent der Varianz der
Messwerte. Die „Allgemeine Gewaltbereitschaft" leistet (neben ihrer Bedeutung für
Rechtsextremismus, s. o.) nur einen vernachlässigbaren Beitrag zur Varianzaufklärung
von „Ausländerfeindlichkeit"; Cliquen mit einem hohen Anteil „rechter" Mitglieder
tragen dagegen substantiell zur Varianzaufklärung bei. Dies kann ein Hinweis darauf sein, dass der Prozess der Ausbildung ausländerfeindlicher Einstellungen mit der

---

49  Beta-Gewichte (β) sind standardisierte Parameter, die Auskunft über die Höhe und die Richtung des
    Zusammenhangs zwischen einem Prädiktor und dem aufzuklärenden Konstrukt (hier Rechtsextre-
    mismus) geben. ΔR² zeigt an, welcher Anteil an der Varianz der mit der Rechtsextremismus-Skala
    ermittelten Messwerte durch den Einbezug des jeweiligen Prädiktors aufgeklärt wird. Die Anteils-
    werte können durch Multiplizieren mit dem Faktor 100 in Prozentwerte umgerechnet werden.

*Tabelle 8.7*      Multiple lineare Regressionsanalyse zur Aufklärung des Konstrukts
„Ausländerfeindlichkeit" (Methode „Schrittweise"; standardisierte Beta-
Gewichte und Varianzaufklärung)

| Prädiktor | β | $\Delta R^2$ | Signifikanz |
|---|---|---|---|
| „Rechtsextremismus" (Skala) | .43 | .349 | .00 |
| „Politikverdrossenheit" (Skala) | .15 | .033 | .00 |
| Anteil „rechter" Mitglieder in der Clique (4-stufig) | .15 | .022 | .00 |
| „Soziale Lehrqualität" (Skala) | −.12 | .017 | .00 |
| Bedeutsamkeit des Lebensziels „Viel Geld verdienen" (4-stufig) | .10 | .010 | .00 |
| „Allgemeine Gewaltbereitschaft" (Skala) | .06 | .003 | .01 |
| **Varianzaufklärung $R^2$** | | **.43** | |

Übernahme rechtsextremer Weltbilder in Jugendcliquen beginnt. Daneben tritt „Ausländerfeindlichkeit" vor allem gepaart mit „Politikverdrossenheit" auf. Dieser Zusammenhang – verbunden mit der Aufnahme der Wertorientierung „Viel Geld verdienen"
in das Modell – scheint die wohlfahrtschauvinistische Facette von Ausländerfeindlichkeit widerzuspiegeln: Man möchte gern viel Geld verdienen, aber die Ausländer nehmen einem die Arbeitsplätze weg, und die Politik interessiert sich nicht für die Belange
des Bürgers. Eine eher schlechte Bewertung der „Sozialen Lehrqualität" in der jeweiligen Bildungseinrichtung weist wiederum auf „Probleme mit Lehrern" bei ausländerfeindlich orientierten Jugendlichen hin.

## 8.4   Fazit

Die Verbreitung rechtsextremer und ausländerfeindlicher Einstellungen ist unter den
Jugendlichen Brandenburgs seit den 1990er Jahren rückläufig. Dies könnte vor dem
Hintergrund der in den Analysen nachgewiesenen Zusammenhänge zwischen Rechtsextremismus und Bildung zum einen auf verbesserte Bildungs- und Berufschancen der
Jugendlichen zurückzuführen sein: Nach Statistiken des brandenburgischen Bildungsministeriums (MBJS) ist der Anteil der Gymnasiasten an der Gesamtzahl der Schüler an
weiterführenden Schulen von rund 33 Prozent im Schuljahr 1992/1993 auf etwa 55 Prozent im Schuljahr 2009/2010 angewachsen. Zum anderen wurden in Brandenburg mit
dem Handlungskonzept der Landesregierung „Tolerantes Brandenburg", mit Bundes-
projekten wie „XENOS" oder „Vielfalt tut gut" sowie nicht zuletzt durch die Regionalen
Arbeitsstellen für Bildung, Integration und Demokratie (RAA) und die Mobilen Bera-
tungsteams des Brandenburgischen Instituts für Gemeinwesenberatung vielfältige Akti-

vitäten zur Rechtsextremismusprävention und zur Förderung demokratischer Teilhabe unternommen.

Trotzdem scheint Rechtsextremismus für eine nicht geringe Zahl brandenburgischer Jugendlicher weiterhin attraktiv zu bleiben. Ein seit 1999 fast konstant gebliebener Anteil von rund drei Prozent stimmt rechtsextremen Positionen auch im Jahr 2010 uneingeschränkt zu. Die regressionsanalytischen Befunde legen nahe, dass Rechtsextremismus für Jugendliche vor allem die Funktion hat, stereotype Vorstellungen von Männlichkeit in Jugendcliquen auszuleben. Daneben ist auch ein Einfluss „bildungsferner" Milieus erkennbar, der sich unter anderem in schulischen Problemen äußert und kompensatorische Verhaltensweisen wie das Entwickeln rechtsextremer „Ersatzidentitäten" zu begünstigen scheint. Im Hinblick auf Präventionsmaßnahmen sind vor dem Hintergrund der Daten Angebote zu empfehlen, die Wertevermittlung mit der Möglichkeit verbinden, sich als „Mann" zu beweisen. Weiterhin müssen ungünstige Entwicklungsverläufe, die sich häufig in schulischen Anpassungsproblemen äußern, frühzeitig erkannt und durch besondere Fördermaßnahmen abgefangen werden. Zu denken ist dabei zum Beispiel an Mentoring-Programme.

In Bezug auf ausländerfeindliche Einstellungen wurde aufgezeigt, dass diese – im Unterschied zu rechtsextremen Orientierungen – bei weiblichen und älteren Jugendlichen kaum weniger häufig auftreten als bei männlichen und jüngeren Jugendlichen. Deutliche Unterschiede in Abhängigkeit vom besuchten Schultyp sowie der Bezug zu Politikverdrossenheit und materialistischen Wertorientierungen verweisen auch hier auf den begünstigenden Einfluss prekärer bildungsferner Milieus auf die Entstehung von Ausländerfeindlichkeit. Da auch im Jahr 2010 noch fast 40 Prozent der brandenburgischen Jugendlichen die im Vergleich der deutschen Bundesländer sehr geringe Zahl der Migranten in Brandenburg als zu hoch empfinden, ist auch weiterhin eine intensive Bildungsarbeit vonnöten, die den Ängsten vor „kriminellen Ausländern" und dem Klischee „Die Ausländer sind schuld an der Arbeitslosigkeit in Deutschland" rationale Sichtweisen entgegensetzt.

# 9 Soziale Schulqualität, Schülerbeförderung und Schulschwänzen

*Lars Hoffmann & Dietmar Sturzbecher*

The schools ain't what they used to be and never were.
(Will Rogers, amerikanischer Humorist)

## 9.1 Theoretische Vorbemerkungen

*Soziale Schulqualität*

Die Kontrolle, Sicherung und Weiterentwicklung von Bildungs- und Schulqualität besitzt für die Zukunftsfähigkeit unserer Gesellschaft eine wachsende Bedeutung. Dieser Bedeutungszuwachs wurde nicht zuletzt durch den sogenannten „PISA-Schock" verdeutlicht, der zu Beginn des neuen Jahrtausends durch das unbefriedigende Abschneiden deutscher Schülerinnen und Schüler in internationalen Vergleichsstudien wie PISA, TIMSS oder IGLU ausgelöst wurde. Als Reaktion darauf setzte in Deutschland ein inhaltlicher und struktureller Reformprozess im schulischen Bildungswesen ein, in dessen Verlauf die bisherige Dominanz der Inputorientierung bei der Steuerung von Bildungsprozessen verringert und durch eine verstärkte Berücksichtigung des Outputs ergänzt wurde (Altrichter, 2008; Köller, 2009; Drechsel, Prenzel & Seidel, 2009). Im Zuge dieses „Paradigmenwechsels" wurde im Jahr 2006 durch die Kultusminister der Länder eine Gesamtstrategie zum Bildungsmonitoring verabschiedet. Diese Gesamtstrategie beinhaltet die Teilnahme an internationalen Schulleistungsuntersuchungen, die Einführung und Überprüfung länderübergreifender Bildungsstandards, die Durchführung von Vergleichsarbeiten und die gemeinsame Bildungsberichterstattung von Bund und Ländern (Sekretariat der Ständigen Konferenz der Kultusminister der Länder in der Bundesrepublik Deutschland, 2006).

Nahezu parallel zu den skizzierten Neuerungen wurden in den einzelnen Bundesländern ergänzende Maßnahmen durchgeführt. Für das Land Brandenburg sind dabei neben der Einführung zentraler Abschlussprüfungen insbesondere die Entwicklung des (im Jahr 2008 nochmals überarbeiteten) „Orientierungsrahmens Schulqualität in Brandenburg", die Unterstützung schulinterner Evaluationen und die Durchführung von externen Evaluationen durch Schulvisitationen hervorzuheben (Altrichter & Heinrich, 2006; Gärtner, Kandulla, Kuhl, Pant, Wendt & Kaiser, 2008; Ministerium für Bildung, Jugend und Sport, 2008; Köller, 2009). Es ist zu erwarten, dass sich die Wirksamkeit dieser Maßnahmen auch in der vorliegenden Zeitreihenstudie „Jugend in Brandenburg" widerspiegelt.

Im Rahmen der genannten Zeitreihenstudie werden Indikatoren zur Schulqualität aus Schülersicht bereits seit dem Jahr 1993 erfasst. Eine schwerpunktmäßige Berücksichtigung fand dieser Themenbereich seit der Befragung des Jahres 1999, bei der zahlreiche im Vergleich zur Vorgängerstudie des Jahres 1996 neue Indikatoren erhoben wurden (Leiske, Sturzbecher & Keil, 2001). Damals wurden mit Hilfe pfadanalytischer Methoden auch diejenigen Faktoren identifiziert und gewichtet, die aus Sicht der brandenburgischen Schülerinnen und Schüler zu einer hohen Schulqualität beitragen. Es zeigte sich, dass dem Klassenklima bzw. der Güte der sozialen Beziehungen zwischen Schülern untereinander sowie zwischen Schülern und Lehrpersonen ein besonders hoher Stellenwert für die Beurteilung der Schulqualität aus Schülersicht zukommt. Darüber hinaus wurden auch die soziale Lehrqualität, die sich vor allem durch eine schülerorientierte Gestaltung des Unterrichts auszeichnet, sowie die Schulattraktivität (z. B. vielseitige Freizeitangebote an der Schule) als wichtige Bestandteile einer hohen Schulqualität gekennzeichnet. Eine im Hinblick auf die Schulqualität geringere Bedeutsamkeit wiesen aus Schülersicht die Unterstützung durch Lehrer bei der Bewältigung außerschulischer Probleme und die fachliche Qualität des Unterrichts auf (ebd.).

In der Summe konnte die Befragung des Jahres 1999 genauso wie die nachfolgenden Befragungswellen die exponierte Rolle sozialer und kultureller Umfeldbedingungen, die das Lernen mehr oder weniger unterstützen, für die Meinung der Schüler zur Qualität von Schule und Unterricht belegen (Leiske, Sturzbecher & Keil, 2001; Sturzbecher & Hess, 2002; Landua & Großmann, 2007). Auch andere Forschergruppen betonen die hohe Bedeutung dieser Faktoren – beispielsweise, indem sie diese als Merkmale guter Schulen oder als Faktoren effizienten Unterrichtens herausstellen (Fend, 2000b; Helmke, 2003; Gruehn, 2000; Meyer, 2004; Schrader & Helmke, 2008). Dem hohen Stellenwert der sozialen und kulturellen Umfeldbedingungen wurde im Rahmen der Studie „Jugend in Brandenburg" durch die Verwendung des Begriffs der „Sozialen Schulqualität" Rechnung getragen. Neben den bereits skizzierten Facetten der „Sozialen Lehrqualität" und der „Schulattraktivität" kann auch die Höhe der schulischen Gewaltbelastung als eine weitere Komponente der Sozialen Schulqualität betrachtet werden.

Über die bislang berichteten Ergebnisse hinaus wurden im Rahmen der Auswertung der Befragung des Jahres 1999 auch die Folgen einer hohen Sozialen Schulqualität genauer analysiert. Es konnte festgestellt werden, dass eine hohe Soziale Schulqualität vor allem dazu beiträgt, dass die Schüler Spaß an der Schule haben und gute Schulleistungen erzielen (Leiske, Sturzbecher & Keil, 2001). Daraus resultiert wiederum eine hohe Schulmotivation, wobei gute Schulleistungen motivierender wirken als der bloße Spaß am Zusammensein mit anderen Jugendlichen in der Schule. Weiterhin wurde gefunden, dass eine Schule mit hoher Qualität, die nicht nur fördert, sondern auch Leistungsanstrengungen fordert, auch Schulstress bzw. sogar Schulangst verursacht. Der mit dem Leistungserfolg verbundene Lernstress und ein gewisser Leistungsdruck werden vor allem dann nicht im persönlichkeitsfördernden Sinne verarbeitet, wenn sie auf Eltern treffen, die hohe Leistungen mittels Restriktionen einfordern, aber ihre Kinder nicht in

Belastungssituationen unterstützen. Ein nicht unerheblicher Effekt auf die Schulmotivation geht also von einem negativen Familienklima aus: Jugendliche aus Familien, in denen ein restriktiver Erziehungsstil vorherrscht und sich die Eltern wenig um die Belange ihrer Kinder kümmern, weisen eine deutlich höhere Schulunlust auf (ebd.).

*Schülerbeförderung*

Seit 1989 war das Land Brandenburg – wie die anderen neuen Bundesländer auch – von einem erheblichen Geburtenrückgang und einer Abwanderung insbesondere von jungen Familien in die alten Bundesländer betroffen. Der demografische Wandel machte zum einen zahlreiche Schulschließungen notwendig und erhöhte zum anderen den Qualitätswettbewerb um Schüleranmeldungen zwischen den Bildungseinrichtungen im Sekundarbereich. Dieser Wettbewerb führt bis heute zu einer zunehmenden Profilbildung: Indem sie spezielle – beispielsweise naturwissenschaftliche, musische oder wirtschaftliche – Schwerpunkte setzen, versuchen die Schulen, eine höhere Anzahl von Schülern zu akquirieren und somit aktiv einer Schließung entgegenzuwirken. Als weitere Maßnahmen zur gezielten Erhöhung der Attraktivität von Schulen sind Ganztagsangebote und die Förderung bestimmter Begabungen und Interessen zu nennen. Die trotzdem unvermeidbaren Schulschließungen haben zur Folge, dass nicht wenige Schüler weite Strecken zur Schule zurücklegen müssen. Besonders lang können Schulwege dann werden, wenn sich Schüler bzw. deren Eltern den Besuch einer Schule mit einem ganz bestimmten Profil wünschen (Müller, 2010).

Häufig werden die Wege zur Schule mit Hilfe öffentlicher Transportmittel zurückgelegt. Daher rückt die Qualität der Schülerbeförderung immer stärker in den Fokus von Bildungspolitik und Öffentlichkeit. Einen viel beachteten Beleg dafür stellen die seit dem Jahr 2008 jährlich durchgeführten Schulbustests des Allgemeinen Deutschen Automobil-Clubs (ADAC) dar, der im Rahmen nichtrepräsentativer Untersuchungen zum Teil erhebliche Sicherheits- und Ausstattungsmängel sowie unzumutbare Beförderungsbedingungen (z. B. stark überfüllte Busse, sehr lange Fahrt- und Wartezeiten) aufdecken konnte. In diesem Zusammenhang sollte allerdings nicht unerwähnt bleiben, dass bei der letzten Untersuchung des ADAC die im Land Brandenburg evaluierten Schulbuslinien im Bundesvergleich überaus positiv abschneiden konnten (ADAC, 2010).

In der sozialwissenschaftlichen Fachliteratur finden sich zumindest für den deutschsprachigen Raum keine Publikationen zur Schülerbeförderung. Dies erscheint erstaunlich, weil beispielsweise eine Betrachtung der „kognitiven und emotionalen Konsequenzen [...] [der] Erfahrung eines mobilen Ortes des Schülerlebens auf engstem Raum" (Zinnecker, 2008, S. 538) oder eine Untersuchung der durch die langen Fahrzeiten deutlich eingeschränkten Freizeitmöglichkeiten interessante Forschungsfragen und -vorhaben hervorbringen könnten.

*Schulschwänzen*

Sowohl in der Fachliteratur als auch im alltäglichen Sprachgebrauch finden sich zahlreiche Begriffe, die hinsichtlich ihres Bedeutungsgehalts eine große Überlappung zum „Schulschwänzen" aufweisen oder sogar synonym verwendet werden (Kaiser, 2011; Stamm, Ruckdäschel, Templer & Niederhauser, 2009; Wagner, Dunkake & Weiß, 2004; Dunkake, 2010; Ricking, 2003). Weit verbreitet sind beispielsweise die Termini „Schulabsentismus", „Schulmüdigkeit", „Schulverdrossenheit" und „Schulvermeidung". Der Hauptgrund für diese „Begriffskonfusion" (Oehme & Franzke, 2002, S. 67) liegt vermutlich in der historischen Entwicklung des Forschungsgegenstands, der insbesondere in den Fachdisziplinen der Klinischen Psychologie und der Psychiatrie verankert ist. In diesen Disziplinen fasst man das Schulschwänzen traditionell als Ausdruck einer Krankheit auf. Für deren Diagnose wurden verschiedene Systematiken entwickelt, die hinsichtlich der verwendeten Begriffskategorien, der diagnostischen Kriterien und der ätiologischen Faktoren nicht unerheblich differieren (Stamm, Ruckdäschel, Templer & Niederhauser, 2009). Nichtsdestotrotz wurden die diagnostischen Kategorien und Kriterien von Vertretern anderer Wissenschaftsdisziplinen aufgegriffen, sodass zum Beispiel die sozial- und erziehungswissenschaftliche Fachliteratur zum Schulschwänzen bis heute durch uneinheitlich verwendete Termini und heterogene Begriffsdefinitionen geprägt ist (Kaiser, 2011).

Im vorliegenden Kapitel haben wir uns für die Verwendung des Begriffs „Schulschwänzen" entschieden. Dieser Terminus erscheint insofern „neutral" gewählt, als dass zu ihm keine (offenkundigen) Assoziationen mit Gründen und Intensitätsgraden des Fernbleibens von der Schule bestehen. Etymologisch wird der Begriff des Schulschwänzens oftmals auf das Wort „Schwänzelpfennige" zurückgeführt, mit dem man im 17. und 18. Jahrhundert kleinere Geldbeträge bezeichnete, die von Dienstboten unterschlagen wurden. „Schulschwänzen" scheint außerdem auf den Begriff „Schwanz" aus der Gaunersprache des 19. Jahrhunderts zurückzugehen: „Hier bedeutete schwänzen: reisen, abhauen, sich verdrücken. Die Schwänzenden ritten weg, zeigten den Zurückgebliebenen nur noch den Pferde-Schwanz" (Müller, 1990, S. 16, zit. nach Dunkake, 2010). Später erfuhr der Begriff einen Bedeutungswandel und wurde für das Versäumen von Unterrichtsstunden verwendet. Bemerkenswert erscheint, dass das Schwänzen ursprünglich nicht nur das Fehlen von Schülern und Studenten, sondern auch das Fernbleiben von Lehrkräften bezeichnete (Dunkake, 2010); eine ausschließliche Anwendung des Begriffs auf die Lernenden erfolgte offenbar erst zum Ende des 19. Jahrhunderts. Aus dieser Zeit stammen auch erste empirische Untersuchungen zum Thema, die vornehmlich in Großbritannien erfolgten und – wie bereits erwähnt – von Vertretern aus den Fachdisziplinen der Psychiatrie und der Klinischen Psychologie durchgeführt wurden (ebd.). Aus den angelsächsischen Ländern stammen auch die ersten Konzepte, nach denen die Präsenzquote der Schüler als ein wichtiger Qualitätsindikator für Schulen angesehen wird. In Deutschland hat sich diese Betrachtungsweise allerdings (noch) nicht durchsetzen können (Rademacker, 2008); in den Rahmenkonzepten der Bundesländer zur

Schulqualität werden ausschließlich tradierte Indikatoren wie Unterrichtsqualität und Schulkultur benannt.

Ab Mitte des 20. Jahrhunderts rückte das Schulschwänzen verstärkt in den Fokus von soziologisch bzw. kriminologisch orientierten Untersuchungen, in deren Rahmen das Schwänzen als eine Form von abweichendem, delinquenten Verhalten betrachtet wurde; als besonders einflussreich gelten zum Beispiel die Studien von Glueck und Glueck (1950, 1963). Im deutschsprachigen Raum wird das Begriffsverständnis von Schulschwänzen als eine Form delinquenten Verhaltens unter anderem in Forschungsarbeiten des Kriminologischen Forschungsinstituts Niedersachsen und des Forschungsinstituts für Soziologie der Universität zu Köln aufgegriffen (Wagner, Dunkake & Weiß, 2004; Dunkake, 2010). Vor dem Hintergrund, dass (auch) im Land Brandenburg eine Verletzung der Schulpflicht eine Ordnungswidrigkeit darstellt, die administrative Maßnahmen nach sich zieht, schließen auch wir uns diesem Begriffsverständnis an: In Anlehnung an Dunkake wird das Schulschwänzen im Folgenden als eine Form abweichenden, delinquenten Verhaltens definiert, die – „unabhängig von der Kenntnis der Eltern" – „die unerlaubte [tageweise] Abwesenheit vom Schulunterricht" (2010, S. 37) bezeichnet.

Es gibt keine bundesweit repräsentativen Daten zum Umfang des Schulschwänzens in Deutschland. Neben dem weiter oben skizzierten Problem der uneinheitlichen Begriffsbestimmung werden fehlende Standards zur Erfassung und Dokumentation von Fehlzeiten in der Schule als Hauptursache für dieses Defizit an belastbaren Informationen zur Inzidenz und Prävalenz des Schulschwänzens in Deutschland gesehen (Kaiser, 2011). Auf der Grundlage der Ergebnisse regionaler Untersuchungen schätzt Schreiber, „dass täglich bundesweit etwa 10 % der Schüler/innen vom Unterricht fernbleiben. Regionale Statistiken schwanken zwischen 4 und 15 %" (2007, S. 204). Im Einklang mit diesen Zahlen gaben bei der letzten Erhebungswelle der brandenburgischen Jugendstudie aus dem Jahr 2005 rund neun Prozent der Schüler an, die Schule „Oft" oder „Manchmal" tageweise zu schwänzen (Landua & Großmann, 2007).

Schulschwänzen kommt bei Schülern aller Schulformen vor; gleichzeitig gilt als belegt, dass an Gymnasien seltener geschwänzt wird als an anderen allgemeinbildenden Schulen oder Berufsschulen (Schreiber-Kittl & Schröpfer, 2002; Landua & Großmann, 2007). Allerdings variiert die Größenordnung der Unterschiede beim Schulschwänzen zwischen den verschiedenen Schulformen je nach Studie teilweise erheblich (Kaiser, 2011; Weiß, 2007; Rat für Kriminalitätsverhütung in Schleswig-Holstein, 2007). In Bezug auf die Variable „Alter" zeigen die Ergebnisse empirischer Untersuchungen, dass die Häufigkeit des Schulschwänzens mit wachsendem Alter zunimmt (Ricking, 2003; Landua & Großmann, 2007). Weniger eindeutig erscheint hingegen die Befundlage zu Geschlechtereffekten; laut Kaiser können die vorliegenden Befunde aus dem deutschsprachigen und angloamerikanischen Raum nicht eindeutig belegen, dass Jungen die Schule häufiger schwänzen als Mädchen (2011). Demgegenüber berichteten bei der letzten Erhebungswelle der Studie „Jugend in Brandenburg" deutlich mehr männliche als weibliche Jugendliche davon, die Schule tageweise geschwänzt zu haben (Landua & Großmann, 2007). Als weitere „schülerbezogene" Bedingungsfaktoren bzw. Korrelate des regelmäßigen Schulschwänzens konnten eine höhere Quote von Klassenwiederholungen, ein negatives schulisches Selbstkonzept (z. B. negative Einstellungen, Überzeugungen und Erwartungen im Hinblick auf die eigene Leistungsfähigkeit im schulischen Bereich) und das zusätzliche Praktizieren anderer delinquenter Verhaltensformen gefunden werden (Ricking, 2003; Weiß, 2007; Kaiser, 2011).

Neben den skizzierten Befunden zu „schülerbezogenen" Faktoren und Korrelaten des Schulschwänzens deuten die Ergebnisse empirischer Untersuchungen außerdem auf die Relevanz von Peergroupeinflüssen für die Auslösung und Stabilisierung des Schwänzens (Ricking, 2003; Kaiser, 2011). Bezüglich der Rolle schulklimatischer und schulorganisatorischer Faktoren besteht laut Ricking (2003) und Kaiser (2011) noch Forschungsbedarf; vielleicht ist die Verwendung von Präsenzraten als Indikator von Schulqualität auch deswegen noch wenig akzeptiert (s. o.). Immerhin konnten Landua und Großmann (2007) bei der letzten Erhebungswelle der brandenburgischen Jugendstudie des Jahres 2005 Hinweise darauf finden, dass Schüler, welche die soziale Lehrqualität an ihren Schulen positiv bewerten, dem Unterricht deutlich seltener tageweise fernbleiben. Darüber hinaus konnten die Autoren „Schulunlust" und die „Zufriedenheit mit der eigenen Schulleistung" als Prädiktoren für das Schulschwänzen identifizieren; als nicht-schulspezifische Bedingungsfaktoren wurden der „Berufsbezogene Zukunftsoptimismus", die „Allgemeine Gewaltbereitschaft" und das familiäre Merkmal der „Elterlichen Vernachlässigung" gekennzeichnet (ebd.).

Hinweise auf die wichtige Rolle familiärer Merkmale bei der Delinquenzentwicklung wurden bereits in den weiter oben angeführten Untersuchungen von Glueck und Glueck (1950) gefunden: Zu den Faktoren, die das Auftreten abweichenden Verhaltens fördern, zählen danach u. a. eine große Geschwisteranzahl, die Trennung der Eltern, ein familiärer Migrationshintergrund, die Berufstätigkeit der Mutter und ein geringer sozioökonomischer Status der Eltern. Die meisten dieser Faktoren konnten sowohl in Untersuchungen identifiziert werden, in denen spezifisch nach den Ursachen und Korrelaten von Schulschwänzen gesucht wurde, als auch in Studien, die andere delinquente Verhaltensformen zum Gegenstand hatten (Dunkake, 2010). Einzig der Befund, wonach eine Berufstätigkeit der Mutter das Delinquenzrisiko von Jugendlichen erhöht, scheint mittlerweile widerlegt. Im Gegenteil: In neueren Untersuchungen konnte gezeigt werden, dass eine Berufstätigkeit der Mutter die Delinquenzneigung „indirekt", das heißt beispielsweise vermittelt über eine stärkere „Supervision" der Kinder, reduzieren kann (Vander Ven, Cullen, Carrozza & Wright, 2001).

Einen einflussreichen Ansatz zur Erklärung von delinquentem Verhalten im Allgemeinen und von Schulschwänzen im Speziellen stellt die Soziale Kontrolltheorie von Hirschi dar (1969). Dieser Theorie zufolge wird die Bereitschaft zu konformem Verhalten wesentlich durch das Ausmaß der Bindung eines Individuums an die Gesellschaft bestimmt. Diese Bindung fußt auf vier Komponenten: auf der emotionalen Bindung an relevante Bezugspersonen, auf der Höhe der Identifikation mit konventionellen Lebenszielen (z. B. beruflicher Erfolg, Partnerschaft, Sicherheit), auf der Einbindung in konventionelle Aktivitäten (z. B. regelmäßige Berufstätigkeit, Teilnahme am Vereinsleben) und auf dem Glauben an die Verbindlichkeit sozialer Regeln. Je stärker diese vier Komponenten bei einer Person ausgeprägt sind, desto seltener neigt sie zu delinquenten Verhaltensweisen (ebd.).

Bereits Hirschi (1969) unterstrich die wichtige Rolle familiärer Faktoren für die Entstehung konformen Verhaltens; diese sah er insbesondere mit der Komponente „Emotionale Bindung an relevante Bezugspersonen" verknüpft. Hirschi betonte dabei vor allem den psychologischen Mechanismus der indirekten Kontrolle: Wenn die emotionale Bindung an die Eltern besonders stark ist, dann sind die Eltern auch in Situationen, in denen die Jugendlichen versucht sind, delinquente Handlungen auszuführen, als „schlechtes Gewissen" präsent. Die entsprechende Antizipation elterlicher Vorwürfe erhöht dann die Wahrscheinlichkeit, dass es nicht zur Ausführung solcher Handlungen kommt (Dunkake, 2010).

Im Jahr 1993 erfuhr die Soziale Kontrolltheorie eine substanzielle Erweiterung durch Sampson und Laub: Sie postulierten, dass der Einfluss familiärer Strukturmerkmale auf die Entstehung delinquenten Verhaltens nicht nur direkt erfolgt, sondern zu einem großen Teil durch familiäre Beziehungsmerkmale vermittelt wird (Sampson & Laub, 1993; Wagner, Dunkake & Weiß, 2004; Dunkake, 2010). Zur Identifikation familiärer Risikofaktoren führten Sampson und Laub eine Reanalyse der Untersuchungen von Glueck und Glueck (1950) durch und implementierten in ihr Modell die (zum Teil bereits weiter oben benannten) strukturellen Familienmerkmale: „(Hohe) Geschwisterzahl", „(Beengte) Wohnverhältnisse", „(Geringer) sozioökonomischer Status der Familie", „(Zerstörte) Familienstruktur", „Migrationshintergrund", „(Häufige) Wohnortwechsel", „Berufstätigkeit der Mutter" sowie „Kriminalität und Alkoholmissbrauch von Vater und Mutter" (Sampson & Laub, 1993). Bei den familiären Beziehungsmerkmalen hoben Sampson und Laub – in Anbindung an die Theorie Hirschis – die wichtige Rolle der „Emotionalen Bindung an die Eltern" und die damit verbundenen Mechanismen der indirekten Kontrolle hervor (Sampson & Laub, 1993; Dunkake, 2010). Als weitere Bedingungsfaktoren delinquenten Verhaltens benannten sie das „Erleben physischer Gewalt durch die Eltern", „Ablehnung bzw. Vernachlässigung durch die Eltern" und eine geringe „Direkte elterliche Kontrolle". Letztere ist dadurch gekennzeichnet, dass die Eltern beispielsweise nicht wissen, welchen Freizeitaktivitäten ihre Kinder nachgehen, mit welchen anderen Jugendlichen sie Umgang haben und wann sie nach Hause kommen (ebd.).

Eine empirische Prüfung des Modells von Sampson und Laub (1993) für die Erklärung von Schulschwänzen als eine spezielle Form delinquenten Verhaltens nahm Dunkake (2010) auf der Grundlage des Datensatzes der „Schulbefragung 1999/2000" des Max-Planck-Instituts für ausländisches und internationales Strafrecht (Oberwittler, Blank, Köllisch & Naplava, 2001) vor. Dabei zeigte sich, dass die Einflüsse von familiären Strukturmerkmalen (hier: Trennung der Eltern, sozioökonomischer Status, Migration) und von zusätzlich berücksichtigten Kontrollvariablen (hier: Alter, Geschlecht) vor allem über die familiären Beziehungsmerkmale „Elterliche Kritik" und „Kontrolle" vermittelt werden.

Mit dem Modell von Sampson und Laub (1993) wurde ein Ansatz skizziert, in dem mehrere theoretische Konzepte und die Ergebnisse empirischer Untersuchungen integriert sind und in welchem die kausalen Zusammenhänge zwischen verschiedenen familiären Merkmalen und dem Schulschwänzen beschrieben werden. Ähnlich wie bei Dunkake (2010) bildete das Modell von Sampson und Laub auch bei uns den Ausgangspunkt für die vertieften statistischen Analysen zum Zusammenhang zwischen Familienmerkmalen und Schulschwänzen.

## 9.2 Methodische Bemerkungen

Der Fragebogen der aktuellen brandenburgischen Jugendstudie aus dem Jahr 2010 beinhaltete zahlreiche Indikatoren zur Sozialen Schulqualität, die allesamt bereits Bestandteil der Fragebogen vorheriger Erhebungswellen waren und zu Skalen gruppiert wurden. Eine kurze Übersicht zu den Skalen zur Sozialen Schulqualität findet sich – zusammen mit Informationen zu ihrer Ersterhebung und mit Beispiel-Indikatoren – in der Tabelle 9.1.

*Tabelle 9.1*     Skalen zur Sozialen Schulqualität mit Angaben zur Ersterhebung und Beispiel-Indikatoren

| Skalen | Ersterhebung | Beispiel-Indikatoren |
|---|---|---|
| Schulattraktivität | 1999 | „In meiner Schule gibt es viele interessante Arbeitsgemeinschaften." |
| Soziale Lehrqualität | 1999 | „Unsere Lehrer sind gerecht und werden deshalb geachtet." |
| Schulspaß | 1996 | „Es ist ein gutes Gefühl, wenn ich im Unterricht Dinge begreife, die mir vorher unklar waren." |
| Schulunlust | 1993 | „Meistens sitze ich in der Schule nur die Zeit ab." |
| Schulstress/Schulangst | 1999 | „Ich habe Angst, mich in der Schule zu blamieren." |

Im Zusammenhang mit der Sozialen Schulqualität wurden die Schüler auch zur schulischen Gewaltbelastung befragt: Sie wurden beispielsweise gebeten anzugeben, wie oft sie Gewaltaktionen in der Schule beobachten und wie ihre Lehrer im Allgemeinen auf

Gewalt an der Schule reagieren. Die betreffenden Indikatoren sind seit der Erhebungswelle des Jahres 1996 Bestandteil der Fragebogen der brandenburgischen Jugendstudie.

Das Thema „Schülerbeförderung" war im Jahr 2010 erstmalig Bestandteil des Fragebogens der brandenburgischen Jugendstudie. Die Schüler sollten Auskunft darüber
geben, ob sie Busse und Züge nutzen, um zur Schule zu gelangen, welche Fahrt- und
Wartezeiten sie dabei in Kauf nehmen und wie häufig sie umsteigen müssen. Darüber
hinaus wurden sie um Angaben zu zusätzlich zurückzulegenden Fußwegen, zu den Abfahrtzeiten nach der Schule, zur Pünktlichkeit von Bussen und Zügen sowie zur Platzsituation an Haltestellen, in Bussen und in Zügen gebeten.

Fragen zum Schulschwänzen sind zum Teil schon seit 1993 Bestandteil der Erhe-
bungsinstrumente zur Studie „Jugend in Brandenburg", wobei die Schüler bereits damals differenziert nach der Häufigkeit des „stundenweisen" und des „tageweisen"
Fernbleibens vom Schulunterricht gefragt wurden. Seit dem Jahr 1999 wird außerdem
erfasst, ob sich die Eltern überhaupt für das Schulschwänzen ihrer Kinder interessieren
und inwiefern sie es sanktionieren. Zusätzlich wurden die Schüler ggf. nach ihren Gründen für das Schulschwänzen gefragt.

Für eine Prüfung der im Modell von Sampson und Laub (1993) postulierten Zusammenhänge zwischen Familienmerkmalen und Delinquenzneigung in der vorliegenden
Studie (d.h. mit Blick auf das Schulschwänzen) galt es zunächst, unter den von uns
erfassten Variablen geeignete Indikatoren zur Operationalisierung von Modellkompo-
nenten zu finden. Bei den familiären Strukturmerkmalen lagen Informationen zu den
Variablen „Geschwisterzahl", „Migrationshintergrund" und „Berufstätigkeit der Mutter"
vor. Angesichts von Normverschiebungen bei der Bewertung von Familienstrukturen
erschien es wenig sinnvoll, das von Sampson und Laub (1993) verwendete Merkmal der
„(Zerstörten) Familienstruktur" aufzugreifen. Allerdings konnte im Rahmen der vorliegenden Studie ermittelt werden, dass brandenburgische Jugendliche aus Ein-Eltern-
Familien und Stieffamilien häufiger mit familiären Belastungen konfrontiert sind als
Jugendliche aus traditionellen Familien (s. Kap. 3). Daher erschien es lohnenswert, die
Merkmale „Ein-Eltern-Familie" und „Stieffamilie" als dichotome Dummyvariablen in
den multivariaten Analysen zum Schulschwänzen zu berücksichtigen.

Für die Operationalisierung von Merkmalen zur Qualität der sozialen Familienbe-
ziehungen boten sich zahlreiche Einzelindikatoren an, die mit Hilfe explorativer Faktorenanalysen zu Faktoren[50] zusammengefasst wurden. Diese Faktoren entsprechen
inhaltlich den Modellmerkmalen „Emotionale Bindung an die Eltern", „Erleben physischer Gewalt durch die Eltern" und „Ablehnung bzw. Vernachlässigung durch die El-

---

50  Die gefundene Faktorenstruktur wurde mit einer konfirmatorischen Faktorenanalyse validiert. Für
    alle Indikatoren wurden Faktorladungen von mindestens 0.65 ermittelt – bereits Ladungen ab einem
    Wert von 0.5 gelten als akzeptabel. Die befriedigende Modellpassung konnte durch Passungs- bzw.
    „Fit"-Indizes von CFI = 0.97, TLI = 0.98, RMSEA = 0.066 belegt werden. Laut Geiser (2010) gelten
    CFI bzw. TLI-Werte ab 0.97 als gut; RMSEA-Werte unter 0.08 werden laut einer Daumenregel von
    Browne und Cudeck (1993) als akzeptabel eingestuft.

tern" von Sampson und Laub (1993). Das Modellmerkmal „Elterliche Kontrolle" wurde durch den Einzelindikator „Meine Eltern interessieren sich dafür, mit wem ich befreundet bin" operationalisiert. In der Tabelle 9.2 finden sich die von Sampson und Laub (ebd.) postulierten familiären Beziehungsfaktoren delinquenten Verhaltens sowie die ihnen – im Sinne einer Operationalisierung – in der vorliegenden Studie zugeordneten Faktoren im Hinblick auf das Schulschwänzen nebst Beispielindikatoren im Überblick.

Die Untersuchung von Zusammenhängen zwischen den familiären Strukturmerkmalen, den Kontrollvariablen „Alter" und „Geschlecht" sowie den familiären Beziehungsmerkmalen auf der einen Seite und dem tageweisen Schulschwänzen auf der anderen Seite erfolgte zunächst mittels bivariater Korrelationsmaße. Für die Strukturmerkmale wurden zusätzlich sogenannte Odds Ratio-Koeffizienten berechnet. Diese Kennwerte können als ein Effektstärkemaß interpretiert werden, welche das „Chancenverhältnis" zwischen zwei Ausprägungen eines Merkmals abbilden. Sie geben beispielsweise Auskunft darüber, wie stark das Risiko regelmäßigen Schulschwänzens bei männlichen Jugendlichen im Vergleich zu weiblichen Jugendlichen erhöht ist. Zur Berechnung der Odds Ratios wurde die eigentlich vierstufige Kriteriumsvariable „Tageweises Schulschwänzen" dichotomisiert.

Zur Überprüfung unserer Annahme, dass der Einfluss familiärer Strukturmerkmale auf das Schulschwänzen maßgeblich durch familiäre Beziehungsmerkmale ver-

*Tabelle 9.2*    Familiale Bedingungsfaktoren delinquenten Verhaltens
                 bzw. des Schulschwänzens im Überblick

| Familiale Beziehungsfaktoren nach Sampson und Laub (1993) | Operationalisierungen/Faktoren in der vorliegenden Studie | Beispiel-Indikatoren |
|---|---|---|
| Emotionale Bindung an die Eltern | Schulische und berufliche Unterstützung durch die Eltern | „Meine Familie gibt mir Tipps für meine schulische und berufliche Entwicklung (z. B. indem sie mich berät, welche Fächer ich in der Schule wählen sollte oder welcher Beruf für mich geeignet wäre)." |
| | Allgemeines Familienklima | „In meiner Familie können Probleme offen angesprochen werden." |
| Ablehnung bzw. Vernachlässigung durch die Eltern | Elterliche Vernachlässigung | „Meine Eltern sind nie da, wenn ich sie brauche." |
| | Elterliche Kritik | „Ich habe oft Auseinandersetzungen mit meinen Eltern." |
| Erleben physischer Gewalt durch die Eltern | Elterliche Gewalt | „Wurden Sie von ihrem Vater geschlagen?" |
| Direkte elterliche Kontrolle | Elterliche Kontrolle des Freundeskreises | „Meine Eltern interessieren sich dafür, mit wem ich befreundet bin." |

mittelt wird, wurden dann Strukturgleichungsmodelle berechnet. Sie ermöglichen es, gerichtete (Regressionen) und ungerichtete (Korrelationen, Kovarianzen) Zusammenhänge zwischen mehreren unabhängigen und abhängigen Variablen simultan zu modellieren (Geiser, 2010) und sind somit geeignet, komplexe kausale Strukturen statistisch zu untersuchen. Mit Strukturgleichungsmodellen können sowohl direkte als auch indirekte Effekte (d. h. durch den Einfluss zusätzlicher Variablen vermittelte Effekte von unabhängigen auf abhängige Variablen) beschrieben werden. Wenn der Effekt einer unabhängigen auf eine abhängige Variable lediglich durch den Einfluss einer weiteren, intervenierenden Variable besteht, dann spricht man von einem sogenannten „Totalen Mediator-Effekt". Ein „Partieller Mediatoreffekt" liegt dann vor, wenn die unabhängige Variable auch unabhängig vom Einfluss einer intervenierenden Variable einen Effekt auf die abhängige Variable hat (Urban & Mayerl, 2006). Der Fokus unserer Analysen lag auf der Identifizierung von solchen Mediatoreffekten. In die Analysen wurden alle vollständigen Datensätze von minderjährigen Befragten[51] (N = 560 Fälle) einbezogen.

## 9.3   Untersuchungsergebnisse

*Soziale Schulqualität*
In der folgenden Tabelle 9.3 sind – differenziert nach Schultypen – die Untersuchungsergebnisse zur „Schulattraktivität" dargestellt. Es wird deutlich, dass sich die Attraktivität der brandenburgischen Schulen im Vergleich zur Vorgängerstudie 2005 aus der Sicht der Schüler erhöht hat. Mittlerweile bewertet rund die Hälfte der Jugendlichen die Attraktivität ihrer Schule mit „Hoch" bzw. „Eher hoch" (49,6 %). Im Jahr 2005 lag

*Tabelle 9.3*    Skala „Schulattraktivität" 2005 und 2010 (in %)

| (Teil-)Gruppen | Niedrig | | Eher niedrig | | Eher hoch | | Hoch | |
|---|---|---|---|---|---|---|---|---|
| | 2005 | 2010 | 2005 | 2010 | 2005 | 2010 | 2005 | 2010 |
| Gesamtstichprobe | 14,5 | 15,2 | 42,5 | 35,3 | 33,2 | 36,7 | 9,8 | 12,9 |
| Oberschule | 8,4 | 10,3 | 42,3 | 33,3 | 39,7 | 40,2 | 9,5 | 16,2 |
| Gymnasium | 3,8 | 1,7 | 28,1 | 16,0 | 47,5 | 59,0 | 20,6 | 23,3 |
| Oberstufenzentrum | 30,5 | 30,0 | 55,8 | 52,7 | 13,4 | 15,5 | 0,3 | 1,8 |

51  Im Land Brandenburg wird die Dauer der Schulpflicht in den §§ 38 und 39 des Brandenburgischen Schulgesetzes (BbSchulG) geregelt. Demnach endet die Vollzeitschulpflicht mit der Beendigung des zehnten Schuljahres. Ihr schließt sich eine Berufsschulpflicht an, die in jedem Fall bis zum Ablauf des Schuljahres andauert, in dem das 18. Lebensjahr erreicht wird.

dieser Wert noch bei 43,0 Prozent und im Jahr 1999 bei 45,9 Prozent. Dieser erfreuliche Trend bei der „Schulattraktivität" sollte allerdings nicht darüber hinwegtäuschen,
dass noch immer rund 50 Prozent der brandenburgischen Jugendlichen weiteren Optimierungsbedarf bezüglich der Attraktivität ihrer Schule sehen. Die Jugendlichen, welche eine Bildungseinrichtung in freier Trägerschaft besuchen, schätzen die Attraktivität
ihrer Schule im Mittel etwas höher ein als die Schüler von Bildungseinrichtungen in öffentlicher Trägerschaft (f = 0.13).

Ähnlich wie im Jahr 2005 variieren die Einschätzungen zur „Schulattraktivität" erheblich in Abhängigkeit von der Schulform (f = 0.54). Im Unterschied zu den Gymnasien und den Oberschulen wird den OSZ weiterhin nur in wenigen Fällen eine hohe
Attraktivität bescheinigt. Dennoch wird auch die Attraktivität der OSZ etwas positiver
als noch im Jahr 2005 bewertet: Der Anteil der Jugendlichen, welche die Attraktivität
ihres OSZ als „Hoch" bzw. „Eher hoch" beurteilen, ist von 13,7 Prozent auf 17,3 Prozent
angewachsen. Bereits im Vergleich der Jahre 2005 und 1999 war bei dieser Teilgruppe bezüglich der Bewertung der Schulattraktivität ein deutlicher Anstieg von 9,3 Prozent zu verzeichnen. Angesichts des eher schlechten Abschneidens der OSZ bei der von
den Schülern eingeschätzten Schulattraktivität muss darauf hingewiesen werden, dass
die beruflichen Bildungsgänge an den OSZ hinsichtlich dieses Qualitätsmerkmals nicht
völlig vergleichbar sind. Kontakte zwischen den einzelnen Klassen und auch das Stattfinden von Arbeitsgemeinschaften werden bereits durch die mehrtägige Abwesenheit
der Auszubildenden erschwert. Unabhängig von diesen Unterschieden muss dennoch
gefragt werden, ob beispielsweise mehr außerschulische Aktivitäten an OSZ nicht trotzdem wünschenswert wären.

Neben dem Anteil der Jugendlichen, welche die Attraktivität ihrer Schule als hoch
einschätzen, hat sich – im Vergleich zum Jahr 2005 – auch der Anteil derjenigen erhöht,
welche die „Schulattraktivität" als niedrig beurteilen. Eine Differenzierung der Ergebnisse nach Schultypen verdeutlicht, dass sich dieser Polarisierungseffekt lediglich bei den
Oberschulen zeigt. Damit haben sich die bereits im Jahr 2005 für die Oberschulen gefundenen Polarisierungstendenzen bei der Einschätzung der „Schulattraktivität" verfestigt.

Die Ergebnisse korrelationsanalytischer Berechnungen zeigen, dass die Höhe der
berichteten Schulattraktivität in einem engen statistischen Zusammenhang mit der
„Sozialen Lehrqualität" steht (r = 0.42). Weiterhin bleibt festzuhalten, dass die Einschätzungen zur Schulattraktivität deutlich mit Indikatoren zur Qualität des Schülerverkehrs
korrelieren (z. B. „In den Schulbussen bzw. in den Zügen sind ausreichend viele Sitzplätze für die Schüler/innen vorhanden": $\rho = 0.32$).

Die Ergebnisse der deskriptiven Auswertungen zur „Sozialen Lehrqualität" finden
sich in der nachfolgenden Tabelle 9.4. Die „Soziale Lehrqualität" wird im Jahr 2010 von
76,4 Prozent der Jugendlichen mit „Hoch" bzw. „Eher hoch" bewertet und ist somit im
Vergleich zu 2005 etwas und im Vergleich zu 1999 deutlich angestiegen (1999: 59,5 %;
2005: 74,6 %). Unterschiede bei der Beurteilung der „Sozialen Lehrqualität" zeigen
sich insbesondere zwischen den Urteilen von Schülern unterschiedlicher Schultypen.

Wie schon in den Vorgängerstudien schneiden Gymnasien hinsichtlich der von den Schülern eingeschätzten „Sozialen Lehrqualität" besser ab als Oberschulen und OSZ (f = 0.14). Während bei den Oberschulen (+5,6 %) und bei den OSZ (+2,1 %) im Vergleich zu 2005 mehr Schüler angeben, dass die „Soziale Lehrqualität" niedrig sei, gibt es bei den Gymnasien nur wenige Veränderungen. Schüler von Schulen in freier Trägerschaft bewerten die „Soziale Lehrqualität" etwas positiver als Schüler von Schulen mit einem öffentlichen Träger (f = 0.14).

*Tabelle 9.4*      Skala „Soziale Lehrqualität" 2005 und 2010 (in %)

| (Teil-)Gruppen | Skala „Soziale Lehrqualität" | | | | | | | |
|---|---|---|---|---|---|---|---|---|
| | Niedrig | | Eher niedrig | | Eher hoch | | Hoch | |
| | 2005 | 2010 | 2005 | 2010 | 2005 | 2010 | 2005 | 2010 |
| Gesamtstichprobe | 3,8 | 5,9 | 21,6 | 17,7 | 56,7 | 57,8 | 18,0 | 18,6 |
| Oberschule | 4,8 | 10,4 | 24,6 | 19,5 | 51,3 | 51,4 | 19,2 | 18,7 |
| Gymnasium | 2,4 | 2,0 | 19,0 | 16,2 | 58,9 | 60,8 | 19,7 | 21,1 |
| Oberstufenzentrum | 4,0 | 6,1 | 20,8 | 17,9 | 60,0 | 59,5 | 15,1 | 16,5 |

Nach wie vor gibt eine große Mehrheit der Jugendlichen an, „Fast nie" bzw. höchstens „Mehrmals im Schuljahr" ernsthafte Gewaltaktionen zu beobachten (2005: 86,6 %; 2010: 85,5 %). Im Vergleich zur Vorgängerstudie aus dem Jahr 2005 ist jedoch der Anteil der Jugendlichen, die berichten, mehrmals täglich bzw. fast täglich Gewaltaktionen zu beobachten, etwas angewachsen (+1,8 %). Besonders ausgeprägt findet sich diese Veränderung bei Oberschülern (+5,5 %). Auch insgesamt scheint Gewalt an den Oberschulen deutlich verbreiteter zu sein als an den Gymnasien und an den OSZ (f = 0.36). Die Ergebnisse der deskriptiven Auswertungen zur Häufigkeit der Beobachtung von Schulgewalt sind in der nachfolgenden Tabelle 9.5 dargestellt.

Werden bei Trendanalysen zur Häufigkeit von beobachteten Gewaltaktionen an Schulen nicht nur die Resultate der Vorgängerstudie von 2005, sondern auch die Ergebnisse der anderen Erhebungswellen berücksichtigt, so zeigt sich im Vergleich zu 1996 ein deutlicher Rückgang der Häufigkeit schulischer Gewaltaktionen (s. Abb. 9.1).

Die Angaben der Jugendlichen zur Reaktion ihrer Lehrer auf Schulgewalt sind in der folgenden Tabelle 9.6 dargestellt. Hier bestehen im Vergleich zum Jahr 2005 nur geringe Unterschiede. Insbesondere muss hervorgehoben werden, dass der überwiegende Teil der Lehrer gewalttätige Auseinandersetzungen zwischen Schülern nach wie vor nicht ignoriert. Wie bei den Vorgängerstudien stimmt nur etwa jeder fünfte Jugendliche der Aussage „Die Lehrer sehen weg" völlig bzw. teilweise zu (1999: 20,1 %; 2005: 20,0 %; 2010: 19,1 %).

*Tabelle 9.5*    Häufigkeit von beobachteten Gewaltaktionen in der Schule 2005
und 2010 (in %)

| (Teil-)Gruppen | „Wie häufig beobachten Sie in Ihrer Schule ernsthafte Gewaltaktionen?" | | | | | | | | | | | |
| | Mehrmals täglich | | Fast täglich | | Mehrmals in der Woche | | Mehrmals im Monat | | Mehrmals im Schuljahr | | Fast nie | |
| | 2005 | 2010 | 2005 | 2010 | 2005 | 2010 | 2005 | 2010 | 2005 | 2010 | 2005 | 2010 |
|---|---|---|---|---|---|---|---|---|---|---|---|---|
| Gesamtstichprobe | 1,9 | 2,5 | 2,2 | 3,4 | 3,7 | 3,4 | 5,5 | 5,2 | 13,4 | 12,9 | 73,2 | 72,6 |
| Oberschule | 4,4 | 5,7 | 4,4 | 8,6 | 6,8 | 6,5 | 10,0 | 11,1 | 21,3 | 21,6 | 53,2 | 46,5 |
| Gymnasium | 1,0 | 1,5 | 1,4 | 2,1 | 2,3 | 3,2 | 4,2 | 4,1 | 10,7 | 12,6 | 80,5 | 76,4 |
| Oberstufenzentrum | 0,4 | 1,2 | 0,8 | 1,0 | 2,1 | 1,5 | 2,4 | 2,1 | 8,2 | 7,3 | 86,2 | 86,9 |

*Abbildung 9.1*  Häufigkeit von beobachteten Gewaltaktionen in der Schule im Zeitraum
von 1996 bis 2010 (in %)

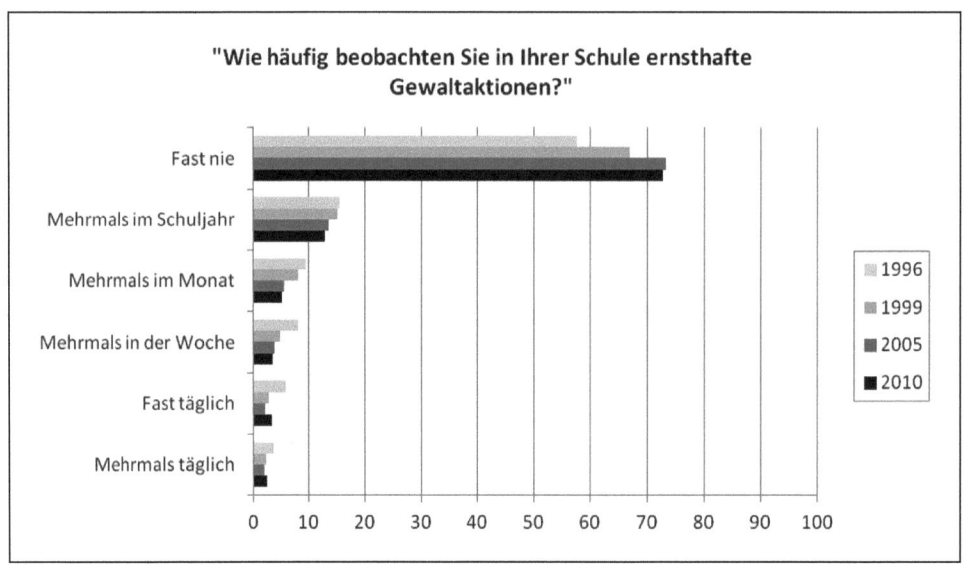

Die Skala „Schulspaß" umfasst all diejenigen Aspekte des schulischen Lebens, die ohne
direkten Bezug zum Unterrichtsgeschehen das Vergnügen am Schulleben und den sozialen Zusammenhalt in der Schule abbilden. Im Zeitraum von 1996 bis 2005 befand
sich der Anteil derjenigen Jugendlichen, welche den „Schulspaß" als „Hoch" bzw. „Eher
hoch" einschätzten, auf einem konstant hohen Niveau (1996: 93,9 %, 1999: 93,4 %, 2005:
94,0 %). Auch im Jahr 2010 gibt die große Mehrheit der brandenburgischen Jugendlichen an, ihre Schule als sozialen Lebensraum zu schätzen (2010: 93,6 %). Wie zu

*Tabelle 9.6*      Reaktion der Lehrer auf Gewalt in der Schule 2005 und 2010 (in %)

| | „Wie reagieren Ihre Lehrer im Allgemeinen auf Gewalt in der Schule?" | | | | | | | |
| | Stimmt völlig | | Stimmt teilweise | | Stimmt kaum | | Stimmt nicht | |
| | 2005 | 2010 | 2005 | 2010 | 2005 | 2010 | 2005 | 2010 |
| „Sie gehen dazwischen und beenden die Gewalt mit körperlichem Einsatz." | 25,2 | 28,4 | 37,7 | 34,3 | 19,6 | 22,3 | 17,5 | 15,0 |
| „Sie bestrafen die Beteiligten (durch Schulverbot usw.)." | 29,4 | 30,7 | 39,9 | 40,9 | 20,1 | 18,3 | 10,6 | 10,1 |
| „Sie schimpfen." | 46,8 | 43,4 | 35,4 | 36,8 | 12,1 | 10,7 | 5,7 | 9,1 |
| „Sie fragen nach den Gründen und diskutieren, ob diese Gründe gerechtfertigt sind." | 39,9 | 36,6 | 37,4 | 38,5 | 14,9 | 16,2 | 7,7 | 8,7 |
| „Sie sehen weg." | 5,6 | 5,7 | 14,4 | 13,4 | 18,5 | 21,8 | 61,5 | 59,2 |

erwarten, findet sich ein positiver korrelativer Zusammenhang zwischen der „Schulattraktivität" und dem „Schulspaß" (r = 0.29).

In der folgenden Tabelle 9.7 sind die Ergebnisse der deskriptiven Auswertungen zum „Schulspaß" dargestellt. Es zeigt sich, dass der Anteil derjenigen, die den „Schulspaß" als hoch beurteilen, bei den Gymnasialschülern deutlich höher ausfällt als bei den Schülern von Oberschulen und OSZ (f = 0.17). Die Einschätzung des „Schulspaßes" variiert außerdem in Anhängigkeit vom Geschlecht der Befragten: Für die Mädchen wurde ein höherer Skalenmittelwert gefunden als für die Jungen (f = 0.12). Bereits bei den Vorgän-

*Tabelle 9.7*      Skala „Schulspaß" 2005 und 2010 (in %)

| | Skala „Schulspaß" | | | | | | | |
| | Niedrig | | Eher niedrig | | Eher hoch | | Hoch | |
| (Teil-)Gruppen | 2005 | 2010 | 2005 | 2010 | 2005 | 2010 | 2005 | 2010 |
| Gesamtstichprobe | 0,6 | 1,4 | 5,4 | 5,0 | 47,9 | 44,3 | 46,1 | 49,3 |
| Oberschule | 0,9 | 2,8 | 6,5 | 7,3 | 43,9 | 42,1 | 48,7 | 47,8 |
| Gymnasium | 0,2 | 0,5 | 3,2 | 2,4 | 42,0 | 37,6 | 54,5 | 59,5 |
| Oberstufenzentrum | 0,7 | 1,4 | 6,4 | 5,6 | 57,0 | 51,4 | 35,9 | 41,6 |

gerstudien zeigten sich für die Skala „Schulspaß" Effekte der Variablen „Schultyp" und „Geschlecht" mit ähnlicher Ausprägung. Der „Schulspaß" korrespondiert – ähnlich wie die „Schulattraktivität" – in mittlerer Höhe mit der „Sozialen Lehrqualität" (r = 0.36).

Anhand der Ergebnisse der deskriptiven Analysen zur Skala „Schulunlust" (s. Tab. 9.8) ist erkennbar, dass im Vergleich zur Vorgängerstudie aus dem Jahr 2005 der Anteil der Jugendlichen leicht angewachsen ist, die eine hohe bzw. eine eher hohe „Schulunlust" aufweisen (2005: 25,5 %; 2010: 30,0 %). Dieser Anteil fällt damit – in der Zeitreihe betrachtet – ähnlich hoch aus wie im Jahr 1999 (28,8 %), aber deutlich geringer als noch im Jahr 1996 (36,1 %). Der bis heute geringste Anteil von Jugendlichen mit hoher bzw. eher hoher „Schulunlust" war bei der Erhebungswelle des Jahres 1993 ermittelt worden (23,2 %).

*Tabelle 9.8*     Skala „Schulunlust" 2005 und 2010 (in %)

| | Skala „Schulunlust" | | | | | | | |
|---|---|---|---|---|---|---|---|---|
| | Niedrig | | Eher niedrig | | Eher hoch | | Hoch | |
| (Teil-)Gruppen | 2005 | 2010 | 2005 | 2010 | 2005 | 2010 | 2005 | 2010 |
| Gesamtstichprobe | 24,6 | 22,5 | 49,8 | 47,4 | 22,7 | 25,9 | 2,8 | 4,1 |
| Jungen | 18,6 | 17,3 | 53,0 | 46,7 | 24,4 | 30,8 | 4,0 | 5,3 |
| Mädchen | 30,9 | 27,9 | 46,5 | 48,3 | 20,9 | 20,8 | 1,7 | 2,9 |
| Oberschule | 17,2 | 12,2 | 47,4 | 40,0 | 30,7 | 37,5 | 4,7 | 10,3 |
| Gymnasium | 27,1 | 26,6 | 49,5 | 47,8 | 21,0 | 23,2 | 2,3 | 2,5 |
| Oberstufenzentrum | 29,5 | 25,9 | 52,3 | 52,1 | 16,7 | 20,5 | 1,5 | 1,5 |

Die Oberschüler weisen deutlich höhere Werte bei der „Schulunlust" auf als die Schüler von Gymnasien und OSZ (f = 0.27). Differenzen gibt es ferner zwischen den Geschlechtern: Mädchen haben eine höhere Schulmotivation als Jungen (f = 0.14). Weiterhin fanden sich nennenswerte korrelative Zusammenhänge zwischen der Skala „Schulunlust" einerseits und der Wertorientierung „Ohne Anstrengung ein angenehmes Leben führen" ($\rho$ = 0.30) sowie den Skalen „Externale Kontrollüberzeugungen" (r = 0.37) und „Schulangst" (r = 0.30) andererseits. Darüber hinaus bestehen Zusammenhänge zur Häufigkeit, mit der in den vergangen zwölf Monaten bestimmte delinquente Verhaltensweisen gezeigt wurden (z. B. „Klauen": $\rho$ = 0.18; „Teilnahme an gewalttätigen Aktionen": $\rho$ = 0.20).

Die Ergebnisse der deskriptiven Analysen für die Skala „Schulangst/Schulstress" sind in der folgenden Tabelle 9.9 zu finden. Danach ist der Anteil der Jugendlichen, die über eine hohe bzw. eher hohe Schulangst berichten, im Vergleich zur Vorgängerstudie aus dem Jahr 2005 nur geringfügig kleiner geworden und liegt noch immer über dem Niveau von 1999 (1999: 24,8 %; 2005: 28,2 %; 2010: 27,8 %).

*Tabelle 9.9*      Skala „Schulangst/Schulstress" 2005 und 2010 (in %)

| (Teil-)Gruppen | Skala „Schulstress/Schulangst" | | | | | | | |
|---|---|---|---|---|---|---|---|---|
| | Niedrig | | Eher niedrig | | Eher hoch | | Hoch | |
| | 2005 | 2010 | 2005 | 2010 | 2005 | 2010 | 2005 | 2010 |
| Gesamtstichprobe | 25,7 | 28,7 | 46,1 | 43,5 | 24,8 | 23,5 | 3,4 | 4,3 |
| Jungen | 31,6 | 35,0 | 45,5 | 43,9 | 20,5 | 18,2 | 2,4 | 2,9 |
| Mädchen | 19,6 | 22,0 | 46,8 | 43,1 | 29,2 | 29,1 | 4,4 | 5,8 |
| Oberschule | 19,0 | 26,4 | 49,8 | 44,6 | 26,5 | 23,6 | 4,7 | 5,4 |
| Gymnasium | 18,1 | 18,8 | 46,3 | 44,7 | 31,5 | 32,2 | 4,1 | 4,3 |
| Oberstufenzentrum | 38,7 | 38,5 | 42,5 | 41,8 | 17,3 | 16,1 | 1,5 | 3,5 |

Mädchen erleben häufiger Schulangst als Jungen (f = 0.16). Nach wie vor ist der Anteil von angstbelasteten Schülern an Gymnasien (36,5 %) höher als an Oberschulen (29,0 %) und an OSZ (19,6 %; f = 0.19). Bei Oberschülern zeigt sich eine leicht geringere Angstbelastung als in der vorangegangenen Befragung („Schulangst/Schulstress" – „Hoch" bzw. „Eher Hoch": −2,2 %). Bei den Gymnasialschülern (+0,9 %) und OSZ (+0,8 %) ist die Belastung durch Schulangst hingegen geringfügig angewachsen.

Für die Skala „Schulangst/Schulstress" wurden nennenswerte statistische Zusammenhänge zum Notenschnitt der Schüler und zu ihrer Zufriedenheit mit der eigenen Schulleistung ermittelt: Eine hohe Schulängstlichkeit findet sich vor allem bei Schülern mit eher schlechten Schulnoten ($\rho$ = 0.26) und einer hohen Unzufriedenheit mit ihren schulischen Leistungen ($\rho$ = 0.32). Darüber hinaus scheint das Ausmaß der Schulangst auch in Zusammenhang mit bestimmten Persönlichkeitseigenschaften zu stehen (z. B. „Externale Kontrollüberzeugungen": r = 0.30).

*Schülerbeförderung*

Rund 48 Prozent der Schüler nutzen den sog. „Schülerverkehr", um zur Schule zu gelangen; davon fahren rund zwei Drittel mit dem Bus und ein Drittel mit dem Zug. Die Ergebnisse zu den Fahrt- und Wartezeiten sind in der folgenden Tabelle 9.10 dargestellt. Ein Blick auf die von den Schülern angegebenen Fahrtzeiten zeigt nur geringe Differenzen zwischen der Dauer der Fahrt zur Schule und der Dauer der Fahrt nach Hause. Für mehr als die Hälfte der Jugendlichen, die den Schülerverkehr nutzen, dauert die Fahrt zur Schule (55,0 %) bzw. nach Hause (54,2 %) nicht länger als 30 Minuten. Immerhin jeder sechste von ihnen benötigt mehr als eine Stunde, um zur Schule (16,4 %) bzw. nach Hause (18,7 %) zu gelangen. Ältere Schüler (ab 18 Jahre: 28,4 %) müssen deutlich häufiger Fahrtzeiten von mehr als einer Stunde auf sich nehmen als jüngere Schüler (12 bis 14 Jahre: 2,6 %; 15 bis 17 Jahre: 8,9 %). Die Fahrtdauer ist bei Auszubildenden („Mehr als 60 Minuten": 31,3 %) deutlich länger als bei Oberschülern (5,6 %) und Gymnasialschülern (7,1 %).

*Tabelle 9.10*     Fahrt- und Wartezeiten bei der Schülerbeförderung 2010 (in %)

|  | „Wie lange dauert … | | | |
|---|---|---|---|---|
|  | Bis zu 15 Minuten | Zwischen 15 und 30 Minuten | Zwischen 30 und 60 Minuten | Mehr als 60 Minuten |
| … die Fahrtzeit zur Schule?" | 21,7 | 33,3 | 28,6 | 16,4 |
| … die Fahrtzeit nach Hause?" | 20,1 | 34,1 | 27,1 | 18,7 |
| … die Wartezeit nach der Schule?" | 49,1 | 29,8 | 17,8 | 3,2 |

Bezüglich der Häufigkeit des Umsteigens zeigen sich ebenfalls kaum Unterschiede zwischen der Fahrt zur Schule und der Heimfahrt. Fast zwei Drittel der Nutzer des Schülerverkehrs müssen „Gar nicht umsteigen" (Fahrt zur Schule: 64,3 %, Heimfahrt: 62,8 %). Rund ein Drittel muss „Ein- oder Zweimal" umsteigen (Fahrt zur Schule: 32,6 %, Heimfahrt: 34,0 %) und jeweils rund drei Prozent müssen „Dreimal oder öfter" den Bus oder den Zug wechseln (Fahrt zur Schule: 3,1 %, Heimfahrt: 3,2 %). Meist besteht ein direkter Anschluss beim Umsteigen (62,8 %); nur selten müssen die Jugendlichen länger als eine Viertelstunde auf den nächsten Bus bzw. Zug warten (13,5 %). Die Haltestellen befinden sich meist in direkter Nähe zu den Schulen (45,0 %) oder sind höchstens zehn Minuten von ihnen entfernt (36,3 %). Ein Fußweg von der Haltestelle zur Schule von mehr als 20 Minuten muss nur von 3,6 Prozent der Nutzer des Schülerverkehrs bewältigt werden. Rund vier von fünf Jugendlichen müssen nach der Schule höchstens eine halbe Stunde auf den Schulbus bzw. auf den Zug warten (79,0 %). Über eine Wartezeit von mehr als einer Stunde berichten 3,2 Prozent der Jugendlichen. Hinsichtlich der Qualitätskriterien „Pünktlichkeit der Schulbusse bzw. Züge", „Größe der Haltestellen" und „Abfahrtzeiten nach der Schule" zeigen sich die Jugendlichen mehrheitlich zufrieden: Mehr als vier von fünf Nutzern des Schülerverkehrs stimmen der Aussage „Die Schulbusse bzw. Züge sind in der Regel pünktlich" völlig oder teilweise zu (82,2 %). Etwa zwei Drittel der Nutzer des Schülerverkehrs geben an, dass die Haltestellen für die wartenden Schüler ausreichend viel Platz bieten würden („Stimmt völlig" oder „Stimmt teilweise": 63,7 %); rund 56 Prozent bejahen, dass es ihnen durch die Abfahrtzeiten der Busse zumindest teilweise ermöglicht werde, an den Nachmittagen zusätzliche Freizeitangebote zu nutzen.

Die Ergebnisse der deskriptiven Auswertungen zur Qualität der Schülerbeförderung finden sich in der Tabelle 9.11; in ihnen zeichnet sich ein überwiegend positives Bild des Schülerverkehrs im Land Brandenburg ab.

*Tabelle 9.11*    Qualität der Schülerbeförderung 2010 (in %)

|  | Qualität der Schülerbeförderung | | | |
|---|---|---|---|---|
|  | Stimmt völlig | Stimmt teil-weise | Stimmt kaum | Stimmt nicht |
| „Die Schulbusse bzw. Züge sind in der Regel pünktlich." | 25,0 | 57,2 | 13,4 | 4,3 |
| „Die Schulbusse bzw. Züge sind oftmals überfüllt." | 44,3 | 41,8 | 10,0 | 3,9 |
| „Die Busse bzw. Züge fahren so, dass an den Nachmittagen zusätzliche Freizeitangebote (z. B. Arbeitsgemeinschaften, Musikschule, Jugendtreffs) besucht werden können." | 18,6 | 37,8 | 25,7 | 17,8 |
| „Die Haltestellen sind so groß, dass sie den wartenden Schülern ausreichend viel Platz bieten." | 24,7 | 39,0 | 23,5 | 12,8 |
| „In den Schulbussen bzw. in den Zügen sind ausreichend viele Sitzplätze für die Schüler vorhanden." | 12,8 | 37,2 | 24,9 | 25,1 |

Optimierungsbedürftig erscheint allerdings die Platzsituation in den Bussen und Zügen: Rund 86 Prozent der Nutzer des Schülerverkehrs stimmen der Aussage „Die Schulbusse bzw. Züge sind oftmals überfüllt" teilweise bzw. völlig zu. Aus der Sicht jedes zweiten Nutzers sind in den Bussen bzw. Zügen nicht ausreichend viele Sitzplätze für die Schüler vorhanden.

*Schulschwänzen*

Im Vergleich zum Jahr 2005 ist der Anteil der Jugendlichen geringfügig angestiegen, die „Oft" bzw. „Manchmal" eine Schulstunde schwänzen (2005: 19,1 %; 2010: 20,3 %); vergleicht man jedoch das aktuelle Ergebnis mit den Ergebnissen der Zeitreihenstudie in den 1990er Jahren (1993: 21,7 %; 1996: 26,1 %; 1999: 23,2 %), fällt die Häufigkeit des stundenweisen Schwänzens geringer aus. Jugendliche Berufsschüler (26,5 %) und Oberschüler (23,4 %) schwänzen häufiger einzelne Schulstunden als Gymnasialschüler (10,6 %; f = 0.20).

Die Ergebnisse der deskriptiven Analysen zum tageweisen Schulschwänzen sind in der folgenden Tabelle 9.12 dargestellt. Während für das stundenweise Schwänzen nur

geringe Veränderungen zum Jahr 2005 ermittelt wurden, hat sich der Anteil der Jugendlichen, die angeben, „Oft" bzw. „Manchmal" einen ganzen Tag zu schwänzen, deutlich
von 8,5 Prozent auf 15,3 Prozent erhöht. Auch bei den anderen Erhebungswellen der
Zeitreihenstudie war der Anteil der Jugendlichen, welche die Schule tageweise schwänzen, geringer als im Jahr 2010 (1993: 4,6 %; 1996: 9,2 %; 1999: 8,8 %).

*Tabelle 9.12*       Häufigkeit des tageweisen Schwänzens 2005 und 2010 (in %)

| (Teil-)Gruppen | „Ist es schon vorgekommen, dass Sie den ganzen Tag die Schule geschwänzt haben?" | | | | | | | |
| | Oft | | Manchmal | | Selten | | Nie | |
| | 2005 | 2010 | 2005 | 2010 | 2005 | 2010 | 2005 | 2010 |
|---|---|---|---|---|---|---|---|---|
| Gesamtstichprobe | 2,2 | 5,2 | 6,3 | 10,1 | 16,4 | 25,7 | 75,1 | 59,1 |
| Jungen | 2,8 | 3,9 | 7,1 | 10,0 | 17,3 | 29,3 | 72,9 | 56,8 |
| Mädchen | 1,5 | 6,5 | 5,5 | 10,1 | 15,5 | 21,9 | 77,4 | 61,5 |
| Oberschule | 2,7 | 6,7 | 5,1 | 11,5 | 11,4 | 22,6 | 80,9 | 59,3 |
| Gymnasium | 1,1 | 2,1 | 4,5 | 5,9 | 14,5 | 23,5 | 79,9 | 68,5 |
| Oberstufenzentrum | 2,6 | 6,7 | 8,9 | 12,7 | 23,0 | 29,5 | 65,4 | 51,1 |

Ähnlich wie das Schwänzen einzelner Schulstunden ist auch das tageweise Schulschwänzen bei Schülern von Oberschulen („Oft" bzw. „Manchmal": 18,2 %) und OSZ
(19,4 %) verbreiteter als bei Gymnasialschülern (8,0 %; f = 0.12). Die Ergebnisse korrelationsanalytischer Auswertungen deuten darauf hin, dass Schulschwänzer häufig auch
andere delinquente Verhaltensweisen zeigen; nennenswerte korrelative Zusammenhänge wurden zum Konsum von Drogen (ρ = 0.20) und zum „Klauen" (ρ = 0.17) gefunden.
Dieser Befund kann als Beleg für die Angemessenheit der weiter oben vorgenommenen
Klassifikation von Schulschwänzen als delinquentes Verhalten angesehen werden.

Es muss hervorgehoben werden, dass es zwar einen Anstieg der Häufigkeit des tageweisen Schwänzens gibt, gleichzeitig jedoch die Akzeptanz für das Schulschwänzen
anderer Schüler auf den tiefsten Wert seit der Erhebungswelle im Jahr 1996 gesunken
ist (1996: 51,0 %; 1999: 55,6 %; 2005: 44,6 %; 2010: 43,4 %). Einzig bei der Befragung des
Jahres 1993 konnte eine noch geringere Akzeptanz des Schulschwänzens als im Jahr 2010
ermittelt werden (1993: 43,1 %).

Die Gruppe der Jugendlichen, die berichten, dass sich ihre Eltern nicht für ihr Schulschwänzen interessieren würden, hat sich weiter verkleinert (1999: 13,8 %; 2005: 12,5 %;
2010: 8,8 %). Parallel dazu hat sich der Anteil der Schüler vergrößert, die für das Schwänzen von ihren Eltern Strafen wie Hausarrest, Fernsehverbot oder Diskoverbot erhalten
(1999: 5,3 %; 2005: 7,6 %; 2010: 11,5 %).

Einige Verschiebungen gibt es bei den Angaben zu den Gründen für das Schwänzen. Beim Blick auf die folgende Tabelle 9.13 fällt auf, dass sich der Anteil der jugendlichen Schulschwänzer wieder reduziert hat, die den Aussagen „Ich wusste, dass wir an diesem Tag eine Klassenarbeit/einen Test schreiben" (1996: 38,8 %; 1999: 28,6 %; 2005: 36,2 %; 2010: 31,8 %) und „Ich hatte einfach keine Lust" (2005: 81,0 %; 2010: 65,7 %) völlig oder teilweise zustimmen. Im Unterschied dazu scheinen „Probleme mit Mitschülern" als subjektiver Grund für das Schulschwänzen an Bedeutung zu gewinnen (1999: 10,3 %; 2005: 10,5 %; 2010: 15,5 %).

*Tabelle 9.13*    Subjektive Gründe für das Schulschwänzen 2005 und 2010 (in %)

| | „Aus welchem Grund sind Sie nicht zur Schule gegangen?" | | | | | | | |
| | Stimmt völlig | | Stimmt teilweise | | Stimmt kaum | | Stimmt nicht | |
| | 2005 | 2010 | 2005 | 2010 | 2005 | 2010 | 2005 | 2010 |
|---|---|---|---|---|---|---|---|---|
| „Ich wusste, dass wir an diesem Tag eine Klassenarbeit/einen Test schreiben." | 18,5 | 13,6 | 17,7 | 18,2 | 14,2 | 10,5 | 49,5 | 57,6 |
| „Die Fächer, die wir an diesem Tag hatten, waren langweilig." | 19,3 | 17,0 | 26,6 | 26,5 | 15,5 | 12,7 | 38,5 | 43,8 |
| „Meine Freunde hatten keine Lust zur Schule zu gehen, und ich habe mich ihnen angeschlossen." | 10,5 | 8,9 | 18,6 | 15,4 | 14,4 | 12,1 | 56,5 | 63,6 |
| „Ich hatte Probleme mit Mitschülern." | 4,1 | 6,0 | 6,4 | 9,5 | 10,4 | 8,9 | 79,1 | 75,7 |
| „Ich hatte Probleme mit Lehrern." | 7,7 | 7,4 | 10,9 | 9,5 | 12,9 | 11,4 | 68,5 | 71,8 |
| „Ich war jobben." | 5,0 | 4,6 | 8,0 | 8,0 | 7,9 | 8,1 | 79,1 | 79,4 |
| „Ich hatte einfach keine Lust." | 53,1 | 35,2 | 27,9 | 30,5 | 7,1 | 11,7 | 11,9 | 22,6 |

Welche kausalen Zusammenhänge bestehen nun zwischen den familiären Strukturmerkmalen, den familiären Beziehungsmerkmalen und dem tageweisen Fernbleiben von der Schule? Die Ergebnisse der bivariaten Analysen der Korrelationen zwischen den Strukturmerkmalen, den Kontrollvariablen und den Beziehungsmerkmalen einerseits und dem Schulschwänzen andererseits sind in der folgenden Tabelle 9.14 dargestellt. Bedeutsame statistische Zusammenhänge mit dem Schulschwänzen wurden für

die Merkmale „Geschwisteranzahl", „Alter", „Ein-Eltern-Familie" und „Stieffamilie" ermittelt: Die Häufigkeit des Schulschwänzens steigt mit der Geschwisteranzahl und dem
Alter an. Schüler aus einer Ein-Eltern-Familie bzw. aus einer Stieffamilie weisen – jeweils im Vergleich zu Befragten aus traditionellen Familien – ein etwa zweimal höheres Risiko auf, der Schule tageweise fernzubleiben. Für die Merkmale „Berufstätigkeit
der Mutter", „Geschlecht" und „Migrationshintergrund" konnten keine statistisch bedeutsamen Zusammenhänge gefunden werden. Zumindest bezüglich des Migrations-
hintergrunds muss dieser Befund sehr vorsichtig interpretiert werden, da der Datensatz
lediglich 21 Schüler umfasste, die dieses Merkmal aufwiesen.

*Tabelle 9.14*    Bivariate Zusammenhänge zwischen den familiären Struktur- und Bezie-
             hungsmerkmalen, den Kontrollvariablen und dem Schulschwänzen

|  | $x^2$ | Cramérs V | Odds-Ratio |
|---|---|---|---|
| Ein-Eltern-Familie | 7.05* | 0.10 | 1.99 |
| Stieffamilie | 5.64* | 0.09 | 1.97 |
| Berufstätige Mutter | 0.87 | 0.04 | 0.78 |
| Migrationshintergrund | 1.09 | 0.04 | 1.72 |
| Geschlecht | 0.96 | 0.04 | 1.23 |

|  | ρ |
|---|---|
| Geschwisterzahl | .12* |
| Alter | .17** |
| Schulische und berufliche Unterstützung durch die Eltern | −0.16** |
| Allgemeines Familienklima | −0.13** |
| Elterliche Vernachlässigung | 0.15** |
| Elterliche Kritik | 0.14** |
| Elterliche Gewalt | 0.14** |
| Elterliche Kontrolle des Freundeskreises | −0.06 |

\* Koeffizient ist statistisch signifikant (p<0.05), ** Koeffizient ist statistisch hoch signifikant (p < 0.001)

Für die familiären Beziehungsmerkmale wurden – bis auf die „Elterliche Kontrolle des
Freundeskreises" – jeweils statistisch hoch signifikante Korrelationskoeffizienten gefunden. Danach wächst die Neigung zum Schulschwänzen in dem Maße, in dem Schüler
von ihren Eltern vernachlässigt werden, Gewalt erfahren und mit wenig konstruktiver
Kritik konfrontiert werden. Dagegen senken eine hohe „Schulische und berufliche Unterstützung der Eltern" und ein gutes „Allgemeines Familienklima", mit denen wir das

Merkmal „Emotionale Bindung" aus dem Modell von Sampson und Laub (1993) operationalisiert hatten, das Risiko des Schulschwänzens. Dieser Befund kann als Beleg für die Gültigkeit der Kontrolltheorie Hirschis (1969) gewertet werden, in der postuliert wird, dass positive emotionale Beziehungen zu relevanten Bezugsperson die Bereitschaft zu konformem Verhalten verstärken.

Die im Ergebnis der multivariaten Analysen ermittelten Kausalpfade sind – separiert nach direkten und indirekten Effekten – in der folgenden Tabelle 9.15 beschrieben. Das dargestellte Strukturgleichungsmodell umfasst nur Variablen, für die ein direkter bzw. ein indirekter Effekt auf das Schulschwänzen nachgewiesen werden konnte, und weist – jenseits des aufgrund der Stichprobengröße zu vernachlässigenden, statistisch hochsignifikanten Ergebnisses des $\chi^2$-Tests – akzeptable Modell-Fit-Werte auf (CFI = 0.95, TLI = 0.94, RMSEA = 0.053). Die im Modell enthaltenen Faktoren und Indikatoren klären immerhin 16,5 Prozent der Varianz der Kriteriumsvariablen „Tageweises Schulschwänzen" auf.

Im Strukturgleichungsmodell verschwanden die im Rahmen der oben beschriebenen bivariaten Zusammenhangsanalysen gefundenen Effekte zwischen vier der sechs familiären Beziehungsmerkmale einerseits und dem Schulschwänzen andererseits. Lediglich für die Faktoren „Elterliche Gewalt" und „Elterliche Vernachlässigung", die im Modell mit einer Stärke von r = 0.35 miteinander korrelieren, wurden statistisch bedeutsame Regressionskoeffizienten ermittelt ($\beta$ = 0.18 bzw. $\beta$ = 0.25).

Für die beiden familiären Strukturmerkmale „Ein-Eltern-Familie" und „Stieffamilie" konnte jeweils nur ein direkter positiver Effekt auf das Schulschwänzen gefunden wer-

*Tabelle 9.15*    Direkte und indirekte Effekte für die Kausalpfade im Strukturgleichungsmodell zum Einfluss familiärer Struktur- und Beziehungsmerkmale auf das Schulschwänzen

| Kausalpfad | Mediatoreffekt | Totaler indirekter Effekt | Direkter Effekt | Totaler Effekt |
|---|---|---|---|---|
| Ein-Eltern-Fam. > Gewalt > S# <br> Ein-Eltern-Fam. > Vernachl. > S# | 0.22 → 0.18 → 0.04 <br> −0.04 → 0.25 → −0.01 | 0.03 | 0.46* | 0.49* |
| Stieffamilie > Gewalt > S# <br> Stieffamilie > Vernachl. > S# | −0.23 → 0.18 → −0.04 <br> −0.03 → 0.25 → −0.01 | −0.05 | 0.37* | 0.32* |
| Alter > Gewalt > S# <br> Alter > Vernachl. > S# | 0.02 → 0.18 → 0 <br> −0.08 → 0.25 → −0.02 | −0.02 | 0.14* | 0.12** |
| Geschwisterzahl > Gewalt > S# <br> Geschwisterzahl > Vernachl. > S# | 0.12 → 0.18 → 0.02 <br> 0.08 → 0.25 → 0.02* | 0.04* | 0.10* | 0.14* |
| Berufst. Mutter > Gewalt > S# <br> Berufst. Mutter > Vernachl. > S# | −0.31 → 0.18 → −0.05 <br> −0.24 → 0.25 → −0.06* | −0.11* | 0 | −0.11 |

* Koeffizient ist statistisch signifikant (p<0.05), ** Koeffizient ist hoch statistisch signifikant (p < 0.001), # S = Schulschwänzen

den. In Übereinstimmung mit den Ergebnissen der bivariaten Analysen neigen demnach Jugendliche, die aus einer Familie mit nur einem Elternteil ($\beta$ = 0.46) oder mit
einem Stiefelternteil ($\beta$ = 0.37) stammen, häufiger dazu, der Schule tageweise fernzubleiben, als Schüler aus traditionellen Familien. Auch für die Variable „Alter" wurde
ein direkter Effekt gefunden: Ältere Schüler schwänzen die Schule häufiger als jüngere
($\beta$ = 0.14). Darüber hinaus wurde für das Alter auch ein kleiner, aber statistisch signifikanter indirekter Effekt ermittelt, der über die Variable „Elterliche Vernachlässigung"
mediiert wird ($\beta$ = −0.02): Dieser Kausalpfad könnte so interpretiert werden, dass ältere Jugendliche im Vergleich zu jüngeren seltener elterliche Vernachlässigung erleben
bzw. der Vernachlässigung keinen so großen Wert mehr beimessen – vielleicht, weil sie
sich damit abgefunden haben. Denkbar erscheint auch, dass sie sozio-emotionale Beziehungen zu anderen Bezugspersonen (z. B. einem Freund oder einer Freundin) aufge-
baut haben, denen sie eine höhere Bedeutung zuschreiben als den Beziehungen zu den
Eltern, sodass die elterliche Vernachlässigung kompensiert wird.

Nicht nur bei der Variable „Alter", sondern auch beim Merkmal „Geschwisteranzahl"
wurde ein partieller Mediatoreffekt gefunden: Jugendliche aus kinderreichen Familien
erleben eher elterliche Vernachlässigung ($\beta$ = 0.02; direkter Effekt: $\beta$ = 0.10), was wiederum die Neigung zum Schulschwänzen verstärkt. Beim Merkmal „Berufstätigkeit der
Mutter" wurde ein totaler Mediatoreffekt – also nur ein indirekter Effekt – gefunden, der
ebenfalls auf den Einfluss des familiären Beziehungsmerkmals „Elterliche Vernachlässigung" zurückzuführen ist ($\beta$ = −0.06). Demnach scheinen berufstätige Mütter seltener dazu zu neigen, ihre Kinder zu vernachlässigen. Das hat wiederum zur Folge, dass
die Kinder berufstätiger Mütter seltener die Schule schwänzen. Dieses Resultat steht im
Einklang mit den Ergebnissen der Untersuchung von Vander Ven et al. (2001), denen
zufolge die Berufstätigkeit der Mutter das Delinquenzrisiko von Jugendlichen indirekt – das heißt vermittelt durch familiäre Beziehungsmerkmale – reduziert.


## 9.4   Fazit

Die Soziale Schulqualität hat sich an brandenburgischen Schulen – zumindest im Hinblick auf die meisten Qualitätsfacetten – in den letzten Jahren deutlich verbessert. Dabei
ist insbesondere für das Qualitätsmerkmal „Soziale Lehrqualität", für das bei der Erhebungswelle des Jahres 1999 noch ein großer Optimierungsbedarf festgestellt wurde, ein
positiver Trend zu verzeichnen: Die Lehrer gestalten den Unterricht heute interessan-
ter und abwechslungsreicher als je zuvor seit Beginn der Messungen; und sie scheinen
jetzt stärker um Transparenz und Gerechtigkeit bei den Leistungsbeurteilungen bemüht
zu sein.

Bemerkenswert erscheint der Trend, dass immer mehr Schüler Bildungseinrichtungen in freier Trägerschaft besuchen. Die Ergebnisse der vorliegenden Studie deuten dar-

auf hin, dass diese Schulen bei der Sozialen Schulqualität aus Schülersicht etwas besser bewertet werden als die öffentlichen Bildungseinrichtungen.

Ein in weiten Teilen positives Bild vermitteln die Schülereinschätzungen zur Qualität der Schülerbeförderung im Land Brandenburg. Somit konnten die Resultate des Schulbustests des ADAC, in denen die brandenburgischen Buslinien zumeist sehr gut abgeschnitten haben, auch in einer größeren, repräsentativen Untersuchung bestätigt werden. Wie bereits erwähnt, erscheint es lohnenswert, dem Thema „Schülerbeförderung" bei künftigen Schülerbefragungen eine höhere Bedeutung beizumessen: Wegen der demografischen Entwicklung vor allem in den ländlichen Regionen Brandenburgs und der damit verbundenen Ausdünnung des Schulnetzes nehmen die Fahrten in Zügen und Schulbussen einen nicht zu unterschätzenden Teil im Leben vieler Schüler ein. Wenn Schulen attraktive Lern- und Freizeitangebote an den Nachmittagen schaffen sollen, dann muss gleichzeitig sichergestellt werden, dass auf den Schülerverkehr angewiesene Schüler diese Angebote auch in Anspruch nehmen können.

Die Ergebnisse der Trendanalysen zum tageweisen Schulschwänzen lassen vermuten, dass dieses Problem an nicht wenigen Schulen des Landes Brandenburg zu einer großen Herausforderung werden könnte. Dies bot den Anlass, nach Bedingungsfaktoren für die Häufigkeit des Schulschwänzens zu suchen. Dabei fokussierte die Suche nicht auf Persönlichkeitsmerkmale der Schüler oder schulspezifische Faktoren, da für diese Variablen bereits bei der Auswertung der letzten Erhebungswelle der brandenburgischen Jugendstudie im Jahr 2005 Effekte auf das Schulschwänzen gefunden wurden. Das Hauptaugenmerk der vorliegenden Analysen lag vielmehr auf familiären Merkmalen: Es wurde analysiert, welchen Einfluss die Familien und insbesondere die Eltern auf das Schulschwänzen haben.

Die gefundenen Analyseergebnisse können als ein Indiz für die Gültigkeit des Modells von Sampson und Laub (1993) angesehen werden, wonach familiäre Strukturmerkmale eine wichtige Rolle bei der Entstehung und Verfestigung von Delinquenzneigungen spielen und zum Teil durch familiäre Beziehungsmerkmale vermittelt werden. Interessant erscheint, dass wir bei unseren Analysen andere Faktoren als Mediatorvariablen identifizieren konnten als Dunkake (2010) in einer vergleichbaren Untersuchung: Während dort die direkte Kontrolle und die elterliche Kritik (zum Teil) den Einfluss familiärer Strukturmerkmale auf das Schulschwänzen vermittelten, konnten wir mit unserem Strukturmodell die elterliche Vernachlässigung und die elterliche Gewalt als mögliche Mediatoren identifizieren. Zur Klärung der Frage, welche familiären Faktoren konkret die Delinquenzneigung im Allgemeinen und die Häufigkeit des Schulschwänzens im Speziellen erhöhen, bedarf es offenbar weiterer Untersuchungen. Dabei sollten speziell entwickelte Fragebogen verwendet werden, welche die interessierenden Familienmerkmale noch adäquater erfassen als die Indikatoren der Reanalyse von Dunkake (2010) und der nicht speziell auf das Schulschwänzen ausgerichteten vorliegenden Untersuchung.

In beiden Studien konnte jedoch eindrucksvoll belegt werden, dass familiäre Faktoren für die Entstehung einer Neigung zum Schulschwänzen sehr wichtig sind. Dieses Ergebnis ist angesichts der Zunahme des tageweisen Fernbleibens von der Schule praktisch überaus bedeutsam: Es zeigt, dass es für eine effektive Prävention von Schulschwänzen und für die Entwicklung geeigneter Interventionsmaßnahmen notwendig ist, die Familien einzubeziehen.

# Literatur

ADAC (2010). *ADAC-Test 2010: Mit dem Bus zur Schule.* Zugriff am 20.04.2011. Verfügbar unter http://www.adac.de/infotestrat/tests/verkehrsmittel/schulbus/test_2010/default.aspx.

Adorno, T. W., Frenkel-Brunswik, E., Levinson, D. J. & Sandford, R. N. (Hrsg.). (1950). *The Authoritarian Personality.* New York: Harper.

Ainsworth, M. (1978). *Patterns of Attachment: a psychological study of the strange situation.* Hillsdale, New Jersey: Erlbaum Publishers.

Altrichter, H. (2008). Veränderungen der Systemsteuerung im Schulwesen durch die Implementation einer Politik der Bildungsstandards. In T. Brüsemeister & K.-D. Eubel (Hrsg.), *Evaluation, Wissen und Nichtwissen* (S. 75–115). Wiesbaden: VS Verlag für Sozialwissenschaften.

Altrichter, H. & Heinrich, M. (2006). Evaluation als Steuerungsinstrument im Rahmen eines „neuen Steuerungsmodells" im Schulwesen. In W. Böttcher, H. G. Holtappels & M. Brohm (Hrsg.), *Evaluation im Bildungswesen: Eine Einführung in Grundlagen und Praxisbeispiele* (S. 51–64). Weinheim: Juventa Verlag.

Amt für Statistik Berlin-Brandenburg (AfS). (2008). *Statistisches Jahrbuch 2008.* Berlin: Kulturbuch-Verlag GmbH.

Amt für Statistik Berlin-Brandenburg (AfS). (2010a). *Bevölkerungsprognose für das Land Brandenburg 2009 bis 2030.* Zugriff am 10.12.2010. Verfügbar unter http://www.statistik-berlin-brandenburg.de/Publikationen/Stat_Berichte/2010/SB_A1-8_j02-09_BB.pdf.

Amt für Statistik Berlin-Brandenburg (Hrsg.). (2010b).Ergebnisse der repräsentativen Wahlstatistik der Landtagswahl 2009 in Brandenburg. *Zeitschrift für amtliche Statistik Berlin-Brandenburg, 03/2010,* 54–57.

Anderson, C. A. & Bushman, B. J. (2001). Effects of violent video games on aggressive behavior, aggressive cognition, aggressive affect, physiological arousal, and prosocial behavior: A meta-analytic review of the scientific literature. *Psychological Science, 12(1),* 353–359.

Aronson, E., Wilson, T. D. & Akert, R. M. (2008). *Sozialpsychologie.* (6. Aufl.). München: Pearson Studium.

Arzheimer, K. (2002). *Politikverdrossenheit. Bedeutung, Verwendung und empirische Relevanz eines politikwissenschaftlichen Begriffes.* Wiesbaden: Westdeutscher Verlag.

Baier, D. & Boehnke, K. (2008). Jugendliche und politischer Extremismus. In R. K. Silbereisen (Hrsg.), *Entwicklungspsychologie des Jugendalters* (S. 814–834). Göttingen: Hogrefe.

Baier, D., Pfeiffer, Ch., Rabold, S., Simonson, J. & Kappes, C. (2010). *Kinder und Jugendliche in Deutschland: Gewalterfahrungen, Integration, Medienkonsum. Zweiter Bericht zum gemeinsamen Forschungsprojekt des Bundesminsterium des Innern und des KfN.* Hannover: KfN.

Baier, D., Pfeiffer, Ch., Simonson, J. & Rabold, S. (2009). *Jugendliche in Deutschland als Opfer und Täter von Gewalt. Erster Forschungsbericht zum gemeinsamen Forschungsprojekt des Bundesministeriums des Innern und des KfN.* Hannover: KfN.

Bandura, A. (1969). *Principles of Behavior Modification.* New York: Holt, Rinehart & Winston.

Bandura, A. (1976). *Lernen am Modell. Ansätze zu einer sozial-kognitiven Lerntheorie.* Stuttgart: Klett Verlag.

Bandura, A. (1979). *Sozial-kognitive Lerntheorie.* Stuttgart: Klett Verlag.

Bartz, H., Baum, D., Cerci, M., Göddertz, N. & Raidt, T. (2010). Kulturelle Bildungsarmut und verzögerter Wertewandel. In G. Quenzel & K. Hurrelmann (Hrsg.), *Bildungsverlierer: Neue Ungleichheiten* (S. 95–122). Wiesbaden: VS Verlag für Sozialwissenschaften.

Beelmann, A. & Raabe, T. (2007). *Dissoziales Verhalten von Kindern und Jugendlichen*. Göttingen: Hogrefe.

Beetz, S. (2009). Analysen zum Entscheidungsprozess Jugendlicher zwischen „Gehen und Bleiben". Die Relevanz kollektiver Orientierungen bei Migrationsentscheidungen ostdeutscher Jugendlicher. In W. Schubarth & K. Speck (Hrsg.), *Regionale Abwanderung Jugendlicher. Theoretische Analysen, empirische Befunde und politische Gegenstrategien* (S. 135–151). Weinheim: Juventa Verlag.

Behnken, I., Günther, C., Kabat vel Job, O., Keiser, S., Karig, U., Krüger, H.-H., Lindner, B., von Wensierski, H.-J. & Zinnecker, J. (Hrsg.). (1991). *Schülerstudie'90: Jugendliche im Prozeß der Vereinigung*. Weinheim: Juventa Verlag.

Bliesinger, T., Lösel, F. & Averbeck, M. (1999). Die Wahrnehmung und Bewertung von Konfliktsituationen bei Schülern mit reaktiv versus proaktiv aggressivem Verhalten. In R. Dollarse, T. Kliche & H. Moder (Hrsg.), *Politische Psychologie der Fremdenfeindlichkeit. Opfer-Täter-Mittäter* (S. 159–172). Weinheim: Juventa-Verlag.

Boivin, M., Vitaro, F. & Poulin, F. (2005). Peer relationships and the development of aggressive behavior in early Childhood. In R. E. Tremblay, W. W. Hartup & J. Archer (Hrsg.), *Developmental origins of aggression* (S. 376–397). New. York: Guilford.

Bonfadelli, H. (2002). The Internet and Knowledge Gaps. A Theoretical and Empirical Investigation. *European Journal of Communication, 17(1)*, 65–84.

Bortz, J. (2005). *Statistik für Sozialwissenschaftler*. Berlin, Heidelberg: Springer.

Bortz, J. & Döring, N. (2002). *Forschungsmethoden und Evaluation für Human- und Sozialwissenschaftler*. Heidelberg: Springer.

Bowlby, J. (2005). *Frühe Bindung und kindliche Entwicklung*. München: Reinhardt Verlag.

Brown, B. B. (2004). Adolescents relationships with peers. In R. M. Lerner & L. Steinberg (eds.), *Handbook of adolescent psychology* (2nd ed., pp. 363–394). Hoboken, NJ: Wiley.

Brown, B., Clasen, D. & Eicher, S. (1986). Perceptions of peer pressure, peer conformity dispositions, and self-reported behavior among adolescents. *Developmental Psychology, 22*, 521–530.

Bruhns, K. & Wittmann, S. (2002). „Ich meine, mit Gewalt kannst du dir Respekt verschaffen". *Mädchen und junge Frauen in gewaltbereiten Jugendgruppen*. Opladen: Leske + Budrich.

Bühler, A. (2003). Risikoverhalten im Jugendalter – normative und problematische Entwicklungen. In W. Rometsch & D. Sarrazin (Hrsg.), „No Risk – No Fun". *Risikokompetenz im Jugendalter*. Forum Sucht: Münster.

Bundeskriminalamt (2005). *Polizeiliche Kriminalstatistik 2005*. Zugriff am 16.12.2010. Verfügbar unter http://www.bka.de/pks/pks2005/index2.html.

Bundeskriminalamt (Hrsg.). (2009a). *Polizeiliche Kriminalstatistik Bundesrepublik Deutschland. Berichtjahr 2009*. Wiesbaden: Bundeskriminalamt.

Bundeskriminalamt (2009b). *Aufgliederung der Tatverdächtigen – weiblich – nach Alter ab 1987*. Zugriff am 16.12.2010. Verfügbar unter http://www.bka.de/pks/zeitreihen/pdf/t20_tv_w.pdf.

Bundeskriminalamt (2009c). *Aufgliederung der Tatverdächtigen – männlich – nach Alter ab 1987*. Zugriff am 16.12.2010. Verfügbar unter http://www.bka.de/pks/zeitreihen/pdf/t20_tv_m.pdf.

Bundesministerium für Familie, Senioren, Frauen und Jugend (BMFSFJ, Hrsg.). (2006). *Siebter Familienbericht der Bundesrepublik Deutschland*. Zugriff am 20.01.2011. Verfügbar unter http://www.bmfsfj.de/RedaktionBMFSFJ/Abteilung2/Pdf-Anlagen/siebter-familienbericht,property =pdf,bereich=,rwb=true.pdf.

Bundesministerium für Familie, Senioren, Frauen und Jugend (BMFSFJ, Hrsg.). (2009). *Der 13. Kinder- und Jugendbericht – Bericht über die Lebenssituation junger Menschen und die Leistungen der Kinder- und Jugendhilfe in Deutschland.* Druck Vogt GmbH: Berlin.

Bundesministerium des Innnern (Hrsg.). (2010). *Polizeiliche Kriminalstatistik 2009.* Silber-Druck ohG: Niestetal.

Bundeszentrale für gesundheitliche Aufklärung (2009). *Die Drogenaffinität Jugendlicher in der Bundesrepublik Deutschland 2008.* Köln: Bundeszentrale für gesundheitliche Aufklärung.

Bundeszentrale für gesundheitliche Aufklärung (2011a*). Der Alkoholkonsum Jugendlicher und junger Erwachsener in Deutschland 2010. Kurzbericht zu Ergebnissen einer aktuellen Repräsentativbefragung und Trends.* Köln: Bundeszentrale für gesundheitliche Aufklärung.

Bundeszentrale für gesundheitliche Aufklärung (2011b). *Der Cannabiskonsum Jugendlicher und junger Erwachsener in Deutschland 2010. Kurzbericht zu Ergebnissen einer aktuellen Repräsentativbefragung und Trends.* Köln: Bundeszentrale für gesundheitliche Aufklärung.

Bundeszentrale für gesundheitliche Aufklärung (2011c). *Der Tabakkonsum Jugendlicher und junger Erwachsener in Deutschland 2010. Kurzbericht zu Ergebnissen einer aktuellen Repräsentativbefragung und Trends.* Köln: Bundeszentrale für gesundheitliche Aufklärung.

Bundeszentrale für politische Bildung (2009). *Jugend und Politik – Bundestagswahl 2009.* Zugriff am 14.12.2010. Verfügbar unter http://www.bpb.de/methodik/MASECI,0, Gesamtergebnis%3A_Datens%E4tze_als_GrafStatDatei.html.

Burrmann, U. (Hrsg.). (2005). *Sport im Kontext von Freizeitengagements Jugendlicher. Aus dem Brandenburgischen Längsschnitt 1998–2002.* Köln: Sport und Buch Strauß.

Cassel, C. A. L. & Celia, C. (1997). Theories of political literacy. *Political Behavior, 19,* 317–335.

Chugani, H. (1998). Biological Basis of Emotions: Brain Systems and Brain Development. *Pediatrics, 102,* 1225–1229.

Cohen, J. (1988). *Statistical power analysis for the behavioral sciences.* Hillsdale: Erlbaum.

Cohen, J. (1992). A power primer. *Psychological Bulletin, 112,* 155–159.

Crick, N. R. & Dodge, K. A. (1994). A review and reformulation of social informationprocessing mechanisms in childrens' social adjustment. *Psychological Bulletin, 115,* 74–101.

Csikszentmihalyi, M. (1992). *Flow. Das Geheimnis des Glücks* (2. Aufl.). Stuttgart: Klett-Cotta.

Decker, O., Brähler, E. & Geißler, N. (2006). *Vom Rand zur Mitte. Rechtsextreme Einstellung und ihre Einflussfaktoren in Deutschland.* Berlin: Friedrich-Ebert-Stiftung.

Decker, O., Weissmann, M., Kiess, J. & Brähler, E. (2010). *Die Mitte in der Krise. Rechtsextreme Einstellungen in Deutschland 2010.* Berlin: Friedrich-Ebert-Stiftung.

De Rijke, J., Gaiser, W. & Wächter, F. (2008). Aspekte der Stabilität politischer Einstellungen und politischer Partizipation. In M. Gille (Hrsg.), *Jugend in Ost und West seit der Wiedervereinigung – Ergebnisse aus dem replikativen Längsschnitt des DJI-Jugendsurvey.* Wiesbaden: VS Verlag für Sozialwissenschaften.

Deutsche Gesellschaft für Freizeit (1998). *Freizeit in Deutschland 1998.* Erkrath: DGF.

Diepold, B. & Cierpka, M. (1997). *Der Gewaltzirkel: Wie das Opfer zum Täter wird. Unveröffentlichter Vortrag auf den 47. Lindauer Psychotherapiewochen.* Zugriff am 10.12.2010. Verfügbar unter http://www.diepold.de/barbara/gewaltzirkel.pdf.

Drechsel, B., Prenzel, M. & Seidel, T. (2009). Nationale und internationale Schulleistungsstudien. In E. Wild & J. Möller (Hrsg.), *Pädagogische Psychologie.* Heidelberg: Springer.

Dreher, E. & Dreher, M. (1985). Entwicklungsaufgaben im Jugendalter. Bedeutsamkeit und Bewältigungskonzepte. In D. Liepmann & A. Stiksrud (Hrsg.), *Entwicklungsaufgaben und Bewältigungsprobleme in der Adoleszenz* (S. 56–70). Göttingen: Hofgrefe.

Duberstein-Lindberg, L., Boggess, S., Porter, L. & Williams, S. (2000). *Teen-risk-taking: A stati-stical portrait.* Zugriff am 15. 03. 2011. verfügbar unter http://aspe.hhs.gov/health/reports/teenrisk/teenrisktaking.html

Dunkake, I. (2010). *Der Einfluss der Familie auf das Schulschwänzen: Theoretische und empiri-sche Analysen unter Anwendung der Theorien abweichenden Verhaltens.* Wiesbaden: VS Verlag für Sozialwissenschaften.

Edinger, M., Gerstenhauer, D. & Schmitt, K. (2010). *Politische Kultur im Freistaat Thüringen. Ergebnisse des Thüringen Monitors 2010.* Zugriff am 10. 02. 2011. Verfügbar unter http://www.thueringen.de/imperia/md/content/tsk/veranstaltungen/thueringenmonitor/th__ringen-monitor2010_mitanhang.pdf.

Erbeldinger, P. I. (2003). *Freizeithandeln Jugendlicher – Motive und Bedeutungen. Eine empiri-sche Untersuchung zu Freizeitmotiven Jugendlicher.* Dissertation. Zugriff am 06. 08. 2010. Verfügbar unter http://ubt.opus.hbz-nrw.de/volltexte/2007/441/.

Erikson, E. H. (2002). *Identität und Lebenszyklus* (20. Aufl.). Frankfurt am Main: Suhrkamp.

Fastenmeier, W., Gstalter, H. & Lehnig, U. (2003). Was empfinden Menschen als Freizeit? – Emotionale Bedeutung und Definitionen. In ifmo Institut für Mobilitätsforschung (Hrsg.), *Motive und Handlungsansätze im Freizeitverkehr.* Berlin: Springer.

Fend, H. (1998). *Eltern und Freunde. Soziale Entwicklung im Jugendalter.* Bern: Verlag Hans Huber.

Fend, H. (2000a). *Entwicklungspsychologie des Jugendalters.* Opladen: Leske + Budrich.

Fend, H. (2000b). Qualität und Qualitätssicherung im Bildungswesen. Wohlfahrtsstaatliche Modelle und Marktmodelle. In A. Helmke, W. Hornstein & E. Terhart (Hrsg.), Qualität und Qualitätssicherung im Bildungsbereich: Schule, Sozialpädagogik, Hochschule. *Zeit-schrift für Pädagogik, 41.* Beiheft, 55–72.

Ferchoff, W. (2007). *Jugend und Jugendkulturen im 21. Jahrhundert: Lebensformen und Lebens-stile.* Wiesbaden: VS Verlag für Sozialwissenschaften.

Flanagan, S. C. (1987). Value Change in Industrial Society. *The American Political Science Re-view, 81,* 1303–1319.

FOKUS Institut (Hrsg.). (2009). *Moderne Drogen- und Suchtprävention* (MODRUS IV). FO-KUS: Halle.

Frank, D. (2009). Die spielende Gesellschaft – ein neues Paradigma? *Themendienst, 1,* 5–11. Zu-griff am 10. 01. 2011. Verfügbar unter http://www.schulen-ans-netz.de/uploads/tx_tem-plavoila/TH_01_09_Ansicht.pdf.

Freedman, J. (2002). *Media violence and its effect on aggression. Assesing the scientific evidence.* Toronto: University of Toronto Press.

Fritz, K., Sting, S. & Vollbrecht, R. (2003). *Mediensozialisation. Pädagogische Perspektiven des Aufwachsens in Medienwelten.* Opladen: Leske + Budrich.

Fröhlich, C., Haase, C. M., & Silbereisen, R. K. (2006). *Affective influences on risk decision-ma-king in adolescence and young adulthood.* To be presented at the 11th biennial meeting of the Society for Research on Adolescence, San Francisco, CA.

Gaiser, W. & de Rijke, J. (2008). Partizipation im Wandel? Veränderungen seit Beginn der 1990er Jahre. In M. Gille (Hrsg.), *Jugend in Ost und West seit der Wiedervereinigung – Er-gebnisse aus dem replikativen Längsschnitt des DJI-Jugendsurvey.* Wiesbaden: VS Verlag für Sozialwissenschaften.

Gaiser, W., Gille, M., Krüger, W. & de Rijke, J. (2000). Politikverdrossenheit in Ost und West? Einstellungen von Jugendlichen und jungen Erwachsenen. *Politik und Zeitgeschichte (APuZ),* B 19–20.

Gärtner, H., Kandulla, M., Kuhl, P., Pant, H.A , Wendt, W. & Kaiser, S. (2008). Qualitätssicherung und Qualitätsentwicklung. In Autorengruppe Regionale Bildungsberichterstattung Berlin-Brandenburg im Auftrag der Senatsverwaltung für Bildung, Wissenschaft und Forschung Berlin und des Ministeriums für Bildung, Jugend und Sport Brandenburg (Hrsg.), *Bildung in Berlin und Brandenburg 2008: Ein indikatorengestützter Lebenslauf zur Bildung im Lebenslauf* (S. 197–224). Berlin: Institut für Schulqualität der Länder Berlin und Brandenburg.

Geiser, C. (2010). *Datenanalyse mit Mplus. Eine anwendungsorientierte Einführung.* Wiesbaden: VS Verlag für Sozialwissenschaften.

Gemeinsame Landesplanungsabteilung Berlin-Brandenburg (GL). (2010). *Bleiben, Weggehen, Wiederkommen? Lebenszufriedenheit und Wanderungsmotive junger Menschen in Brandenburg.* Zugriff am 15. 01. 2011. Verfügbar unter http://gl.berlin-brandenburg.de/imperia/md/content/bb-gl/landesentwicklungsplanung/daseinsvorsorge/bindungskraftgutachten.pdf.

Gensicke, T. (2010). Wertorientierungen, Befinden und Problembewältigung. In Shell Deutschland Holding (Hrsg.), *Jugend 2010. Eine pragmatische Generation behauptet sich* (S. 187–242). Frankfurt am Main: Fischer.

Gille, M. (2006). Werte, Geschlechtsrollenorientierungen und Lebensentwürfe. In M. Gille, S. Sardei-Biermann, W. Gaiser & J. de Rijke (Hrsg.), *Jugendliche und junge Erwachsene in Deutschland. Lebensverhältnisse, Werte und gesellschaftliche Beteiligung 12- bis 29-Jähriger* (S. 131–211). Wiesbaden: VS Verlag für Sozialwissenschaften.

Glueck, S. & Glueck, E. (1950). *Unraveling Juvenile Delinquency.* London: Oxford University Press.

Glueck, S. & Glueck, E. (1963). *Jugendliche Rechtsbrecher.* Stuttgart: Enke Verlag.

Gniewosz, B. & Noack, P. (2006). Intergenerationale Transmissions- und Projektionsprozesse intoleranter Einstellungen zu Ausländern in der Familie. *Zeitschrift für Entwicklungspsychologie und Pädagogische Psychologie, 38(1),* 33–42.

Goffman, I. (1986, orig. 1963). *Stigma. Notes on the management of spoiled identity.* New York: Touchstone.

Golonka, J. (2009). *Werbung und Werte. Mittel ihrer Versprachlichung im Deutschen und im Polnischen* (S. 75–156). Wiesbaden: VS Verlag für Sozialwissenschaften.

Görl, T. & Holtmann, D. (2007). Politische Einstellungen und Beteiligung am politischen Leben. In D. Sturzbecher & D. Holtmann (Hrsg.), *Werte, Familie, Politik, Gewalt – Was bewegt die Jugend? Aktuelle Ergebnisse einer Befragung.* Berlin: Lit Verlag.

Greene, K., Krcmar, M., Walters, L. H., Rubin, D. L. & Hale, J. L. (2000). Targeting adolescent risk-taking behaviours: The contribution of egocentrism and sensation-seeking. *Journal of Adolescence, 23(4),* 439–461.

Gruehn, S. (2000). *Unterricht und Lernen.* Münster: Waxmann.

Häder, M. (Hrsg.). (2006). *Empirische Sozialforschung. Eine Einführung.* Wiesbaden: VS Verlag für Sozialwissenschaften.

Havighurst, R. J. (1948). *Developmental Tasks and Education* (7. Auflage 1982). New York: Longman Inc.

Hearold, S. (1986). A systhesis of 1043 effects of television on social behavior. *Public Communication and Behavior, 1,* 65–133.

Heeg, R. (2009). *Mädchen und Gewalt. Bedeutungen physischer Gewaltausübung für weibliche Jugendliche.* Wiesbaden: VS Verlag für Sozialwissenschaften.

Heitmeyer, W. (2009). Leben wir immer noch in zwei Gesellschaften? 20 Jahre Vereinigungsprozeß und die Situation Gruppenbezogener Menschenfeindlichkeit. In W. Heitmeyer (Hrsg.), *Deutsche Zustände, Folge 7* (S. 13–52). Frankfurt a. M.: Suhrkamp.

Heitmeyer, W. & Endrikat, K. (2008). Die Ökonomisierung des Sozialen: Folgen für „Überflüssige" und „Nutzlose". In W. Heitmeyer (Hrsg.), *Deutsche Zustände, Folge 6* (S. 55–72). Frankfurt a. M.: Suhrkamp.

Helmke, A. (2003). *Unterrichtsqualität. Erfassen, bewerten, verbessern*. Seelze: Kallmeyer.

Hess, D., Hartenstein, W. & Smid, M. (1991). Auswirkungen von Arbeitslosigkeit auf die Familie. *Mitteilungen aus der Arbeitsmarkt- und Berufsforschung, 1/1991*.

Hillmann, K.-H. (2003). *Wertewandel. Ursachen – Tendenzen – Folgen*. Würzburg: Carolus.

Hirschi, T. (1969). *Causes of Delinquencies*. Berkeley: University of California Press.

Hoffmann-Lange, U. (2003). Jugend und Politik. In U. Andersen & W. Wichard (Hrsg.), *Handwörterbuch des politischen Systems der Bundesrepublik Deutschland*. Opladen: Leske + Budrich.

Hofmann, M. & Rink, D. (2006). Vom Arbeiterstaat zur deklassierten Gesellschaft? Ostdeutsche Arbeitermilieus zwischen Auflösung und Aufmüpfigkeit. In H. Bremer & A. Lange-Vester (Hrsg.), *Soziale Milieus und Wandel der Sozialstruktur: Die gesellschaftlichen Herausforderungen und die Strategien der sozialen Gruppen* (S. 262–284). Wiesbaden: VS Verlag für Sozialwissenschaften.

Holtmann, D. & Görl, T. (2007). Rechtsextremismus, Ausländerfeindlichkeit, Antisemitismus. In D. Sturzbecher & D. Holtmann (Hrsg.), *Werte, Familie, Politik, Was bewegt die Jugend? Aktuelle Ergebnisse einer Befragung* (S. 210–229). Berlin: LIT Verlag.

Holz, G. (2006). Lebenslagen und Chancen von Kindern in Deutschland. *Aus Politik und Zeitgeschichte, 26*.

Hornstein, W., Schefold, W., Schmeiser, G. & Stackebrandt, J. (1975). *Lernen im Jugendalter. Ergebnisse, Fragestellungen und Probleme sozialwissenschaftlicher Forschung*. Stuttgart: Ernst Klett.

Hurrelmann, K. (2002). *Einführung in die Sozialisationstheorie* (8. Auflage). Weinheim: Beltz.

Hurrelmann, K., Klocke, A., Melzer, W. & Ravens-Sieberer, U. (Hrsg.). (2003). *Jugendgesundheitssurvey. Internationale Vergleichsstudie im Auftrag der Weltgesundheitsorganisation WHO*. Weinheim: Juventa.

IARD (2001). *Studie zur Lage der Jugend und zur Jugendpolitik in Europa*. Zugriff am 13.12.2010. Verfügbar unter http://ec.europa.eu/youth/archive/doc/studies/iard/summaries_de.pdf.

Inglehart, R. (1971). The Silent Revolution in Europe. Intergenerational Change in Post-Industrial Societies. *The American Political Science Review, 65*, 991–1017.

Inglehart, R. (1995). *Kultureller Umbruch. Wertwandel in der westlichen Welt*. Frankfurt am Main: Campus Verlag.

Inglehart, R. (1998). *Modernisierung und Postmodernisierung – Kultureller, wirtschaftlicher und politischer Wandel in 43 Gesellschaften*. Frankfurt am Main: Campus Verlag.

Isengard, B. & Schneider, T. (2006). *Datenreport 2006*. Zugriff am 12.02.2011. Verfügbar unter http://www.wzb.eu/wzb/pdf/dr06/kapitel/2_12_2006.pdf.

Ittel, A., Bergann, S. & Scheithauer, H. (2008). Aggressives und gewalttätiges Verhalten von Mädchen. In H. Scheithauer, T. Hayer & K. Niebank (Hrsg.), *Problemverhalten und Gewalt im Jugendalter. Erscheinungsformen, Entstehungsbedingungen, Prävention und Intervention* (S. 113–127). Stuttgart: Kohlhammer.

Jaschke, H.-G. (2001). *Rechtsextremismus und Fremdenfeindlichkeit. Begriffe, Positionen, Praxisfelder* (2. Aufl.). Opladen: Westdeutscher Verlag.

Jesse, E. (2003). Reformvorschläge zur Änderung des Wahlrechts. *Politik und Zeitgeschichte. 52*, 3–11.

Jessor, R. (1987). Problem-Behavior Theory, psychosocial development, and adolescent problem drinking. *British Journal of Addiction, 82*, 331–342.

Jessor, R. (2001). Problem-behavior theory. In J. Raithel (Hrsg.), *Risikoverhaltensweisen Jugendlicher. Erklärungen, Formen, und Prävention (Adolescent Risk Behavior: Explanations, Forms, and Prevention)*. Opladen: Leske + Budrich.

Jost, M. (2007). *Untersuchung zur Symptomatik einer jugendspezifischen Tendenz zur Selbstüberschätzung im Bezugsrahmen jugendlichen Risikoverhaltens*. Zugriff am 14.10.2010. Verfügbar unter http://duepublico.uni-duisburg-essen.de/servlets/DerivateServlet/Derivate-18207/Diss_Jost.pdf.

Jurecka, A. & Hartig, J. (2007). Computer- und netzwerkbasiertes Assessment. In J. Hartig & E. Klieme (Hrsg.), *Möglichkeiten und Voraussetzungen technologiebasierter Kompetenzdiagnostik* (S. 37–48). Berlin: BMBF.

Kaiser, Y. (2011). *Jugendhilfe und Bildung: Rekonstruktion von Bildungsprozessen in einem Projekt für Schulverweigerer*. Wiesbaden: VS Verlag für Sozialwissenschaften.

Kalka, J. & Allgayer, F. (2007). *Zielgruppen: Wie sie leben, was sie kaufen, woran sie glauben* (2. Aufl.). Landsberg: Verlag moderne industrie.

Klages, H. (1985). *Wertorientierungen im Wandel. Rückblick, Gegenwartsanalyse, Prognosen* (2. Auflage). Frankfurt am Main: Campus Verlag.

Klages, H. (1993). *Traditionsbruch als Herausforderung. Perspektiven der Wertewandelgesellschaft*. Frankfurt am Main: Campus Verlag.

Klages, H. (1999). Zerfällt das Volk? – Von den Schwierigkeiten der modernen Gesellschaft mit Gemeinschaft und Demokratie. In H. Klages & T. Gensicke (Hrsg.), *Wertewandel und bürgerliches Engagement an der Schwelle zum 21. Jahrhundert* (S. 1–29). Speyer: Forschungsinstitut für öffentliche Verwaltung.

Klages, H. (2001). Brauchen wir eine Rückkehr zu traditionellen Werten? *Aus Politik und Zeitgeschichte, 29*, 7–14.

Klein, A. & Hüpping, S. (2008). Politische Machtlosigkeit als Katalysator der Ethnisierung von Verteilungskonflikten. In W. Heitmeyer (Hrsg.), *Deutsche Zustände, Folge 6* (S. 73–94). Frankfurt a. M.: Suhrkamp.

Klein, M. & Ohr, D. (2004). Ändert der Wertewandel seine Richtung? Die Entwicklung gesellschaftlicher Wertorientierungen in der Bundesrepublik Deutschland zwischen 1980 und 2000. In R. Schmitt-Beck, M. Wasmer & A. Koch (Hrsg.), *Sozialer und politischer Wandel in Deutschland. Analysen mit ALLBUS-Daten aus zwei Jahrzehnten* (S. 153–178). Wiesbaden: VS Verlag für Sozialwissenschaften.

Klewin, G. & Tillmann, K.-J. (2006). Gewaltformen in der Schule: Ein vielschichtiges Problem. In W. Heitmeyer & M. Schröttle (Hrsg.), *Internationales Handbuch der Gewaltforschung* (S. 191–208). Wiesbaden: Westdeutscher Verlag.

Klingler, W. (2008). Jugendliche und ihre Mediennutzung 1998 bis 2008. Eine Analyse auf Basis der Studienreihe Jugend, Information und (Multi-)Media/JIM. *Media Perspektiven, 12/2008*, 625–634.

Kluckhohn, C. (1951). Values and Value Orientations in the Theory of Action: An Exploration in Definition and Classification. In T. Parsons & E. A. Shils (Hrsg.), *Toward a General Theory of Action* (S. 388–433). Cambridge: Harvard University Press.

Kohlstruck, M. (2005). Rechtsextremistische Milieus und Gewalt. In Bundesamt für Verfassungsschutz (Hrsg.), *Radikalisierungsprozesse und extremistische Milieus. Ein Symposion des Bundesamtes für Verfassungsschutz. 4. Oktober 2004. Beiträge.* Zugriff am 10.03.2011. Verfügbar unter http://www.verfassungsschutz.de/download/SHOW/symp_2004.pdf.

Köller, O. (2009). Evaluation pädagogisch-psychologischer Maßnahmen. In E. Wild & J. Möller (Hrsg.), *Pädagogische Psychologie* (S. 333–352). Heidelberg: Springer.

Korte, K.-R. (2009). *Wahlen in Deutschland, Zeitbilder.* Bonn: Bundeszentrale für politische Bildung.

Kreuzer, A. (1993). Jugendkriminalität. In G. Kaiser, H.-J. Kerner, F. Sack & H. Schellhoss (Hrsg.), *Kleines Kriminologisches Wörterbuch* (3. Aufl., S. 182–191). Heidelberg: C. F. Müller.

Kröhnert, S. (2007). Migrationstheorien. In Berlin-Institut für Bevölkerung und Entwicklung, *Online-Handbuch Demografie.* Zugriff am 05.12.2010. Verfügbar unter http://www.berlin-institut.org/online-handbuchdemografie/bevoelkerungsdynamik/faktoren/migrationstheorien.html.

Kröhnert, S. (2009). Analysen zur geschlechtsspezifisch geprägten Abwanderung Jugendlicher. In W. Schubarth & K. Speck (Hrsg.), *Regionale Abwanderung Jugendlicher. Theoretische Analysen, empirische Befunde und politische Gegenstrategien* (S. 91–110). Weinheim: Juventa Verlag.

Lampert, T., Hagen, C. & Heizmann, B. (2010). *Beiträge zur Gesundheitsberichterstattung des Bundes. Gesundheitliche Ungleichheit bei Kindern und Jugendlichen in Deutschland.* Berlin: Robert Koch-Institut.

Landua, D. (2007a). Einführung. In D. Sturzbecher & D. Holtmann (Hrsg.), *Werte, Familie, Politik, Gewalt – Was bewegt die Jugend? Aktuelle Ergebnisse einer Befragung* (S. 11–16). Berlin: LIT Verlag.

Landua, D. (2007b). Migrationswünsche. In D. Sturzbecher & D. Holtmann (Hrsg.), *Werte, Familie, Politik, Gewalt – Was bewegt die Jugend? Aktuelle Ergebnisse einer Befragung* (S. 197–209). Berlin: LIT Verlag.

Landua, D. & Großmann, H. (2007). Soziale Schulqualität und Schulverweigerung. In D. Sturzbecher & D. Holtmann (Hrsg.), *Werte, Familie, Politik, Gewalt – Was bewegt die Jugend? Aktuelle Ergebnisse einer Befragung* (S. 82–124). Berlin: LIT Verlag.

Landua, D., Harych, P. & Schutter, S. (2002). Politische Einstellungen, Ausländerfeindlichkeit, Antisemitismus und Rechtsextremismus. In D. Sturzbecher (Hrsg.), *Jugendtrends in Ostdeutschland: Bildung, Freizeit, Politik, Risiken* (S. 39–63). Opladen: Leske + Budrich.

Lange, A. & Xyländer, M. (2008). Jugend. In H. Willems (Hrsg.), *Lehr(er)buch Soziologie. Für die pädagogischen und soziologischen Studiengänge* (Band 2, S. 593–609). Wiesbaden: VS Verlag für Sozialwissenschaften.

LeBlanc, L., Swisher, R., Vitaro, F. & Tremblay, R. E. (2007). School social climate and Teachers' perceptions of classroom behavior problems: A 10 year longitudinal and multilevel study. *Social Psychology of Education (10),* 4, 429–442.

Leiske, M., Sturzbecher, D. & Keil, J.-G. (2001). Soziale Schulqualität aus der Sicht von Jugendlichen in Brandenburg. In D. Sturzbecher (Hrsg.), *Jugend in Ostdeutschland – Lebenssituationen und Delinquenz* (S. 210–248). Opladen: Leske + Budrich.

Leuphana Universität Lüneburg & DAK (Hrsg.). (2010). *Alkoholkonsum von Schülerinnen und Schülern. Konsumgewohnheiten und Einflussfaktoren.* Zugriff am 14.10.2010. Verfügbar unter https://www.dak.de/content/files/DAK_Studie_Alkoholkonsum_Schueler_.pdf.

Leven, I., Quenzel, G. & Hurrelmann, K. (2010). Familie, Schule, Freizeit: Kontinuitäten im Wandel. In Shell Deutschland Holding (Hrsg.), *Jugend 2010. Eine pragmatische Generation behauptet sich* (S. 53–128). Frankfurt am Main: Fischer Verlag.

Lothaller, H. (2008). Die ‚rushhour' des Lebens und die Bedeutung der Familienarbeit und ihrer Aufteilung. *Thema: Journal für Generationengerechtigkeit, 3/2008,* 4–8.

Lützinger, S. (Hrsg.). (2010). *Die Sicht der anderen. Eine qualitative Studie zu Biographien von Extremisten und Terroristen.* Köln: Luchterhand.

Maslow, A. H. (1954). *Motivation and Personality.* New York: Harper and Row.

Mead, M. (1971). *Der Konflikt der Generationen. Jugend ohne Vorbild* (2. Aufl.). Olten: Walter-Verlag.

Medienpädagogischer Forschungsverbund Südwest (2009). *JIM-Studie 2009. Jugend, Information und (Multi-) Media. Basisuntersuchung zum Medienumgang 12- bis 19-Jähriger.* Zugriff am 10.08.2010. Verfügbar unter http://www.mpfs.de/fileadmin/JIM-pdf09/JIM-Studie2009.pdf.

Melzer, W. & Jakob, D. (2002). *Delinquenz und Sozialisation jugendlicher Mehrfachtäter. Abschlussbericht für das Sächsische Staatsministerium des Inneren.* Dresden.

Meyer, H. (2004). *Was ist guter Unterricht?* Berlin: Cornelsen Scriptor.

Mikos, L., Hoffmann, D. & Winter, R. (2009). *Mediennutzung, Identität und Identifikation. Die Sozialisationsrelevanz der Medien im Selbstfindungsprozess von Jugendlichen.* Weinheim: Juventa Verlag.

Ministerium für Arbeit, Soziales, Gesundheit und Familie des Landes Brandenburg (MASGF). (Hrsg.). (2008). *Lebenslagen in Brandenburg – Chancen gegen Armut.* Zugriff am 20.01.2011. Verfügbar unter http://www.masf.brandenburg.de/sixcms/media.php/4055/lebenslagen.pdf.

Ministerium für Bildung, Jugend und Sport (2008). *Schulvisitation im Land Brandenburg. Handbuch zur Schulvisitation.* Potsdam: GS Druck und Medien GmbH.

Montada, L. (2002) Delinquenz. In R. Oerter, & L. Montada (Hrsg.), *Entwicklungspsychologie* (S. 859–873). Weinheim: Beltz.

Müller, S. (2010). Bildungsstandorte und demographischer Wandel. Langfristig optimale Schul-standorte unter Berücksichtigung schwankender Schülerzahlen. *Standort – Zeitschrift für angewandte Geographie, 34(1),* 6–10.

Nave-Herz, R. (2004). *Ehe- und Familiensoziologie. Eine Einführung in die Geschichte, theoretische Ansätze und empirische Befunde.* Weinheim: Juventa.

Neller, K. & van Deth, J. W. (2006). Politisches Engagement in Europa. *Politik und Zeitgeschichte (APuZ), 30–31.*

Neumann, J. & Frindte, W. (1993). Der biographische Verlauf als Wechselspiel von Ressourcenerweiterung und -einengung. In K. Wahl (Hrsg.), *Fremdenfeindlichkeit, Antisemitismus, Rechtsextremismus. Drei Studien zu Tatverdächtigen und Tätern.* Berlin: Bundesministerium des Innern.

Niedermayer, O. (2001). *Bürger und Politik.* Opladen: Westdeutscher Verlag.

Oberwittler, D., Blank, T., Köllisch, T. & Naplava, T. (2001). *Soziale Lebenslagen und Delinquenz von Jugendlichen. Ergebnisse der MPI-Schulbefragung 1999 in Köln und Freiburg (Arbeitsberichte aus dem Max-Planck-Institut für ausländisches und internationales Strafrecht/1).* Freiburg i. Br.: edition iuscrim.

Oehme, A. & Franzke, M. (2002). Schulverweigerung – Wege aus der Begriffskonfusion. *Behindertenpädagogik, 41(1),* 67–80.

Oelkers, J. (2008). Erziehung im Jugendalter. In D. Efionayi-Mäder, C. Ermert Kaufmann, R. Fibbi, J. Krummenacher, A. Lanfranchi, U. Moser, M. P. Neuenschwander, J. Oelkers, H. Simoni & S. Viernickel (Hrsg.), *Familien – Erziehung – Bildung.* Eidgenössische Koordinationskommission für Familienfragen (EKFF): Bern.

Oerter, R. & Dreher, E. (2008). Jugendalter. In R. Oerter & L. Montada (Hrsg.), *Entwicklungspsychologie* (S. 271–332). Weinheim: Beltz.

Opaschowski, H. W. (2010). *Wir! Warum Ichlinge keine Zukunft mehr haben.* Hamburg: Murmann.

Oswald, H. & Uhlendorff, H. (2008). Die Gleichaltrigen. In R. K. Silbereisen (Hrsg.), *Entwicklungspsychologie des Jugendalters* (S. 189–228). Göttingen: Hogrefe.

Paik, H. & Comstock, G. (1994). The effects of television violence on antisocial behavior: A meta-analysis. *Communication Research, 21,* 516–546.

Peucker, C., Gaßebner, M. & Wahl, K. (2001). Analyse polizeilicher Ermittlungsakten zu fremdenfeindlichen, antisemitischen und rechtsextremistischen Tatverdächtigen. In K. Wahl (Hrsg.), *Fremdenfeindlichkeit, Antisemitismus, Rechtsextremismus. Drei Studien zu Tatverdächtigen und Tätern* (S. 12–88). Berlin: Bundesministerium des Innern.

Popp, U. (2010). Von der „Verschulung der Jugend" zur „jugendgerechten" Schule? In C. Riegel, A. Scherr & B. Stauber (Hrsg.), *Transdisziplinäre Jugendforschung. Grundlagen und Forschungskonzepte* (S. 327–343). Wiesbaden: VS Verlag für Sozialwissenschaften.

Pospeschill, M. (2009). *SPSS - Durchführung fortgeschrittener statistischer Verfahren.* 8. überarbeitete Auflage. Hannover: RRZN.

Preiser, S. (2002). Jugend und Politik. In R. Oerter & L. Montada (2002), *Entwicklungspsychologie* (S. 874–884). Weinheim: Beltz.

Rademacker, H. (2008). Schulaversion und Schulabsentismus. In T. Coelen & H.-U. Otto (Hrsg.), *Grundbegriffe Ganztagsbildung: Das Handbuch* (S. 232–240). Wiesbaden: VS Verlag für Sozialwissenschaften.

Raithel, J. (2001). *Risikoverhaltensweisen Jugendlicher. Erklärungen, Formen, und Prävention.* Opladen: Leske + Budrich.

Raithel, J. (2004). *Jugendliches Risikoverhalten. Eine Einführung.* Wiesbaden: VS Verlag für Sozialwissenschaften.

Rat für Kriminalitätsverhütung in Schleswig-Holstein (Hrsg.). (2007). *Konzept gegen Schulabsentismus: Jeder Schüler, jede Schülerin zählt.* Zugriff am 15.03.2011. Verfügbar unter http://www.schleswig-holstein.de/cae/servlet/contentblob/371714/publicationFile/Absentismus.pdf.

Reese, A. & Silbereisen, R. K. (2001). Allgemeine versus spezifische Primärprävention von jugendlichem Risikoverhalten. In Th. Freund & W. Lindner (Hrsg.), *Prävention. Zur kritischen Bewertung von Präventionsansätzen in der Jugendarbeit* (S. 139–162). Opladen: Leske + Budrich.

Reinders, H. (2005). *Jugend. Werte. Zukunft. Wertvorstellungen, Zukunftsperspektiven und soziales Engagement im Jugendalter.* Stuttgart: Schriftenreihe der Landesstiftung Baden-Württemberg.

Reinders, H. (2006). *Jugendtypen zwischen Bildung und Freizeit: Theoretische Präzisierung und empirische Prüfung einer differentiellen Theorie der Adoleszenz.* Münster: Waxmann.

Reinders, H. & Wild, E. (2003). *Jugendzeit – Time out? Zur Ausgestaltung des Jugendalters als Moratorium.* Opladen: Leske + Budrich.

Reinhold, G. (1992). *Soziologie Lexikon.* München: R. Oldenbourg Verlag.

Reinmuth, S. I. & Sturzbecher, D. (2007). Wertorientierungen, Kontrollüberzeugungen, Zukunftserwartungen und familiale Ressourcen. In D. Sturzbecher & D. Holtmann (Hrsg.), *Werte, Familie, Politik, Gewalt – Was bewegt die Jugend? Aktuelle Ergebnisse einer Befragung.* Berlin: Lit Verlag.

Richard, B., Grünwald, J. & Recht, M. (2008). Happy Slapping: Medien- und bildanalytische Sicht eines aktuellen Phänomens. In H. Scheithauer, T. Hayer & K. Niebank (Hrsg.), *Pro-

*blemverhalten und Gewalt im Jugendalter. Erscheinungsformen, Entstehungsbedingungen, Prävention und Intervention* (S. 72–85). Stuttgart: Kohlhammer.

Richter, H., Buddeberg, K., Richter, E. & Riekmann, W. (2008). *Jugendverbandsarbeit auf dem Lande Perspektiven für Mitgliedschaft und Ehrenamt am Beispiel Schleswig-Holstein*. Kiel: Landesjugendverband Schleswig-Holstein.

Rokeach, M. (1976). *Beliefs, Attitudes and Values*. San Francisco: Jossey-Bass Publisher.

Rolfes, M. & Mohring, K. (2009). Diskursanalysen zur Abwanderung ostdeutscher Jugendlicher. Einige Überlegungen zum Diskurs über Abwanderung aus Brandenburg, In W. Schubarth & K. Speck (Hrsg.), *Regionale Abwanderung Jugendlicher. Theoretische Analysen, empirische Befunde und politische Gegenstrategien* (S. 69–90). Weinheim: Juventa Verlag.

Roßteutscher, S. (2004). Von Realisten und Konformisten – Wider die Theorie der Wertesynthese. *Kölner Zeitschrift für Soziologie und Sozialpsychologie, 56*, Heft 3, 407–432.

Rotter, J.B. (1966). Generalized Expectancies for Internal Versus External Control of Reinforcement. *Psychological Monographs, 80*, whole no. 609, 1–28.

Rousseau, J.J. (1978). *Emil oder Über die Erziehung (4. Aufl.)*. Paderborn: Schöningh Verlag.

Rubia, K., Overmeyer, S., Taylor, E., Brammer, M., Williams, S.C.R., Simmons, A., Andrew, C. & Bullmore, E.T. (2000). Functional Frontalisation with Age: Mapping Neurodevelopmental Trajectories with fMRI. *Neuroscience Biobehavioral Review, 24(1)*, 13–21.

Ruch, W. & Zuckerman, M. (2001). Sensation seeking in adolescents. In J. Raithel (Hrsg.), *Risikoverhaltensweisen Jugendlicher. Erklärungen, Formen und Prävention* (S. 97–110). Opladen: Leske + Budrich.

Sachse, S. & Sturzbecher, D. (2001). Drogengebrauch unter Jugendlichen. In D. Sturzbecher (Hrsg.), *Jugend in Ostdeutschland – Lebenssituationen und Delinquenz*. Opladen: Leske + Budrich.

Sächsisches Staatsministerium für Soziales und Verbraucherschutz, Referat Presse- und Öffentlichkeitsarbeit (Hrsg.). (2010*). Jugend 2009 in Sachsen: Eine vergleichende Untersuchung zu Orientierungsproblemen junger Menschen*. Stoba-Druck GmbH: Lampertswalde.

Sampson, R. & Laub, J.H. (1993). *Crime in the Making*. Cambridge: Harvard University Press.

Scheithauer, H., Hayer, T. & Niebank, K. (Hrsg.). (2008). *Problemverhalten und Gewalt im Jugendalter: Erscheinungsformen, Entstehungsbedingungen, Prävention und Intervention*. Stuttgart: Kohlhammer.

Schorr, A. (Hrsg.). (2009). *Jugendmedienforschung. Forschungsprogramme, Synapse, Perspektiven*. Wiesbaden: VS Verlag für Sozialwissenschaften.

Schrader, F.-W. & Helmke, A. (2008). Determinanten der Schulleistung. In M.K.W. Schweer (Hrsg.), *Lehrer-Schüler-Interaktion. Inhaltsfelder, Forschungsperspektiven und methodische Zugänge* (2. Aufl., S. 285–302). Wiesbaden: VS Verlag für Sozialwissenschaften.

Schreiber, E. (2007). Wenn Jugendliche nicht mehr zur Schule gehen. In I. Hofman-Lun, A. Michel, U. Richter & E. Schreiber (Hrsg.), *Schulabbrüche und Ausbildungslosigkeit. Strategien und Methoden zur Prävention* (S. 316–331). München: Verlag Deutsches Jugendinstitut.

Schreiber-Kittl, M. & Schröpfer, H. (2002). *Abgeschrieben? Ergebnisse einer empirischen Untersuchung über Schulverweigerer*. Opladen: Leske & Budrich.

Schwartz, S.H. (1992). Universals in the Content and Structure of Values: Theoretical Advances and Empirical Tests in 20 Countries. In M.P. Zanna (Hrsg.), *Advances in Experimental Social Psychology. Band 25* (S. 1–65). San Diego: Academic Press.

Schwarzer, R. (1995). Entwicklungskrisen durch Selbstregulation meistern. In W. Edelstein (Hrsg.), *Entwicklungskrisen kompetent meistern. Der Beitrag der Selbstwirksamkeitstheorie von Albert Bandura zum pädagogischen Handeln* (S. 25–35). Heidelberg: Asanger.

Sekretariat der Ständigen Konferenz der Kultusminister der Länder in der Bundesrepublik Deutschland (Hrsg.). (2006). *Gesamtstrategie der Kultusministerkonferenz zum Bildungsmonitoring*. Luchterhand: München.

Shell Deutschland Holding (Hrsg.). (2002). *Jugend 2002. Zwischen pragmatischem Idealismus und robustem Materialismus*. Frankfurt am Main: Fischer.

Shell Deutschland Holding (Hrsg.). (2006). *Jugend 2006. Eine pragmatische Generation unter Druck*. Bonn: bpb.

Shell Deutschland Holding (Hrsg.). (2010). *Jugend 2010. Eine pragmatische Generation behauptet sich*. Frankfurt am Main: Fischer Verlag.

Sherrod, L. R., Flanagan, C. & Youniss, J. (2002). Dimensions of Citizenship and Opportunities for Youth Development: The What, Why, When, Where, and Who of Citizenship Development. *Applied Developmental Science, 6*, 264–272.

Silbereisen, R. K. & Reese, A. (2001). Substanzgebrauch: Illegale Drogen und Alkohol. In J. Raithel, *Risikoverhaltensweisen Jugendlicher* (S. 131–153). Opladen: Leske + Budrich.

Singer, M. I., Miller, D. B., Guo, S., Flannery, D. J., Frierson, T. & Slovak, K. (1999). Contributors to violent behavior among elementary and middle school children. *Pediatrics, 104*, 878–884.

Spear, L. P. (2000). The adolescent brain and age-related behavioral manifestations. *Neuroscience and Behavioral Reviews, 24*, 417–463.

Speck, K. & Schubarth, W. (2009). Regionale Abwanderung Jugendlicher als Teil des demografischen Wandels – eine ostdeutsche oder gesamtdeutsche Herausforderung? In W. Schubarth & K. Speck (Hrsg.), *Regionale Abwanderung Jugendlicher. Theoretische Analysen, empirische Befunde und politische Gegenstrategien* (S. 11–40). Weinheim: Juventa Verlag.

Speck, K., Schubarth, W. & Pilarczyk, U. (2009). Biografische Analysen zu „Gehen oder Bleiben" bei Jugendlichen. Qualitative Studien in peripheren Regionen Brandenburgs. In W. Schubarth & K. Speck (Hrsg.), *Regionale Abwanderung Jugendlicher. Theoretische Analysen, empirische Befunde und politische Gegenstrategien* (S. 153–171). Weinheim: Juventa Verlag.

Statistisches Landesamt Bremen (2011). Bürgerschaftswahl 2011: Endgültiges Ergebnis Teil 1. *Statistische Mitteilungen, 113/2011*. Zugriff am 29.08.2011. Verfügbar unter: http://www.landeswahlleiter.bremen.de/sixcms/media.php/13/Stat%20Mitt113_Lw11_Teil%201%20Analysen%20und%20Tabellen.pdf.

Stamm, M., Ruckdäschel, C., Templer, F. & Niederhauser, M. (2009). *Schulabsentismus: Ein Phänomen, seine Bedingungen und Folgen*. Wiesbaden: VS Verlag für Sozialwissenschaften.

Steinberg, L. & Scott, E. S. (2003). Less guilty by reason of adolescence: Developmental immaturity, diminished responsibility, and the juvenile death penalty. *American Psychologist, 58*, 1009–1018.

Stoner, J. A. F. (1968). Risky and cautious shifts in group decisions: The influence of widely held values. *Journal of Experimental Social Psychology, 4*, 442–459.

Stöss, R. (2000). *Rechtsextremismus im vereinten Deutschland*. Berlin: Friedrich-Ebert-Stiftung.

Stöss, R. (2007). *Rechtsextremismus im Wandel* (2. Aufl.). Berlin: Friedrich-Ebert-Stiftung. Zugriff am 10.01.2011. Verfügbar unter http://library.fes.de/pdf-files/do/05227.pdf.

Stöss, R. & Niedermayer, O. (2008). *Rechtsextreme Einstellungen in Berlin und Brandenburg 2000-2008*. Zugriff am 17.02.2011. Verfügbar unter http://www.polsoz.fu-berlin.de/polwiss/forschung/systeme/empsoz/forschung/media/rex_00_08.pdf.

Sturzbecher, D. (Hrsg.). (1997). *Jugend und Gewalt in Ostdeutschland – Lebenserfahrungen in Schule, Freizeit und Familie*. Göttingen: Verlag für Angewandte Psychologie.

Sturzbecher, D. (Hrsg.). (2001). *Jugend in Ostdeutschland: Lebenssituationen und Delinquenz*. Opladen: Leske + Budrich.

Sturzbecher, D. (Hrsg.). (2002). *Jugendtrends in Ostdeutschland: Bildung, Freizeit, Politik, Risiken*. Opladen: Leske + Budrich.

Sturzbecher, D., Burkert, M. & Hoffmann, L. (2010). Wertorientierungen und politisches Engagement von Jugendlichen in den östlichen Bundesländern. *kursiv, 04/2010*, 52–64.

Sturzbecher, D. & Dietrich, P. (1992). *Die Situation von Jugendlichen in Brandenburg. Zusammenfassende Darstellung zu den Feldstudien „Jugendszene und Jugendgewalt im Land Brandenburg" und „Freizeitverhalten Jugendlicher und Freizeitangebote im Land Brandenburg"* (Arbeitsberichte des Instituts für angewandte Familien-, Kindheits- und Jugendforschung an der Universität Potsdam, Band 2). Vehlefanz: IFK.

Sturzbecher, D., Dietrich, P. & Kohlstruck, M. (Hrsg.). (1994). *Jugend in Brandenburg 93. Schriftenreihe zur politischen Bildung*. Potsdam: Staatskanzlei Brandenburg, Brandenburgische Landeszentrale für politische Bildung.

Sturzbecher, D., Großmann, H. & Reinmuth, S.I. (2007). Jugendgewalt und die Reaktion des sozialen Umfeldes. In D. Sturzbecher & D. Holtmann (Hrsg.), *Werte, Familie, Politik, Gewalt – Was bewegt die Jugend? Aktuelle Ergebnisse einer Befragung* (S. 230–277). Berlin: LIT Verlag.

Sturzbecher, D. & Hess, M. (2002). Soziale Schulqualität aus Schülersicht. In D. Sturzbecher (Hrsg.), *Jugendtrends in Ostdeutschland: Bildung, Freizeit, Politik, Risiken* (S. 115–181). Opladen: Leske + Budrich.

Sturzbecher, D., Hess, M. & Them, W. (2002). Jugendgewalt und Reaktionen des sozialen Umfelds. In D. Sturzbecher (Hrsg.), *Jugendtrends in Ostdeutschland – Bildung, Freizeit, Politik, Risiken* (S. 182–209). Opladen: Leske + Budrich.

Sturzbecher, D. & Holtmann, D. (2007). Werte, Familie, Politik, Gewalt – Was bewegt die Jugend? Aktuelle Ergebnisse einer Befragung. In M. Grundmann (Hrsg.), *Individuum und Gesellschaft. Beiträge zur Sozialisations- und Gemeinschaftsforschung*. Berlin, Münster: LIT Verlag.

Sturzbecher, D. & Landua, D. (2001). Ostdeutsche Jugendliche im Spiegel sozialwissenschaftlicher Forschung. In D. Sturzbecher (Hrsg.), *Jugend in Ostdeutschland: Lebenssituationen und Delinquenz* (S. 11–32). Opladen: Leske + Budrich.

Sturzbecher, D., Landua, D. & Heyne, M. (2001). Politische Einstellungen und Rechtsextremismus unter ostdeutschen Jugendlichen. In D. Sturzbecher (Hrsg.), *Jugend in Ostdeutschland – Lebenssituationen und Delinquenz* (S. 85–119). Opladen: Leske + Budrich.

Sturzbecher, D. & Langner, W. (1997). „Gut gerüstet in die Zukunft?" – Wertorientierungen, Zukunftserwartungen und soziale Netze brandenburgischer Jugendlicher. In D. Sturzbecher (Hrsg.), *Jugend und Gewalt in Ostdeutschland. Lebenserfahrungen in Schule, Freizeit und Familie* (S. 11–81). Göttingen: Verlag für Angewandte Psychologie.

Sutterlüty, F. (2002). *Gewaltkarrieren. Jugendliche im Kreislauf von Gewalt und Missachtung*. Frankfurt am Main: Campus.

Tajfel, H. (1982). Social psychology of intergroup relations. *Annual Review of Psychology, 33*, 1–39.

Tajfel, H. & Billig, M. (1974). Familiarity and categorization in intergroup behaviour. *Journal of Experimental Social Psychology, 10*, 159–170.

Tajfel, H. & Turner, J. C. (1979). An Integrative Theory of Intergroup Conflict. In W. G. Austin & S. Worchel (Eds.), *The Social Psychology of Intergroup Relations*. Monterey, CA: Brooks-Cole.

Tajfel, H. & Turner, J. C. (1986). The social identity theory of intergroup behavior. In S. Worchel & W. G. Austin (Eds.), *Psychology of Intergroup Relations*. Chicago: Nelson-Hall.

Tannenbaum, F. (1938). *Crime and the Community*. New York: Columbia University Press.

Thome, H. (2005). Wertewandel in Europa aus der Sicht der empirischen Sozialforschung. In H. Joas & K. Wiegandt (Hrsg.), *Die kulturellen Werte Europas* (S. 386–443). Frankfurt am Main: Fischer Verlag.

Thome, H. & Birkel, Ch. (2007). *Sozialer Wandel und Gewaltkriminalität. Deutschland, England und Schweden im Vergleich, 1950 bis 2000*. Wiesbaden: VS Verlag für Sozialwissenschaften.

Urban, D. & Mayerl, J. (2006). *Regressionsanalyse: Theorie, Technik und Anwendung*. Wiesbaden: VS Verlag für Sozialwissenschaften.

Vander Ven, T. M., Cullen, F. T., Carrozza, M. & Wright, J. P. (2001). Home Alone: The impact of the maternal employment on Delinquency. *Social Problems, 48*, 236–257.

Wagner, M., Dunkake, I. & Weiß, B. (2004). Schulverweigerung. Empirische Analysen zum abweichenden Verhalten von Schülern. *Kölner Zeitschrift für Soziologie und Sozialpsychologie, 56*, 457–489.

Wahl, K. (2001a). Entwicklungspfade von Aggression, Devianz, Fremdenfeindlichkeit und Rechtsextremismus. In K. Wahl (Hrsg.). *Fremdenfeindlichkeit, Antisemitismus, Rechtsextremismus. Drei Studien zu Tatverdächtigen und Tätern* (S. 195–228). Berlin: Bundesministerium des Innern.

Wahl, K. (2001b). (Hrsg.). *Fremdenfeindlichkeit, Antisemitismus, Rechtsextremismus. Drei Studien zu Tatverdächtigen und Tätern*. Berlin: Bundesministerium des Innern.

Wahl, K. (2009). *Aggression und Gewalt. Ein biologischer, psychologischer und sozialwissenschaftlicher Überblick*. Heidelberg: Spektrum Akademischer Verlag.

Weiß, B. (2007). Wer schwänzt wie häufig die Schule? Eine vergleichende Sekundäranalyse auf Grundlage von 12 deutschen Studien. In M. Wagner (Hrsg.), *Schulabsentismus – Soziologische Analysen zum Einfluss von Familie, Schule und Freundeskreis* (S. 37–55). Weinheim: Juventa Verlag.

Welzel, C. (2009). Werte- und Wertewandelforschung. In V. Kaina & A. Römmele (Hrsg.), *Politische Soziologie. Ein Studienbuch* (S. 109–139). Wiesbaden: VS Verlag für Sozialwissenschaften.

Wetzstein, T., Erbeldinger, P. I., Hilgers, J. & Eckert, R. (2005). *Jugendliche Cliquen. Zur Bedeutung der Cliquen und ihrer Herkunfts- und Freizeitwelten*. Wiesbaden: VS Verlag für Sozialwissenschaften.

Willems, H., Eckert, R., Würtz, S. & Steinmetz, L. (1993). *Fremdenfeindliche Gewalt. Einstellungen, Täter, Konflikteskalation*. Opladen: Leske & Budrich.

Winkler, B. (2004). *Verbesserung des subjektiven Wohlbefindens, der Kontrollüberzeugung und der Zukunftsperspektive sozial benachteiligter Jugendlicher durch den Erwerb von Computerkenntnissen*. Bern: Selbstverlag.

Winkler, J. (2005). Persönlichkeit und Rechtsextremismus. In S. Schumann (Hrsg.), *Persönlichkeit: Eine vergessene Größe der empirischen Sozialforschung* (S. 221–241). Wiesbaden: VS Verlag für Sozialwissenschaften.

Wolling, J. (1999). *Politikverdrossenheit durch Massenmedien? Der Einfluss der Medien auf die Einstellungen der Bürger zur Politik*. Opladen: Westdeutscher Verlag.

Wood, W., Wong, F. Y. & Chachere, J. G. (1991). Effects of media violence on viewers aggression in unconstrained social interactions. *Psychological Bulletin, 109*, 371–383.

Woods, R. (2010). A Critique of the Concept of Accuracy in Social Information Processing Models of Children's Peer Relations. *Theory & Psychology (20), 1*, 5–27.

Zinnecker, J. (2008). Schul- und Freizeitkultur der Schüler. In W. Helsper & J. Böhme (Hrsg.), *Handbuch der Schulforschung* (S. 531–556). Wiesbaden: VS Verlag für Sozialwissenschaften.

Zuckerman, M. (1979). *Sensation Seeking beyond the optimal level of arousal*. Hillsdale, N. J.: Lawrence Erlbaum.

# Methodenanhang: Dokumentation der Skalen

Nachstehend sind alle in den Auswertungen verwendeten Skalen aufgeführt. Für jede Skala sind die einzelnen Indikatoren und der Wert für die interne Konsistenz (Cronbachs α)* angegeben.

| Skala: Allgemeine Gewaltbereitschaft | 2010 | 2005 | 1999 |
|---|---|---|---|
| *Interne Konsistenz (Cronbachs a)* | *.90* | *.89* | *.86* |
| **Items** | | | |
| Wie häufig beteiligen Sie sich an Schlägereien oder gewalttätigen Aktionen? | ✓ | ✓ | ✓ |
| Ich bin in bestimmten Situationen durchaus bereit, auch körperliche Gewalt anzuwenden, um meine Interessen durchzusetzen. | ✓ | ✓ | ✓ |
| Ein bisschen Gewalt gehört manchmal einfach dazu, um Spaß zu haben. | ✓ | ✓ | ✓ |
| Ohne Gewalt wäre das Leben viel langweiliger. | ✓ | ✓ | ✓ |
| Wenn ich richtig gut drauf bin, würde ich mich auch schon mal daran beteiligen, jemanden aufzumischen. | ✓ | ✓ | ✓ |
| Wenn ich zeigen muss, was ich draufhabe, würde ich auch Gewalt anwenden. | ✓ | ✓ | ✓ |
| Wenn ich Frust habe, würde ich auch mal jemandem eine verpassen oder ihn anderweitig attackieren. | ✓ | ✓ | ✓ |
| Ich finde es gut, wenn es Leute gibt, die mit Gewalt für Ordnung sorgen. | ✓ | ✓ | ✓ |
| Man muss zu Gewalt greifen, weil man nur so beachtet wird. | ✓ | ✓ | ✓ |

---

\*     Der Koeffizient „Cronbachs α" ist ein Kennwert für die interne Konsistenz einer Fragebogenskala. Er wird zur Überprüfung der Reliabilität – d. h. der Verlässlichkeit und Genauigkeit (im Sinne von „Messfehlerfreiheit") – einer Skala berechnet und drückt aus, inwiefern die einzelnen Teile einer Skala (d. h. die einzelnen Indikatoren) dasselbe messen. Hierfür werden die Indikatoren miteinander „verglichen" bzw. korreliert. Die Ergebnisse dieses Vergleichs werden im α-Koeffizienten zusammengefasst, der Werte zwischen Null („keine" interne Konsistenz) und Eins („perfekte" interne Konsistenz) annehmen kann.

| Skala: Gewaltakzeptanz | 2010 | 2005 | 1999 |
|---|---|---|---|
| *Interne Konsistenz (Cronbachs a)* | .77 | .74 | .68 |
| **Items** | | | |
| Ich finde es gut, wenn es Leute gibt, die mit Gewalt für Ordnung sorgen. | ✓ | ✓ | ✓ |
| Man muss zu Gewalt greifen, weil man nur so beachtet wird. | ✓ | ✓ | ✓ |
| Der Stärkere soll sich durchsetzen, sonst gibt es keinen Fortschritt. | ✓ | ✓ | ✓ |
| Es ist völlig normal, wenn Männer sich im körperlichen Kampf mit anderen beweisen wollen. | ✓ | ✓ | ✓ |
| Über Gewalttätigkeiten schaffen Jugendliche klare Verhältnisse. Die Erwachsenen reden nur herum. | ✓ | ✓ | ✓ |

| Skala: Externale Kontrollüberzeugungen | 2010 | 2005 | 1999 |
|---|---|---|---|
| *Interne Konsistenz (Cronbachs a)* | .90 | .87 | .84 |
| **Items** | | | |
| Ich glaube nicht, dass ich jemals das in meinem Leben bekomme, was ich mir wirklich wünsche. | ✓ | ✓ | ✓ |
| Menschen wie ich haben nur geringe Möglichkeiten, ihre Interessen gegenüber mächtigeren Leuten durchzusetzen. | ✓ | ✓ | ✓ |
| Es nützt nichts etwas anzustreben, das ich gerne hätte, da ich es wahrscheinlich doch nicht erreiche. | ✓ | ✓ | ✓ |
| Es lohnt sich nicht sich anzustrengen, weil sowieso alles anders kommt. | ✓ | ✓ | ✓ |
| Ich glaube, dass ich in meinem Leben nie eine richtige Chance bekomme. | ✓ | ✓ | ✓ |
| Mein Leben wird größtenteils von den Mächtigen kontrolliert. | ✓ | ✓ | ✓ |
| Ich bekomme einfach nicht das, was ich will; es ist also Unsinn, überhaupt etwas zu wollen. | ✓ | ✓ | ✓ |
| Wenn ich bekomme, was ich will, so geschieht das hauptsächlich, weil ich Glück habe. | ✓ | ✓ | ✓ |

| Skala: Berufsbezogener Zukunftsoptimismus | 2010 | 2005 | 1999 |
|---|---|---|---|
| Interne Konsistenz (Cronbachs α) | .79 | .78 | .74 |
| **Items** | | | |
| Mein Berufswunsch wird in Erfüllung gehen. | ✓ | ✓ | ✓ |
| Ich werde einen sicheren Arbeitsplatz finden. | ✓ | ✓ | ✓ |
| Ich denke, ich werde eine gesicherte Zukunft haben. | ✓ | ✓ | ✓ |

| Skala: Rechtsextremismus | 2010 | 2005 | 1999 |
|---|---|---|---|
| Interne Konsistenz (Cronbachs α) | .84 | .78 | .79 |
| **Items** | | | |
| Das Wichtigste in der heutigen Zeit ist die Aufrechterhaltung von Recht und Ordnung, notfalls auch mit Gewalt. | ✓ | ✓ | ✓ |
| Deutschland braucht wieder einen Führer/starken Mann, der zum Wohle aller regiert. | ✓ | ✓ | ✓ |
| Der Faschismus/Nationalsozialismus hatte auch seine guten Seiten. | ✓ | ✓ | ✓ |
| Die Deutschen sind anderen Völkern grundsätzlich überlegen. | ✓ | ✓ | ✓ |
| In den Berichten über Konzentrationslager und Judenverfolgung wird viel übertrieben dargestellt. | ✓ | ✓ | ✓ |
| Die Juden sind mitschuldig, wenn sie gehasst und verfolgt werden. | ✓ | ✓ | ✓ |

| Skala: Ausländerfeindlichkeit | 2010 | 2005 | 1999 |
|---|---|---|---|
| Interne Konsistenz (Cronbachs α) | .87 | .88 | .88 |
| **Items** | | | |
| Was würden Sie generell zu der Anzahl der Ausländer im Land Brandenburg sagen? | ✓ | ✓ | ✓ |
| Bei entsprechender Qualifikation sollten Ausländer dieselben Chancen auf dem Arbeitsmarkt haben wie Deutsche. | ✓ | ✓ | ✓ |
| Deutschland den Deutschen – Ausländer raus. | ✓ | ✓ | ✓ |
| Die Ausländer haben Schuld an der Arbeitslosigkeit in Deutschland. | ✓ | ✓ | ✓ |
| Die Ausländer muss man aufklatschen und raus hauen. | ✓ | ✓ | ✓ |
| Die meisten Kriminellen sind Ausländer. | ✓ | ✓ | ✓ |
| Wir sollten jeden Ausländer, der in unserem Land leben möchte, willkommen heißen. | ✓ | ✓ | ✓ |

| Skala: Politikverdrossenheit | 2010 | 2005 | 1999 |
|---|---|---|---|
| *Interne Konsistenz (Cronbachs a)* | .82 | .75 | |
| **Items** | | | |
| Ich glaube nicht, dass sich Politiker viel darum kümmern, was Leute wie ich denken. | ✓ | ✓ | |
| Im Allgemeinen verlieren die Abgeordneten im Bundestag ziemlich schnell den Kontakt mit dem Volk. | ✓ | ✓ | |
| Die Parteien wollen nur die Stimmen der Wähler, die Ansichten der Wähler interessieren sie nicht. | ✓ | ✓ | |
| Leute wie ich haben sowieso keinen Einfluss darauf, was die Regierung tut. | ✓ | ✓ | |
| Neben dem Wählen gibt es keinen anderen Weg, um Einfluss darauf zu nehmen, was die Regierung tut. | ✓ | ✓ | |

| Skala: Elterliche Vernachlässigung | 2010 | 2005 | 1999 |
|---|---|---|---|
| *Interne Konsistenz (Cronbachs a)* | .65 | .59 | .78 |
| **Items** | | | |
| Meine Mutter ist nie da gewesen, wenn ich sie brauchte. | | | ✓ |
| Meine Mutter hat sich nicht darum gekümmert, was ich tue. | | | ✓ |
| Mein Vater ist nie da gewesen, wenn ich ihn brauchte. | | | ✓ |
| Mein Vater hat sich nicht darum gekümmert, was ich tue. | | | ✓ |
| Meine Eltern kümmern sich nicht darum, was ich tue. | ✓ | ✓ | |
| Meine Eltern sind nie da, wenn ich sie brauche. | ✓ | ✓ | |

| Skala: Elterliche Restriktion | 2010 | 2005 | 1999 |
|---|---|---|---|
| *Interne Konsistenz (Cronbachs a)* | *.61* | *.58* | *.73* |
| **Items** | | | |
| Meine Mutter hat mich Dinge selbst entscheiden lassen. | | | ✓ |
| Mein Vater hat mich Dinge selbst entscheiden lassen. | | | ✓ |
| Meine Eltern lassen mich Dinge selbst entscheiden | ✓ | ✓ | |
| Meine Mutter hat mich nie körperlich bestraft. | | | ✓ |
| Mein Vater hat mich nie körperlich bestraft. | | | ✓ |
| Meine Eltern haben mich nie körperlich bestraft. | ✓ | ✓ | |
| Meine Mutter hat versucht, alles zu kontrollieren, was ich mache. | | | ✓ |
| Mein Vater hat versucht, alles zu kontrollieren, was ich mache. | | | ✓ |
| Meine Eltern versuchen, alles zu kontrollieren, was ich mache. | ✓ | ✓ | |
| Ich hatte oft Auseinandersetzungen mit meiner Mutter. | | | ✓ |
| Ich hatte oft Auseinandersetzungen mit meinem Vater. | | | ✓ |
| Ich habe oft Auseinandersetzungen mit meinen Eltern. | ✓ | ✓ | |

| Skala: Schulunlust | 2010 | 2005 | 1999 |
|---|---|---|---|
| *Interne Konsistenz (Cronbachs a)* | *.75* | *.72* | *.71* |
| **Items** | | | |
| Vieles, was ich in der Schule lernen soll, ist nutzlos. | ✓ | ✓ | ✓ |
| Ich lerne, um mir Ärger mit meinen Eltern und den Lehrern zu ersparen. | ✓ | ✓ | ✓ |
| Ich beuge mich den schulischen Anforderungen, um in Ruhe gelassen zu werden. | ✓ | ✓ | ✓ |
| Ich versuche, mit dem kleinsten Aufwand „über die Runden zu kommen". | ✓ | ✓ | ✓ |
| Meistens sitze ich in der Schule nur die Zeit ab. | ✓ | ✓ | ✓ |
| Ich empfinde die Schule als nutzlos und versuche, wenn möglich, dieser Pflicht zu entrinnen. | ✓ | ✓ | ✓ |

| Skala: Schulspaß | 2010 | 2005 | 1999 |
|---|---|---|---|
| *Interne Konsistenz (Cronbachs α)* | .77 | .67 | .61 |
| **Items** | | | |
| Mal unabhängig vom Unterricht: In der Schule gibt es Situationen, wo wir richtig Spaß haben. | ✓ | ✓ | ✓ |
| In der Schule ist mir wichtig, dass ich mit meinen Kumpels/Freundinnen zusammen bin. | ✓ | ✓ | ✓ |
| In der Schule lerne ich Dinge, die ich später im Leben gebrauchen kann. | ✓ | ✓ | ✓ |
| Es ist ein gutes Gefühl, wenn ich im Unterricht Dinge begreife, die mir vorher unklar waren. | ✓ | ✓ | ✓ |
| Ich freue mich, wenn ich eine richtige Lösung für eine Aufgabe weiß. | ✓ | ✓ | ✓ |
| Abgesehen vom Unterricht, ist die Schule gar nicht so schlecht. | ✓ | ✓ | ✓ |

| Skala: Schulstress/Schulangst | 2010 | 2005 | 1999 |
|---|---|---|---|
| *Interne Konsistenz (Cronbachs α)* | .76 | .72 | .70 |
| **Items** | | | |
| Ich gerate in Panik, wenn plötzlich unvorbereitet eine Leistungskontrolle geschrieben wird. | ✓ | ✓ | ✓ |
| Ich erreiche ohne größere Mühe die in der Schule geforderten Leistungen. | ✓ | ✓ | ✓ |
| Die Schule verfolgt mich bis in den Schlaf. | ✓ | ✓ | ✓ |
| Ich muss einen großen Teil meiner Freizeit für Schularbeiten verwenden, um in der Schule mitzukommen. | ✓ | ✓ | ✓ |
| Ich habe Angst, dass ich an die Tafel muss. | ✓ | ✓ | ✓ |
| Ich habe Angst, mich in der Schule zu blamieren. | ✓ | ✓ | ✓ |

| Skala: Schulattraktivität | 2010 | 2005 | 1999 |
|---|---|---|---|
| *Interne Konsistenz (Cronbachs α)* | *.83* | *.77* | *.75* |
| **Items** | | | |
| In meiner Schule können wir unsere Ideen bei der Gestaltung der schulischen Räumlichkeiten einbringen. | ✓ | ✓ | ✓ |
| In meiner Schule gibt es eine aktive Schülerzeitung. | ✓ | ✓ | ✓ |
| In meiner Schule gibt es viele außerschulische Veranstaltungen. | ✓ | ✓ | ✓ |
| In meiner Schule gibt es interessante Arbeitsgemeinschaften. | ✓ | ✓ | ✓ |
| In meiner Schule gib es guten Kontakt zwischen den Schülern einzelner Klassen. | ✓ | ✓ | ✓ |
| Meine Schule hat einen guten Ruf. | ✓ | ✓ | ✓ |

| Skala: Soziale Lehrqualität | 2010 | 2005 | 1999 |
|---|---|---|---|
| *Interne Konsistenz (Cronbachs α)* | *.89* | *.81* | *.80* |
| **Items** | | | |
| Unsere Lehrer sind gerecht und werden deshalb geachtet. | ✓ | ✓ | ✓ |
| Die Lehrer gehen auf unsere Fragen ein. | ✓ | ✓ | ✓ |
| Unsere Lehrer berücksichtigen unsere Vorschläge zur Unterrichtsgestaltung und Stoffauswahl. | ✓ | ✓ | ✓ |
| Sie geben uns Möglichkeiten, am Unterricht aktiv teilzunehmen (durch Vorträge, Demonstrationen, Gesprächsrunden, etc.) | ✓ | ✓ | ✓ |
| Unsere Lehrer erklären, wie unsere Noten gebildet werden. | ✓ | ✓ | ✓ |
| Sie gehen auf die Bedürfnisse fachlich stärkerer und schwächerer Schüler ein. | ✓ | ✓ | ✓ |